汽车技术精品著作系列

汽车路面噪声
——现象、原理、控制及设计实例

刘显臣　刘亚彬　徐　磊　田冠男　国举强　谭　勇　赵　鹏　石胜文　编著

机械工业出版社

本书全面阐述了汽车路面噪声性能开发的全过程。路面噪声是一个广义的概念，是在凸凹不平的路面激励作用下，经过轮胎、悬架传递到车身，引起车身板件振动，产生噪声。另外，轮胎与地面接触过程中，轮胎胎面花纹沟槽内的空气不断地被压缩、释放，引起空气的波动，也会产生噪声。此类噪声会通过车身的缝隙、孔洞，以空气传播的形式传递到车内。还有一部分是轮胎在高速转动过程中，其周边的空气受到扰动，也会产生噪声。路面噪声的产生从原理上讲，其激励源为路面激励和轮胎本身的转动不平衡激励，涉及轮胎、悬架、副车架、车轮、车身等关键系统，每个系统都具有各自的振动特性，对路面噪声产生特定的影响。本书对涉及的各关键系统分别加以阐述，从路面噪声的发生原理、影响因素、改进方法、设计方案等维度，讲述各系统的 NVH 设计思路，并大量列举实际产品中的研究及应用案例，通俗易懂。本书适用于汽车院校学生，各汽车公司、设计公司的 NVH 工程师，可作为解决汽车路面噪声问题、开展汽车设计的参考资料。

图书在版编目（CIP）数据

汽车路面噪声：现象、原理、控制及设计实例/刘显臣等编著．--北京：机械工业出版社，2024. 8. （汽车技术精品著作系列）．--ISBN 978-7-111-76353-6

Ⅰ. U467. 4

中国国家版本馆 CIP 数据核字第 2024KQ7701 号

机械工业出版社（北京市百万庄大街22号　邮政编码100037）
策划编辑：孙　鹏　　　　　　　责任编辑：孙　鹏
责任校对：张爱妮　陈　越　　　封面设计：马精明
责任印制：邓　博
北京盛通数码印刷有限公司印刷
2024年10月第1版第1次印刷
184mm×260mm・22 印张・4 插页・546 千字
标准书号：ISBN 978-7-111-76353-6
定价：150.00 元

电话服务　　　　　　　　　　　网络服务
客服电话：010-88361066　　　　机　工　官　网：www.cmpbook.com
　　　　　010-88379833　　　　机　工　官　博：weibo.com/cmp1952
　　　　　010-68326294　　　　金　书　网：www.golden-book.com
封底无防伪标均为盗版　　　　　机工教育服务网：www.cmpedu.com

前言
FOREWORD

随着中国汽车市场的高速发展，人们对汽车的乘坐舒适性要求也越来越高。生产安静、舒适的汽车产品，也是汽车制造商不断追求的目标，以期其产品在市场上得到更多的认可。但是国内汽车 NVH 专业起步较晚，无论是设计工程师还是试验工程师，都缺少经验，在处理汽车 NVH 问题时经常不知所措，找不到可供参考的技术文献。这些都是限制汽车产品开发的不利因素。

笔者从事汽车、发动机振动噪声相关工作近二十年，深知这门学科之复杂、高深。在工作过程中，经常苦于无法查阅到相关的技术文献。特别是在路面噪声方面，涉及的系统多、频率范围广，解决方法及设计指南各不相同，平常见到的参考资料多数是针对某个单一问题，但没有对路面噪声进行系统性的概述。基于这个出发点，笔者搜集、整理了路面噪声相关的资料，汇编成本书，为相关专业的学生、工程师及研究人员提供全面的参考，协助大家全面理解路面噪声，了解路面噪声的产生原理、传递途径、解决方案和汽车设计方法，快速解决研发过程中遇到的问题，缩短新产品的开发周期，提高产品质量，打造舒适且令人愉悦的驾乘空间。

路面噪声是常见的汽车 NVH 现象之一，特别是对于近年来飞速发展的新能源汽车，有内燃机这一主要噪声源以后，路面噪声更加凸显。为给乘员打造一个舒适的驾乘环境，汽车公司下了很大的功夫去改善和提升降噪性能。

路面噪声是很复杂的 NVH 现象，涉及几乎汽车所有的系统。激励源主要来自路面的凸凹不平，以及轮胎本身的不平衡激励等。传动系统包括轮胎、车轮、悬架系统、副车架、车身等。最终车身整体或局部模态被激励起来，产生辐射噪声。

本书以激励源-传递路径-响应为主线，逐一介绍与路面噪声强相关的各个系统，分别从原理、特性、评价标准、改进方法、设计方法等方面对各个关键系统进行详细阐述。

本书第 1 章由刘显臣编著，第 2 章、第 3 章由刘亚彬编著，第 4 章由国举强、徐磊编著，第 5 章由田冠男编著，第 6 章由徐磊编著，第 7 章由刘显臣、田冠男编著，第 8 章由谭勇、刘显臣编著，第 9 章由赵鹏编著，第 10 章由石胜文编著。

第 1 章对路面噪声进行综合性的概述，全面介绍路面噪声的产生、原理、涉及系统、频率特性等。第 2 章专门阐述轮胎的振动特性。路面凸凹不平首先作用在轮胎上，并经车轮、悬架系统等向车身传递，形成车内噪声。同时，轮胎本身由于受到激励后产生振动，以及与路面摩擦等成为噪声源，并以空气传播的形式向车内传递，因此，轮胎是对路面噪声影响极大的部件。为了降低轮胎噪声，轮胎供应商做出了很大的努力，开发出了各种降噪轮胎。第 3 章阐述悬架系统的振动特性、对车内路面噪声的贡献，以及为了降低路面噪声而针对悬架系统做出的改进及新技术研究。第 4 章专门讲述副车架的振动特性，作为路面噪声传递系统中重要的一环,其结构型式、与车身的连接方式等都对路面噪声有很大的影响。第5章阐述车轮的刚度、模态等振动特性对路面噪声的影响,并提出相应的评价和设计标准。第6章讲述车身的振动特性、分析方法、评价标准等,并列举一些实际案例,讲述如何提高车身刚度和减振性能。第7章从降噪性能开发的角度阐述路面噪声的工作流程,介绍路面噪声性能目标体系、技术路线、评价方法等。第8章介绍路面噪声的模拟方法,从建模、分析、评价等角度去阐述路面噪声性能的虚拟开发方法,在产品开发阶段对产品的性能进行预测和评价,暴露潜在的问题,提供改进方向和建议。第9章阐述路面噪声的测试,以及在实车阶段利用试验方法解决出现的问题。第10章介绍近年来开始流行的路面噪声主动控制技术,从原理、结构等方面,介绍一些实际中应用的案例,为读者提供参考。

本书中阐述的路面噪声现象、解决方案及汽车设计方法,涉及汽车的各个部分,包括轮胎、车身、悬架系统、驱动系统等多个NVH关键子系统。本书适用于汽车院校学生,各汽车公司、设计公司的NVH工程师,可作为解决汽车路面噪声问题、开展路面噪声性能开发的参考资料。书中介绍的一些案例多是笔者亲身参与过或者选自最新的问题改进、课题研究报告。由于笔者水平有限,书中难免会有错误及不足之处,真诚地欢迎读者指正(问题可反馈至邮箱:liuxch_nvh@126.com)。

编著者

前言

第1章 路面噪声概述 ················· 1

1.1 路面噪声的产生原理及路面对其的影响 ················· 1
1.1.1 路面噪声的产生原理 ················· 2
1.1.2 路面凸凹不平引起的路面噪声变化 ················· 5
1.1.3 排水性铺装路面上的路面噪声 ················· 7

1.2 路面噪声传递特性及实例 ················· 10
1.2.1 路面激励 ················· 10
1.2.2 轮胎的振动传递特性 ················· 13
1.2.3 轮胎振动模型 ················· 13
1.2.4 车轴的振动特性 ················· 14
1.2.5 路面噪声实例 ················· 18

1.3 路面噪声控制 ················· 18
1.3.1 路面噪声改进目标 ················· 19
1.3.2 低频路面噪声 ················· 19
1.3.3 高频路面噪声 ················· 23
1.3.4 实车验证 ················· 26

第2章 轮胎NVH ················· 28

2.1 轮胎的振动噪声特性 ················· 28
2.1.1 轮胎振动特性 ················· 28
2.1.2 轮胎模态 ················· 29
2.1.3 轮胎作为激励源引起的振动 ················· 30
2.1.4 轮胎噪声 ················· 31

2.2 轮胎空腔共振对路面噪声的影响 ················· 35
2.2.1 轮胎及路面噪声的传播路径 ················· 35
2.2.2 路面噪声的产生原因 ················· 35
2.2.3 声学分析 ················· 37

2.2.4 声学激励试验 …………………………………………………………… 38
　　2.2.5 解决方案 …………………………………………………………………… 38
2.3 轮胎噪声控制 ………………………………………………………………………… 43
　　2.3.1 轮胎噪声测试方法 ……………………………………………………… 43
　　2.3.2 轮胎噪声研究现状 ……………………………………………………… 44
　　2.3.3 轮胎噪声的产生机理 …………………………………………………… 46
　　2.3.4 轮胎噪声控制 …………………………………………………………… 48
2.4 轮胎模态控制 ………………………………………………………………………… 51
　　2.4.1 路面噪声频谱优化开发 ………………………………………………… 51
　　2.4.2 轮胎固有模态目标设定 ………………………………………………… 52
　　2.4.3 轮胎固有模态控制技术的开发 ………………………………………… 58
　　2.4.4 轮胎滚动的影响 ………………………………………………………… 61

第3章 悬架系统NVH ………………………………………………………………… 62

3.1 悬架系统阻尼控制 …………………………………………………………………… 62
　　3.1.1 阻尼控制概述 …………………………………………………………… 62
　　3.1.2 分析模型 ………………………………………………………………… 63
　　3.1.3 天棚式阻尼控制规则 …………………………………………………… 64
　　3.1.4 分析结果 ………………………………………………………………… 67
　　3.1.5 解决方法 ………………………………………………………………… 70
3.2 悬架系统传递力控制 ………………………………………………………………… 73
　　3.2.1 悬架系统传递力概述 …………………………………………………… 73
　　3.2.2 悬架传递力变化的原理分析 …………………………………………… 73
　　3.2.3 模拟验证 ………………………………………………………………… 77
3.3 新型多连杆后悬架开发 ……………………………………………………………… 84
　　3.3.1 开发目标 ………………………………………………………………… 84
　　3.3.2 基本构造 ………………………………………………………………… 84
　　3.3.3 基本特征 ………………………………………………………………… 85
3.4 前麦弗逊和后扭力梁式悬架开发 …………………………………………………… 92
　　3.4.1 概述 ……………………………………………………………………… 92
　　3.4.2 悬架振动模态 …………………………………………………………… 93
　　3.4.3 测试方法 ………………………………………………………………… 95
　　3.4.4 测试结果 ………………………………………………………………… 95
　　3.4.5 降低路面噪声的方法 …………………………………………………… 97
3.5 钢板弹簧悬架系统改进 ……………………………………………………………… 101
　　3.5.1 钢板弹簧悬架的激励特性 ……………………………………………… 101
　　3.5.2 基于二自由度简易模型的模拟仿真 …………………………………… 104
　　3.5.3 乘坐舒适性改善结果 …………………………………………………… 105

第4章 副车架NVH ………………………………………………………………… 108

4.1 高性能副车架开发 …………………………………………………………………… 108

	4.1.1	高性能副车架概述	108
	4.1.2	开发目标	109
	4.1.3	基于HPDC的大型薄壁断面构造的实现	110
	4.1.4	制造轻量化副车架	113
4.2	高性能扭力梁开发		115
	4.2.1	中间梁理想构造	116
	4.2.2	用于SEB的变周长直管的制造方法	118

第5章 车轮NVH …… 127

5.1	车轮振动特性		127
	5.1.1	车轮结构	127
	5.1.2	车轮模态	128
	5.1.3	车轮刚度	130
	5.1.4	车轮优化设计	130
5.2	多谐振腔车轮		133
	5.2.1	基本概念	133
	5.2.2	轮胎环形声场吸声效率提升	134
	5.2.3	高空间效率谐振腔结构的具体构造	136
5.3	降噪车轮的开发		141
	5.3.1	降噪车轮概述	141
	5.3.2	开发目标	141
	5.3.3	基本概念	141
	5.3.4	主要开发内容	143
	5.3.5	实车效果验证	147

第6章 车身NVH …… 149

6.1	车身结构		149
	6.1.1	高刚度车身结构设计	150
	6.1.2	高振动衰减特性车身结构设计	158
6.2	车身阻尼		165
	6.2.1	阻尼材料概述	166
	6.2.2	阻尼材料的属性	168
	6.2.3	车身灵敏度和阻尼	169
	6.2.4	ERP和阻尼	170
	6.2.5	车身板件阻尼处理	171
	6.2.6	高精度阻尼喷涂工艺	172
6.3	车身密封及声学包装		179
	6.3.1	吸声材料概述	179
	6.3.2	隔声材料在薄壁封闭空间的应用	182
	6.3.3	车门玻璃隔声性能提升技术	192

第7章 路面噪声性能开发 ……201

7.1 目标设定及分解 ……201
7.1.1 整车级目标 ……201
7.1.2 系统级目标 ……203
7.1.3 开发方案 ……213

7.2 竞标车分析 ……214
7.2.1 NVH 主观评价 ……215
7.2.2 NVH 客观测试 ……216
7.2.3 CAE 分析 ……218

7.3 工程设计 ……219
7.3.1 分析计划 ……219
7.3.2 分析内容 ……220
7.3.3 结果评价及优化 ……228
7.3.4 分析规范 ……230

7.4 试验验证 ……231
7.4.1 样车试制 ……231
7.4.2 小批量制造 ……233

第8章 路面噪声模拟 ……234

8.1 路面噪声模拟方法 ……234
8.1.1 虚拟性能开发概述 ……234
8.1.2 虚拟性能开发流程 ……235
8.1.3 虚拟性能开发管理 ……237
8.1.4 路面噪声的计算方法 ……238

8.2 轮胎单体振动分析 SEA 模型搭建 ……239
8.2.1 简介 ……239
8.2.2 基于 SEA 试验的 CLF ……240
8.2.3 SEA 分析模型搭建 ……242
8.2.4 轮胎等价弯曲刚度及等价杨氏模量的推导 ……243
8.2.5 SEA 分析的应用 ……246

8.3 悬架系统阻尼控制 ……249
8.3.1 悬架系统阻尼的影响 ……249
8.3.2 相对于操舵激励的侧倾状态推测模型 ……250
8.3.3 操舵激励的侧倾推测精度验证 ……253
8.3.4 试验车的控制结构和行驶评价 ……256

8.4 中频空气传播噪声预测方法 ……258
8.4.1 考虑振动模态的声灵敏度预测方法 ……258
8.4.2 面板透射率验证 ……261
8.4.3 隔声材料透射率的准确性验证 ……263

        8.4.4　车辆声灵敏度预测精度 ································· 263
    8.5　路面噪声模拟实例 ······································· 267
        8.5.1　概述 ··· 267
        8.5.2　等价路面粗糙度的定义 ······················· 268
        8.5.3　数值计算 ·· 272

第9章　路面噪声测试及改进 ································ 274

9.1　路面噪声高贡献车身模态提取 ······················· 274
    9.1.1　车身振动特性 ····································· 275
    9.1.2　OTPA 和高贡献主成分模态 ················· 275
    9.1.3　实车应用结果 ····································· 278
    9.1.4　结构变更效果 ····································· 281
9.2　轮胎噪声的声全息识别方法 ··························· 284
    9.2.1　声全息法 ·· 284
    9.2.2　基于数值模拟的验证 ··························· 285
    9.2.3　试验验证 ·· 287
9.3　基于车身板件相位的路面噪声控制 ················ 290
    9.3.1　概述 ·· 290
    9.3.2　利用板件的相位控制来降低声压 ·········· 291
    9.3.3　BEM 分析方法 ···································· 294
    9.3.4　实车验证 ·· 296
9.4　路面噪声吸声技术 ······································· 301
    9.4.1　概述 ·· 301
    9.4.2　中频噪声吸声条件 ······························ 301
    9.4.3　中频噪声的吸声结构 ··························· 302
    9.4.4　实车验证 ·· 306

第10章　路面噪声主动控制 ··································· 309

10.1　基于 H_2 控制的路面噪声主动控制 ··············· 309
    10.1.1　概述 ·· 309
    10.1.2　模型搭建 ··· 310
    10.1.3　基于 H_2 控制的控制器设计 ················ 313
    10.1.4　模拟计算、测试结果 ························· 314
10.2　基于单频自适应滤波器的多峰噪声主动控制技术 ··· 322
    10.2.1　概述 ·· 323
    10.2.2　控制方法 ··· 323
    10.2.3　控制器特性的验证 ···························· 327
    10.2.4　控制性能 ··· 329
10.3　低频路面噪声主动控制 ······························· 331
    10.3.1　概述 ·· 331

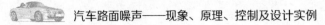

	10.3.2 传统技术概述	331
10.3.3 低频噪声综合控制技术	334
10.3.4 低频噪声的统一控制系统	337
10.3.5 应用效果	338

参考文献 ········· 340

第1章

路面噪声概述

汽车是生活中离不开的交通运输工具。对于汽车，除了要求安全、快捷，还要求能提供一个舒适的乘坐空间。

汽车的 NVH（噪声、振动和声振粗糙度）性能是乘坐舒适性中最基本的一项要求。随着人们对汽车产品的深入了解，以及生活及科技水平的不断提升，人们对汽车产品的要求也越来越严苛。人们在挑选汽车产品时，除了重点关注外观、价格、燃油经济性、安全性能等，对 NVH 性能也越来越重视。顾客在挑选汽车产品时，所亲身体验到的，或者是从某个渠道了解到的产品在 NVH 性能方面的一些缺陷，会让他果断地做出放弃的决定。而当今社会高度发达的信息流转渠道，也会让人们轻而易举地了解到相关的信息。汽车制造公司早已经注意到了这一点，也极力地避免出现这种问题，因此，在汽车产品研发、试验、制造，甚至是售后服务过程中，都对 NVH 性能极为重视，在 NVH 性能开发上投入了大量的人力、物力，期望打造出性能优越的产品，以满足顾客的需求。

汽车起动、行驶过程中，会产生各种各样的振动、噪声问题，如发动机噪声、路面噪声、风噪、异响、制动噪声等。每种振动、噪声问题都有其特有的特征、产生机理和解决方法。本书将以路面噪声为核心，讲述路面噪声的现象、发生原理、降噪产品开发流程、设计及噪声主动控制方法。

路面噪声是一个广义的概念，从字面上理解，是在凸凹不平的路面激励作用下，经过轮胎、悬架传递到车身，引起车身板件振动，产生噪声。另外，轮胎与地面接触过程中，轮胎胎面花纹沟槽内的空气不断地被压缩、释放，引起空气的波动，也会产生噪声。此类噪声会通过车身的缝隙、孔洞，以空气传播的形式传递到车内。还有就是轮胎在高速转动过程中，其周边的空气受到扰动，也会产生噪声。

1.1 路面噪声的产生原理及路面对其的影响

路面噪声是汽车行驶噪声的主要来源之一。路面噪声是由轮胎与路面的接触产生的，因轮胎种类和路面的种类而变化。因此，必须从轮胎和路面两方面研究噪声产生的原因，并有针对性地采取解决措施。针对这一点，可以从两方面入手：一方面是阐明路面噪声的产生原理，直接在声源上采取措施；另一方面是提高路面质量，减小路面对轮胎的冲击，以及加大路面对声音的吸收效应。例如，最近排水性铺装路面受到广泛关注，作为噪声解决对策已经进入了实用阶段。

本节介绍路面噪声的产生原理和路面种类对噪声的影响。

1.1.1 路面噪声的产生原理

1. 轮胎振动产生的噪声

胎面和路面的冲击使得轮胎各部分产生振动，进而发出噪声。为了研究轮胎振动，将加速度计嵌入胎面沟槽内，在粗糙程度不同的路面上测量实际行驶中的轮胎振动。图1.1.1所示是在光滑路面（基材颗粒直径为8mm）和粗糙路面（基材颗粒直径为13mm）上测得的振动加速度结果，越粗糙的路面振幅越大。这种振动产生的噪声频率在1kHz以下。为了研究在该低频区域产生的噪声声源位置，可使用近距离声全息法测量轮胎辐射声强（噪声频率为500Hz）。图1.1.2所示是乘用车轮胎辐射噪声特性。可以看出，在路面和轮胎出现冲击的驶入部位附近有主要的声源。

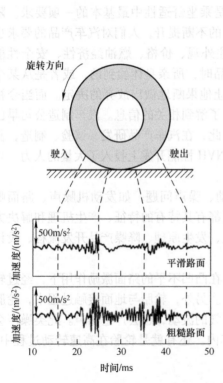

图1.1.1 不同粗糙程度路面上的胎壁振动差异
（纵纹轮胎，车速为70km/h）

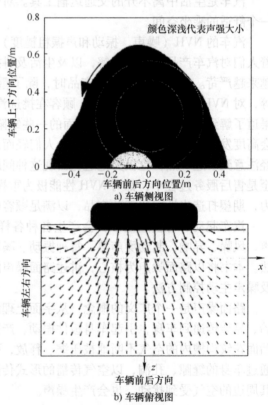

图1.1.2 乘用车轮胎辐射噪声特性
（车速为60km/h，噪声频率为500Hz）

此外，路面噪声还包括胎面花纹块的周向振动产生的噪声。如图1.1.3所示，由于该振动是在胎面的接地压力和驱动力释放时产生的，所以主要在轮胎的驶出部位产生。图1.1.4

所示是通过嵌入胎面花纹块内的加速度计和传声器测量胎面花纹块的周向振动和噪声结果。图中③是在光滑路面和粗糙路面上测量的周向振动的加速度,频率在 1kHz 以上,光滑路

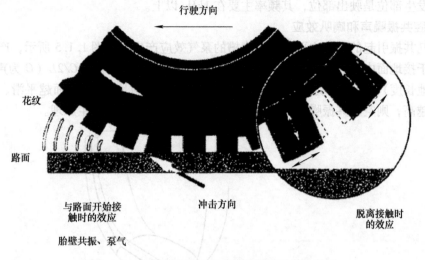

图 1.1.3 轮胎驶离路面处的胎面花纹块周向振动

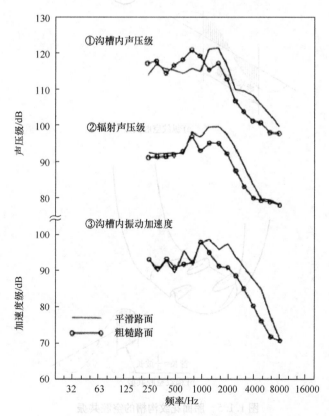

图 1.1.4 胎面花纹块周向振动和噪声
(车速为 75km/h)

的振动水平比粗糙路面高，与此相对应，光滑路面上1kHz以上的噪声也变大（图中①、②）。从上述结果可知，越是光滑的路面越容易产生周向振动，由此产生的噪声也越大。噪声主要的发生部位是驶出部位，其频率主要在1kHz以上。

2. 空腔共振噪声和喇叭效应

由空气共振引起的噪声主要由胎面沟槽的泵气效应产生。如图1.1.5所示，产生的噪声频率取决于接地面内的胎面沟槽长度。对于纵纹轮胎，噪声频率为$C/2L$（C为声速，L为轮胎的接地长度），而在花纹条的情况下为$C/4L$（L为槽的长度）。路面越平滑、胎面沟槽的气密性越高，则空腔共振噪声越大。横纹轮胎噪声也是同样的产生原理。

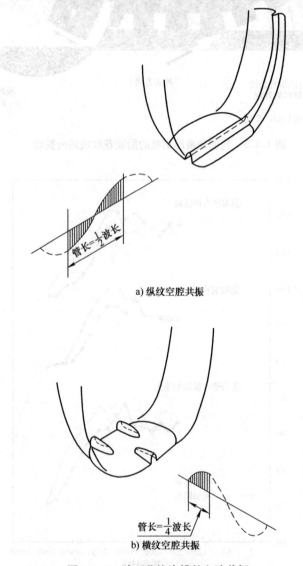

a) 纵纹空腔共振

b) 横纹空腔共振

图1.1.5 胎面花纹沟槽的空腔共振

此外，在轮胎的驶入部位和驶出部位，如图1.1.6所示，胎面和路面之间的空间形成锥形喇叭状空间，该空间附近产生的噪声被放大，即所谓的喇叭效应。

第1章 路面噪声概述

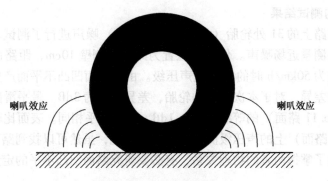

图1.1.6 喇叭效应示意图

1.1.2 路面凸凹不平引起的路面噪声变化

本书以一般道路上广泛使用的细粒沥青混凝土（以下称为细粒沥青）铺装路为研究对象，对路面凸凹不平与轮胎及路面噪声的关系进行了调查，并对结果进行了阐述。另外，细粒沥青路面是几乎没有吸声效果的路面。

1. 路面形状的测试结果

在测量轮胎及路面噪声之前，在普通道路的31个地点用激光位移计测量了路面轮廓。其中3种典型特征的路面轮廓如图1.1.7所示。在测试的地点中，No.6路面是最平滑的，No.11路面是最粗糙的。另外，No.28路面是有细小凹凸的比较平坦的路面。

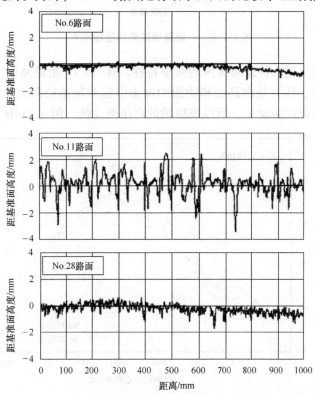

图1.1.7 普通道路的路面轮廓

2. 路面噪声的测试结果

对上述普通道路上的31处轮胎（子午线纵纹轮胎）噪声进行了测试。测量时，在轮胎附近配置传声器来测量近场噪声。传声器位置为距轮胎侧壁10cm，距路面10cm。图1.1.8所示显示了在车速为50km/h时的A计权声压级。由于路面凹凸不平而产生的声压级因轮胎种类而存在较大的差异，对于本次测试的轮胎，差异大约为3dB。最平滑路面（No.6路面）与最粗糙路面（No.11路面）的等级差为0.1dB，两者几乎相同。表面比较平坦且有细小凹凸的路面（No.28路面）上的声压级测试值最低。因此，虽然可以找到路面凹凸与产生噪声的定性关系，但为了掌握两者的物理关系，有必要研究路面凹凸不平的定量表示方法。

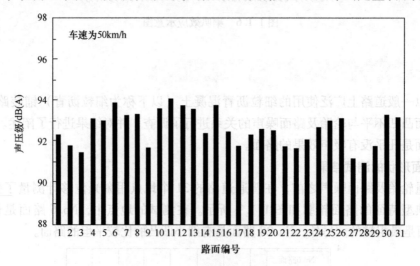

图1.1.8　一般路面的轮胎近场噪声

图1.1.9所示是上述3种路面噪声的频率特性。在No.11粗糙路面上，1kHz以下的频率范围的声压级很高，认为是由路面和胎面的冲击引起的轮胎径向振动增加造成的。No.6平滑路面中，由于这样的振动小，所以该频域的声压级变低，但是1kHz以上的频域的声压

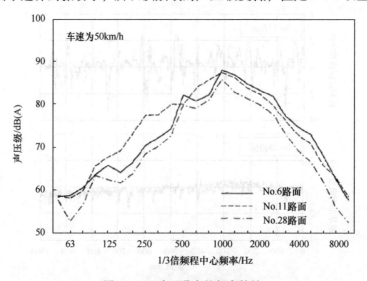

图1.1.9　路面噪声的频率特性

级比其他路面的声压级高。其原因正如前面所述,越是平滑的路面,轮胎胎面的周向振动越大。因此,为了降低噪声,最好降低轮胎径向振动和胎面周向振动,故而 No.28 那样有细小凹凸不平的路面更加适合。

1.1.3 排水性铺装路面上的路面噪声

在此,在不同基材颗粒直径和结构的排水性铺装路面上对轮胎及路面噪声进行测试,以研究噪声控制效果。

1. 声学特性和噪声

试验中使用了 3 种排水性铺装路面和细粒沥青铺装路面。各试验路面的基材颗粒直径、空隙率、铺装厚度见表 1.1.1,激光位移计测得的路面轮廓如图 1.1.10 所示。由该结果可知,路面凹凸不平的形状因基材颗粒直径的不同而大不相同。另外,在小型混响室(容积为 $1.65m^3$)中测得的随机入射吸声系数如图 1.1.11 所示。对于细粒沥青铺装路面,频带

表 1.1.1 各试验路面的路面特性

路面种类	路面特性		
	基材颗粒最大直径/mm	空隙率(%)	铺装厚度/cm
细粒沥青铺装路面	13	5	5
排水性铺装路面 I	10	20	5
排水性铺装路面 II	13	25	5
排水性铺装路面 III	20	20	5

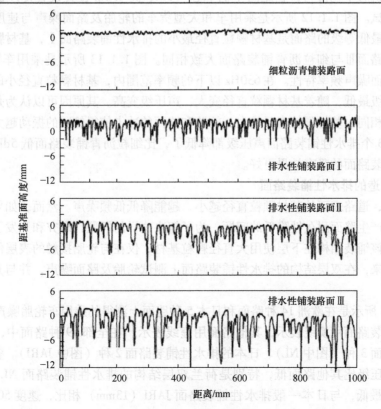

图 1.1.10 路面轮廓

500Hz~8kHz 的吸声系数为 0.2。3 种排水性铺装路面都显示出高的吸声系数，特别是基材颗粒直径最小的排水性铺装路面 I 的吸声系数最高。

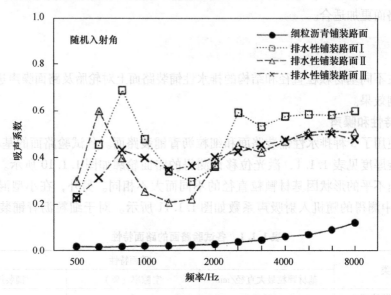

图 1.1.11　各种路面测得的随机入射吸声系数

接下来介绍在上述试验路面上测得的乘用车用轮胎和大型货车用轮胎的噪声结果。测量时，关闭发动机后车辆滑行，在距离车辆中心 7.5m、高 1.2m 位置设置传声器，对行驶时的噪声进行测试。图 1.1.12 所示是乘用车和大型货车的轮胎及路面噪声与速度的关系。对于任何车辆，最低等级的路面是基材颗粒直径最小的排水性铺装路面 I，基材颗粒直径最大的排水性铺装路面 III 与细粒沥青铺装路面大致相同。图 1.1.13 所示是乘用车以 60km/h 速度行驶时的路面噪声频率特性。在 630Hz 以下的频率范围内，基材颗粒直径小的排水性铺装路面 I 的声压级最低，随着基材颗粒直径变大，声压级变高。其原因可以认为是，与上述粗糙路面的情况相同，基材颗粒直径越大，轮胎和路面的冲击使得轮胎的振动越大。但是，在高频范围内，3 个排水性铺装路面声压级都降低了，比细粒沥青铺装路面低 5dB 以上。这是由于排水性铺装路面的吸声效果更好。

2. 两层构造的排水性铺装路面

如上所述，道路表面的基材颗粒直径越小，越能降低低频噪声。然而，如果减小基材颗粒直径，则会产生路面耐久性降低的问题。为了解决这样的问题，研究和开发了双层结构的排水性铺装。该铺装结构在下层使用大直径颗粒基材，仅在与轮胎接触的表层使用小直径颗粒材料。接下来，在双层结构的排水性铺装路面上测试轮胎及路面噪声，并与其他路面的噪声进行比较。

图 1.1.14 所示是在欧洲 14 种路面和日本 5 种路面上测得的乘用车轮胎噪声。图 1.1.14 中，排水性铺装路面用实线表示，其他路面用虚线表示。在全部 19 种路面中，包括荷兰的排水性铺装路面 3 种（图中 NL）、日本的排水性铺装路面 2 种（图中 JARI）。整体上排水性铺装路面的声压级比其他路面低，特别是荷兰双层结构的排水性铺装路面 NL（双层路面：4mm）声压级最低，与日本一般排水性铺装路面 JARI（13mm）相比，速度 50km/h 时声压

第1章　路面噪声概述

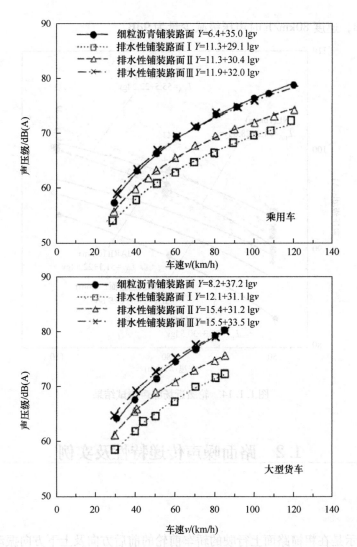

图1.1.12　路面噪声的测试结果

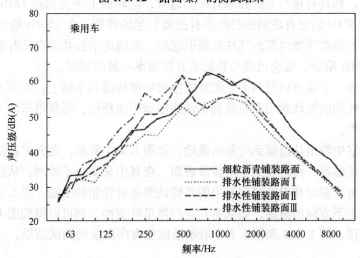

图1.1.13　路面噪声的频率特性

级减少量为10dB，速度80km/h时声压级减少量为9dB。

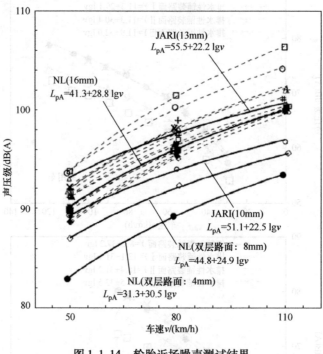

图1.1.14 轮胎近场噪声测试结果

1.2 路面噪声传递特性及实例

1.2.1 路面激励

图1.2.1所示是在粗糙路面上行驶的轿车前轮的前后方向及上下方向振动加速度和车内声音的测试结果，都具有相当宽的频率分布。通常，前轮的上下方向在15Hz附近有簧下共振峰值，另外在80Hz附近有轮胎的径向固有振动引起的峰值，在250Hz附近也有水平低但明显峰值，认为是由轮胎内部的气柱共振引起的。车内的空腔共振也具有对应的峰值，大致在130Hz、250Hz附近，也会出现与轮胎的共振频率一致的情况。

那么，来考虑一下由路面凹凸不平激发的振动如何传递到车轴上。如图1.2.2所示，可以分为从路面到轮胎的振动激励和轮胎到车轴的振动传递特性，通常将车轴力视为振动激励和传递函数的乘积。

为了在实验室中测出从路面到轮胎的激励，如图1.2.3所示，在突起表面安装了6个压电型三向加速度传感器，再组装到室内转鼓表面。在其中央安装了滤网，从路面侧测试了轮胎滚动时的力。有突起时和没有突起时力的差即该突起对轮胎的激励。图1.2.4所示是按照上述方式测得的上下方向的激励，如果对它进行傅里叶变换，则可以得到图1.2.5所示的上下方向激励的频谱。图1.2.6和图1.2.7所示是前后方向激励的测试结果。

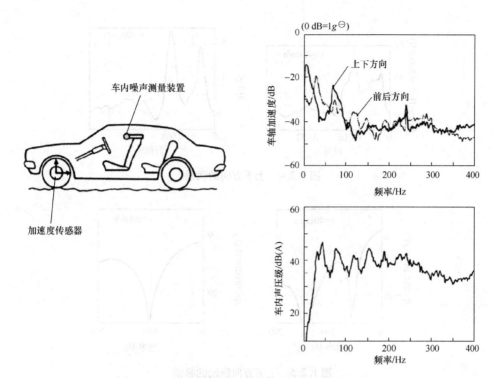

图 1.2.1　粗糙路面上行驶时前轮加速度和车内噪声

图 1.2.2　路面激励引起的振动

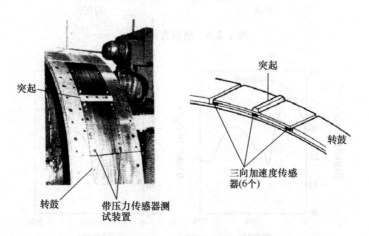

图 1.2.3　突起激励的测试

⊖　0dB＝1g 是将加速度转换成 dB，换算方法是 1dB＝20lg$\frac{加速度}{参考值}$，参考值即 1g（＝9.8m/s²）。

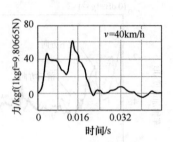 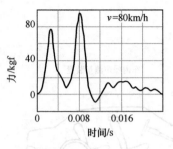

图 1.2.4　上下方向的激励

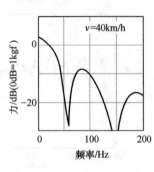 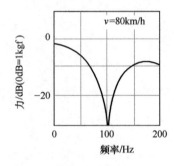

图 1.2.5　上下方向激励的频谱

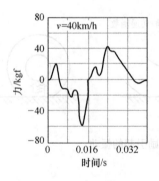 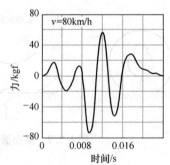

图 1.2.6　前后方向激励

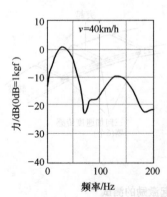 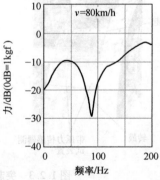

图 1.2.7　前后方向激励的频谱

1.2.2 轮胎的振动传递特性

通过锤击法可以求出轮胎的振动传递特性。使轮胎在转鼓上旋转，用具有阻抗头的力锤敲击轮胎，测试轴力。图 1.2.8 所示是测试得到的轮胎上下方向传递函数（H_V^E），70Hz 的峰值对应于轮胎的一阶固有模态。同样地，通过沿周向敲击轮胎而得到轮胎周向传递函数（H_T^E）（图 1.2.9），35Hz 的峰值对应于轮胎的一阶周向固有模态。

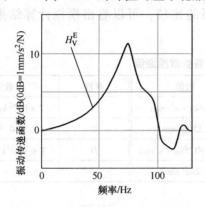

图 1.2.8　轮胎上下方向传递函数　　　图 1.2.9　轮胎周向传递函数

1.2.3 轮胎振动模型

为了理解轮胎振动传递特性，最有效的方法是将振动系统模型化。对于上下方向的振动，考虑图 1.2.10 所示的轮胎上下方向单自由度模型。胎面用具有质量 m_1 的环代表，该环通过刚度为 k_1 的弹簧和衰减系数为 c_1 的螺栓与轴结合。该模型的传递函数 H_V 用式（1-2-1）表示。

$$\begin{cases} H_V = \dfrac{(A_V' s + B_V')}{(s^2 + A_V s + B_V)} \\ A_V' = -c_1/m_1, B_V' = -k_1/m_1 \\ A_V = c_1/m_1, B_V = k_1/m_1 \end{cases} \tag{1-2-1}$$

对于圆周方向，可以考虑图 1.2.11 所示的三自由度模型。在该模型中，考虑了轮胎的

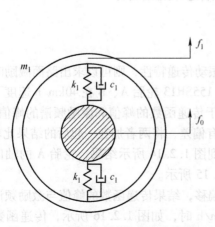
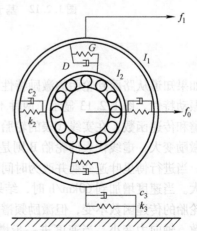

图 1.2.10　轮胎上下方向单自由度模型　　　图 1.2.11　轮胎圆周方向三自由度模型

旋转振动和平移振动。该模型的传递函数可以用式（1-2-2）表示。

$$H_\mathrm{M} = \frac{A'_\mathrm{T}S^5 + B'_\mathrm{T}S^4 + C'_\mathrm{T}S^3 + D'_\mathrm{T}S^2 + E'_\mathrm{T}S + F'_\mathrm{T}}{S^6 + A_\mathrm{T}S^5 + B_\mathrm{T}S^4 + C_\mathrm{T}S^3 + D_\mathrm{T}S^2 + E_\mathrm{T}S + F_\mathrm{T}} \qquad (1\text{-}2\text{-}2)$$

在这些模型中，为了确定各参数的值，将上述轮胎（155SR13）通过试验测得的传递函数，按照与计算值的偏差最小的方式拟合曲线，然后推测各参数的值。表1.2.1 所列是振动模型各参数推测值。从实际轮胎来看各值是比较合理的。图1.2.12 所示是求得传递函数的模拟计算结果和试验测试结果的比较，可以看出模拟计算结果曲线的可信度是较高的。

表1.2.1 振动模型各参数推测值

参数	数值	参数	数值	参数	数值
m_1	3.82×10^{-4} kg	I_2	24.9 kg·s²/mm	c_3	7×10^{-2} kg·s/mm
k_1	112 kg/mm	k_2	125 kg/mm	G	3.6×10^{-6} kg·mm
c_1	1.03×10^{-2} kg·s/mm	c_2	1.0×10^{-2} kg·s/mm	D	1.6×10^3 kg·s/mm
I_1	30.0 kg·s²/mm	k_3	52 kg/mm	—	—

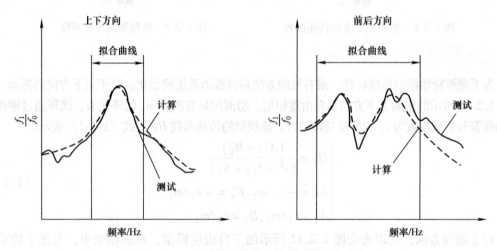

图1.2.12 基于模拟计算的传递函数拟合曲线

1.2.4 车轴的振动特性

如果知道从路面到轮胎的激励特性和轮胎的振动传递特性，则可以求出路面激励时的车轴的振动特性。图1.2.13 显示了两种不同结构的155SR13 轮胎A、B 在40km/h 速度下的激励频谱和传递函数。在实线代表的轮胎A 中，由于传递函数的峰值和激励频谱的峰值一致，车轴激励变大，虚线代表的轮胎B 则是两个峰值有偏差，将两者加在一起后的结果比轮胎A 要小。当进行傅里叶逆变换并改为时间轴时，得到图1.2.14 所示结果，轮胎A 的轴向力振幅变大。当速度增加到60km/h 时，结果如图1.2.15 所示。

轮胎的传递函数不变，但激励频谱向高频侧偏移，结果传递函数的峰值与激励频谱的波谷一致，轴向力变小。当速度进一步增加到80km/h 时，如图1.2.16 所示，传递函数的峰值施加在激励频谱的下一个峰上，轴向力再次变大。关于前后方向的振动，也可以通过同样

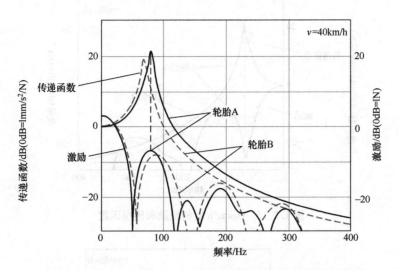

图 1.2.13 155SR13 轮胎 A、B 在 40km/h 速度下的激励和传递函数

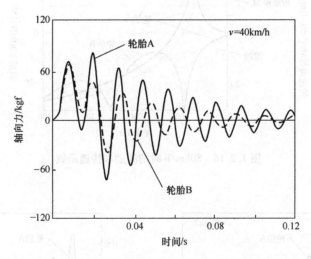

图 1.2.14 155SR13 轮胎 A、B 的轴向力计算值

的操作求出轴向力。

将通过上述方法获得的轴向力与通过直接试验获得的轴向力进行比较,如图 1.2.17(上下方向)和图 1.2.18(前后方向)所示,可以看到预测结果与试验结果具有良好的一致性。轴力的峰-峰值(p-p 值)的速度依赖性与实测结果的对比如图 1.2.19(上下方向)和图 1.2.20(前后方向)所示,虽然绝对值不同,但可以看到大致的倾向,轮胎 A、B 的轴向力变化趋势是一致的。

一旦建立了模拟模型,即可明确轮胎的哪个部分对振动激励、传递特性有多大贡献,就可以对各种参数进行研究,有助于开发振动特性好的轮胎。

一般来说,在激励特性中,胎面部分的贡献较大,在传递特性中,从侧面到胎圈的贡献较大。

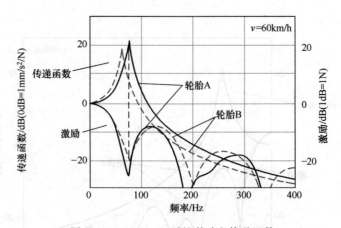

图 1.2.15 60km/h 时的激励和传递函数

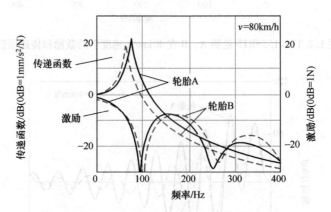

图 1.2.16 80km/h 时的激励和传递函数

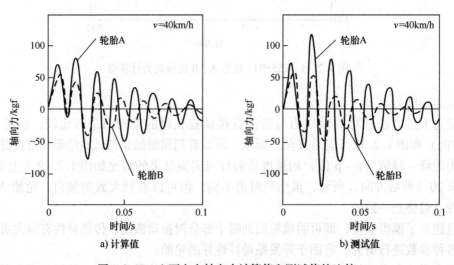

a) 计算值   b) 测试值

图 1.2.17 上下方向轴向力计算值和测试值的比较

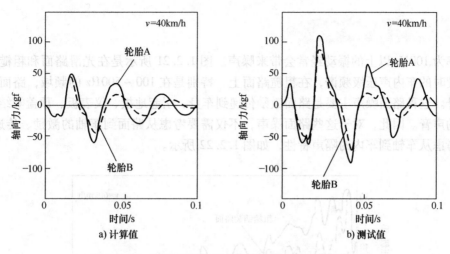

图 1.2.18 前后方向轴向力的计算值和测试值的比较

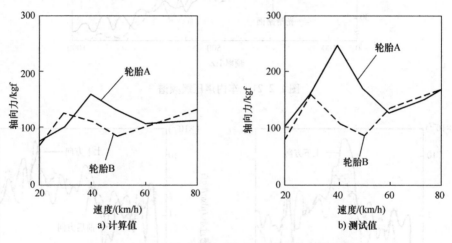

图 1.2.19 上下方向轴向力 p-p 值的速度依赖性

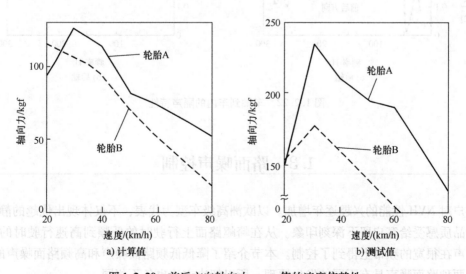

图 1.2.20 前后方向轴向力 p-p 值的速度依赖性

1.2.5 路面噪声实例

频率为100Hz以上的振动经常会带来噪声。图1.2.21所示是在光滑路面和粗糙铺装路面上行驶时的车内声压级频谱,在粗糙路面上,特别是在100～500Hz的频域,路面噪声声压级上升。这种路面噪声主要是路面激励传递到车身,引起地板、仪表板、顶盖等结构振动而产生的声音。因此,对于这些路面噪声,不仅需要考虑从路面到车轴的激励、传递特性,还需要考虑从车轴到车内的隔声特性,如图1.2.22所示。

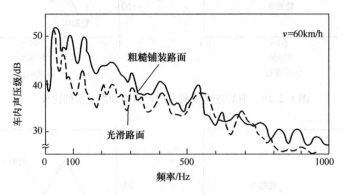

图1.2.21 车内声压级频谱

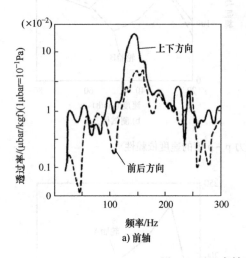

a) 前轴

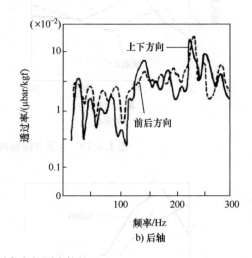

b) 后轴

图1.2.22 车轴到车内的隔声特性

1.3 路面噪声控制

客户对NVH性能的兴趣逐年增加。以欧洲高级车型为代表,不仅体现出优越的静音性,还以高品质感受给客户留下深刻印象。从在崎岖路面上行驶时的低频到高速行驶时的高频,路面噪声在很宽的频带上得到了控制。本节介绍了降低低频路面噪声和高频路面噪声的应用技术,两种路面噪声具有不同的发生原理,所以解决方法也各不相同。

1.3.1 路面噪声改进目标

图1.3.1显示的是汽车在崎岖路面上行驶时的车内噪声频谱。从早期样车和竞争车A、竞争车B的比较结果来看，100~200Hz的低频路噪和800Hz以上的高频路噪有很大的改进余地，这些将作为改进目标。

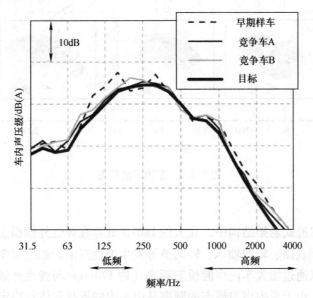

图1.3.1 车内噪声频谱对比

为了实现上述目标，将采用以下两种改进方案：

1）为了降低低频路面噪声，对悬架及副车架进行振动模态分析，确定贡献量高的模态，通过与车内声腔模态隔离来实现降噪。

2）为了降低高频路面噪声，先对板件进行贡献量分析，并在此基础上对隔声材料进行优化配置，减小车身孔隙，提高车身密封性，从而实现对高频路面噪声的控制。

1.3.2 低频路面噪声

在崎岖不平的路面上行驶时产生的低频路噪是在路面不平的激励下，引起轮胎和悬架的振动，并最终传递到车内，产生噪声。因此，降低低频路面噪声的有效方法是降低悬架衬套的刚度以阻隔振动。还有一种方法是利用车内声腔模态和悬架振动模态的合理配置来降低低频路面噪声。然而，降低悬架衬套的刚度会使悬架支撑刚度降低，并对整车操纵性产生很大影响。为了达到理想的底盘动力学性能，需要选择一种兼顾操控性和降噪的方法。

1. 低频路面噪声改进目标

本田CIVIC车型前悬架采用麦弗逊式悬架系统，后悬架采用多连杆悬架系统。悬架刚体外倾模态和弹性外倾模态是对低频路面噪声有很大影响的主要振动模态。需要调整悬架振动模态频率，使其不与车身响应侧的振动模态重叠。

车身的声腔特性是根据悬架安装点受到激励时产生的车内声压来评估的（以下称为车身声灵敏度）。决定车身声灵敏度的因素之一是车内声腔模态。图1.3.2显示了对车身声灵敏度有很大影响的车内声腔模态。通过将这些模态频率与前后悬架模态阻隔开，从而降低低频路面噪声。

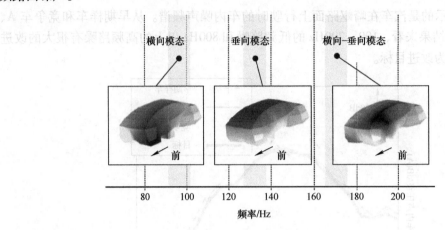

图 1.3.2　车内声腔模态

2. 前悬架

在 CIVIC 的麦弗逊式悬架结构中，在大约 180Hz 处存在弹性外倾模态，其中，车轮沿外倾方向旋转，而轮辋表面、轮毂轴承、转向节等发生弹性变形，如图 1.3.3 所示。

众所周知，可以通过加大车内声腔模态频率（约 170Hz）与弹性外倾模态频率之间的间隔来降低车内噪声。由于车内声腔模态的频率是由车内的形状和体积决定的，很难改变，因此，考虑增加弹性外倾模态的频率，并将弹性外倾模态的目标频率设置在 195~205Hz 的范围内，以降低车内噪声。

弹性外倾模态悬架部件应变能密度的 CAE 分析表明，前转向节轮毂和阻尼器接头之间的应变能密度较高，对弹性外倾模态频率贡献很大，如图 1.3.4 所示。

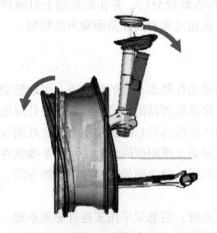 

图 1.3.3　前悬架弹性外倾模态（见彩插）　　图 1.3.4　前转向节在弹性外倾
　　　　　　　　　　　　　　　　　　　　　　　　　模态中的应变能（见彩插）

通过将图 1.3.5 中箭头所示部分的形状增加约 9mm，将弹性外倾模态的频率提高到目标范围,如图 1.3.5b 所示。图 1.3.6 显示的是车轮激励期间的阻尼器振动灵敏度,图 1.3.7 显示的是优化前后路面噪声的对比情况。通过将弹性外倾模态频率与声腔模态频率分离,170~180Hz 之间的声压降低 3dB(约降低 30%)。

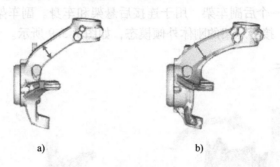

图 1.3.5 前转向节形状优化

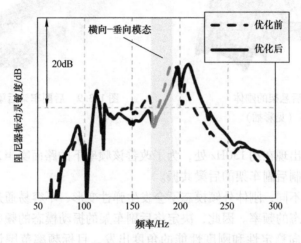

图 1.3.6 车轮激励期间的阻尼器振动灵敏度

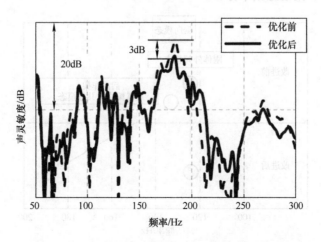

图 1.3.7 前转向节刚度提高后路面噪声的变化情况

3. 后悬架

在后悬架采用的多连杆悬架结构中，约125Hz处有一个刚体外倾模态，其中转向节和车轮一起沿外倾方向旋转，如图1.3.8所示。

CICV车型中还有一个后副车架，用于连接后悬架和车身。副车架的后梁纵向共振模态出现在大约130Hz处，接近悬架的刚体外倾模态，如图1.3.9所示。

图1.3.8 后悬架的刚体外倾模态（见彩插）　　　　图1.3.9 后副车架后梁纵向共振模态

车内声腔模态也出现在约130Hz处，为了改善该频率下的路面噪声，除了后悬架的刚体外倾模态，还需要控制后副车架的后梁共振。

与弹性外倾模态不同，刚体外倾模态不会发生弹性变形，不容易通过改变摆臂或转向节的刚度来改变振动模态的频率。因此，决定将后副车架的振动模态的频率与车内声腔模态的频率分开。从兼顾转向稳定性和刚度性能的角度出发，目标频率范围设定为185~195Hz。图1.3.10显示了后悬架模态频率分布。

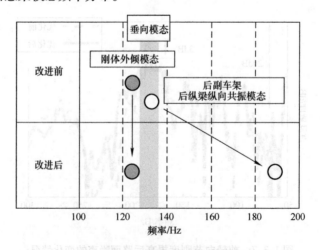

图1.3.10 后悬架模态频率分布

后副车架后梁的振动模态沿纵向变形，如图 1.3.9 所示。为了增加振动模态的频率，需要增加后梁和侧梁之间接合处的刚度。图 1.3.11 显示了后副车架设计变更。改进后后梁的形状变大，与侧梁的接合处加宽，以提高刚度并实现目标频率。

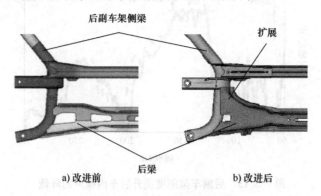

图 1.3.11　后副车架设计变更

图 1.3.12 显示了后轮受到激励时后副车架的纵向振动，图 1.3.13 显示了车内噪声。在车内声腔模态频率下，副车架在车辆纵向上的振动降低了 7dB，车内噪声降低了 5dB。

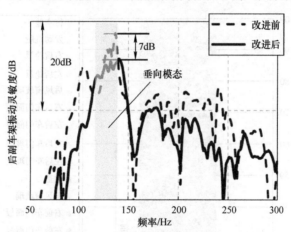

图 1.3.12　后副车架的纵向振动降低

1.3.3　高频路面噪声

高频路面噪声包括路面不平整导致轮胎振动而引起的轮胎辐射噪声、轮胎表面振动引起空气振动而产生的噪声，以及轮胎胎面接触地面受阻后释放空气引起的泵气噪声。隔声材料的应用是有效的，因为这种材料会防止声音穿透面板并通过车身的缝隙进入车内。然而，隔声材料的添加增加了车辆的重量。为了避免这种情况，有必要研究对策方法，包括应用隔声材料的车身侧的结构优化。

1. 高频路面噪声改进目标

首先，对路面噪声贡献量高的车身部位进行分析，并对隔声材料的配置进行优化。其次，减小车身孔隙，提高车身密封性，从而实现对高频路面噪声的控制。

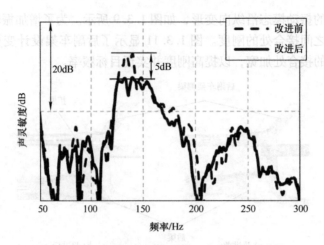

图 1.3.13 后副车架刚度提升后车内噪声的降低

2. 基于贡献量分析的隔声材料配置

对于进入车厢的每个声音传递路径,以能量透过损失作为评价指标,研究其贡献量和隔声方案。图 1.3.14 显示了 1kHz 频率处的路面噪声贡献量分析结果。

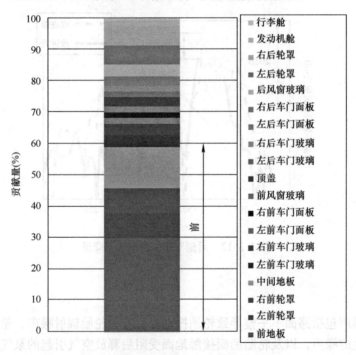

图 1.3.14　1kHz 频率处的路面噪声贡献量分析结果（见彩插）

分析结果发现,前地板、前轮罩和中间地板的贡献率约为 60%,是最高的。

提高地板下空间的吸声性能、提高地板表面的隔声性能、提高客舱的吸声性能,对提高地板的能量传递损失是有效的。为了提高地板下空间的吸声性能,在地板底板和中央通道隔热板上应用了吸声材料。此外,为了提高地板的隔声性能,采用了集成式吸声地毯结构,如图 1.3.15 所示。

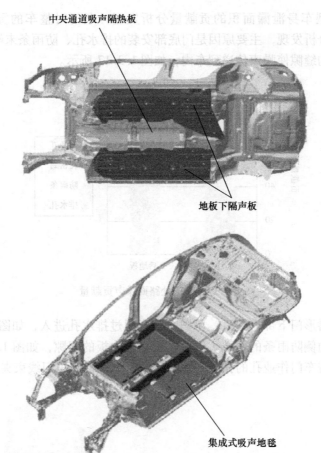

图 1.3.15　隔声系统

通过上述这些措施，与以前的车型相比，地板的能量传递损失提高了 3.5dB，如图 1.3.16 所示。

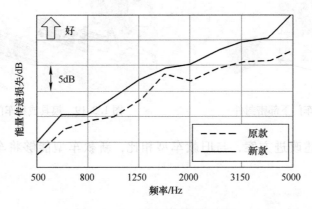

图 1.3.16　地板处能量传递损失

3. 车身密封性提升

减小车身泄漏面积可以有效降低高频路面噪声，因为这样可以防止声音传递到车内。

通过对前述车型车身泄漏面积的贡献量分析发现，车门对整车的贡献量较高，约占40%。进一步详细分析发现，主要原因是门底部安装的排水孔、防雨条末端的缝隙、覆盖车门作业孔及孔密封的缝隙使噪声传递到车内，如图1.3.17所示。

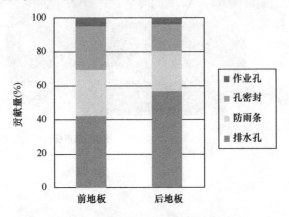

图1.3.17　车门处路面噪声贡献量

应用覆盖孔的唇形门下部密封件，可防止声音通过排水孔进入，如图1.3.18所示。模压成型橡胶被涂在内侧防雨条的两端，可减小与车门内板的间隙，如图1.3.19所示。为了减小车门线束与覆盖车门作业孔的孔密封件之间的间隙，可使车门线束夹被孔密封件覆盖，如图1.3.20所示。

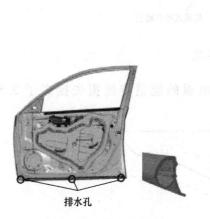

图1.3.18　车门下部密封件

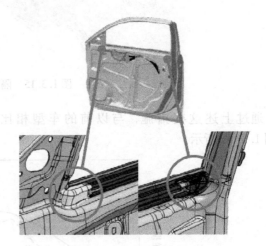

图1.3.19　模具成型车门防雨条

由于应用了上述改进方案，与旧款车型相比，新款车型能够将车身泄漏面积减少约30%。

1.3.4　实车验证

结合以上措施，实现了巡航期间的静音目标。

图1.3.21显示了在崎岖路面行驶时前座位置声音的频谱。与之前的车型相比，在125Hz处，路面噪声降低了5dB，在1000Hz以上的高频范围，路面噪声降低了3dB。

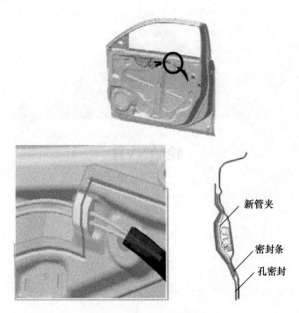

图 1.3.20　车门软管夹

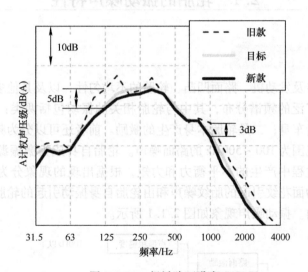

图 1.3.21　粗糙路面噪声

第2章

轮胎NVH

2.1 轮胎的振动噪声特性

2.1.1 轮胎振动特性

汽车的振动源涉及发动机、路面凹凸、轮胎的不均匀性，以及其他多种不确定因素，因此振动频率也具有广泛的频谱分布，其中与轮胎相关的振动包括两类：一是来自路面的激励，通过轮胎传递给车身；二是轮胎本身产生的激励。前者还可以分为频率在100Hz以下的声振粗糙度和频率范围为100~500Hz的路面噪声。轮胎自身成为激振源是由于轮胎本身的不均匀性，在旋转过程中产生的不平衡力和力矩，根据出现的现象分为摆振、冲击或抖动等。另外，由轮胎胎面花纹引起的胎纹噪声和由轮胎自身振动引起的轮胎振动，主要以声音的形式传递到车舱内。振动噪声现象如图2.1.1所示。

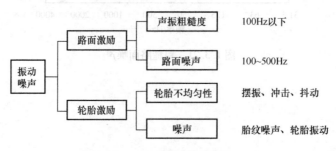

图2.1.1 振动噪声现象

在轮胎的振动问题中，人们往往关注轮胎的不均匀性引起的振动和摆振等低频率振动问题，但逐渐地，路面噪声等高频噪声引起了人们越来越多的关注，最近，特定路面与特定的胎纹形状耦合在一起而产生的1kHz乃至更高频率的噪声也成为轮胎振动问题。

2.1.2 轮胎模态

轮胎是结构体，因此具有特有的振动模态和固有振动频率。在考虑轮胎的振动特性时，这些都是最基本的，过去在理论、试验两方面也有一些报告。图2.1.2中显示的是轮胎的垂直振动模态、周向振动模态和各自的高阶固有振动模态。除此之外，还有横向模态和横向摇摆模态，但是这些模态在轮胎的乘坐舒适性方面并不重要。

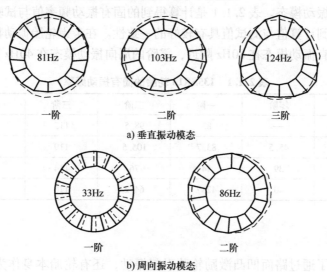

图 2.1.2 轮胎振动模态

如图2.1.3所示，将轮胎模型化，可以计算出固有振动频率。轮胎的胎面可以简化为刚度为C_s、杨氏模量为E、单位长度质量为ρ、张力为S_0的圆筒，圆筒通过径向刚度为C_r、周向刚度为C_t的弹性体与刚体轴结合。在不考虑轮胎旋转的情况下，该模型的平衡方程式用式（2-1-1）和式（2-1-2）表示。

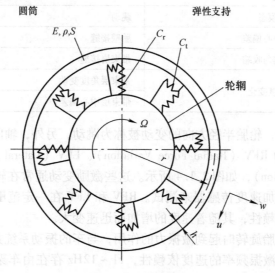

图 2.1.3 轮胎模型

$$\rho \ddot{w} + \frac{EI}{r^4}(w'''' + w'') + \frac{C_s}{r^2}(u' + w) - \frac{S_0}{r^2}(w'' + w) + C_r w = 0 \qquad (2\text{-}1\text{-}1)$$

$$\rho \ddot{u} + \frac{EI}{r^4}(w'''' + w'') - \frac{C_s}{r^2}(u' + w') + C_t u = 0 \qquad (2\text{-}1\text{-}2)$$

式中，u、w 为圆周、径向的位移；$\ddot{w}$ 为位移积分；I 为圆筒的转动惯量。

将 E、I 及其他从轮胎中求得的适当材料常数和尺寸，代入式（2-1-1）、式（2-1-2）中，则可求得固有振动模态。表 2.1.1 是计算得到的固有振动频率值与试验求得的值进行比较的结果，可以看到计算值与测试值具有较好的一致性。在考虑轮胎振动特性的情况下，需要注意，一阶的垂直振动模态在 80Hz 附近，零阶的周向振动模态在 40Hz 附近。

表 2.1.1 135SR13 轮胎的固有振动频率 （单位：Hz）

阶次		零阶	一阶	二阶	三阶	四阶	五阶
垂直振动模态	测试	—	83	98.5	115	136	158
	计算	45.5	83.7	105.5	119	134	150
周向振动模态	测试	39	44	76	114	149	—
	计算	40	42.7	64.2	110	162	—

2.1.3 轮胎作为激励源引起的振动

如上所述，除了通过路面凹凸激励轮胎引起振动，还有轮胎本身作为激振源引起的振动，其代表是均匀性不良。理想的轮胎是完全圆形，尺寸和刚性都应该完全轴对称，实际上轮胎具有不均匀性，被称为均匀性不良。均匀性不良原因见表 2.1.2，即所有种类轮胎都存在制造上的偏差。为了改善统一性，研究人员进行了长期的努力，轮胎均匀性的平均水平逐年得到改善。

表 2.1.2 均匀性不良原因

跳动	激励变动
轮胎模态	跳动
新轮胎中心偏差	胎壁接缝
轮胎不均匀收缩	带束层接缝
侧壁厚度变化	带束层角度变动
	带束层中心偏差

在不均匀性分析中，轮胎半径方向的变动被称为跳动，另外，轴向力的变动在径向、横向、周向上分别被称为 RFV（Radial Force Variation）、LFV（Lateral Force Variation）、TFV（Tangential Force Variation），如图 2.1.4 所示。这些激励变动通常在转鼓上使轮胎旋转，并通过安装在轴上的三向加速度传感器来测试。RFV 和 LFV 在一定范围内不太依赖速度，但 TFV 具有较大的速度依赖性，其随着速度的增加而迅速变大。

轴向力的变动在轮胎旋转时起到激振力的作用，与车的振动系统共振时会引起较强烈的振动。图 2.1.5 显示了激振频率的速度依赖性，11～12Hz 存在由车架刚性引起的共振，另外 15～20Hz 存在簧下共振。如果对轴向力的变动进行傅里叶变换的话，除了基本频率，还包含很多高次谐波，但在基本频率的情况下，在车速为100km/h左右时，与弹簧下的振动系统共振，通常会让车内人员感受到较明显的振动。

人们过去主要关注RFV和LFV，但近年来TFV逐渐受到关注。TFV在前后方向上对车轴进行激振，车辆高速行驶时会引起摆振和抖动。

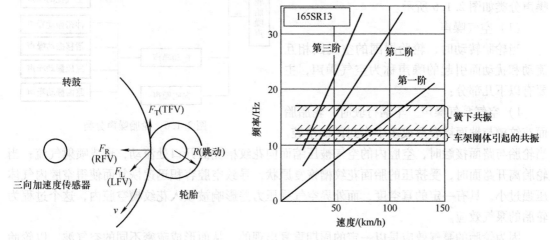

图 2.1.4　不均匀性测试　　　　图 2.1.5　激振频率的速度依赖性

2.1.4　轮胎噪声

轮胎噪声是汽车噪声的两个主要来源之一。轮胎噪声产生的原因和机理都比较复杂，尽管产生噪声激励源的因素众多，但是所有轮胎及路面噪声均源自于轮胎与道路的相互接触、轮胎的变形及轮胎与空气的相互作用。

1. 概念介绍

有关研究表明，在干燥路面上，当汽车行驶速度达到70km/h时，载货汽车轮胎噪声成为汽车主要噪声源，而对于轿车和轻型载货汽车，当车速为45~55km/h时，轮胎噪声就成为主要噪声源。在湿路面上，即使车速较慢，轮胎噪声也会超过其他噪声，成为最主要的噪声源。车速越快、负荷越大，轮胎噪声的能量级就越高，在汽车行驶噪声中所占的比例也就越大。

2. 危害

轮胎噪声是汽车噪声的重要组成部分，也是城市道路噪声污染的一部分，对人们的危害归纳如下：

1）损伤听力，影响人体健康。大量调查研究表明，如果人长时间处于强噪声的环境中，会使内耳听觉器官组织受到损伤，造成不同程度的耳聋。

2）噪声的生理效应。暴露在噪声中所导致的人体生理变化称为噪声的生理效应，噪声具有强烈的刺激作用，对人体的影响也是多方面的，除了对听力的影响，对神经系统、心血管系统、消化系统、内分泌系统等也有明显的影响。

3）噪声对人们生活和工作的影响。噪声妨碍人们休息、睡眠，干扰语言交谈和日常社交生活，使人烦躁、注意力下降，甚至会导致精神失控、行为反常。

4）噪声还对动物、建筑物和仪器设备有影响。

3. 分类与机理

轮胎噪声是轮胎与道路表面接触时发出的声响。按照其产生的机理，轮胎噪声主要分为空气噪声、振动噪声和振鸣噪声，轮胎噪声分类如图 2.1.6 所示。

（1）空气噪声

当轮胎转动时，轮胎周围的空气因相互流动和扰动而引起的噪声称为空气噪声，主要有以下几部分：

1）空气泵气噪声。车辆行驶时，轮胎胎面花纹槽与地面耦合形成多个半封闭的空腔。

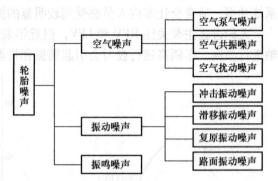

图 2.1.6 轮胎噪声分类

当轮胎与路面接触时，空腔内的空气被压缩而向花纹槽侧面开口处流动，形成喷射气流；当轮胎离开路面时，受挤压的胎面花纹槽恢复原状，导致空腔容积迅速恢复而使得空腔内气体压强过小，具有一定的真空度，而外界空气受压力差影响被吸入花纹槽空腔内，这个过程为轮胎的泵气效应。

因为轮胎的泵气效应是以一定的周期重复出现的，从而形成疏密不同的空气波，以轮胎为中心向外界辐射，即形成了噪声。由轮胎花纹的空气泵气效应产生的噪声被称为轮胎的空气泵气噪声，它是轮胎噪声的重要来源之一，路面上凹凸不平处也会因空气泵气效应而发出空气泵气噪声。

2）空气共振噪声。车辆行驶过程中，轮胎受外界激励产生振动，导致花纹槽中流动的气体在某一特定的频率下发生共振，由此引起的噪声称为空气共振噪声，这个特定的频率不受轮胎外形结构的影响，而一般固定出现在 1000~2000Hz 范围之内。

3）空气扰动噪声。轮胎转动时会带动周围的空气流动，形成湍流，湍流中空气压力起伏变化引起的噪声称为空气扰动噪声。这种噪声的声能不强，在轮胎噪声中所占的比例较小，只有车速超过 200km/h，才对轮胎噪声级有所影响。

（2）振动噪声

轮胎胎面和胎侧在外界激励下产生振动引起的噪声称为振动噪声，它也是轮胎噪声的重要来源之一。

1）冲击振动噪声。当轮胎与路面接触时存在一个冲击力，该冲击力使得轮胎胎面和胎侧发生一定的形变，而该形变变形与恢复过程中产生的噪声称为轮胎冲击振动噪声。

2）滑移振动噪声。轮胎胎面与路面耦合时，接触面上的橡胶花纹块与路面之间在位移上产生了一定的偏移，而偏移过程中花纹块在摩擦力作用下引起振动而产生的噪声称为滑移振动噪声。

3）复原振动噪声。轮胎转动过程中，受压部位离开接触面后变形恢复，而形变复原过程中产生的振动噪声称为复原振动噪声。

4）路面振动噪声。车辆行驶过程中轮胎受凹凸不平的路面激励产生的噪声称为路面振动噪声。

（3）振鸣噪声

汽车在路面上起步、紧急制动或急转向时，轮胎和地面接触面发生局部自激振动而产生的噪声称为振鸣噪声，其频率一般为 0.5~1kHz。

轮胎噪声产生还有其他一些机理，不过，有些机理还有待进一步研究考证。不同性质的轮胎噪声产生机理各不相同，在大多数情况下，这些机理是同时存在的，只是形成噪声能量的大小和对轮胎总噪声的贡献量不同。

4. 轮胎噪声测试结果

轮胎噪声以轮胎为激振源。轮胎噪声有两层意思，一个是车内噪声，另一个是车外噪声。车内声音对驾驶员及乘员来说是个问题，车外声音从环境公害的角度来看也是个问题。

轮胎噪声的产生机理有多种，其中之一被称为空气泵气噪声，当胎面的花纹与地面接触时，沟槽伸缩，产生空气的疏密波为声音。如果在圆周上等间隔地配置胎面花纹沟槽，则该胎纹噪声与由轮胎的转速 n 和节距个数 N 的乘积决定的单一频率及其高次谐波的声音成为非常刺耳的声音。为了避免这种情况，轮胎广泛采用了使胎纹节距长度在圆周上变动的变节距方法。由此，虽然胎纹噪声整体值不变，但成为宽频分布的声音，给人带来的不愉悦感降低。图 2.1.7 所示是单一节距布置的频谱，图 2.1.8 所示是变节距布置的频谱。根据音调变化，尖锐的峰值消失，频率分布变宽。

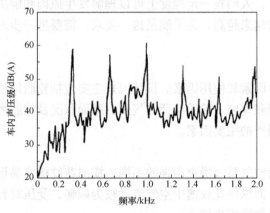

图 2.1.7 单一节距布置的频谱　　图 2.1.8 变节距布置的频谱

普通乘用车轮胎噪声中除了胎纹噪声，在 800~1000Hz 具有较宽的峰值，如图 2.1.9 所示。这是由于车辆行驶时胎面花纹块与路面撞击，轮胎受力振动而产生声音。它与胎纹的沟槽排列、沟槽角度、胎面橡胶硬度及其他许多因素有关。轮胎的结构也很重要。即使轮胎受到的激振力相同，轮胎的结构，特别是胎侧部分的结构对所产生的辐射噪声有很大的影响。

图 2.1.10 所示是将轮胎辐射噪声的声强分布可视化结果（轮胎侧面的噪声频率为 800Hz，车内声压级为 90dB 以上）。很容易观察到从侧面的哪个部分发出声音。当使用带通滤波器选择

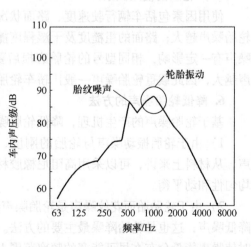

图 2.1.9 轮胎噪声的频率分布

图 2.1.10 轮胎辐射噪声的声强分布（800Hz、90dB 以上）

特定频带时，可以获得每个频带的强度图，可以进行详细的分析。

轮胎的振动特性正在前所未有地受到关注，人们在一定程度上可以理解发生原因和解决措施，此外，人们对乘坐舒适性和噪声的要求越来越高，为了满足这一要求，需要进一步对轮胎噪声推进研究。

5. 轮胎噪声影响因素

轮胎噪声的影响因素可以分为轮胎的设计因素和使用因素。设计因素主要包括轮胎结构设计和花纹设计；使用因素主要包括汽车的行驶速度、轮胎载荷和气压、路面状况及轮胎磨耗等，其中花纹设计和路面状况是影响轮胎噪声的主要因素。

（1）轮胎的设计因素

花纹槽的设计不同直接造成各种花纹轮胎空气泵气噪声声强的不同，横向花纹槽容易形成封闭空腔，产生的空气喷射流压强也较大，而纵向花纹槽中空气流动较为顺畅，受压时容易排出，不会产生较大的空气压差，因而引起的噪声也较小。

（2）轮胎的使用因素

使用因素包括车辆行驶速度、路面状况及轮胎载荷和气压等。一般情况下，车速越快，轮胎噪声越大；路面的粗糙度及干湿程度能影响轮胎噪声大小；而轮胎的新旧程度也对轮胎噪声有一定影响，相同型号的轮胎磨损后要比新轮胎噪声增加 2~4dB；轮胎载荷越大，噪声越大，因此载重轮胎噪声一般比轿车轮胎噪声高 3~5dB。

6. 降低轮胎噪声的方法

基于轮胎噪声的产生机理，降低轮胎噪声主要从以下两方面考虑：

1）由于轮胎振动噪声与轮胎的刚度、阻尼、均匀性和动平衡有关，要降低轮胎的噪声，从材料上来讲，可以采用高阻尼橡胶材料，调整轮胎整体刚度和负荷平衡，提高轮胎的均匀性和动平衡。

2）由于轮胎胎面花纹噪声是轮胎噪声的主要来源，因此可以通过优化轮胎花纹结构来降低噪声，这也是轮胎降噪最主要的方法。胎面花纹设计应该尽量减小噪声的总体幅值，同时使噪声能量分布在尽可能宽的频率范围上，避免在窄的频率范围上出现峰值。可以利用多种方法实现轮胎降噪：优化花纹块（槽）的设计、优化花纹错位的设计，以及选择轮胎花纹的最优节距等。

轮胎降噪还有其他方法，但是有可能对轮胎其他性能产生不利影响，所以在选择降噪方法时要兼顾轮胎其他性能。

2.2 轮胎空腔共振对路面噪声的影响

2.2.1 轮胎及路面噪声的传播路径

车内噪声包括在粗糙的路面上行驶时产生的轮胎及路面噪声。如图2.2.1所示，轮胎及路面噪声的传播路径有空气传播和结构传播两种形式，但已知在普通轿车中300Hz以下的频率范围内，结构传播路径是主要传播路径。与结构传播路径有关的车辆特性包括轮胎振动特性、悬架振动传递特性、车体的声辐射传递特性等。本节整理了其中影响路面噪声的轮胎振动特性，特别是使用声学模型分析了研究实例较少的轮胎内部空腔共振的影响，以及轮胎空腔共振对实际车辆路面噪声的影响。

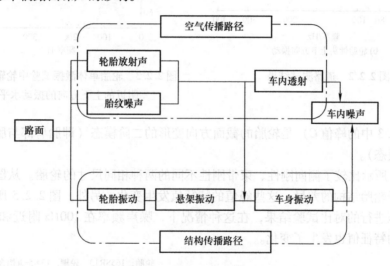

图 2.2.1　路面噪声传递路径

2.2.2 路面噪声的产生原因

当车辆在试验路面上行驶时，路面激励引起的车内噪声和轮胎轴头上下方向振动的频谱如图2.2.2所示。车内噪声的频谱在100Hz附近和200～300Hz附近的水平较高，也与主轴上下振动的频谱相对应，如上所述，可以看出结构传播路径的影响较大。因此可以判断100Hz和200～300Hz附近的路面噪声受轮胎振动特性的影响很大。将轮胎单体置于非接地状态（Free – Free），在上下方向上对胎面中央部进行激振时，轮辋中央部（螺栓安装点）附近的上下方向的振动水平如图2.2.3所示。在100Hz、250Hz、280～340Hz附近出现明显的峰值，对应于实际运行时的路面噪声频谱的峰值频域。

已知100Hz噪声频率附近的峰值（图2.2.3中的峰值A）有轮胎的周向变形一阶模态和轮辋的平移振动模态（都是轮胎截面方向为一阶变形）。另外，280～340Hz噪声频率附近的

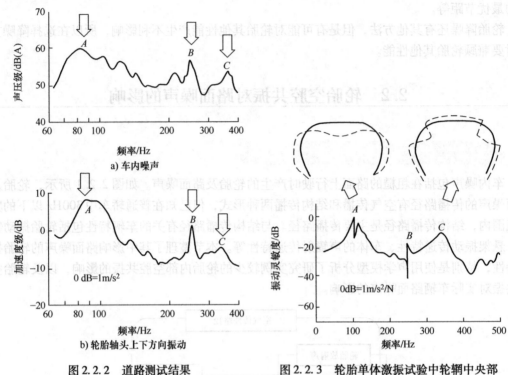

图 2.2.2 道路测试结果

图 2.2.3 轮胎单体激振试验中轮辋中央部附近的上下方向的振动水平

峰值（图 2.2.3 中的峰值 C）是轮胎的截面方向变形的二阶模态（即胎肩部与胎面、胎侧相反地振动的模态）。

图 2.2.4 所示比较了侧向刚性、束带刚性不同的两种相同尺寸的轮胎。从图 2.2.4 中可以看出，由于轮胎结构的差异，这些峰值的特征值发生变化。另外，图 2.2.5 所示是用同一轮胎改变气压进行的对比试验结果，在这种情况下，噪声频率在 100Hz 附近和 280～340Hz 附近的峰值的特征值也发生了变化。

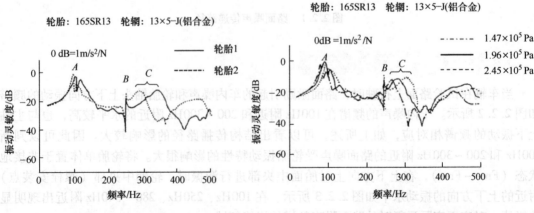

图 2.2.4 轮胎结构变更时轮辋上下振动　　图 2.2.5 胎压变更时的轮辋上下振动

存在于250Hz噪声频率附近的尖锐峰（图2.2.5中的峰值B），即使轮胎的结构（刚性）改变，或者胎压改变，特征值也没有改变。也就是说，推测该250Hz噪声频率处的峰值不是结构共振，而是轮胎内部的空腔共振。

2.2.3 声学分析

1. 圆环模型

为了进一步阐明上述各种不同的现象，首先制作了简易模型，将轮胎置换成图2.2.6所示的圆环，计算空腔共振的频率。圆环内部的空腔共振频率由式（2-2-1）给出。

$$f_i = i\frac{c}{l} \qquad (2\text{-}2\text{-}1)$$

式中，f_i为第i阶共振频率（Hz）；c为声速（$C=340\text{m/s}$）；l为长度。

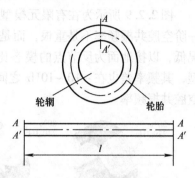

图2.2.6 胎腔圆环模型

表2.2.1显示了165SR13、195/65R15两种轮胎的一阶空腔共振频率计算值。对于式（2-2-1）中的长度l，使用了轮胎截面的最大宽度位置的周向长度。计算结果显示，一阶共振频率分别为233Hz、210Hz，与试验结果（165SR13、247Hz）基本一致。另外，空腔共振的一阶到三阶的模态如图2.2.7所示。这里，一阶模态是将负载轮胎向平移方向激振的模态，但二阶、三阶模态在矢量上相互抵消，不能成为对负载轮胎的激振力。四阶以上的模态也与二阶、三阶相同，可知影响路面噪声的只有一阶模态。

表2.2.1 一阶空腔共振频率计算值

轮胎	l/m	f_i/Hz
165SR13	1.458	233
195/65R15	1.618	210

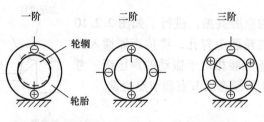

⊕ 中心→圆周方向
⊖ 圆周→中心方向

图2.2.7 轮胎内部空腔共振模态（简易模型）

另外，根据式（2-2-1）可知，空腔共振频率与声速成正比。声速从1个大气压变化到25个大气压时，只增加0.8%。由此可知，如上述试验结果所示，空腔共振频率几乎可以忽略轮胎内压的影响。

2. 有限元分析

将轮胎内部空腔利用有限单元进行分割（实体元：节点数600、单元数384），进行特征值分析。截面形状为长方形，截面中心周长 l 与前面165SR13 轮胎的圆环模型相同。

图2.2.8 所示为截面的纵横比（扁平率）分别为50%、80%、125%时的一阶共振频率、模态计算结果。图中白色部分为模态节点，黑色部分表示反节点，表示与圆环模型相同的模态。可以看出，一阶空腔共振频率几乎不受截面形状的影响。

图2.2.9 所示为在有限元模型中，由于轮胎与地面接触而产生了变形。在这种情况下，一阶空腔共振频率不是重根，而是存在两个不同的根，以接地面为节点的模态比非接地的情况低，以接地面为反节点的模态比非接地的情况高。但是，即使像这样出现了大变形的模型，其频率差也在 $-10 \sim 10$ Hz 之间，实际上可以在非接地（Free – Free）的状态下推测一阶空腔共振频率。

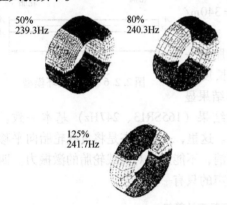

图2.2.8　扁平率的影响（有限元模型）

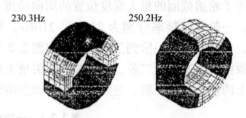

图2.2.9　接地的影响（有限元模型）

2.2.4　声学激励试验

1. 试验方法

为了确认轮胎内部的空腔共振，进行了如图2.2.10所示的声学激励试验。在轮胎上打孔，将传声器插入到轮胎空腔的中央，测量扬声器相对于振动的声压级。考察测量点到三阶模态为止的模态反节点和节点位置。

2. 试验结果

图2.2.11 所示为声学激励试验结果。在230Hz 频率处有声压峰值，根据相位关系可以确认是一阶的模态。另外，确认了230Hz 整数倍的460Hz、690Hz 也存在峰值，分别为二阶、三阶模态。

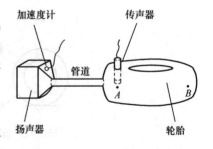

图2.2.10　声学激励试验

2.2.5　解决方案

1. 填充聚氨酯

通过在轮胎内部填充聚氨酯来抑制空腔共振。图2.2.12 所示是对195/65R15 轮胎的测试试验结果，将轮胎单体置于非接地状态，测试对胎面中央进行声学激励时的轮辋振动。在230Hz频率处存在空腔共振峰值，填充聚氨酯后，可以看出峰值消失。

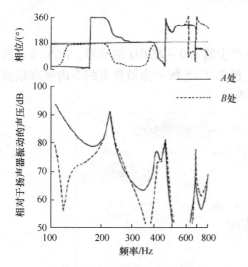

图 2.2.11　声学激励试验结果　　　图 2.2.12　填充效果（轮胎单体试验）

另外，100Hz附近以及280~350Hz频率存在的峰值，在聚氨酯填充前后几乎没有变化，这些结构共振引起的峰值不受影响。

使用实车进行道路试验，在轮胎内部填充聚氨酯，车辆行驶时测得的噪声、振动频谱如图2.2.13和图2.2.14所示。图2.2.13所示是前排座椅噪声的频谱，图2.2.14所示是后悬架振动噪声频谱。存在于250Hz频率处的悬架振动峰值因填充聚氨酯而消失，与此相对应，250Hz频率处的车内噪声峰值也因聚氨酯填充而消失。在这个例子中，总体路面噪声水平也有所降低。

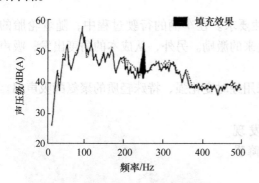 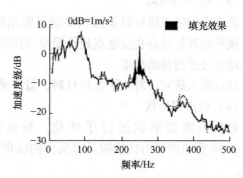

图 2.2.13　填充效果（前排座椅噪声）　　　图 2.2.14　填充效果（后悬架振动噪声）

综上所述，轮胎内部的空腔共振是影响实车路面噪声的因素之一。

2. 吸声绵

2006年，住友橡胶在世界上首次在批量生产的轮胎上安装吸声绵，用于改进轮胎空腔共振噪声。该技术降低了车辆车内噪声之一的空腔共振噪声，这种噪声曾被认为是最难以降低的噪声。混合动力汽车、电动汽车等低噪声车辆逐年增加，因此该项技术会发挥越来越大的作用。

随着该技术的面世和不断进化，以用户乘坐舒适性为目标，打造更加安静的乘员舱环境成为可能。

（1）空腔共振噪声

所谓空腔共振噪声，是轮胎中的空气因共振产生的 200～250Hz 的噪声，汽车通过高速公路接缝时的"咣咣"的声音就是典型的例子。图 2.2.15 所示为最常见的车内噪声频谱曲线，其中，250Hz 频率附近的峰值为空腔共振噪声。

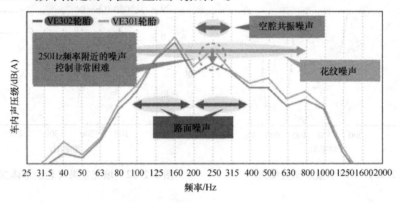

图 2.2.15 最常见的车内噪声频谱曲线

（2）技术难题

随着车辆低噪声化的发展，住友橡胶公司在 1999 年开始了降低空腔共振噪声的研究，解决了各种各样的技术难题，2006 年在世界上首次成功批量生产了带吸声绵的轮胎。

吸声绵装置不仅要具有吸收声音能量、降低声压幅值的功能，同时，还要保证能够兼顾轮胎所要求的耐久性、耐热性、耐候性、强度、轮辋组装性等。

（3）吸声绵材料

所选用的吸声绵材料及形状要满足实用性要求。在车辆的行驶过程中，随着轮胎的旋转，吸声绵和轮胎会在接地点处承受路面传递来的激励。另外，从成本的角度出发，吸声绵不能增加过多的轮胎成本。

经过深入研究，对比了多种材料，最终采用经时变化强、特殊轻质的聚氨酯吸声绵。

（4）吸声绵形状

对吸声绵的形状进行了优化，最终发现图 2.2.16 所示的双山状结构具有最佳的吸声降噪效果。

1）分散吸声绵承受的力，提高耐久性。
2）增加吸声绵的表面积，提高吸声性。
3）行驶中储存在吸声绵中的热量容易释放出来。

图 2.2.16 单体吸声绵结构

4）轮辋组装时，轮胎拉杆不易划伤吸声绵。

（5）吸声绵的安装位置

在本次开发中，积极采用模拟技术，将轮胎内的空气振动可视化，发现将吸声绵布置在空腔内空气振动幅度最大的胎面处具有最佳的效果，如图 2.2.17 所示。

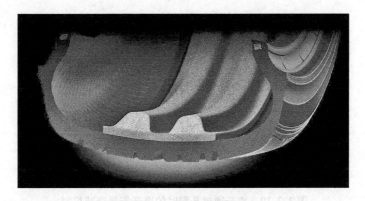

图 2.2.17　吸声绵安装状态

另外，在根据轮胎尺寸优化吸声绵的形状时，使用模拟技术，大大地缩短了开发周期。

（6）特殊吸声绵的效果

通过采用特殊吸声绵，可以将空腔共振噪声降低到以往不可能的水平。图 2.2.18 所示是同一轮胎上有无吸声绵时车内声压级频谱曲线图。

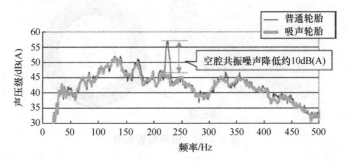

图 2.2.18　吸声绵降噪效果

通过实车测试发现，在轮胎中加入吸声绵后，220Hz 频率附近的空腔共振噪声峰值大约降低了 10dB(A)，也就是说，振动能量降低了约 1/10，车内噪声也降低到车内乘员无法感知的水平。

3. 静音环

东洋轮胎开发了一种可以有效降低轮胎空腔共振噪声的装置，并在丰田汽车系列车型上成功地推广应用。

该装置通过模拟丰田静音技术来可视化汽车在行驶过程中发生的轮胎内部的空气流动。研究发现，空气在轮胎内部的运动有"周向流动"和"垂直方向流动"两种运动模式。通过模拟分析确定了轮胎内部空气流动的事实，并灵活利用空气流动、声音衰减原理，开发出了一种独特的轮胎空腔共振噪声降低装置。

该装置实际上是一种多孔膜结构，灵活利用声音通过孔洞时发生的"孔壁面摩擦"和"通过孔后产生涡流"这两种声音能量衰减机制。多孔膜沿着空气流动方向（空气通道）布置，以提供可让声音通过的孔洞结构。另外，为了对应空气周向、垂直方向的流动，将多孔膜做成山峰形状,如图 2.2.19 所示。

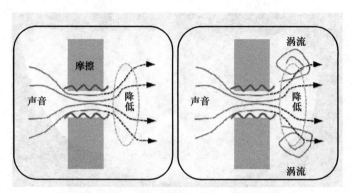

图 2.2.19　声音通过孔洞时的声音能量衰减机制

另外,在圆周上配置 16 座山峰形状多孔膜和圆筒状海绵。该圆筒状海绵为中空结构,能够充分发挥声音衰减作用,因此其可通过与多孔膜的协同进一步提高改善噪声的效果,如图 2.2.20 和图 2.2.21 所示。

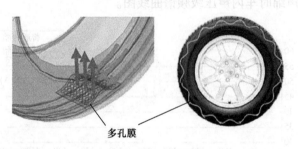

图 2.2.20　吸声装置布置

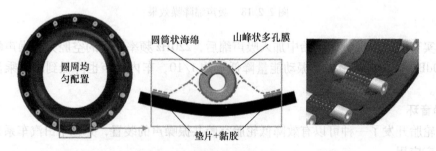

图 2.2.21　吸声装置结构

为了确认吸声装置的搭载效果,以与轮胎空腔共振噪声频带相同的 200~250Hz 低频带为目标,以该轮胎为样品实施了实车试验。对车内的噪声水平进行测试,搭载了静音环轮胎的轿车的空腔共振噪声与未搭载吸声装置的现行轮胎行驶时相比,最大降低了 12dB(A) 噪声,如图 2.2.22 所示。

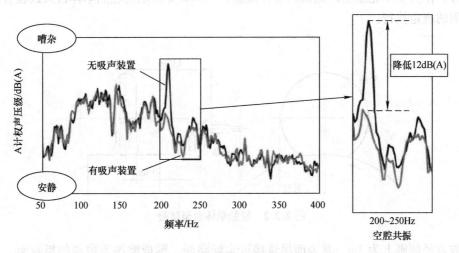

图 2.2.22 静音环降噪效果实车验证

2.3 轮胎噪声控制

轮胎噪声主要分为两类：一类是轮胎在路面上滚动时，从轮胎直接辐射出来的声音，为空气传播噪声；另一类是路面的凹凸不平作用在轮胎上，使悬架和车身振动，车身板件受激励而产生噪声，为结构传播噪声。

2.3.1 轮胎噪声测试方法

汽车噪声测试是在正常行驶、加速行驶工况中进行的，关于轮胎噪声，根据轮胎噪声试验方法进行诊断，使用状态良好的车辆，关闭发动机使车辆滑行，测试通过噪声。

在图 2.3.1 中，安装了试验轮胎的车辆在 AA' 以前滑行，读取车辆通过 $AA' \sim BB'$ 区间时的噪声计的最大值，将其作为轮胎噪声的测试值。传声器设置在距地面高 1.2m 处，试验车辆速度根据 $DD' \sim EE'$ 区间的通过时间计算。

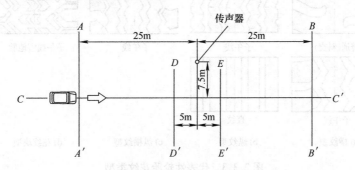

图 2.3.1 实车滑行试验

测试是在环境噪声低的试验跑道上进行的，测量值与环境噪声之差小于 13dB(A) 时需要进行校正。

另外，作为实车轮胎噪声测试的替代试验，图 2.3.2 所示的轮胎单体台架试验方法也要参照前面的规定执行。

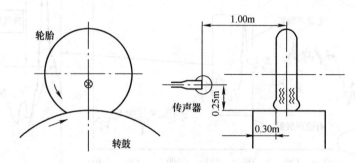

图 2.3.2　轮胎单体台架试验

转鼓直径原则上为 3m，其表面尽量接近实际路面，形成摩擦系数高的粗粒面。为了尽可能减小来自试验机和外部的声音而采取了隔声措施，而且周围墙面必须能够防止声音反射。

2.3.2　轮胎噪声研究现状

在外观上，如图 2.3.3 所示，根据接地部分的沟槽花纹（胎面花纹），轮胎可以分为纵纹型、横纹型、纵横纹型、花纹块型。另外，在结构上，如图 2.3.4 所示，根据胎体部的帘线角度，轮胎又可分为子午线结构和斜交结构。子午线轮胎的帘线角度与周向成直角，而且带束与斜交轮胎不同。

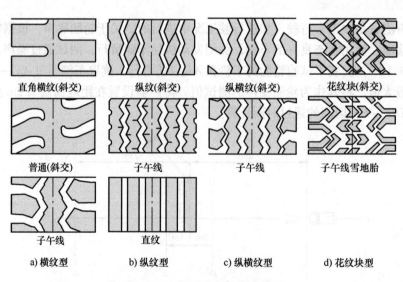

图 2.3.3　代表性轮胎花纹类型

图 2.3.5 显示了车速与声压级之间的关系。以车速为 80km/h 为代表值，按各个花纹类型观察平均声压级，见表 2.3.1。

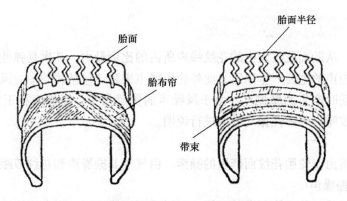

图 2.3.4　斜交轮胎（左）和子午线轮胎（右）

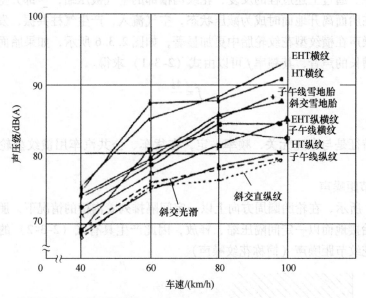

图 2.3.5　各种轮胎噪声

注：EHT 为深沟槽，HT 为普通沟槽。

表 2.3.1　不同花纹轮胎的平均声压级　　　［单位：dB（A）］

花纹类型	斜交轮胎	子午线轮胎
直角横纹	88	—
普通横纹	86	84
纵横纹	83	83
普通纵纹	81	78
花纹块	86	80～85
直纵纹	77	77
光滑轮胎	76	76

在花纹方面，直角横纹型轮胎的平均声压级最高，胎面表面没有花纹的光滑轮胎或周向上为直线沟槽的直纵纹型轮胎的平均声压级最低。

另外，子午线结构轮胎与斜交结构轮胎相比，声压级较低。

2.3.3 轮胎噪声的产生机理

轮胎噪声中，从胎面花纹发出的花纹噪声所占的比例最大，其次是弹性振动噪声。

上述为轮胎噪声的主要产生原因，此外轮胎噪声来源还包括转动中的风噪、汽车急转弯或急起动、急制动时产生的摩擦声。由于风噪声的贡献很小，摩擦声在正常行驶中不会发出，因此仅对花纹噪声和弹性振动噪声进行说明。

1. 花纹噪声

花纹噪声是指由于轮胎花纹而产生的噪声，由气柱共振噪声和花纹节距噪声构成。

（1）气柱共振噪声

随着轮胎的转动，胎面橡胶在驶入接地面时受到压缩变形，在离开接地面时，沟槽部的容积快速地复原。通过上述过程的反复，花纹沟槽部的空气被压缩，一部分空气从沟槽的开口处被挤出，在胎面离开地面时成为减压状态，空气流入，产生气柱共振，发出声音。

气柱共振噪声在横纹型花纹轮胎中更加显著，如图 2.3.6 所示，如果胎面沟槽长度为 l，则产生 1/4 沟槽长的声音，其频率 f 可以由式（2-3-1）求得。

$$f = \frac{4l}{c} \tag{2-3-1}$$

式中，c 为声速。

该噪声的特征是与车速无关，频率一定，在货车、公共汽车用横纹型轮胎中，频率为 1kHz 以上。

（2）花纹节距噪声

如图 2.3.7 所示，在轮胎圆周方向上以一定间隔排列着沟槽的情况下，胎面花纹沟槽处的空气随着轮胎接地而以一定间隔压缩、释放，因此产生具有式（2-3-2）的基本频率的声音，将其称为花纹节距噪声（简称花纹噪声）。

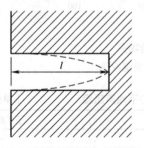

图 2.3.6 气柱共振噪声

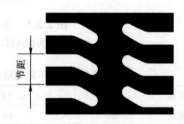

图 2.3.7 一定间隔的横纹轮胎

如图 2.3.7 所示，节距是指胎面花纹的最小间隔单位。

$$f = \frac{VN}{3.6 \times 2\pi R} \tag{2-3-2}$$

式中，f 为基本频率（Hz）；R 为轮胎旋转半径（m）；V 为车速（km/h）；N 为轮胎圆周方向上的节数。

二阶以上会产生谐频噪声，导致花纹噪声出现很多峰值。花纹噪声的特征是频率与速度成比例地增大。

图2.3.8显示了轮胎圆周方向上以一定间隔排列的花纹噪声的台架测试结果。一阶、二阶的花纹噪声很明显，2000Hz频率处的峰值认为是之前所述的气柱共振噪声，其频率不发生变化。

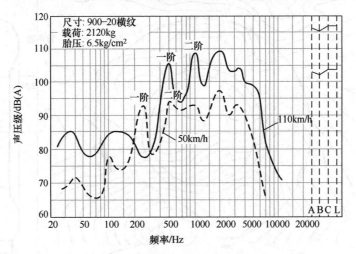

图2.3.8 轮胎花纹噪声台架测试结果

从轮胎噪声的产生机理可以清楚地看出，花纹噪声在平坦、气密性高的路面上更容易发生，这是由于在这样的路面上，胎面花纹槽内的空气更容易被压缩。

2. 弹性振动噪声

行驶中的轮胎由于路面凹凸、车轮滚动带来的冲击而被激振，产生噪声，其声压在轮胎构成部件所具有的固有振动频率下变得很高。图2.3.9所示是花纹噪声以外因素产生的噪声，使用乘用车的子午线光滑轮胎、斜交光滑轮胎，测试了车辆在各种路面上行驶时噪声，并观察其频谱变化。刚性越高、凹凸程度越大的路面声压级越高，子午线轮胎与斜交轮胎相比声压级较低。

乘用车的纵纹轮胎的弹性振动噪声频谱几乎是相同的。

可以认为，由于子午线轮胎具有带束，所以胎面刚性高，行驶时胎面橡胶部的振动少，胎面橡胶在接地面上的运动小，因此产生噪声较小。

从花纹噪声、弹性振动噪声可以看出，轮胎噪声主要发生在轮胎和路面的接触面处，在接地面以外，因轮胎各部分的固有模态共振而产生噪声。图2.3.10表示了通过台架试验测得的轮胎侧面噪声频谱图。在轮胎胎面和转鼓接触之前和之

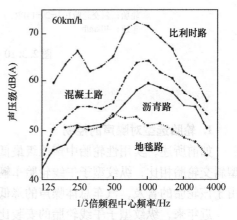

a) 乘用车斜交光滑轮胎

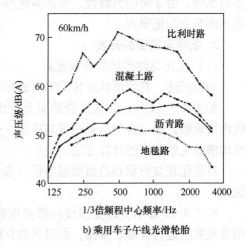

b) 乘用车子午线光滑轮胎

图2.3.9 乘用车轮胎噪声和路面的关系

后，声音变高变清澈，证实了上述噪声产生的机理。

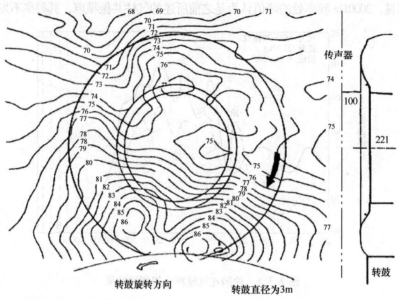

轮胎：斜交轮胎10.0-20-14PR
车速：40km/h

图 2.3.10　轮胎侧面噪声频谱图

2.3.4　轮胎噪声控制

1. 轮胎选型对噪声的控制

如前所述，实用性轮胎中声压级最低的是纵纹型子午线轮胎。与声压级水平最高的横纹型斜交轮胎相比，纵纹型子午线轮胎车辆以 80km/h 的速度行驶时测得的声压级低 8dB（A），由于该轮胎的普及，汽车总体噪声的降低效果很明显。

近年来，纵纹型子午线轮胎的安装比例不断增加，但在非铺装道路和不平整地面行驶较多的车辆，由于牵引力特性、发热问题等，使用横纹型轮胎的车辆仍然很多，轮胎制造商也在不断努力降低噪声。

2. 低噪声轮胎的开发

（1）优化花纹形状的降噪效果

如前所述，花纹形状对轮胎噪声的影响很大。

如图 2.3.11 所示，在光滑胎面上挖出一条横纹沟槽，制成单一横纹沟槽轮胎，通过台架试验测试其声音，利用测试结果明确了全周有横纹沟槽的轮胎噪声的计算方法。

对优化花纹形状和胎面胎冠半径（参照图 2.3.2）的降噪贡献进行说明。

图 2.3.12 显示了改变横纹沟槽宽度和胎冠半径后的声压波形，利用这些数据进行计算、推测，所得到的合成噪声和全周沟槽轮胎实测声压级进行比较，如图 2.3.13 所示。两者表现出良好的一致性，窄幅横纹沟槽、胎面胎冠半

图 2.3.11　单一横纹沟槽轮胎

径小的轮胎声压级要低。

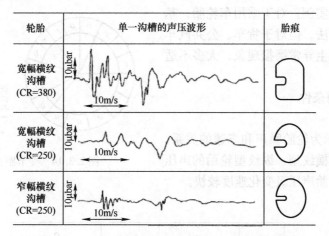

图 2.3.12　改变横纹沟槽宽度和胎冠半径的声压波形

注：CR 为胎冠半径，单位为 mm。

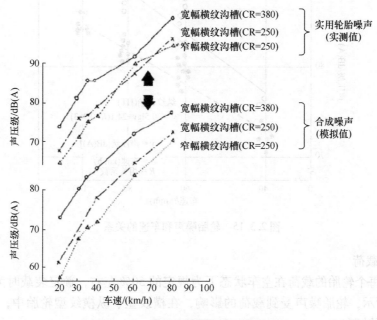

图 2.3.13　模拟计算值和实测值的对比

根据图 2.3.12 还可以看出，当增加沟槽宽度时，高频噪声变小，低频噪声变大，当胎冠半径变大时，高频噪声变大。

包括上述分析在内，轮胎制造商在花纹形状方面下了许多功夫，以实现轮胎的低噪声化。

（2）节距噪声优化

胎面花纹的间隔长度决定了花纹噪声的基本频率。由于该声音为单一的频率成分而显得非常刺耳，因此使用了频率调制理论，通过改变花纹间隔而使噪声分散在宽频带中。

图 2.3.14 所示是花纹在轮胎圆周方向上变间距排列的一个实例。对于乘用车轮胎,基本上都适用这种方法,但对于货车、公共汽车用轮胎,有时会发生异常磨损现象,大多不适用这种方法。

3. 轮胎的使用条件

(1) 车速

图 2.3.15 所示为轮胎噪声和车速的关系。随着车速的增加,横纹型、纵纹型轮胎的声压级变高,横纹型轮胎声压级变化速度较快。

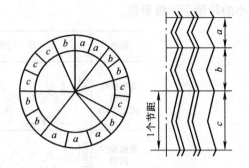

图 2.3.14 变节距花纹实例

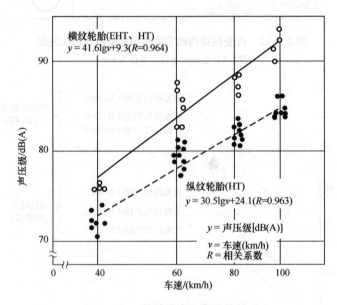

图 2.3.15 轮胎噪声和车速的关系

(2) 轮胎载荷

普通货车每个轮胎的载荷在空车状态下为规定的 50% 左右,额定装载时为 100% 左右。如图 2.3.16 所示,轮胎噪声受到载荷的影响,在横纹型、纵横纹型轮胎中,载荷增加时,声压级有变高的倾向。

考虑到纵纹型花纹轮胎噪声产生的主要原因是接地时的沟槽内空气被压缩,难以完全消除,为了降低轮胎噪声,建议货车在额定载荷以下行驶。

4. 路面

如前所述,轮胎噪声是由于轮胎与路面的相互作用而产生的,所以路面的贡献很大。

从轮胎噪声产生的机理来看,为了不易产生花纹噪声,只要胎面花纹沟槽内空气在接地状态下不易被压缩即可,理想的路面是多孔质、空气气密性低的。另外,为了降低弹性振动引起的噪声,建议车辆在凹凸少、刚性低的路面行驶。

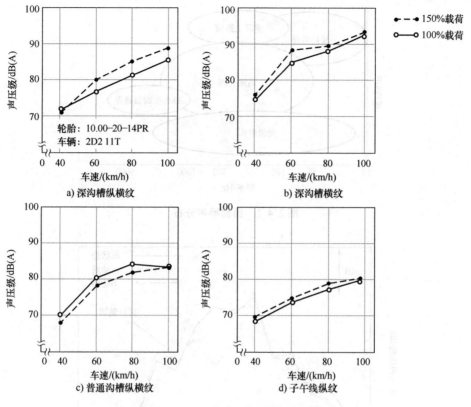

图 2.3.16 载荷和轮胎噪声的关系

2.4 轮胎模态控制

路面噪声的优化开发对于提升车辆整体品质感至关重要。而且,今后电动车辆越来越多,由于动力总成噪声比较小,所以路面噪声相对明显,其优化的重要性比以往更加显著。

在路面噪声的优化开发中,对于各种各样的路面变化,必须确保不给顾客带来不协调感和不愉快感。因此,精确地设定并实现目标路面噪声频谱是重要的,并且需要实现每个系统的目标,其中轮胎对路面噪声频谱的影响很大,特别是轮胎与悬架和车轮具有非常强且复杂的耦合性,所以对轮胎特性进行简明的目标分解是很困难的。在本节中,将轮胎模态特征值作为轮胎的重要特性,介绍其目标设定技术和控制技术。

2.4.1 路面噪声频谱优化开发

如图 2.4.1 所示,路面激励大小和频率都分布得很广。为了在不给乘客带来不适感的情况下确保各种路面上的静音性,不仅需要降低噪声水平,还需要抑制路面变化时声音成分的变化。因此,基于各种路面变化的主观评价,在基准路面噪声评价中设定了噪声目标频谱。图 2.4.2 所示是其中的一个案例。

如图 2.4.2 所示,轮胎差异对路面噪声频谱的影响很大,但是对轮胎频率特性的研究一

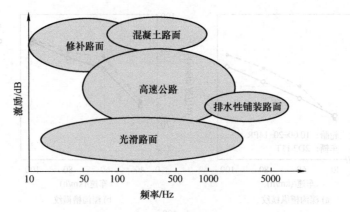

图 2.4.1 路面噪声分布

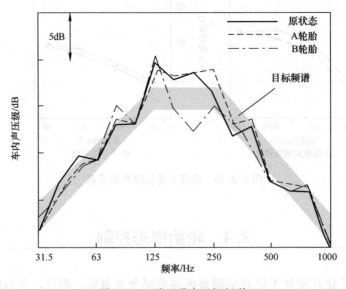

图 2.4.2 路面噪声目标频谱

直停留在空腔共振频率及其幅值大小、振型等的研究上,还没有充分考虑到轮胎与车轮和悬架特性的耦合。另外,如图 2.4.3 所示,从路面传递来的激励,横向比垂向大,前束和侧倾激励也很重要,但是对于轮胎特性的开发指导并没有提出明确的策略。

对于图 2.4.2 所示的 B 轮胎,由于只着眼于空腔共振峰值控制,路面频谱优化开发结果反而愈发远离目标频谱。

在本节中,考虑轮胎与车轮和悬架耦合的轮胎特征值设计指标,对实现目标频谱至关重要的 100~250Hz 频域,进行目标设定技术和控制技术的开发。

2.4.2 轮胎固有模态目标设定

1. 分析模型

为了进行以路面噪声频谱为目标的开发,需要在开发初期准确预测,把握各要素的振动特性。开发车身、悬架、轮胎+车轮各系统的高精度建模技术,并将其组装起来,构成高精

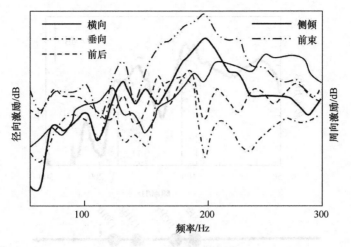

图 2.4.3 路面激励频谱

度整车分析模型，如图 2.4.4 所示。

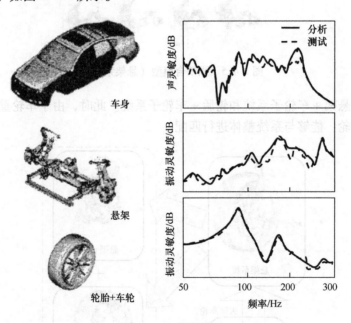

图 2.4.4 分析模型

2. 悬架系统和轮胎耦合分析

对于实现路面噪声目标频谱非常重要的 100~250Hz 频域，如图 2.4.5 所示，悬架、轮胎、车轮表现出非常复杂的耦合行为，为了实现目标频谱，对系统进行解耦，明确各个系统的必要特性及贡献，并将其反映在各个零件设计中。因此，一直以来，学者们对悬架、轮胎的耦合分析进行了各种研究，提出了各种设计指标，但这些指标不一定是各个部件的最佳状态，特别是对于轮胎而言。

关于悬架侧的特性，以往通过分离轮毂轴承与车轮进行研究，但通过悬架与车轮，特别是车轮转动惯量的组合来掌握其特性更容易获得设计目标，因此，如图 2.4.6 所示，将整个

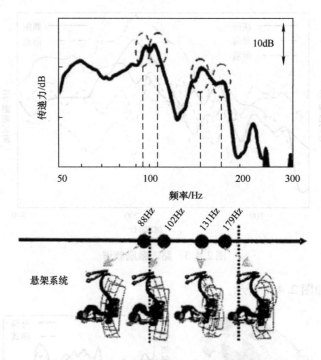

图 2.4.5 强耦合模型（悬架系统）

悬架系统分解为悬架+车轮子系统和轮胎+车轮子系统。此时，由于车轮重叠，可以通过模态差分法去除车轮，能够与系统整体进行匹配。

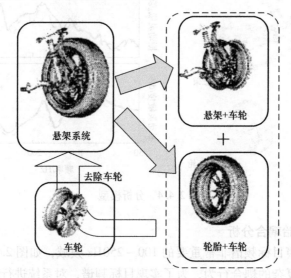

图 2.4.6 模态差分法子系统模型

模态差分法的概要如下。

在模态坐标系中，以模态振型系数为变换行列式，运用差分法，从悬架和车轮的刚度矩阵中将车轮转动惯量的刚度矩阵去除。

$$[D'_m] = [D_m] - \{-\omega^2[\phi]^T[M_{RW}][\phi]\} \quad (2\text{-}4\text{-}1)$$

式中，$[D_m]$ 为模态坐标系下刚度矩阵；$[D'_m]$ 为悬架系统模型差分结构刚度矩阵；$[M_{RW}]$ 为车轮转动惯量矩阵；$[\phi]$ 为模态振型系数矩阵。

接下来，利用约束模态法对车轴固定状态下轮胎和车轮的运动方程进行描述，见式（2-4-2）。

$$\begin{bmatrix} \overline{D}_{qq} & \overline{D}_{qa} \\ \overline{D}_{aq} & \overline{D}_{aa} \end{bmatrix} \begin{bmatrix} q \\ u_a \end{bmatrix} = \begin{bmatrix} 0 \\ F_a \end{bmatrix} \quad (2\text{-}4\text{-}2)$$

式中，$[q]$ 为轮胎、车轮固定约束条件下的模态位移矩阵；$[u_a]$ 为车轴边界点 a 的物理位移矢量。

根据式（2-4-1）、式（2-4-2），对各子系统的组装模型运动方程进行了特征值分析，确认了悬架子系统和轮胎子系统的特征值可以再现所有系统模型的特征值。如图 2.4.7 所示，102Hz 的耦合模态能够分解为悬架二阶侧倾模态和轮胎一阶垂向、一阶、二阶横向弯曲模态。此外，还可以计算出各子系统模态应变能对整体能量的贡献率，结果如图 2.4.8 所示。

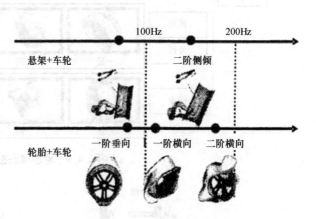

图 2.4.7　子系统模态

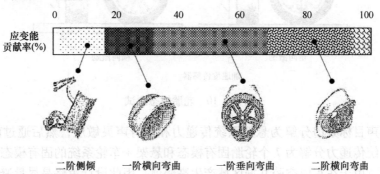

图 2.4.8　应变能和子系统模态（102Hz）

3. 轮胎固有模态的确定

通过以上研究，图 2.4.9 所示的 7 个轮胎特征值被确定为对路面噪声频谱有较大影响的轮胎模态。7 个特征值如下：一阶前后、一阶垂向、一阶、二阶、三阶横向弯曲、一阶及二阶前束，可以按照激励方向进行整理。

如图 2.4.10 所示，通过规定激励方向、测试点、车轮支撑条件，能够进行简便且稳定的测试。

4. 轮胎固有模态目标设定

以下对上述 7 个轮胎模态的目标设定进行说明。

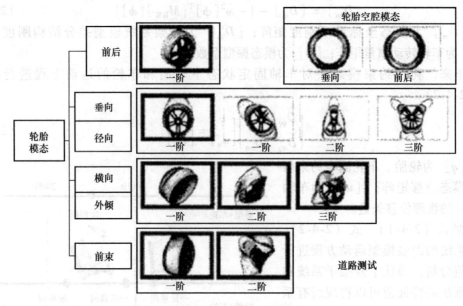

图 2.4.9 轮胎模态振型

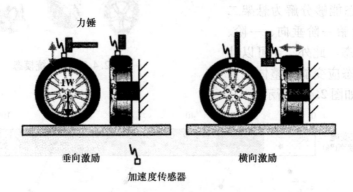

图 2.4.10 轮胎模态测试

将路面噪声目标频谱分解为悬架系统传递力和车身声灵敏度,然后通过前面叙述的方法,将悬架系统传递力分解为 7 个轮胎固有模态和悬架 + 车轮系统的固有模态。此时,关于车身声灵敏度,由于在车内空腔共振区域产生高幅值,因此设计策略是尽量避免悬架传递力峰值频率及增益。利用前面的方法研究满足该条件的轮胎特征值和悬架 + 车轮系统特征值排列组合,能够对轮胎特征值设定目标。在图 2.4.11 所示的案例中,通过提高轮胎三阶横向弯曲模态来改善车身空腔共振区域的悬架系统传递力峰值。

通过以上方法,将构成车身灵敏度的固有模态进行分解,设定了轮胎模态目标。图 2.4.12 所示为具体案例。以 7 个模态值中的一阶横向弯曲、一阶前束、一阶垂向这 3 个方向为调整对象,对于二阶前束、三阶横向弯曲这两个模态,必须考虑与操控性能的平衡。

分解得到的特征值相位关系定位如图 2.4.13 所示,从图 2.4.13 中可以看出,一阶垂向模态和三阶横向弯曲模态的相关性很强,为了实现模态目标,需要进行解耦。然而,在传统 CAE 轮胎模态控制研究结果中,需要很长的计算时间,不能获得较大的设计变化范围,并且没有发现可以降低两模态相关性的模态值。

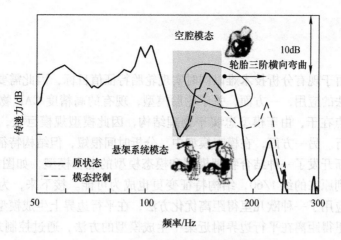

图 2.4.11 基于模态控制的噪声频谱优化

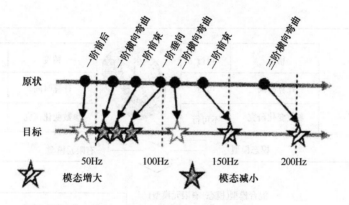

图 2.4.12 轮胎模态目标案例

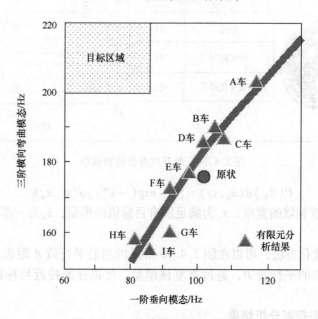

图 2.4.13 轮胎模态目标（局部）

2.4.3 轮胎固有模态控制技术的开发

1. 开发方法

如上所述，由于现有分析技术难以同时实现轮胎特征值目标，因此需要进行新分析模型的构筑及优化方法的应用，一方面，关于轮胎模型，现有的高精度 CAE 物理模型（如有限元模型）的问题点在于，由于模型忠实于物理结构，因此模型规模巨大，计算时间长，参数研究不容易进行。另一方面，在模态模型中，分析时间很短，但结构特征不能改变。为了解决这些问题，新开发了一种结合物理模型和模态模型的混合模型，如图 2.4.14 所示，由此计算时间缩短到原来的约 1/60，结构特征变更也成为可能。接下来，为了在短时间内获得高阶兼容解，应用了一种欧几里得距离优化方法，在平行边界上生成模型。这是一种在模型群中使用欧几里得距离在平行边界附近集中生成模型的方法，通过控制式（2-4-3）的威布尔系数 m，可以根据欧几里得距离 d 控制模型生成可行性 P，如图 2.4.15 的上半部分所示。

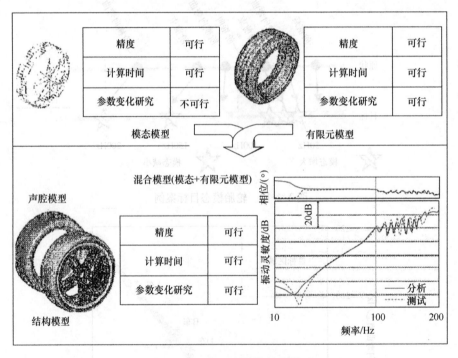

图 2.4.14 新开发混合轮胎模型

$$P(d_{\mathrm{W}})d(x_c,x_o) = [1-\exp(-x^m)]d(x_c,x_o) \tag{2-4-3}$$

式中，d_{W} 为模型生成领域的宽度；x_c 为满足所有目标值的模型；x_o 为一部分未满足目标值的模型。

使用概率抽样优化方法，可以在图 2.4.15 所示的当前平行线 A 附近有效地集中生成模型，并从其中获得新的平行线 B，通过重复该模型，可以逐渐接近目标区域，如图 2.4.15 下半部分所示。

2. 轮胎固有模态控制分析结果

使用以上高速高精度轮胎模型和优化方法，图 2.4.16 显示了优化控制轮胎模态的分析

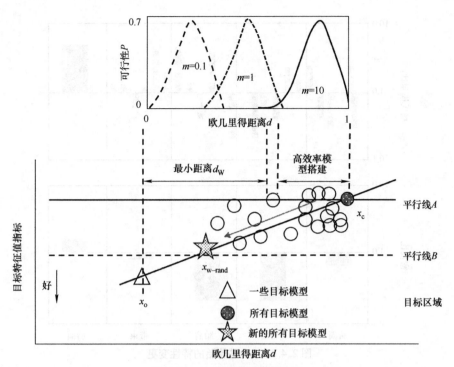

图 2.4.15　概率抽样优化方法

结果。以原始状态为中心,将离散取值向左上方的平行线依次移动,可以到达目标区域。

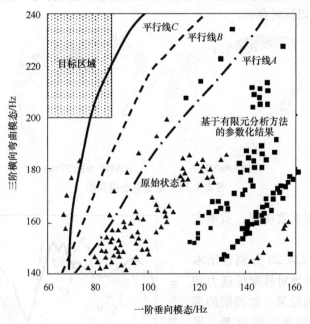

图 2.4.16　优化控制轮胎模态的分析结果

将轮胎胎面沿轴向分割成两部分,将侧壁分割成三部分,分别以其刚度和质量为参数。实现图 2.4.16 中目标规格的特性,具体案例如图 2.4.17 所示,其中,将刚度分为膜刚度和弯曲刚度,分别进行了各向异性的特性研究。通过这种特征平衡,可以同时实现 7 个特征值目标。

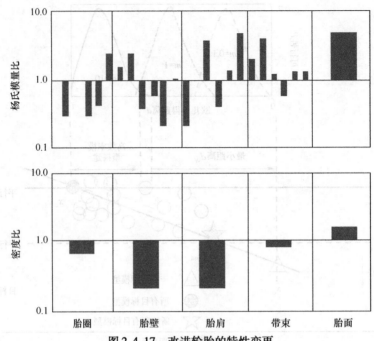

图 2.4.17 改进轮胎的特性变更

特性变更的作用是降低从胎圈到胎壁的弯曲刚度,同时提高胎面刚度,胎壁、胎肩的质量减少,而胎面的质量是增加的,如图 2.4.18 所示,低阶模态(一阶垂向)和高阶模态(三阶横向弯曲)可以同时存在。

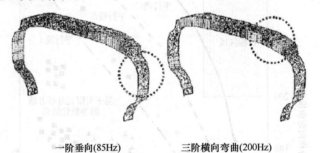

一阶垂向(85Hz)　　　三阶横向弯曲(200Hz)

图 2.4.18 轮胎模态应变能

轮胎的整体刚度大致相同,质量大约减少 0.5kg。

图 2.4.19 和图 2.4.20 分别表示本次分析得到的轮胎参数对悬架传递力和路面噪声频谱的影响效果。如预期的那样,路面噪声目标频谱得到改善。另外,200Hz 频率附近残留的峰值是由轮胎空腔共振引起的,可以通过前面提出的相关技术来控制。

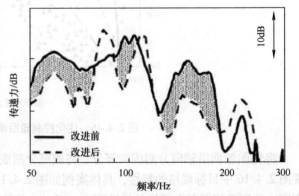

图 2.4.19 有轮胎模态控制的悬架传递力结果

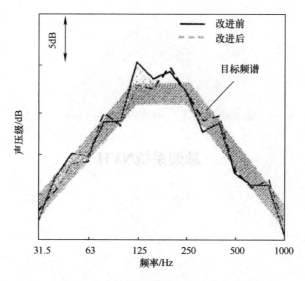

图 2.4.20　有轮胎模态控制的路面噪声频谱结果

2.4.4　轮胎滚动的影响

众所周知，轮胎模态是随滚动而变化的，但在本书中所关注的100Hz频率以上的频域，轮胎滚动对其模态的影响比较小，因此没有考虑悬架侧倾模态下车轮面振动和轮胎横向弯曲振动产生的陀螺力矩的影响。在本书中，通过在有限元法（FEM）中引入陀螺力矩效应来评估轮胎滚动的影响，结果发现模态变化相对较小。但是，由于传递力受到影响，为了提高路面噪声水平预测精度，需要考虑这一因素。图2.4.21所示为陀螺力矩的影响。

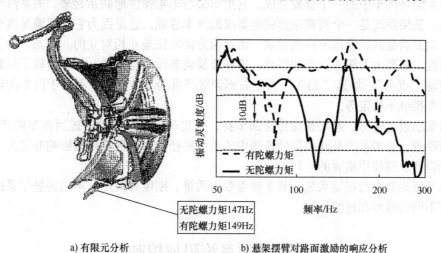

a) 有限元分析　　　　b) 悬架摆臂对路面激励的响应分析

图 2.4.21　陀螺力矩的影响

第3章 悬架系统NVH

悬架系统是指由车身与轮胎间的弹簧和减振器组成的整个支持系统。悬架系统应有的功能是支持车身，改善乘坐舒适性，不同的悬架设置会使驾驶员有不同的驾驶感受。外表看似简单的悬架系统综合多种作用力，决定着轿车的稳定性、舒适性和安全性，是轿车十分关键的部件之一。

典型的悬架结构由弹性元件、导向机构及减振器等组成，个别悬架结构则还包括缓冲块、横向稳定杆等部件。弹性元件又有钢板弹簧、空气弹簧、螺旋弹簧及扭杆弹簧等形式，而现在的轿车悬架多采用螺旋弹簧和扭杆弹簧，个别高级轿车则使用空气弹簧。

悬架系统是汽车中的一个重要总成，它把车架与车轮弹性地联系起来，关系汽车的多种使用性能。悬架系统是一个较难达到完美要求的汽车总成，这是因为它既要满足汽车的舒适性要求，又要满足其操纵稳定性的要求，而这两方面往往是互相对立的。比如，为了取得良好的舒适性，需要大大缓冲汽车的振动，这样弹簧就要设计得软些，但弹簧软了却容易使汽车发生制动"点头"、加速"抬头"及左右侧倾等严重的不良倾向，不利于汽车的转向，容易导致汽车操纵不稳定等。

路面激励通过轮胎、悬架系统传递到车身，引起车身板件振动，进而在车内产生噪声，称为路面噪声。悬架系统是路面激励传递中的重要路径，对路面噪声的影响非常大，是路面噪声性能设计及调校中重要的一环。

悬架系统为独立的振动系统，其主要参数为质量、刚度和阻尼。不同的悬架系统对路面激励具有不同的缓冲和过滤作用。

3.1 悬架系统阻尼控制

3.1.1 阻尼控制概述

悬架系统减振器的阻尼控制结构相对简单，适用范围广。天棚式半主动控制是最具代表性的控制规则。通过减振器阻尼控制，可以降低路面激励引起的振动，抑制驾驶员操舵引起的侧倾和俯仰等车身姿态变化。然而，如果车辆行驶在有凹凸的拐弯处，在路面激励和操舵激励同时作用的情况下，在一般的天棚式阻尼控制中，难以兼顾振动和姿态的控制。针对这个问题，提出了着眼于针对路面激励和操舵激励时车辆运动的不同频带控制方法、根据接地载荷变动等车辆状态变更控制常数的方法等。在本项研究中，使用单个悬架+轮胎模型分析了路面激励和操舵激励的控制性能，并考虑了在天棚式阻尼控制过程中，系统受到复合激励时弹簧运动变动的因素。同时，使用车辆模型估计操舵激励的簧上运动速度，提出了一种在路面激励和操舵激励复合作用时的不同控制方法。

3.1.2 分析模型

使用图3.1.1所示的单系统模型进行分析，数学模型见式（3-1-1）。图3.1.2显示了减振器的阻尼力等用于计算的参数。将相当于ISO B等级的位移激励施加到轮胎接地面上，结果如图3.1.3所示，另外，操舵激励为3Hz以下的垂向力，模拟一般道路行驶时的转向动作引起的簧上滚动力矩，如图3.1.4所示。为了分别计算路面激励和操舵激励复合作用时的传递函数，在相位信息中使用随机数制作随机波，并施加在模型上。

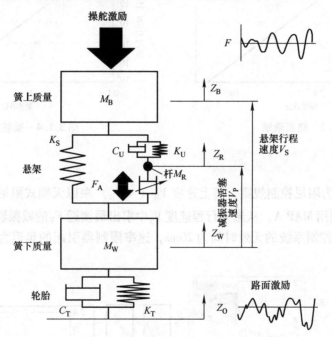

图 3.1.1 单系统模型

$$\begin{cases} M_B \ddot{Z}_B = -K_S(Z_B - Z_W) - K_U(Z_B - Z_R) - C_U(\dot{Z}_B - \dot{Z}_R) + F \\ M_R \ddot{Z}_R = -K_U(Z_R - Z_B) - C_U(\dot{Z}_R - \dot{Z}_B) + F_A \\ M_W \ddot{Z}_W = -K_S(Z_W - Z_B) - K_T(Z_W - Z_O) - C_T(\dot{Z}_W - \dot{Z}_O) - F_A \end{cases} \quad (3\text{-}1\text{-}1)$$

式中，M_B为簧上质量；M_R为减振器活塞质量；M_W为簧下质量；Z_B为簧上位移；Z_R为减振器活塞位移；Z_W为簧下位移；C_U为减振器阻尼；K_U为减振器刚度；K_S为悬架弹簧刚度；C_T和K_T分别为轮胎阻尼和轮胎刚度；Z_O为路面位移激励；F_A为减振器复原力；F为操舵激励。

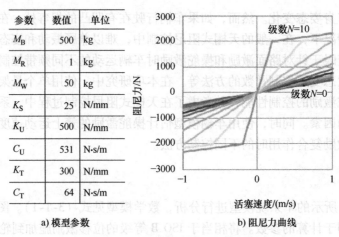

a) 模型参数 b) 阻尼力曲线

图 3.1.2 减振器参数（见彩插）

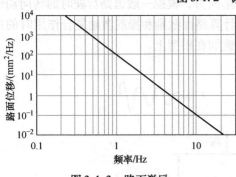

图 3.1.3 路面激励

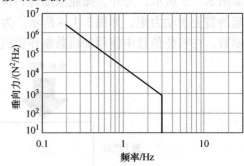

图 3.1.4 操舵激励

3.1.3 天棚式阻尼控制规则

图 3.1.5 所示为阻尼控制规则。簧上速度 V_B（$=\dot{Z}_B$）乘以天棚式阻尼系数 C_S，计算天棚式阻尼力 F_T，利用 MAP A，从悬架行程速度 V_S 中求出最接近 F_T 的减振器阻尼力（级数为 0~10）。假设实际控制系统的无效时间为 20ms，速率限制器引起的延迟为 500step/s，对阻尼级数切换。

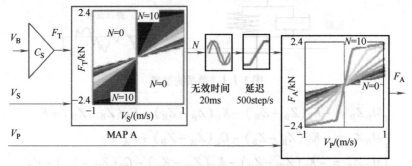

图 3.1.5 阻尼控制规则（见彩插）

图 3.1.6 所示为阻尼控制原理，横轴表示悬架行程速度，纵轴表示簧上速度。当簧上速度为向上时，设行程速度伸长（第一象限）为硬侧、压缩时（第二象限）为软侧，当簧上速度向下时正好相反。在第一和第三象限中，可以在阻尼的可变宽度限制内产生所需阻尼，

但是在第二和第四象限中不能产生与目标阻尼方向相反的力,所以绝对值最小。

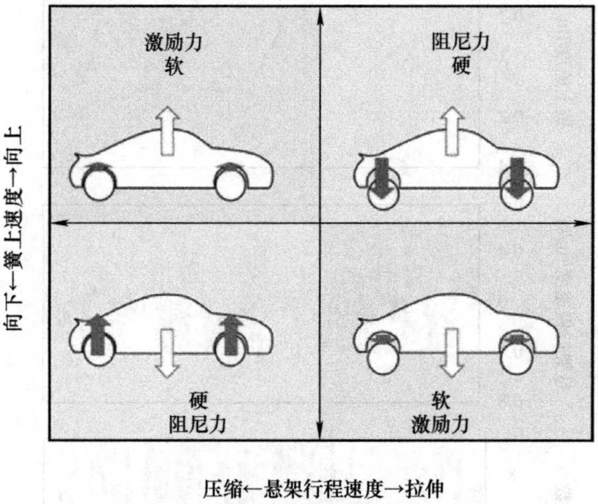

图 3.1.6 阻尼控制原理

图 3.1.7 和图 3.1.8 分别表示操舵激励、路面激励单独作用时的簧上速度、悬架行程速度及阻尼力级数。在操舵激励作用下,由于簧下的运动非常小,所以簧上速度和悬架行程速度几乎相等,可以产生滞留在图 3.1.6 中的第一和第三象限的目标阻尼。与此相对应,在路面激励的作用下,通过簧下的上下移动,悬架行程速度与簧上速度有很大的不同,可以确认在接近簧下共振的频率下切换方向。

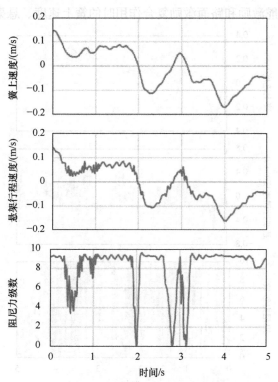

图 3.1.7 操舵激励单独作用时的控制状态

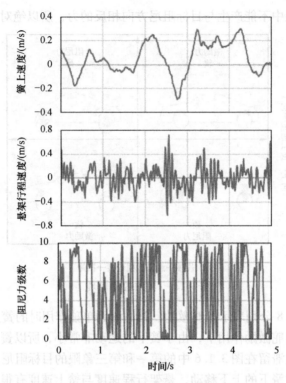

图 3.1.8　路面激励单独作用时的控制状态

图 3.1.9 所示是操舵激励和路面激励复合作用时的簧上速度、悬架行程速度及阻尼力级

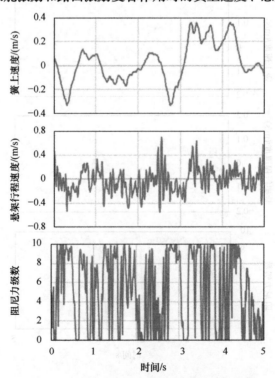

图 3.1.9　操舵和路面激励同时作用时的控制状态

数。可以确认复合激励时的阻尼力控制状态与路面激励和操舵激励单独作用时没有太大的变化。

3.1.4 分析结果

1. 单独激励

图 3.1.10 和图 3.1.11 表示将减振器阻尼设定为一定值时，路面激励、操舵激励单独作用时的簧上加速度频率响应。对于路面激励，由于阻尼系数 C 设定得较大，1Hz 附近的簧上共振频带的簧上运动变小，而 2Hz 以上的簧上运动增加。对于操舵激励，将阻尼系数设定得越大，簧上共振频带的簧上运动越受到抑制。

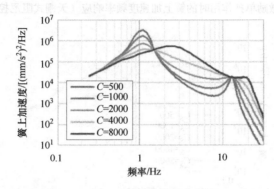

图 3.1.10　路面激励单独作用时的簧上加速度频率响应（被动悬架）（见彩插）

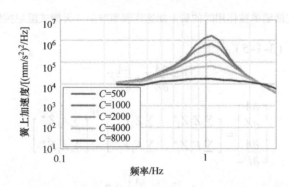

图 3.1.11　操舵激励单独作用时的簧上加速度频率响应（被动悬架）（见彩插）

图 3.1.12 和图 3.1.13 表示天棚式阻尼控制时的簧上加速度频率响应。增加天棚式阻尼控制的阻尼系数降低了簧上共振频带的运动，和阻尼系数恒定时一样。对于路面激励，虽然在 2Hz 以上的频带中簧上运动有一些增加，但是簧上共振频带的簧上运动大大降低，与阻尼系数恒定的情况相比，在 1Hz 附近和 2Hz 以上取得了良好的平衡。

2. 复合激励

接下来介绍一种将复合激励时的弹簧运动分离为路面激励运动和操舵激励运动的方法。见式（3-1-2），以基于路面激励的轮胎接地面位移 Z 和操舵力 F 为变量的重回归式来定义簧上加速度 A，在频域中对多个窗口数（i 为窗口序号）累计功率谱和交叉谱，使用最小二乘法，由式（3-1-3）计算出 $\partial A/\partial Z$、$\partial A/\partial F$。路面激励、操舵激励分别作用时的簧上运动

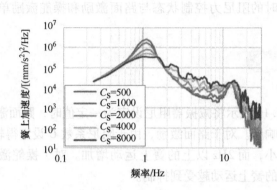

图 3.1.12 路面激励单独作用时的簧上加速度频率响应（天棚式阻尼控制）（见彩插）

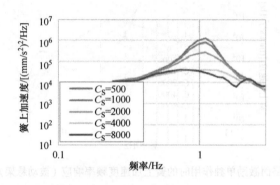

图 3.1.13 操舵激励单独作用时的簧上加速度频率响应（天棚式阻尼控制）（见彩插）

通过式（3-1-4）和式（3-1-5）计算。

$$A = \frac{\partial A}{\partial Z}Z + \frac{\partial A}{\partial F}F \tag{3-1-2}$$

$$\begin{bmatrix} \dfrac{\partial A}{\partial Z} \\ \dfrac{\partial A}{\partial F} \end{bmatrix} = \begin{bmatrix} \sum Z_i Z_i^* & \sum Z_i F_i^* \\ \sum F_i Z_i^* & \sum F_i F_i^* \end{bmatrix}^{-1} \begin{bmatrix} \sum A_i Z_i^* \\ \sum A_i F_i^* \end{bmatrix} \tag{3-1-3}$$

$$|A_Z|^2 = \left|\frac{\partial A}{\partial Z}\right|^2 |Z|^2 \tag{3-1-4}$$

$$|A_F|^2 = \left|\frac{\partial A}{\partial F}\right|^2 |F|^2 \tag{3-1-5}$$

式中，A 为簧上加速度；Z 为基于路面激励的轮胎接地面位移；F 为操舵力（簧上垂向力）；$\sum$ 为每个窗口的和；i 为窗口序号；* 为共轭复数；$|A_Z|^2$ 为路面激励引起的簧上加速度；$|A_F|^2$ 为操舵激励引起的簧上加速度。

图 3.1.14 表示减振器阻尼一定时的路面激励单独作用及复合激励时的簧上加速度频率响应，图 3.1.15 表示操舵激励作用时的簧上加速度频率响应，对复合激励和单独激励进行比较。可以确认复合激励时和单独激励时的差异较小。

同样，图 3.1.16 显示了在天棚式阻尼控制时的路面激励单独作用及复合激励时的簧上加速度频率响应，图 3.1.17 显示了操舵激励单独作用及复合激励时的簧上加速度频率响应。

第3章 悬架系统NVH

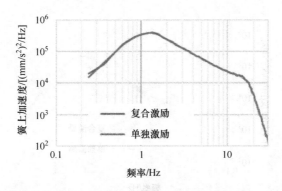

图 3.1.14　路面激励单独作用及复合激励时的簧上加速度频率响应（被动悬架）（见彩插）

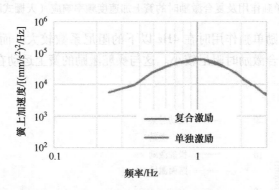

图 3.1.15　操舵激励单独作用及复合激励时的簧上加速度频率响应（被动悬架）（见彩插）

对于路面激励，单独激励和复合激励时没有大的差别，而对于操舵激励，可以确认复合激励时的簧上加速度与单独激励时相比大幅增加。

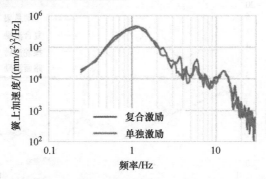

图 3.1.16　路面激励单独作用及复合激励时的簧上加速度频率响应（天棚式阻尼控制）（见彩插）

3. 考察

操舵激励单独作用时，如图 3.1.7 所示，基本固定在硬侧级数上，而路面激励单独作用时，或者路面激励和操舵激励复合激励时，如图 3.1.8 和图 3.1.9 所示，根据悬架行程速度的方向切换级数，平均级数向软侧移动。由于阻尼系数越高，操舵激励越能抑制簧上运动，因此复合激励时簧上加速度增加。

为了在频域中考虑上述问题，计算了阻尼力控制时减振器阻尼力相对于悬架行程的传递函数，并通过实部成分计算等效弹簧刚度，从虚部成分计算阻尼系数，结果如图 3.1.18 所

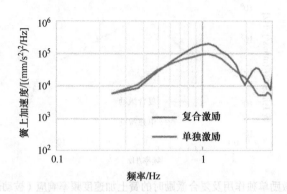

图 3.1.17　操舵激励单独作用及复合激励时的簧上加速度频率响应（天棚式阻尼控制）（见彩插）

示。可以确认，操舵激励单独作用时在 4Hz 以下的阻尼系数较大，而路面激励单独作用或路面激励和操舵激励复合激励时阻尼较小。这与操舵激励的簧上运动在复合激励时比单独激励时更大相匹配。

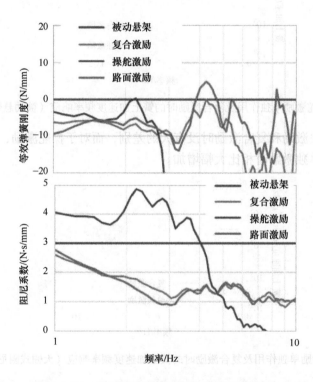

图 3.1.18　等效弹簧刚度和阻尼系数（见彩插）

3.1.5　解决方法

1. 天棚式阻尼控制阻尼系数设计

图 3.1.19 和图 3.1.20 分别显示了复合激励时，改变天棚式阻尼系数时的路面激励簧上运动和操舵激励簧上运动。通过将天棚式阻尼控制的阻尼系数设定得较大，可以降低操舵激

励的簧上运动，但由于伴随着路面激励作用时的 2Hz 以上的乘坐舒适性降低，因此可以确认解决措施的效果是有限的。

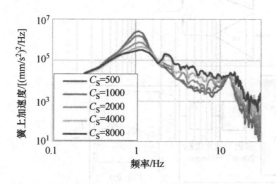

图 3.1.19　复合激励时相对于路面激励的簧上加速度（传统天棚式阻尼控制）（见彩插）

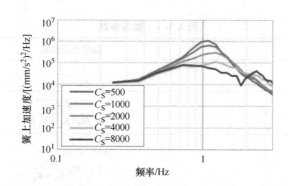

图 3.1.20　复合激励时相对于操舵激励的簧上加速度（传统天棚式阻尼控制）（见彩插）

2. 解决方法

通过分别设置天棚式阻尼控制时路面激励和操舵激励的阻尼来实现兼顾两方面的方法。式（3-1-6）表示天棚式阻尼目标。另外，见式（3-1-7），通过假定基于路面激励的簧上速度 V_{BR} 与基于操舵激励的簧上速度 V_{BD} 之和等于实际的簧上速度 V_B，然后推导出式（3-1-8），如果能够推定基于操舵激励的簧上速度 V_{BD}，则上述方法是可以实现的。

$$F_T = C_{SR}V_{BR} + C_{SD}V_{BD} \tag{3-1-6}$$

$$V_{BR} = V_B - V_{BD} \tag{3-1-7}$$

$$F_T = C_{SR}V_B + (C_{SD} - C_{SR})V_{BD} \tag{3-1-8}$$

式中，F_T 为目标阻尼力；C_{SR} 为路面激励的阻尼系数；C_{SD} 为操舵激励的阻尼系数；V_{BR} 为路面激励的簧上速度；V_{BD} 为操舵激励的簧上速度；V_B 为簧上速度测试值。

此处，使用车辆模型根据垂向力 F 计算由操舵激励产生的簧上速度，从而使上述方法得到具体实施，如图 3.1.21 所示。图 3.1.21 中的 A 部分的传递函数是基于图 3.1.22 和表 3.1.1 的单系统模型设计的，考虑可实现性，仅对簧上进行了建模。为了补偿控制延迟，将估计模型的固有频率设定为大于实际固有频率（倍数 $\beta = 1.2$），并且考虑了复合激励时的目标阻尼和实际阻尼的差（$\alpha = 0.6$）。

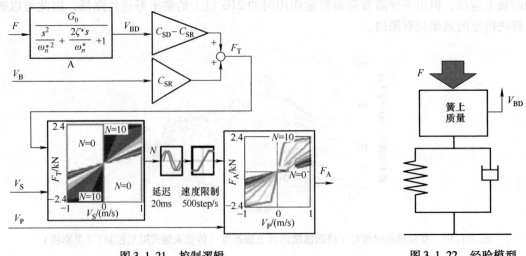

图 3.1.21 控制逻辑

图 3.1.22 经验模型

表 3.1.1 模型参数

参数	数值或表达式
G_0	$\dfrac{1}{K_S}+\dfrac{1}{K_T}$
ω_n^*	$\alpha\sqrt{\dfrac{K_S K_T}{M_B(K_S+K_T)}}$
ζ^*	$\beta\dfrac{C_{SD}}{2\sqrt{M_B\dfrac{K_S K_T}{K_S+K_T}}}$
α	1.2
β	0.6

3. 改进效果

图 3.1.23、图 3.1.24 表示上述解决方法的有效性。如图 3.1.24 所示,复合激励时的操舵激励簧上运动大幅降低,同时,图 3.1.23 所示的路面激励的簧上运动并没有恶化。

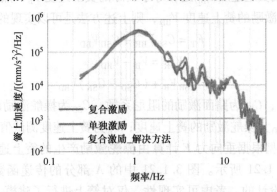

图 3.1.23 路面激励时的簧上加速度(控制逻辑)(见彩插)

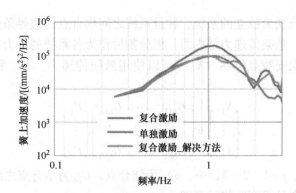

图 3.1.24　操舵激励时的簧上加速度（控制逻辑）（见彩插）

3.2　悬架系统传递力控制

路面凸凹不平作用在轮胎上，并进一步通过悬架、车轴、悬架臂等零部件向车身传递，在车内产生路面噪声。车身受到的激励会受到悬架安装点特性的影响。修改悬架安装点的柔度并不总能降低路面噪声。在本项研究中，使用传递函数合成法来研究车身激励的变化。悬架摆臂、衬套和安装点之间的柔度平衡证明是改变激励的重要因素。判断是否应降低悬架安装点的柔度，以明确路面噪声解决对策的正确方向。

3.2.1　悬架系统传递力概述

汽车车内噪声问题是影响汽车商品性能的重要因素之一。特别是近年来改善发动机噪声、路面噪声的需求越来越高。

降低路面噪声通常采取改善车身声灵敏度和降低从悬架传递到车身的力等措施。为了降低车身声灵敏度，提出了降低激振点柔度和导纳的方法，以实现低灵敏度化和轻量化。为了降低从悬架传递到车身的力，提出了悬架模态振型和轮胎模态的控制法等。在汽车开发时，一般在作为响应侧的车身和作为激励侧的悬架上分别设定目标值。然而，为了降低车身声灵敏度，当对车身进行改变时，有时会出现悬架传递力增加，路面噪声没有降低，甚至反而增加了。由于不清楚悬架传递力的变化机理，所以着眼于悬架传递力的变化进行了深入研究。利用传递函数合成法，导出了悬架传递力的理论公式。结果发现，作为悬架传递力增加的一个典型案例，车身的悬架安装点柔度和衬套柔度接近，多连杆悬架的后下摆臂在 100 ~ 300Hz 之间容易发生悬架摆臂前端的柔度减小。在这种情况下，为了改善路面噪声，避免悬架传递力的增加，有必要采取不降低悬架安装点柔度的方法来降低车身声灵敏度。另外，为了不增加悬架传递力，还提出了判定是否可以降低悬架安装点柔度的方法。通过该方法明确了路面噪声解决对策的正确方向，提高了开发效率。

3.2.2　悬架传递力变化的原理分析

1. 悬架传递力理论公式推导

为了阐明悬架传递力的变化原理，采用了传递函数合成法。

如图 3.2.1 所示，将汽车分解为车身单体、悬架单体、悬架衬套单体三部分结构。分解之后，可以将每个系统视为独立的系统，并且系统之间耦合点的边界条件被视为自由端。另外，在结合的状态下，悬架传递力是内力，但分割后作为各系统的外力来处理。

分解后的车身悬架安装点位移 $\{X_b\}$ 可以使用悬架传递力 $\{F\}$ 和悬架安装点柔度矩阵 $[G_b]$ 表示。

$$\begin{Bmatrix} X_{b1} \\ \vdots \\ X_{bn} \end{Bmatrix} = \begin{bmatrix} G_{b11} & \cdots & G_{b1n} \\ \vdots & \ddots & \vdots \\ G_{bn1} & \cdots & G_{bnn} \end{bmatrix} \begin{Bmatrix} F_1 \\ \vdots \\ F_n \end{Bmatrix} \quad (3\text{-}2\text{-}1)$$

式中，下角标 i、j （i、$j=1, 2, 3, \cdots, n$）为结合点；G_{bij} 为结合点之间的柔度特性。

图 3.2.2 所示是车身柔度矩阵示意图。

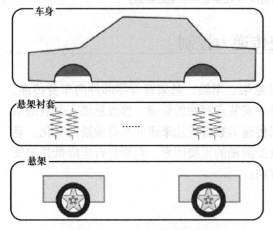

图 3.2.1 分解后的子系统

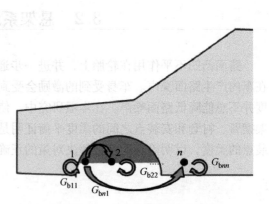

图 3.2.2 车身柔度矩阵示意图

同样，与衬套连接点的摆臂前端为无约束条件的自由端。悬架摆臂前端的位移 $\{X_s\}$ 可以由悬架摆臂中的悬架传递力的反作用力 $\{-F\}$、路面激励 D、轮胎接地点到悬架摆臂前端的传递函数 $\{G_{st}\}$、各悬架摆臂前端之间的柔度矩阵 $[G_s]$ 等参数定义，见式 (3-2-2)。

$$\begin{Bmatrix} X_{s1} \\ \vdots \\ X_{sn} \end{Bmatrix} = -\begin{bmatrix} G_{s11} & \cdots & G_{s1n} \\ \vdots & \ddots & \vdots \\ G_{sn1} & \cdots & G_{snn} \end{bmatrix} \begin{Bmatrix} F_1 \\ \vdots \\ F_n \end{Bmatrix} + \begin{Bmatrix} G_{st1} \\ \vdots \\ G_{stn} \end{Bmatrix} D \quad (3\text{-}2\text{-}2)$$

图 3.2.3 所示为各悬架摆臂前端之间的柔度矩阵 $[G_s]$、从轮胎接地点到悬架摆臂前端的传递函数 $\{G_{st}\}$、路面激励 D 的示意图。

接下来，如果将与某个结合点 j 结合的衬套动刚度设为 K_j，则根据胡克法则，悬架传递力 $\{F\}$ 可以由悬架安装点位移 $\{X_b\}$ 和悬架摆臂前端位移 $\{X_s\}$ 的相对位移计算得到，见式 (3-2-3)。

$$\begin{Bmatrix} F_1 \\ \vdots \\ F_n \end{Bmatrix} = \begin{bmatrix} K_1 & & 0 \\ & \ddots & \\ 0 & & K_n \end{bmatrix} \left(\begin{Bmatrix} X_{s1} \\ \vdots \\ X_{sn} \end{Bmatrix} - \begin{Bmatrix} X_{b1} \\ \vdots \\ X_{bn} \end{Bmatrix} \right) \quad (3\text{-}2\text{-}3)$$

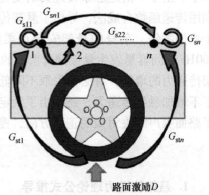

图 3.2.3 悬架柔度矩阵、传递函数、路面激励示意图

使用式 (3-2-1) ~式 (3-2-3)，传递到车身的悬

架传递力 $\{F\}$ 可以用式（3-2-4）表达。

$$\begin{Bmatrix} F_1 \\ \vdots \\ F_n \end{Bmatrix} = -\left\{ \begin{bmatrix} G_{b11} & \cdots & G_{b1n} \\ \vdots & & \vdots \\ G_{bn1} & \cdots & G_{bnn} \end{bmatrix} + \begin{bmatrix} K_1 & & 0 \\ & \ddots & \\ 0 & & K_n \end{bmatrix}^{-1} + \begin{bmatrix} G_{s11} & \cdots & G_{s1n} \\ \vdots & & \vdots \\ G_{sn1} & \cdots & G_{snn} \end{bmatrix} \right\}^{-1} \begin{Bmatrix} G_{st1} \\ \vdots \\ G_{stn} \end{Bmatrix} D$$

(3-2-4)

对上述方程的逆矩阵进一步总结，得到式（3-2-5）。

$$\begin{Bmatrix} F_1 \\ \vdots \\ F_n \end{Bmatrix} = -\begin{bmatrix} G_{b11} + K_1^{-1} + G_{s11} & \cdots & G_{b1n} + G_{s1n} \\ \vdots & \ddots & \vdots \\ G_{bn1} + G_{sn1} & \cdots & G_{bnn} + K_n^{-1} + G_{snn} \end{bmatrix}^{-1} \begin{Bmatrix} G_{st1} \\ \vdots \\ G_{stn} \end{Bmatrix} D \quad (3\text{-}2\text{-}5)$$

此处，安装点综合柔度矩阵 $[G_{\text{total}}]$ 可以由车身安装点柔度矩阵 $[G_b]$、衬套动刚度的倒数 $[K^{-1}]$、悬架摆臂前端柔度矩阵 $[G_s]$ 合成表示，见式（3-2-6）。

$$[G_{\text{total}}] = \begin{bmatrix} G_{b11} + K_1^{-1} + G_{s11} & \cdots & G_{b1n} + G_{s1n} \\ \vdots & \ddots & \vdots \\ G_{bn1} + G_{sn1} & \cdots & G_{bnn} + K_n^{-1} + G_{snn} \end{bmatrix} \quad (3\text{-}2\text{-}6)$$

将式（3-2-6）代入式（3-2-4），得到式（3-2-7）。

$$\begin{Bmatrix} F_1 \\ \vdots \\ F_n \end{Bmatrix} = -[G_{\text{total}}]^{-1} \begin{Bmatrix} G_{st1} \\ \vdots \\ G_{stn} \end{Bmatrix} D = -[G_{\text{total}}]^{-1} \{G_{st}\} D \quad (3\text{-}2\text{-}7)$$

根据式（3-2-7）可知，悬架传递力 $\{F\}$ 由安装点综合柔度矩阵 $[G_{\text{total}}]$、从轮胎接地点到悬架摆臂前端的传递函数 $\{G_{st}\}$ 和路面激励 D 确定。另外，即使在路面激励 D 和从轮胎到悬架摆臂前端的传递函数 $\{G_{st}\}$ 没有变化的情况下，当安装点综合柔度矩阵 $[G_{\text{total}}]$ 变化时，悬架传递力也发生变化。也就是说，悬架传递力受车身悬架安装点柔度、衬套的动刚度、悬架摆臂前端柔度等特性影响。

2. 传递力对路面噪声的影响

如果将从悬架安装点到驾驶员耳边位置的声灵敏度设为 $[H_b]$，则驾驶员耳边位置处的声压 $\{P\}$ 见式（3-2-8）。

$$\{P\} = [H_b]\{F\} = -[H_b][G_{\text{total}}]^{-1}\{G_{st}\}D \quad (3\text{-}2\text{-}8)$$

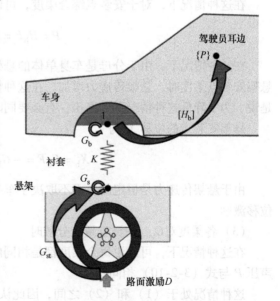

图 3.2.4 单衬套连接的车辆示意图

为了简化讨论，考虑结合点仅由 1 个单自由度的衬套连接，如图 3.2.4 所示。此时，悬架传递力 F 为

$$F = -(G_b + K^{-1} + G_s)^{-1} G_{st} D = \frac{-G_{st} D}{G_b + K^{-1} + G_s} \quad (3\text{-}2\text{-}9)$$

此时，驾驶员耳边位置的声压 P 为

$$P = H_b F = \frac{-H_b G_{st} D}{G_b + K^{-1} + G_s} \quad (3\text{-}2\text{-}10)$$

一般来说，为了降低声压，应先考虑降低车身的声灵敏度。但是，由于式（3-2-10）的分母中也包含车身的悬架安装点柔度 G_b，因此要根据安装点综合柔度的各因素之间平衡，考虑车身优化的方向性。

以下分三个方面来对车身的优化方向性进行讨论。此处，记式（3-2-10）的分母 G_{total} 为

$$G_{total} = G_b + K^{-1} + G_s \quad (3\text{-}2\text{-}11)$$

（1）当 G_b 相对于 G_{total} 极小时

对于安装点综合柔度，当 G_b 小到可以忽略不计时，声压 P 为

$$P = H_b F = -H_b \frac{G_{st} D}{K^{-1} + G_s} \quad (3\text{-}2\text{-}12)$$

即使车身变化，悬架传递力也不会变化，因此可知为了降低声压 P，只要减小车身声灵敏度 H_b 即可。这样，G_b 相对于 G_{total} 足够小时，即使改变车身单体特性，悬架传递力也不会变化，因此可以认为激励是恒定的。

（2）当 $K^{-1} + G_s$ 相对于 G_{total} 极小时

在这种情况下，对于安装点综合柔度，可以忽略 $K^{-1} + G_s$，因此声压 P 为

$$P = H_b F = -H_b \frac{G_{st} D}{G_b} \quad (3\text{-}2\text{-}13)$$

在这种情况下，由于分母是车身单体的悬架安装点柔度，因此为了降低声灵敏度而减小悬架安装点柔度时，悬架传递力增加。在这种情况下，降低声灵敏度的方法是无效的。也就是说，为了降低这种情况下的声压，有必要同时降低车身声灵敏度和保持安装点柔度。

悬架安装点的位移 X_b 为

$$X_b = G_b F = -G_b \frac{G_{st} D}{G_b} = -G_{st} D \quad (3\text{-}2\text{-}14)$$

由于悬架传递力是恒定的，而不取决于车身特性，因此悬架传递力可以被认为是恒定的位移激励。

（3）各柔度对 G_{total} 的贡献量较分散时

在这种情况下，可以说每个柔度都是相同的，所以不能忽略 G_{total} 中的任何特性。因此，声压 P 与式（3-2-10）相同。

这种情况处于（1）和（2）之间，因此认为既不是力恒定也不是位移恒定的激励状态。

3. 悬架安装点柔度是否可以降低的判断方法

如前所述，在各柔度对 G_{total} 的贡献量分散的情况下，由于悬架安装点柔度的变化，悬架传递力变化的程度也发生变化。因此，接下来研究悬架传递力随着悬架安装点柔度的变化程度。

假设：

$$\frac{G_b}{K^{-1}+G_s}=A \qquad (3\text{-}2\text{-}15)$$

假设在某个方案下,悬架安装点柔度 G_b 减小了 β(单位为 dB),设采取解决方案后的悬架安装点柔度 G_b 为 G_b',令 $10^{-\beta/20}=B$,则

$$G_b'=10^{-\beta/20}G_b=BG_b \qquad (3\text{-}2\text{-}16)$$

此时,采取对策后悬架传递力 F' 为

$$\frac{F'}{F}=\frac{G_b+K^{-1}+G_s}{BG_b+K^{-1}+G_s}=\frac{\dfrac{G_b}{K^{-1}+G_s}+1}{B\dfrac{G_b}{K^{-1}+G_s}+1}=\frac{A+1}{BA+1}=\frac{A+1}{10^{-\beta/20}A+1} \qquad (3\text{-}2\text{-}17)$$

图 3.2.5 中显示了使悬架安装点柔度 G_b 降低 10dB 时的悬架传递力的变化率与 G_b 和 $K^{-1}+G_s$ 之比的关系。由图 3.2.5 可知,G_b 和 $K^{-1}+G_s$ 的比越大,降低 G_b 时的悬架传递力的增加量越大。

前面三种情况研究的前提是假定衬套为单自由度,但即使在多自由度的情况下,仅评估安装点综合柔度矩阵 $[G_{total}]$ 的对角项即可。

综上所述,在通过车身优化以改善路面噪声时,必须考察声灵敏度的降低量和悬架安装点柔度变化引起的悬架传递力增加量。但是,在观察悬架传递力变化的同时进行车身的研究,在分别确定车身和悬架的

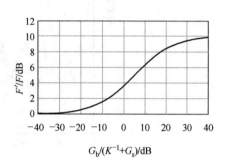

图 3.2.5 G_b 和 $K^{-1}+G_s$ 之比与悬架传递力变化率的关系($G_b'/G_b=10$dB)

目标值方面,还存在很多困难。因此,有必要设置判断悬架传递力是否变化的阈值,来决定是否可以降低悬架安装点的柔度。根据图 3.2.5 可知,当 G_b 和 $K^{-1}+G_s$ 比值为 -10dB 以上时,传递力的变化显著,而小于 -10dB 时,变化相对较小,因此将该值作为阈值,并事先确定是否可以降低悬架安装点的柔度 G_b。

3.2.3 模拟验证

前面明确了悬架传递力的变化原理是由于安装点综合柔度的变化,但还是需要确定在实际的汽车上是否发生了这样的事情。由于在实际车辆中难以准确地识别悬架传递力,所以使用 CAE 方法进行了验证。如图 3.2.6 所示,使用包括轮胎和悬架的整车有限元(FE)模型,验证了仅在车身上发生变更时悬架传递力是否变化。在验证中,在右后轮的车轴中心沿轴向或纵向施加外力,对此时的悬架传递力加以考察。图 3.2.7 表示后轮双叉臂悬架后下摆臂轴向的车身的悬架安装点柔度(G_b)、悬架摆臂柔度(G_s)和衬套柔度(K^{-1})、衬套柔度(K^{-1})和 G_s 之和($K^{-1}+G_s$)、安装点综合柔度(G_{total})。另

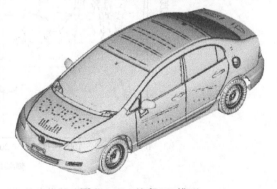

图 3.2.6 整车 FE 模型

外，图3.2.8中还显示了后拖曳臂纵向的数据。

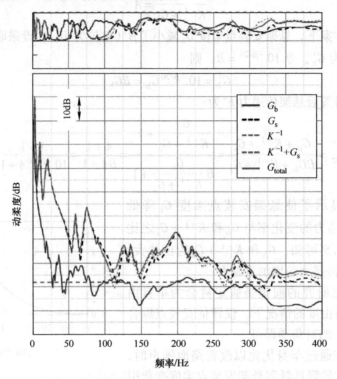

图 3.2.7　后下摆臂轴向的 G_b、G_s、K^{-1}、$K^{-1}+G_s$ 和 G_{total}

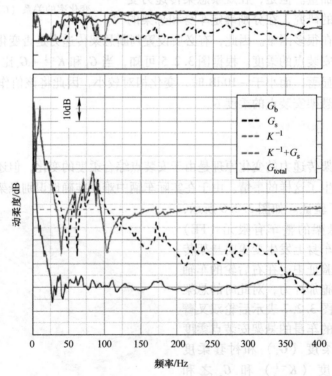

图 3.2.8　后拖曳臂纵向的 G_b、G_s、K^{-1}、$K^{-1}+G_s$ 和 G_{total}

从图 3.2.7 可知，由于后下摆臂的 (G_b) 与 ($K^{-1}+G_s$) 之比为[...]多，因此在降低后下摆臂轴向的悬架安装点柔度时，悬架传递力会[...]图 3.2.8 可以看出，后拖曳臂的纵向数据分析中，(G_b) 与 ($K^{-1}+G_s$) [...]下，即使降低后拖曳臂纵向的悬架安装点柔度，悬架传递力的变化也是有限的[...]

接下来，为了降低车体的悬架安装点柔度，在车体模型上使用刚体单元以提[...]先，对后下摆臂附近的刚度进行了提升，具体部位如图 3.2.9 所示。

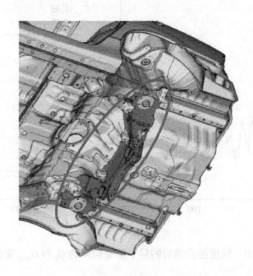

图 3.2.9　后下摆臂附近刚度提升

图 3.2.10 所示是刚度提升前后的后下摆臂轴向的 G_b 和 G_{total} 变化比较。同样，图 3.2.11 所示是刚度提升前后的后下摆臂轴向的悬架传递力的变化比较。

从图 3.2.10 可知，由于车身增强，G_b 在 100Hz 以上频带降低了 8dB 左右，由此，G_{total} 也在 100Hz 以上的频带降低。从图 3.2.11 可知，可以确认在 G_{total} 中观察到变化的 100～300Hz 之间悬架传递力增加了 4dB 左右。因此，通过仅对车身进行变更而降低 G_b，悬架传递力有时会增加。

对后拖曳臂附近纵向刚度进行提升，认为悬架传递力的变化是有限的，如图 3.2.12 所示。图 3.2.13 所示为刚度提升前后的后拖曳臂纵向 G_b 和 G_{total} 变化比较。图 3.2.14 所示为刚度提升前后的后拖曳臂纵向的悬架传递力的变化比较。

从图 3.2.13 可以看出，由于刚度提升，后拖曳臂纵向的 G_b 在 75Hz 以上降低了 8dB 左右，但是 G_{total} 的变化很小。虽然可以确认，由该加强件引起的悬架传递力与提升后摆臂刚度相比变化较小，但是从 G_{total} 的变化可以定量地预测悬架传递力的变化。

接下来，基于以上所述来采取措施以降低车身声灵敏度。通过安装点附近的改进，将 G_b 降低及不发生变化的情况进行了比较。图 3.2.15 所示为声灵敏度降低后动柔度的比较，图 3.2.16 所示为悬架安装点的车身声灵敏度比较，图 3.2.17 所示为悬架传递力的比较，图 3.2.18 所示为车轴的车身声灵敏度比较。

从图 3.2.15 可知，通过上述改进措施，在 200Hz 以下的频带中 G_b 降低了 10dB 左右。由图 3.2.16 可知，无论哪一种对策，车身声灵敏度都降低了。在 100～150Hz 的频带内，图 3.2.17

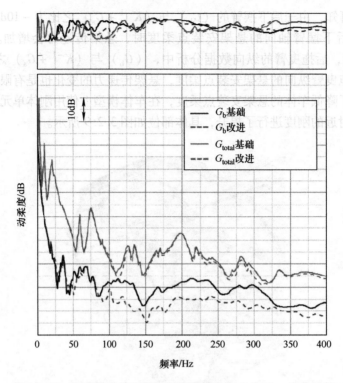

图 3.2.10　刚度提升前后的后下摆臂轴向的 G_b 和 G_{total} 变化比较

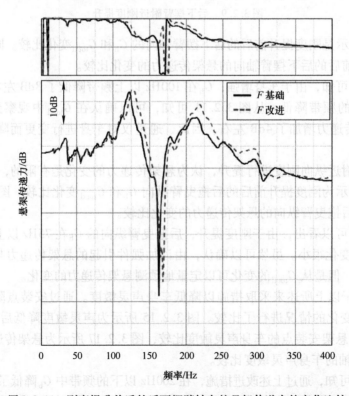

图 3.2.11　刚度提升前后的后下摆臂轴向的悬架传递力的变化比较

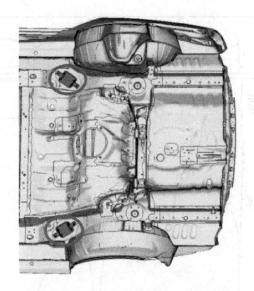

图 3.2.12　后拖曳臂附近纵向刚度提升

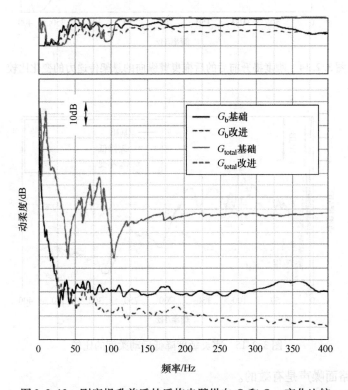

图 3.2.13　刚度提升前后的后拖曳臂纵向 G_b 和 G_{total} 变化比较

的悬架传递力增加。当 G_b 降低时，尽管车身声灵敏度降低，但图 3.2.18 的车轴的车身声灵敏度不降低，当 G_b 不降低时，声灵敏度降低。由此，在假设传递力增加的部位采取对策使

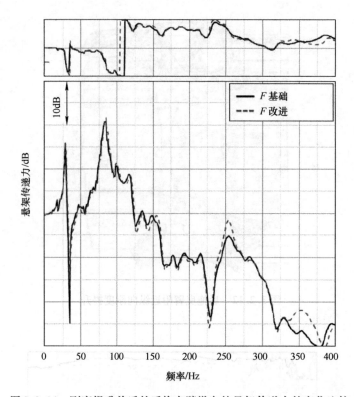

图 3.2.14　刚度提升前后的后拖曳臂纵向的悬架传递力的变化比较

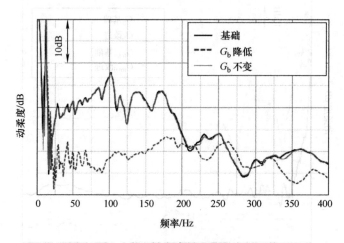

图 3.2.15　声灵敏度降低后动柔度的比较

G_b 不降低对降低路面噪声是有效的。

综上所述，通过降低车身的安装点柔度，有时安装点综合柔度降低，传递力增加，基于 G_b 与 $K^{-1}+G_s$ 之比的阈值来判断悬架安装点柔度是否可以降低的定量预测是有难度的，但是对于判断悬架传递力是否容易增加是有用的，并且发现在预期悬架传递力增加的部位保持安装点柔度不变的措施是有效的。

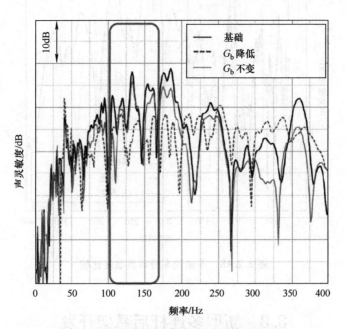

图 3.2.16 悬架安装点的车身声灵敏度比较

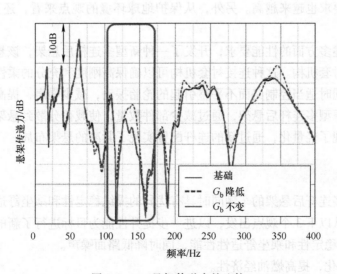

图 3.2.17 悬架传递力的比较

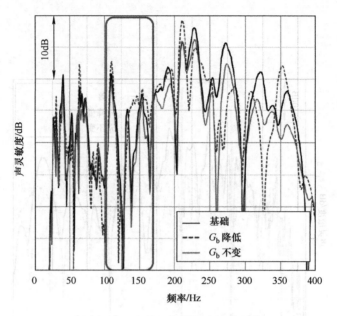

图 3.2.18 车轴的车身声灵敏度比较

3.3 新型多连杆后悬架开发

近年来,随着全球市场的扩大和各地区车辆使用要求的多样化,对悬架的性能和功能要求越来越复杂。不仅需要能够满足驾驶员随心所欲行驶的操纵稳定性,在各种路面上确保良好的乘坐舒适性要求也越来越高。另外,从保护地球环境的观点来看,还要求车辆轻量化、减少油耗。

为了实现上述多方面的性能要求,开发了一种新型多连杆后悬架,该悬架具有简单的连杆结构和独特的衬套机构。这种连接衬套机构可以确保高刚度和充分的柔性转向,有助于提高操纵稳定性,同时适当控制路面不平整引起的轮胎振动,减少噪声,提高乘坐舒适性。

另外,对于原型多连杆后悬架,通过减少部件数量,使载荷分散到悬架横梁、连杆等多条传递路径,实现了轻量化,通过新的连杆配置实现了紧凑的悬架布局。

3.3.1 开发目标

搭载了原型多连杆后悬架的车辆同时具有优异的操纵稳定性和乘坐舒适性,但在新型多连杆后悬架中,从以下 3 个观点出发,以进一步提升性能为目标进行了新的开发。

1)提升操纵稳定性和乘坐舒适性性能,同时降低路面噪声。
2)结构轻量化,提高燃油经济性。
3)通过紧凑的悬架布局提高车辆总布置自由度。

3.3.2 基本构造

新型多连杆后悬架如图 3.3.1 所示,由上连杆、前侧下连杆、后侧下连杆 3 根杆件构成，其俯视图和下连杆结构分别如图 3.3.2 和图 3.3.3 所示，前侧下连杆和后侧下连杆通过连杆衬套弹性连接。在后侧下连杆上的连接销上插入前侧下连杆上的衬套，两者通过螺栓紧固。另外，悬架横梁和车桥壳体之间通过各连杆两端的衬套弹性连接。

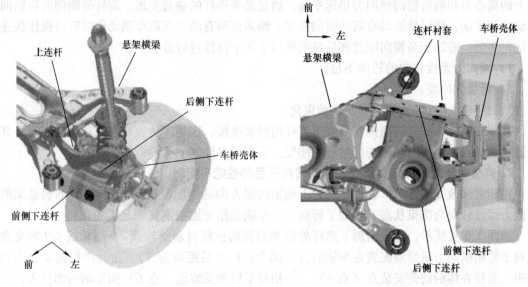

图 3.3.1　新型多连杆后悬架　　　　　图 3.3.2　新型多连杆后悬架俯视图

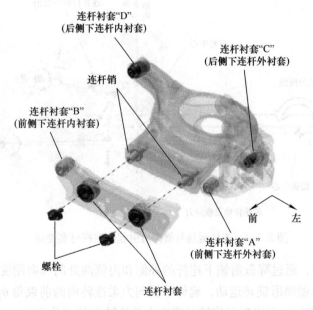

图 3.3.3　下连杆结构

3.3.3　基本特征

1. 操纵稳定性和乘坐舒适性对后悬架的要求

为了实现良好的操纵稳定性和乘坐舒适性，使性能在原型后悬架的基础上进一步提升，新型多连杆后悬架以兼顾多性能为目标进行了开发。

在转弯时,当由转向前轮产生的横向力(转向力)使车身开始偏转运动时,后轮同时产生滑动角和横向力。此时,为了尽量减小后轮相对于前轮的横向力时间延迟,使施加在车身上的离心力和前后轮的横向力迅速平衡,通过悬架连杆的轴套变形,旋转外圈侧的后轮向车辆内侧移动,使后悬架具有高的横向刚度。结果证明有助于实现车辆动作对转向操作快速响应。为此,着眼于高横向刚度和后悬架的以下3个特性进行分析:

1) 横向力柔性转向的转向不足。
2) 低纵向刚度。
3) 纵向力柔性转向器制动时的前束化。

新型多连杆后悬架将前侧和后侧下连杆用衬套连接,这是一种独特结构和连杆配置,并且通过适当控制连接衬套和连杆衬套的刚度,实现了多性能平衡。

2. 高横向刚度和横向力柔性转向的转向不足的性能平衡

在转弯和改变车道时,通过在后轮上施加内侧方向的轮胎滑移角(前束),即后悬架的横向力柔性转向为前束状态,增加了转向力,车辆动作更加稳定(不足转向化)。

如图3.3.4所示,连接前侧下连杆外侧和内侧的连杆衬套的轴线 AB 与轴线 CD 的交点相对于轮胎横向力激励点配置在车辆后方(两个点的前后距离为 X)。由此产生前束方向的转矩,车桥壳体的前侧安装点(点 A)一边相对于后侧安装点(点 C)向车辆内侧拉入,一边使连杆出现使衬套挠曲的动作,确保了横向力柔性转向的前束角 θ_1。

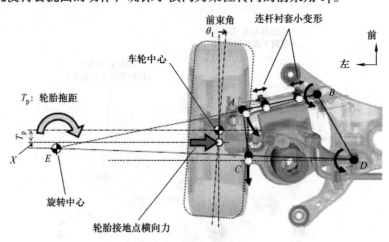

图3.3.4 连杆运动与横向力引起的连杆衬套变形

如图3.3.5所示,通过降低前侧下连杆的外侧和内侧两处的轴向刚度,使前侧下连杆和后侧下连杆作为一体做梯形旋转运动,确保了横向力柔性转向的前束角 θ_2。

通过将 θ_1 和 θ_2 相加,可以确保旋转时横向力柔性转向的充分力矩。

此外,为了确保高横向刚度,提高了后侧下连杆外侧和内侧两处连杆衬套的轴向刚度。由于通过图3.3.4的连杆衬套挠曲的方法确保了上述横向力柔性转向的前束角,因此提高了前侧下连杆衬套刚度的自由度,结果可以提高横向刚度。综上所述,高横向刚度和横向力柔性转向的不足转向能够在高水平上取得平衡,如图3.3.6所示。

为了确认上述新型多连杆后悬架特性对车辆的影响,进行了车速为120km/h的脉冲转

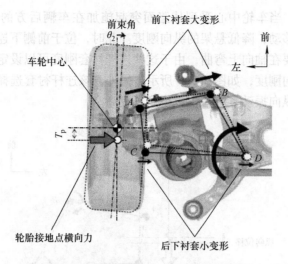

图 3.3.5 横向力导致下连杆衬套变形

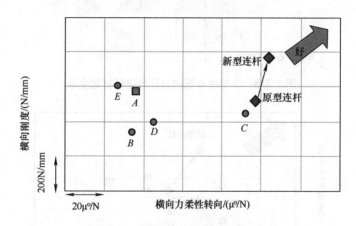

图 3.3.6 横向力柔性转向和横向刚度

向瞬态响应试验。图 3.3.7 显示的是 0.5Hz 时的相位延迟测试结果,横轴为横摆共振频率,纵轴为横向加速度/转向角的传递特性。一般来说,横摆共振频率越高,对转向的响应性越高,相对于转向角的横向加速度的相位延迟越小,后轮的追随性越高。搭载了新型多连杆后悬架的车辆相对于原型多连杆悬架的性能有了进一步提高,能够确保优良的操纵稳定性。

3. 高横向刚度和低纵向刚度平衡

当车辆通过路面突起或铺装路接缝时,为了降低由车轮中心产生的冲击激励引起的纵向振动水平,以提高乘坐舒适性,必须降低相对于车轮中心激励的纵向刚度。

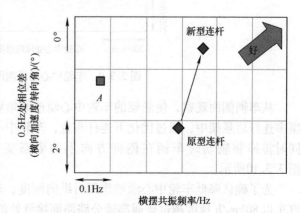

图 3.3.7 横摆共振频率和相位差

如图 3.3.8 所示，当车轮中心受到从路面突起施加在车辆后方的激励时，连杆衬套挠曲，从而使轮胎向后移动，降低悬架的纵向刚度。此时，位于前侧下连杆和后侧下连杆两端的 4 处连杆衬套不需要在轴向上弯曲，由于这些连杆衬套刚度可以设定得很高，所以可以兼顾高横向刚度和低纵向刚度，如图 3.3.9 所示。另外，该连杆衬套选择了损耗系数高的橡胶材料，越过突起后的纵向振动衰减特性也得到了提高。

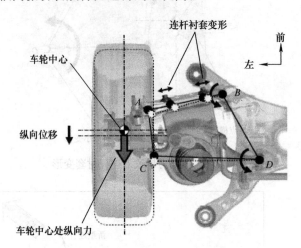

图 3.3.8　车轮中心纵向力导致连杆衬套变形

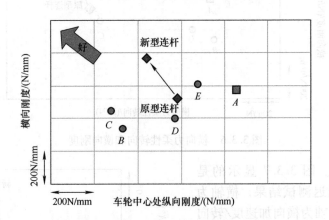

图 3.3.9　车轮中心处纵向刚度和横向刚度

从车辆侧面观察，使悬架的车轮中心轨迹倾角后倾化，也可以降低纵向振动水平。在新型多连杆后悬架中，通过优化下连杆布置，车轮中心轨迹倾角相对于当前后悬架向后倾斜，同时将抑制制动时车辆在俯仰方向上的姿态变化的反升降角设定为适当的角度，如图 3.3.10 所示。

为了确认降低车轮中心激励作用时纵向刚度、车轮中心轨迹倾角的后倾化带来的效果，汽车以 80km/h 速度越过普通高速公路路面接缝处的突起，后轮越过突起时后座地板纵向振动加速度对比如图 3.3.11 所示。搭载了新型多连杆后悬架的车辆的纵向振动水平相对于搭载原型悬架的车辆进一步降低，确认实现了冲击感降低、乘坐舒适性提高。

4. 纵向力柔性转向器制动时的前束化

当在转弯过程中制动时，转弯外圈侧相对于轮胎接地点产生的制动力出现前束，即通过

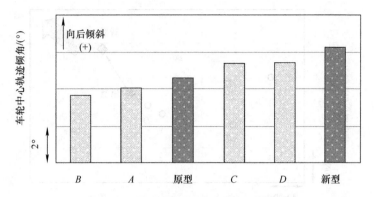

图 3.3.10　车轮中心轨迹倾角对比

在制动过程中使纵向力柔性转向为前束状态，车辆行驶得更加稳定。

如图 3.3.12 所示，从车辆上方观察轴线 AB 与轴线 CD 的交点，将其配置在轮胎外侧。由此，在轮胎接地点施加制动力时，衬套向轴线 AB 方向挠曲，车桥壳体的前侧安装点（点 A）相对于后侧安装点（点 C）向车辆内侧拉入，将出现前束角 θ_3。结果显示，相对于原型悬架，新型悬架能够确保纵向力柔性转向进一步制动时的前束角，如图 3.3.13 所示。

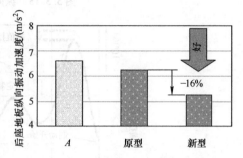

图 3.3.11　后座地板纵向振动加速度对比

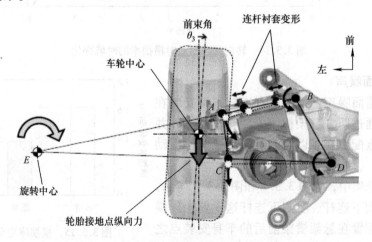

图 3.3.12　轮胎接地点纵向力引起的连杆衬套变形

图 3.3.14 显示了以 120km/h 的恒定速度在转向状态制动时，车辆重心位置处的横摆率的时域变化。另外，图 3.3.15 所示是在该行驶场景中，相对于车辆制动前的稳定横摆率 $\dot{\phi}_0$，制动后最大横摆率 $\dot{\phi}_{max}$ 值越小，由制动引起的车辆横摆方向运动变化越小。即使是搭载了原型后悬架的车辆，转向状态制动时的运动变化也很少，如图 3.3.15 所示，但是搭载了新型后悬架的车辆在整个区域都抑制了减速引起的横摆率的产生，如图 3.3.14 所示，由此确认了纵向力柔性转向制动时前束量增加的效果。

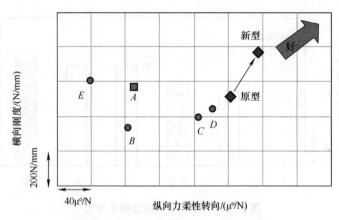

图 3.3.13　纵向力柔性转向和横向刚度

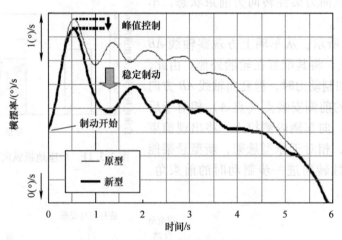

图 3.3.14　转向状态制动时横摆率的时域变化

5. 降低路面噪声

为了降低路面噪声，不将所有连杆直接安装在车身上，而是通过防振悬架横梁安装在车身上，并且将连杆安装点配置在难以激发悬架横梁弹性振动的位置。

在新型后悬架中，如图 3.3.1 和图 3.3.2 所示，将上连杆和前侧下连杆、后侧下连杆这 3 处悬架横梁侧的安装点配置在悬架横梁前后的车身安装点之间。另外，通过优化连杆衬套及连接衬套的刚度分配，

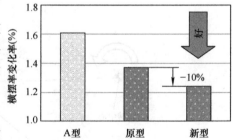

图 3.3.15　横摆率变化率比较

还抑制了从连杆传递给悬架横梁的激振力，这使得在车厢声腔共振的频率范围内产生的悬架横梁一阶扭转模态（图 3.3.16）难以激发，如果出现模态共振，将使路面噪声恶化。

在同一路面上行驶，在同一车辆上搭载两种后悬架情况下，测试驾驶员座椅处的路面噪声水平，可以确认通过上述方法可以降低路面噪声，如图 3.3.17 所示。

6. 轻量化

由于新型后悬架相对于原型后悬架的连杆根数从 4 根变为 3 根，不仅减少了连杆数，还

通过减少安装在悬架横梁上的托架、轴套、紧固部件的连杆数量来实现轻量化。另外，对于来自路面的车辆纵向、横向的激励，在新型后悬架中，可以通过前侧和后侧的下连杆来控制车桥壳体的振动，因此可以将原型的 A 型上连杆变更为更轻的 I 型。除了车桥外壳之外，悬架的每个部件不使用钢材，而是使用铝材来减轻重量。

在新型后悬架中，考虑到将来自路面的车辆纵向、横向的激励传递给悬架横梁的载荷路径，在连杆配置上也下了很大功夫。图 3.3.18a 所示是对轮胎接地点施加纵向力 F 及横向力 F 时，从车辆上方观察到的向悬架横梁上各连杆安装点传递力的矢量图，图 3.3.18b 所示是对施加纵向力或横向力时各点的传递力最大值的绝对值。

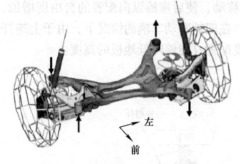

图 3.3.16　悬架横梁一阶扭转模态

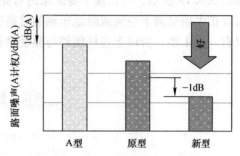

图 3.3.17　路面噪声测试结果

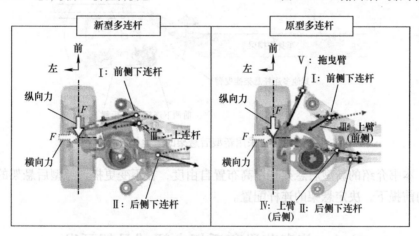

a) 纵向和横向力矢量图

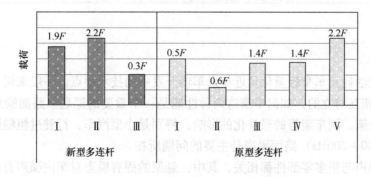

b) 每个接触点的传递力最大值的绝对值

图 3.3.18　悬架安装点传递力对比

对于来自轮胎的纵向及横向激励,原型后悬架在悬架横梁的各连杆安装点共 5 处加载纵向、横向载荷。在新型后悬架中,由于前侧、后侧下连杆的安装点Ⅰ、Ⅱ和上连杆的安装点Ⅲ等 3 点的反作用力主要在横向统一,因此悬架横梁的骨架结构可以通过合理设计,使其仅承受横向激励。

通过以上研究,与原型后悬架相比,新型后悬架横梁可以有效地设计各部分板厚和骨架结构,实现了 21% 的轻量化。

7. 紧凑型悬架布置

新型后悬架不存在沿车辆纵向延伸的连杆,具有能够减少悬架在纵向占用空间的优点。如图 3.3.19 所示,可以使车身纵梁的弯曲位置向后移动,使后座椅纵向配置的自由度增加,可以扩大乘员脚下空间或降低车辆的总高度。另外,在四轮驱动车辆的情况下,由于上连杆只有一根Ⅰ型,所以上连杆能够与驱动轴相同的高度配置,能够降低地板的高度。

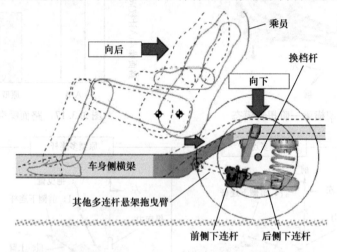

图 3.3.19　采用新型后悬架的后地板布置

另外,本书介绍的新型后悬架利用高布置自由度,在不变更搭载原型后悬架的新型车辆车身骨架的前提下,决定悬架的连杆配置。

3.4　前麦弗逊和后扭力梁式悬架开发

3.4.1　概述

低噪声、低油耗及车身轻量化是近年来车辆开发中的技术要点。一般来说,车身轻量化与 NVH 性能是相互对立的,如何平衡这两种性能是一个重要的课题。路面噪声很容易受到轮胎、轮辋、悬架、副车架等的轻量化的影响,特别是小型汽车,行驶过粗糙路面时,车内产生的低频(100~200Hz)路面噪声是主要的问题所在。

低频路面噪声与很多零部件都相关,其中,悬架的固有模态对车内噪声有着非常大的影响。为准确预测路面噪声,需要综合考虑轮胎固有模态以及车身声学特性,对悬架特性进行研究。在开发的早期阶段,在不能充分预测轮胎及车身特性的情况下,就要决定悬架的设计参数,所以需要单独对悬架系统进行技术研究。以悬架系统为研究对象,对严重影响路面噪声的振动特性及其振动原理加以分析。

小型汽车上经常采用的前麦弗逊和后扭力梁式悬架系统如图3.4.1所示。

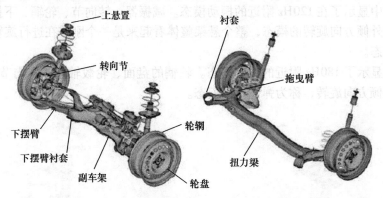

图3.4.1　前麦弗逊和后扭力梁式悬架系统

配置前麦弗逊及后扭力梁式悬架的车辆即使存在差异,悬架支撑点的布置以及零部件的构成是基本相同的。另外,如果将分析对象限定于小型汽车,轮辋以及悬架零部件的重量和刚度也不会有太大的差别,所以决定悬架振动模态的刚度、质量要素的分布也较类似,可以推断各种悬架都拥有共同的振动模态。

首先,对振动模态的原理进行分析。其次,通过比较有同样形式悬架的车辆,来确认振动模态原理的共同性,明确各车辆产生性能差的原因。最后,从振动原理中推导出降低路面噪声的方法。

3.4.2　悬架振动模态

如图3.4.2所示,车辆在路面噪声测试的路面行驶时,驾驶员耳边的室内声压与前轮辋下端横向施加振动时的转向节下部横向振动响应的测试结果。在120Hz与180Hz附近,声压、振动都存在较大峰值。

图3.4.3显示的是后排乘员耳边声压与后轮辋下端横向施加振动时衬套安装点垂向振动响应的测试结果。在120Hz附近,声压与振动存在较大的峰值。

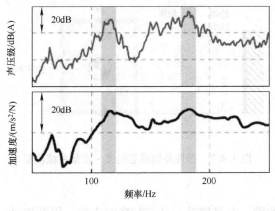

图3.4.2　路面噪声和前悬架振动

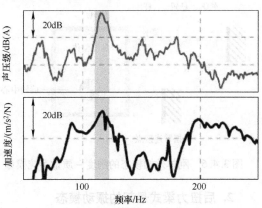

图3.4.3　路面噪声和后悬架振动

将产生这些振动峰值的原因,即悬架振动模态的原理,通过 FE 模型的参数研究进行分类。

1. 前麦弗逊式悬架的振动模态

图 3.4.4 中显示了在 120Hz 附近的振动模态。减振器、转向节、轮辋、下摆臂等形成一体,呈现出向外倾方向旋转的模态,整个悬架整体看起来是一个刚体在进行旋转,所以称其为刚体外倾模态。

图 3.4.5 显示了 180Hz 附近的振动模态。轮辋的盘面、轮毂轴承、转向节等产生变形,同时轮辋向外倾方向旋转,称为弹性外倾模态。

图 3.4.4 刚体外倾模态(120Hz 附近)   图 3.4.5 弹性外倾模态(180Hz 附近)

(1)刚体外倾模态振动原理

若将刚体外倾模态以刚度 - 质量系统来表现的话,就形成如图 3.4.6 所示的模型。图 3.4.6 中的 M 表示质量,K 表示刚度。整个系统可视为悬架整体质量由上部减振杆、衬套与减振器安装点的刚度及下摆臂安装点刚度支撑着的构造。将这上下两个刚度视作控制悬架系统模态的重要因素。

(2)弹性外倾模态振动原理

图 3.4.7 所示是弹性外倾模态的简易刚度 - 质量系统模型,可视为主质量,即轮辋中心主质量要素由轮毂轴承的扭转刚度与轮辋盘面的侧倾刚度这两个刚度支撑的构造。转向节弓部、减振杆、减振悬置也作为刚度要素对振动模态产生影响。

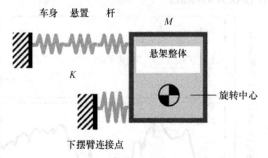
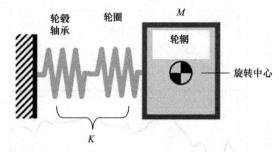

图 3.4.6 刚体外倾模态的刚度 - 质量系统模型   图 3.4.7 弹性外倾模态刚度 - 质量系统模型

2. 后扭力梁式悬架的振动模态

后扭力梁式悬架主体是一根连接左右车轮的梁,本身较重,又有衬套的支撑,隔断振动输入的性能较好,是对降低路面噪声较有利的形式。但是,扭力梁本身易扭转变形,而这一点对路噪的影响还是较大的。

图 3.4.8 所示是 120Hz 时的后扭力梁式悬架振动模态。车辆的扭力梁的 U 字断面是朝前方开口的,轮辋边朝外倾方向扭转,扭力梁的中央部位弹性变形,产生了俯仰方向振动。

如图 3.4.9 所示,轮辋的轮辐与梁中心是质量要素,拖曳臂的扭转、扭力梁、衬套等是主要刚度要素。

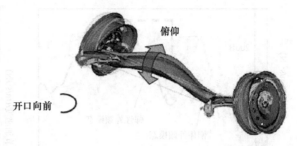

图 3.4.8　后扭力梁式悬架振动模态(120Hz)

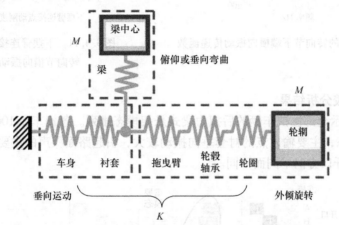

图 3.4.9　后扭力梁式悬架振动模态系统刚度 – 质量模型

轮辋与前悬架一样,朝外倾方向旋转。因此,梁本体受到了上下弯曲作用力。如果梁的 U 字断面是朝前开口的话,梁断面的剪切中心位于断面后方,所以在产生上下弯曲变形的同时,又发生了扭转振动。

3.4.3　测试方法

为了确认上述的悬架振动模态的共同性,对多辆车进行了振动测试试验。试验车辆全部属于小型汽车类别。前麦弗逊悬架车辆有 10 辆,同时考虑轮辋的材质与规格的差别,共对 25 辆车进行了测试试验。后扭力梁式悬架车辆共测试了 14 台。全部都是以轮辋下端横向为激励点,测试悬架各部的传递函数,对振动模态与代表点的振动传递特性做了对比。

3.4.4　测试结果

1. 前悬架比较分析结果

刚体以及弹性外倾模态在全部的测试车辆中都得到了确认。前麦弗逊悬架上基本存在这两个模态。图 3.4.10 所示是 5 台车的转向节下端横向振动传递函数。刚体外倾模态在各车辆间的固有模态频率的差较小,但是振动响应水平的差较大。弹性外倾模态在车辆间的固有模态频率的差较大,但是振动响应水平的差较小。

图 3.4.11 表示了在刚体外倾模态时转向节横向振动响应与下摆臂连接点动刚度的关系。如果主刚度要素的下摆臂连接点刚度高,悬架振动会变低,路面噪声衰减性能会较好。

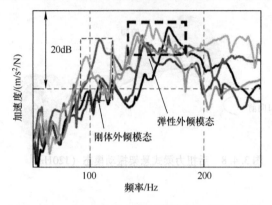

图 3.4.10　5 台车的转向节下端横向振动传递函数

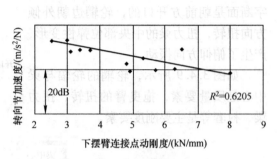

图 3.4.11　下摆臂连接点动刚度和转向节横向振动响应

2. 后悬架比较分析结果

图 3.4.12 表示全部测试车辆的后扭力梁式悬架模态排列。各辆车在 100～200Hz 都有较多共同的振动模态,主要输入点的衬套垂向振动较大,引起路面噪声的主要振动模态根据扭力梁的 U 字断面开口方向不同而不同。

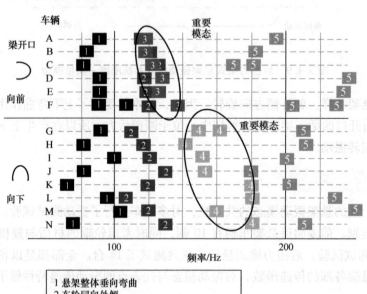

图 3.4.12　后扭力梁式悬架模态排列

U 字断面朝前开口的情况如图 3.4.8 所示,梁的中央有一个俯仰振动模态,U 字断面朝下开口时,扭力梁上下弯曲,同时悬架整体上下振动,如图 3.4.13 所示。

将这个模态的振动响应水平在衬套安装点的车身侧垂向进行了比较。图 3.4.14 表示衬套垂向振动衰减量与车身侧振动的关系。车辆不同，车身侧振动差异很大，其大小与衬套垂向的振动衰减量的关系很大。振动衰减量大，即衬套的垂向刚度值越低，车身侧的振动也低，路面噪声衰减性能就会好。

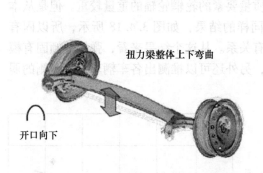

图 3.4.13　U 字断面朝下开口扭力梁模态

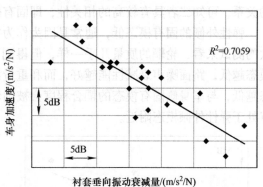

图 3.4.14　衬套垂向振动衰减量和车身加速度

3.4.5　降低路面噪声的方法

1. 前刚体外倾模态

下摆臂安装点的振动对车内噪声贡献量较大，是主要的传递路径，下面对其振动控制方法进行探讨。因为向外倾方向旋转的两个质量是由具有一定距离的两个刚度支撑的，所以根据这两个刚度的比例，能够对质量旋转中心进行控制。通过降低减振器横向刚度，将基础状态下的轮辋中心附近的旋转中心向下移动，能够起到降低下摆臂振动激励的作用。图 3.4.15 所示为刚体外倾模态的旋转中心下降，图 3.4.16 所示为增加悬置横向刚度的效果。

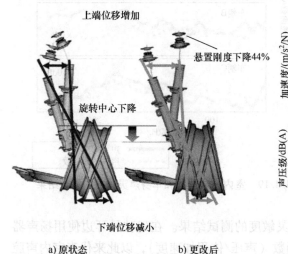

图 3.4.15　刚体外倾模态的旋转中心下降

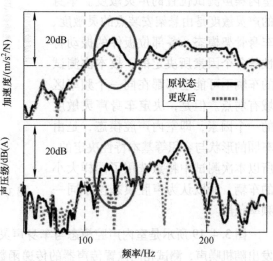

图 3.4.16　增加悬置横向刚度的效果

2. 前弹性外倾模态

(1) 弹性外倾模态与室内噪声的相关性

如前面所述，弹性外倾模态在振动水平上没有太大的区别，但是固有模态的差异较大。

如图 3.4.17 所示，调查了弹性外倾模态的固有模态与轮辋下端横向加振时的室内噪声的关系，可知二者具有较高的相关性，即固有模态越低，声压会有减小的趋势。

弹性外倾的固有模态低，通常是因为作为主质量要素的轮辋轮辐的重量较重。但是从本次的测试来看，轮辋的质量几乎一样，但得到了同样的结果，如图 3.4.18 所示，所以固有模态越低，路面噪声衰减性能越好，而和重量没有关系。从这个结果来看，弹性外倾固有模态越低，与车身侧固有模态的耦合程度会被削弱，另外还可以推测出各车辆车身响应侧的弱点处于弹性外倾模态附近。

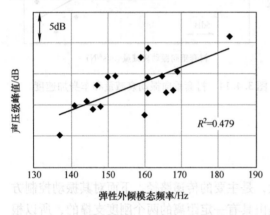

图 3.4.17 弹性外倾模态频率和声压级峰值

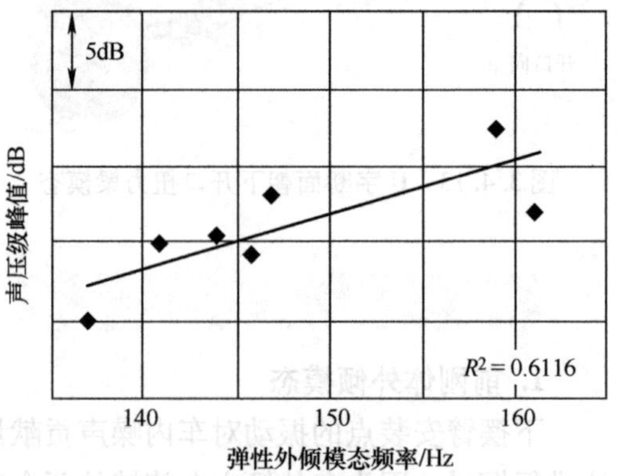

图 3.4.18 弹性外倾模态频率和声压级峰值（8kg 轮辋）

(2) 车身声灵敏度相关的考察

接下来论述车身侧悬架安装点到室内噪声测试位置的声灵敏度。车身的声灵敏度是由悬架安装点的灵敏度、车身骨架模态、各部位板件的振动特性等各个因素所决定的，故本次测试的车辆不可能全部都在同一个频率区域有弱点。但是，决定车身声灵敏度的一个因素，即室内声腔模态，是由车厢的形状与容积等基本特性决定的，所以本次测试中特意选用了同样大小的车辆，所以认为声腔模态位于同一频率范围。

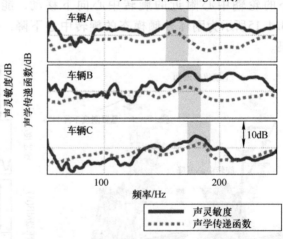

图 3.4.19 室内声腔模态和车身声灵敏度的测试结果

图 3.4.19 所示是室内声腔模态与车身声灵敏度的测试结果。在驾驶员耳边使用扬声器发出随机噪声，测试相同位置传声器的传递函数（声压/体积加速度），以此来代表室内声腔模态的指标。将前悬架所有安装点的车身声灵敏度的平均值作为声灵敏度的指标。如图 3.4.19 所示，平均化后的声灵敏度与室内声腔模态都在弹性外倾模态区域附近的 160 ~ 180Hz 之间拥

有峰值。因此，室内声腔模态的固有模态在车身声灵敏度上也以峰的形式出现。声腔模态的频率在早期开发中由车舱的形状等参数决定，可以进行预测，所以可以将其模态与悬架的弹性外倾固有模态分开。

如图3.4.20所示，将图3.4.17的横轴变更为弹性外倾模态与室内声腔模态频率的差异，可看到其相关性更高了。

（3）路面噪声降低效果的确认

研究了通过变更弹性外倾模态的固有模态来降低路面噪声。对主刚度要素中的轴承扭转刚度与轮辋盘面侧倾刚度进行了变更。

图3.4.21所示为减小轮毂轴承刚度对路面噪声的影响，图3.4.22所示为减小轮辋刚度对路面噪声的影响。由图3.4.21和图3.4.22可知，弹性外倾固有模态都下降了，室内噪声也有降低的效果。

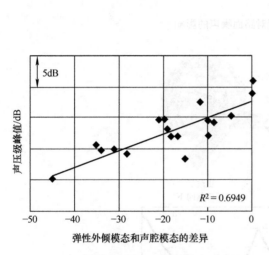

图3.4.20 弹性外倾模态和声腔模态的差异

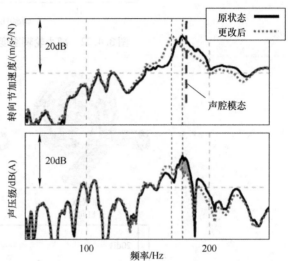

图3.4.21 减小轮毂轴承刚度对路面噪声的影响

3. 后扭力梁弹性变形模态

为了改善路面噪声衰减性能，一种有效的办法就是降低衬套的垂向刚度值，除此之外，还可以对梁本身的形状进行优化，以降低衬套安装点垂向振动。在扭力梁断面朝前开口的量产车上用FE模型进行了分析。

如前所述，开口朝前的扭力梁在上下弯曲的同时，梁本身发生扭转，梁中心以断面的后方端头为中心进行上下的跳动，增加了衬套安装点的振动。

因为衬套安装点在后侧梁的下面，从构造上看，纵向刚度比垂向刚度要高，车身声灵敏度也是纵向较好。因此，即使纵向的悬架振动增加了，只要降低垂向的振动，就能降低路面噪声。为了达成此振动特性，将梁的开口变更为斜向下。图3.4.23所示为扭力梁俯仰模态，图3.4.24所示为扭力梁模态振型。梁中心的振动由垂向变更为方向后，衬套安装点的垂向振动也降低了。在同样的模型下，试着将开口方向朝下，朝下开口时会增加其他几个明显的模态，影响了路面噪声。经分析得到的结论为45°开口朝下是最合适的。

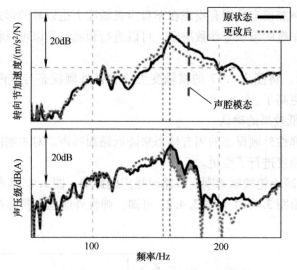

图 3.4.22 减小轮辋刚度对路面噪声的影响

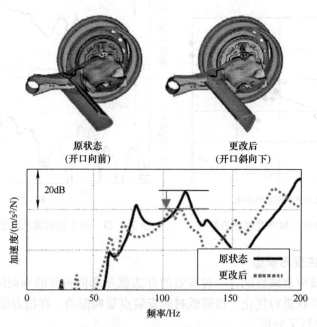

图 3.4.23 扭力梁俯仰模态

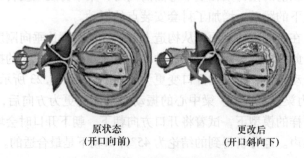

图 3.4.24 扭力梁模态振型

3.5 钢板弹簧悬架系统改进

当前,大型货车的悬架大多数为从大型到小型的钢板弹簧悬架系统。这种悬架系统的优势是成本低、零部件数量少,具有多种功能,在它的基础上,还有多种改进类型。

随着道路网络的不断完善,钢板弹簧悬架不仅装配在大型货车上,也装配在一些小型货车上,装配此系统的车辆在铺装路面上行驶的机会越来越多,因此,对乘坐舒适性等性能要求越来越高。

钢板弹簧之间的摩擦力对钢板弹簧悬架车辆的乘坐舒适性影响较大,改善钢板弹簧之间的摩擦力特性,利用仿真模拟技术,对悬架类型进行优化,以提高车辆的乘坐舒适性。

3.5.1 钢板弹簧悬架的激励特性

1. 钢板弹簧的刚度曲线

钢板弹簧的力-变形行程曲线如图3.5.1所示,它一定与板间摩擦力有关。对于该曲线,AB(CD)之间称为"移动部分",这是由于随着载荷的增加(CD之间则为减少),板端的接触固定点数量减少,各钢板弹簧处于阶段性滑动状态。另外,该"移动部分"中具有最大倾角(以下称为K_{max})的点是因为各钢板弹簧之间没有滑动而产生的变形。

AC连接而成的直线的倾角称为对角线刚度系数(以下称为K_d),它与钢板弹簧在该振幅范围内的动刚度系数基本上相等,这一结论在试验中也得到了验证。另外,EF称为相对于载荷P的板间摩擦力(以下称为$2F$)。

如果行程曲线上的变形幅值较小的话,仅用"移动部分"就可以描述整个过程,此时K_d显著变大,与"移动部分"的最大倾角K_{max}接近。

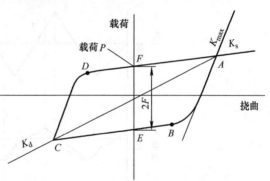

图3.5.1 钢板弹簧的力-变形行程曲线

过去大量的研究文献表明,K_d、$2F$这两个参数对乘坐舒适性的影响非常大。

在高速公路等光滑路面上,或者在具有接缝的路面上,为了改善车辆的乘坐舒适性,必须降低小振幅的K_d。过去经常采用的是在板之间插入摩擦系数低的树脂制衬垫,这种方法能够降低大振幅的K_d、$2F$,但是会带来操纵稳定性恶化的问题。

因此,为了确保高水平的乘坐舒适性,必须达到保证小振幅的低K_d且维持大振幅的$2F$的性能要求。为了实现这个目的,就要做到降低K_{max},而且延长"移动部分"曲线,扩大工作范围。

2. 动刚度特性的改进方法

为了降低行程曲线中"移动部分"的最大倾角K_{max},尝试了多种方法,并在试验中对"移动部分"中各钢板弹簧的动作进行了详细调查。

钢板弹簧端部变形测量装置如图3.5.2所示。在第一根钢板弹簧的吊耳附近,在第二根钢板弹簧同等位置处粘贴变形量规，测试伴随着上下位移产生的局部变形量，这样就可以获得吊耳处的变形情况。

图 3.5.3 所示是过去广泛使用的卷耳型单片式钢板弹簧（TLS）位移和变形的测试结果。第一根钢板弹簧、第二根钢板弹簧都是在板端变形方向和相反方向产生变形（位移Ⅰ~Ⅱ、Ⅲ~Ⅳ之间）。这是由钢板弹簧之间的摩擦力引起的黏着现象，由此使得"移动部分"的倾角，即"移动部分"的刚度系数显著上升。

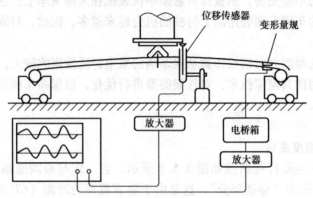

图 3.5.2　钢板弹簧端部变形测量装置

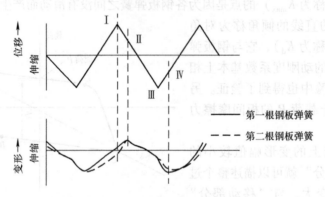

图 3.5.3　位移和变形的测试结果（TLS）

3. 卷耳型单片式钢板弹簧的构造和行程曲线

为了降低行程曲线中"移动部分"的刚度系数，必须从结构设计上避免黏着现象的发生。为了实现这个目的，采用了改进卷耳型单片式钢板弹簧。

图 3.5.4 所示为改进卷耳型单片式钢板弹簧末端形状，其构造上具有如下特征：

1）第一根钢板弹簧的吊耳部分设计为回卷形状。

2）第二根钢板弹簧的末端（与吊耳接触部位）带有曲率。

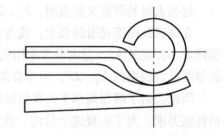

图 3.5.4　改进卷耳型单片式钢板弹簧末端形状

另外，卷耳型单片式钢板弹簧的板间不发生接触，仅依靠钢板弹簧末端来承受和传递载荷。

按照前面的方法，在钢板弹簧末端对变形量进行测试，结果如图 3.5.5 所示。对于卷耳型单片式钢板弹簧来说，当位移向上时，第一根钢板弹簧和第二根钢板弹簧之间产生符号相反的变形（位移Ⅰ′～Ⅱ′、Ⅲ′～Ⅳ′之间），显示出与图 3.5.3 TLS 不同的变形。这是由于没有发生像 TLS 那样的黏着现象。总之，改进卷耳型单片式钢板弹簧的第一根钢板弹簧和第二根钢板弹簧之间出现了接触点移动现象。

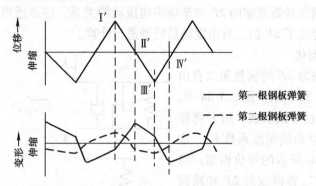

图 3.5.5　钢板弹簧末端变形（卷耳型单片式）

多片式钢板弹簧（5 片钢板）、TLS（3 片钢板）和改进 TLS（3 片钢板）的行程曲线对比如图 3.5.6 所示，行程曲线特性值，即 K_d、$2F$ 与振幅的关系对比如图 3.5.7 所示。另外，不管是哪一种钢板弹簧，静刚度系数都是相同的。

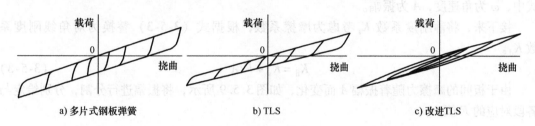

a) 多片式钢板弹簧　　　　b) TLS　　　　c) 改进 TLS

图 3.5.6　行程曲线对比

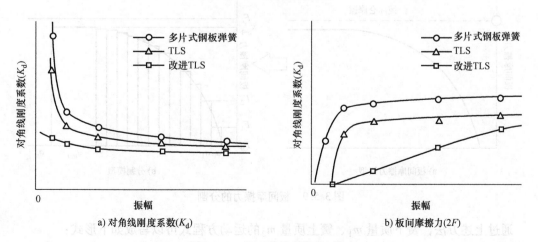

a) 对角线刚度系数(K_d)　　　　b) 板间摩擦力($2F$)

图 3.5.7　行程曲线特性值对比

TLS"移动部分"的倾角尽可能地小,因此,小振幅情况下能够抑制 K_d 值的上升,对改善乘坐舒适性具有较大的贡献。

另外,当钢板弹簧数量相同时,大振幅的 $2F$ 值基本上是相同的。

3.5.2 基于二自由度简易模型的模拟仿真

为了定量掌握钢板弹簧悬架的 $2F$ 和车辆垂向振动的关系,应该适当选择钢板弹簧、减振器的规格,利用考虑了 $2F$ 的二自由度简易模型进行计算。

1. 前悬架的模型化

考虑了板间摩擦力 $2F$ 的前悬架二自由度简易模型如图3.5.8a所示。图3.5.8a中,将 $2F$ 替换为等价黏性衰减系数,用 F 将静刚度系数 K_s 近似为对角线刚度系数 K_d,这样就建成了图3.5.8b所示的等价模型。将等价黏性衰减系数 C_{eq} 置换成的 $2F$ 和减振器的衰减系数 C_1 拟合成一个新的衰减系数 C_2:

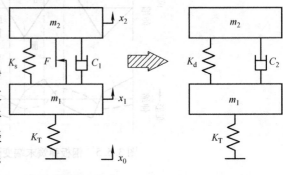

$$C_2 = C_1 + C_{eq} \quad (3-5-1)$$

$$C_{eq} = 4F/\pi\omega A \quad (3-5-2)$$

a) 考虑板间摩擦力的二自由度简易模型 b) 等价模型

图3.5.8 前悬架二自由度简易模型和等价模型

式中,ω 为角速度;A 为振幅。

接下来,将静刚度系数 K_s 考虑为摩擦系数,根据式(3-5-3)替换为对角线刚度系数 K_d。

$$K_d = K_s + F/A \quad (3-5-3)$$

由于板间的摩擦力随着振幅 A 而变化,如图3.5.9所示,将振幅进行分割,分别给定与各段对应的 F 值。

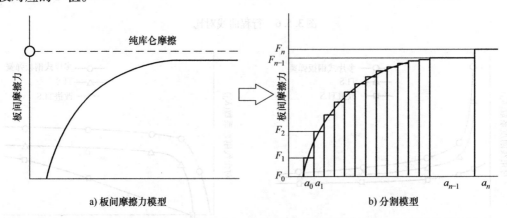

a) 板间摩擦力模型 b) 分割模型

图3.5.9 板间摩擦力的分割

通过上述方法,簧下质量 m_1、簧上质量 m_2 的运动方程可以写成如下形式:

$$m_1\ddot{x}_1 + K_T x_1 + K_d(x_1 - x_2) + C_2(\dot{x}_1 - \dot{x}_2) = K_T x_0 \quad (3-5-4)$$

$$m_2\ddot{x}_2 + K_d(x_2 - x_1) + C_2(\dot{x}_2 - \dot{x}_1) = 0 \quad (3-5-5)$$

上述所使用的各变量意义见表 3.5.1。

表 3.5.1　各变量意义

变量	意　　义
m_1	簧下质量
m_2	簧上质量
K_T	轮胎静刚度系数
K_s	板簧静刚度系数
K_d	板簧对角线刚度系数
F	板间摩擦力
C_1	减振器衰减力
C_2	$C_1 + C_{eq}$（C_{eq} 为等价黏性衰减系数）
x_0	输入位移（轮胎路面接触位置）
x_1	簧下质量位移
x_2	簧上质量位移

2. 模拟结果

利用上述简易模型进行模拟计算，频率响应计算结果如图 3.5.10 所示。图 3.5.10 中，TLS 和改进 TLS 的各个系数可以根据前面的特性曲线求得。与 TLS 相比，在小振幅（±1mm）的垂向激励时，在 1~4Hz 范围内可见的簧上共振频率变低，高于共振频率的较高频域内加速度级别降低。因此，当汽车上采用改进 TLS 时，可以推测乘坐舒适性是改善的。

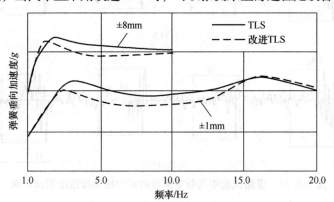

图 3.5.10　频率响应计算结果

3.5.3　乘坐舒适性改善结果

按照模拟仿真计算结果，试制悬架样件，通过实车试验得知，1~5Hz 的簧上振动得到了显著改善。

1. 台架试验

图 3.5.11 中显示的是上述改进措施前后，在台架试验中得到的频率响应结果。激励振幅为 ±1mm，各共振点的共振频率，以及加速度级别的下降都得到了确认，同时可以期待光滑路面上行驶时的乘坐舒适性也会有改善。另外，当激励振幅为 ±8mm（模拟粗糙路面）

时，并没有发生振动加速度增加的现象。

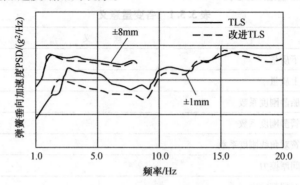

图 3.5.11　台架试验频率响应结果

2. 道路试验

图 3.5.12 中显示的是道路试验中驾驶室地板的垂向振动加速度测试结果，图 3.5.13 所示为能量谱密度（PSD）结果。试验结果显示，对于改进 TLS 悬架来说，振动加速度水平降低，乘坐舒适性得到了改善。

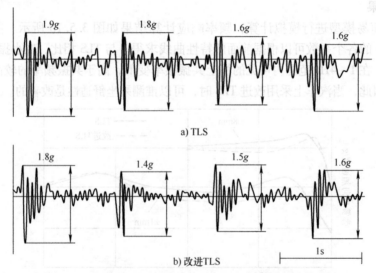

图 3.5.12　道路试验中驾驶室地板的垂向振动加速度测试结果

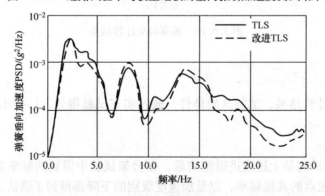

图 3.5.13　道路试验时驾驶室地板垂向振动加速度 PSD 结果

3. 主观评价

为了最终确认乘坐舒适性是否得到了改善,结合上述台架及道路试验测试结果,又开展了主观评价试验,结果如图 3.5.14 所示。可以看出乘坐舒适性改善效果非常明显。另外,插入树脂衬垫以后,操纵稳定性并没有出现恶化现象。

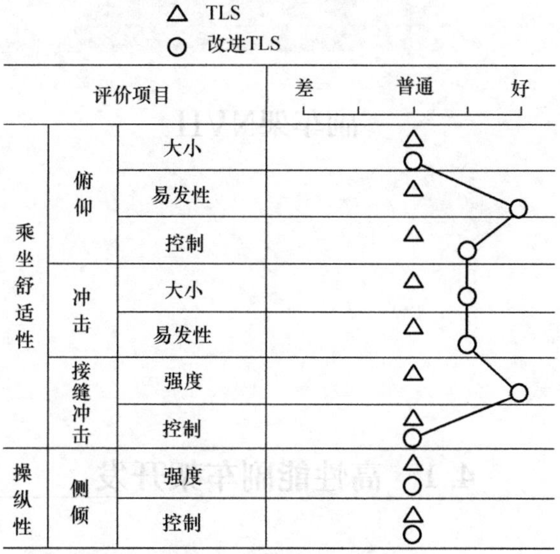

评价项目			差　普通　好
乘坐舒适性	俯仰	大小	△ ○
		易发性	△　　○
		控制	△　○
	冲击	大小	△ ○
		易发性	△　○
	接缝冲击	强度	△　　○
		控制	△○
操纵性	侧倾	强度	△○
		控制	△○

△ TLS
○ 改进TLS

图 3.5.14　主观评价结果

第4章 副车架NVH

4.1 高性能副车架开发

汽车底盘的质量影响舒适性、操控性两个性能，而这两大功能又是相互制约矛盾的。传统悬架系统通常只能偏向一方调校。也就是说，注重操纵性的悬架系统势必会损失一些舒适性能，而注重舒适性的悬架势必也会影响一些操纵性，所以在悬架系统的设计和匹配上，设计师们都尽可能地用一些复杂结构来实现舒适性和操纵性的平衡。

一些对舒适性和操纵性影响较大的装备和设计也应运而生，副车架就是一个典型的代表。副车架可以看成前后车桥的骨架，是前后车桥的组成部分。传统的没有副车架的承载式车身，其悬架是直接与车身刚性相连的。因此前后车桥的悬架摇臂机构都为散件，并非总成。在副车架诞生以后，前后悬架可以先组装在副车架上，构成一个车桥总成，然后再将这个总成一同安装到车身上。这种带副车架的悬架总成，除了在设计、安装上能带来各种方便和优越性，最重要的还是其舒适性和悬架刚度的提高。

副车架与车身的连接点就如同发动机悬置一样。通常一个车桥总成需要通过4个悬置点与车身连接，这样既能保证其连接刚度，又能有很好的振动隔绝效果。

对于副车架来说，在性能上主要目的是减小路面振动的传入，以及提高悬架系统的连接刚度，因此装有副车架的车辆驾驶起来会感觉底盘非常扎实、紧凑。而副车架衬套软硬度的设定也面临着像悬架调校一样的不可规避的矛盾。副车架衬套如果设计较软，那么便能够很好地隔绝汽车行驶时产生的振动，但是过软的副车架衬套会在高速转弯时带来较大的运动形变，这样会导致轮胎定位的不准确性提高，从而降低了汽车的操纵稳定性。较硬的副车架衬套能够带来很高的连接刚度，但是对振动噪声的隔绝却十分有限。所以工程师们在设计和匹配副车架时通常会针对车型的定位和用途选择合适刚度的橡胶衬套。

4.1.1 高性能副车架概述

本田开发了一种铝合金空心压铸成型轻质副车架，实现了大型化和高强度化，这是世界上第一次将闭合截面型芯烧制技术和高铸造工艺性材料应用于副车架，实现了高压铸造的薄壁化。此外，通过无缝隙闭合截面结构提高组装效率，在确保与焊接钢板基座相同刚度的情况下实现约46%的轻量化，实现了顶级轻量副车架的研制。

该副车架搭载在CLARITY燃料电池汽车上，实现了车辆轻量化的同时，还提高了燃料电池动力汽车在发动机舱部位的搭载性，实现了与内燃机车辆相同的高组装效率。

在底盘部件中，副车架将悬架部件和动力设备连接到车身上，如图4.1.1所示，其本身便是大型部件，通过优化减小质量对整车轻量化有很大贡献。

为了减小副车架的质量，将钢材料替换为铝合金。本田开发了一种新技术，通过摩擦搅拌将拉伸材料和钢板连接到用铝合金高压铸造方法（HPDC）和挤压切割的开放截面结构的铸造件上，并将其用于混合动力汽车和电动版FIT的副车架上。但是，通过连接形成闭合截面结构时，需要一个转接头，在发动机舱或电动机舱内的有限布局空间中，确保这种结构的截面形状是需要

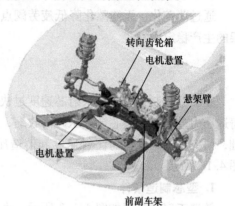

图4.1.1 前副车架在车上的位置

解决的难题。以往的技术中，采用了重力铸造（GDC）和低压铸造法（LPDC）来实现铝合金中空一体化结构，但是通过GDC和LPDC成型需要一定的厚度，这样又会导致质量增大。为了减小质量，使用层压工艺的型芯，通过LPDC实现薄壁化，但是却难以保证批量生产性。表4.1.1中列出了不同副车架制造方法的闭合截面构造特征。

表4.1.1 不同副车架制造方法的闭合截面构造特征

特征	GDC	LPDC	HPDC	
转接边	无	无	FSW	无
厚度	△	△	○	○
质量	△	△	○	◎
布置效率	○	○	△	○
制造性	△	○	◎	◎

注：◎表示优秀；○表示良好；△表示可接受。FSW表示摩擦搅拌焊接。

本田开发了一种使用铝合金HPDC的闭合截面技术，并将其用于二轮车CBR600RR的副车架。然而，由于其使用了GDC技术将闭合截面结构的小型铸件和开放截面结构的铸件焊接而成，因此不能实现中空化的整体成型，还有进一步轻量化的空间。

为了解决这些课题，在使用现有设备的基础上，利用在轻量化方面占优势的HPDC技术，实现大型零件的薄壁闭合截面结构制造，开发了新型轻量化副车架。

4.1.2 开发目标

为了开发新的副车架制造技术，制定了以下目标：

（1）利用HPDC实现大型薄壁封闭截面结构

使用通用 HPDC 设备，建立了适用于高压铸造的型芯制造条件，通过提高型芯的强度，实现产品的大型化和薄壁化。

（2）实现兼顾铸造性和材料机械特性的量产性

利用空心铸造的优点，使用热导率低、流动性好的型芯材料，实现批量生产。

（3）实现顶级轻量化副车架

通过薄壁化、无缝隙化降低疲劳阈点，取消转接头以提高布局自由度，提高薄壁化副车架的生产稳定性。

4.1.3 基于 HPDC 的大型薄壁断面构造的实现

在 HPDC 制造中，如果射芯速度过快，则容易出现型芯偏移或裂开，使产品形状不良。铸造压力过高时，型芯会被压碎而收缩，产品的壁厚变厚。因此，以一般的 HPDC 条件为基础，研究不损坏砂芯的注射速度和铸造压力，对铸造条件进行了低速化、低压化改进，如图 4.1.2 所示。

1. 型芯制造条件

铸造工序的流程如图 4.1.3 所示。由于型芯应用于大型副车架，因此比以往厚得多，烧结工序需要较长的处理时间。另外，为了提高液态铝合金流动性和排砂性，采用了在型芯上增加涂层材料的方法。这样完成的型芯固定在模具上。铸造完成后，敲击浇口部，对产品进行激振，使型芯崩溃后排出。

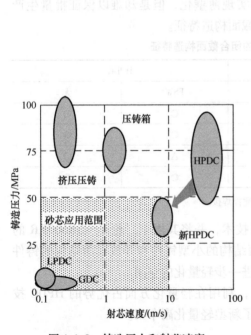

图 4.1.2 铸造压力和射芯速度

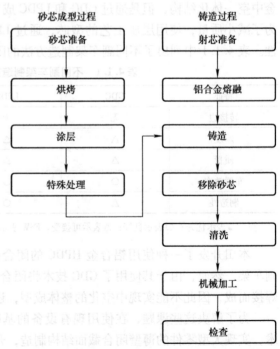

图 4.1.3 铸造工序的流程

2. 型芯成型条件

型芯材料使用酚类树脂涂层砂（RCS），通过模具烧制成型。图 4.1.4 所示为在以往烧制条件下的型芯截面。由于只烧制了与模具接触的表面部分，内部几乎没有被加热，所以型芯的强度很低。在这种状态下，由于铸造时会出现开裂或破碎，产品的厚度会变厚，因此需要烧制到型芯内部。RCS 中使用的酚醛树脂在 160℃ 以上开始固化，在 400℃ 以上急剧分解，因此必须在 160~400℃ 的范围内设定烧制条件。

另外，如果提高烧制温度，则型芯的厚壁部位烧制会变快，但由于薄壁部位过度烧制，因此不同部位会产生强度差异。此外，由于过度煅烧的部位容易脆塌，因此经过大量尝试找到了整体均匀煅烧的最佳条件，如图 4.1.5 所示。

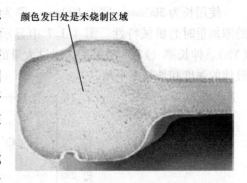

图 4.1.4 在以往烧制条件下的型芯截面

3. 兼顾铸造性和量产性

应用于底盘部件的铝合金压铸材料需要高强度、高韧性和耐蚀性，因此选择了 Al-Mg 系合金材料，当射芯速度为 10m/s 左右时具有稳定的强度，如图 4.1.6 所示。Al-Mg 系与以往的 Al-Si 系材料相比强度低，容易在凝固时因收缩而引起开裂，铸造性差，因此很少被用于大尺寸薄壁部件铸造材料。为了解决这样的问题，通过在 Al-5Mg 材料中添加 Si，在析出 Mg_2Si 以提高机械特性的同时，由于液相温度降低，直到凝固之前都可以进行压力传播，目的是提高熔液补给性。

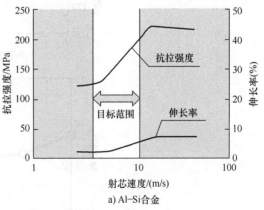

a) Al-Si合金

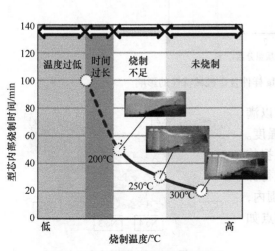

图 4.1.5 烧制时间和温度的关系

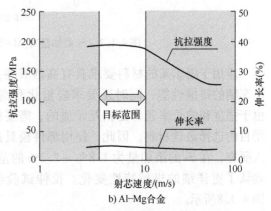

b) Al-Mg合金

图 4.1.6 射芯速度和型芯强度的关系

使用长为300mm、宽为100mm、厚为6mm的板状试件模具进行铸造测试，比较不同Si的添加量时的机械特性。图4.1.7中显示了Si添加量与抗拉强度（TS）、0.2%屈服强度（YS）、伸长率（EL）的关系。通过大量的样件测试，得知Si添加量在2.0%左右时得到了最佳的强度和伸长率平衡。

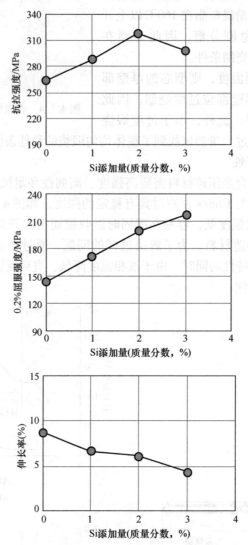

图4.1.7　Si添加量对Al-5Mg样件合金机械特性的影响

应用于副车架的材料要求具有高延展性，以满足车辆的碰撞性能，同时还要求轻量化和高强度。由于强度和伸长率通常是相互矛盾的，需要根据使用目的选择最佳材料。因此，使用部件模具进行深入研究，在Si的添加量为1.8%~2.2%的范围内，确认了更详细的机械特性变化。拉伸试验测点如图4.1.8所示。

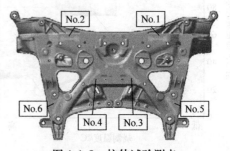

图4.1.8　拉伸试验测点

与预测试一样,抗拉强度达到2.0%的峰值,但考虑到零件要求具有一定的韧性,Si 添加量设定为1.8%,如图4.1.9所示。

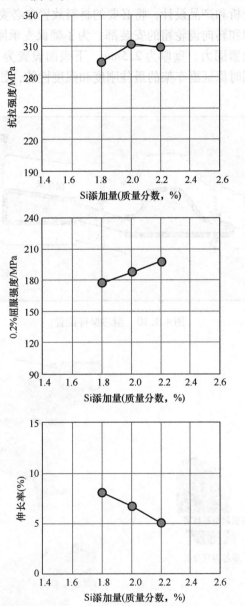

图4.1.9 Si 添加量对 Al-5Mg 材料副车架机械特性的影响

4.1.4 制造轻量化副车架

在该副车架的开发中,通过使用铝合金中空压铸技术,将闭合截面结构从传统的连接结构变成无缝结构。但是,根据副车架的形状,在铸造时,流入模具的熔融金属在铸造压力下使芯子变形、破损,因此需要防止芯子变形、破损的结构。在本研究中,通过将铸造时型芯的保持位置设定在副车架的上下相对位置,抑制了铸造时型芯的变形,保持了产品壁厚的稳定性，如图4.1.10所示。另外，对铸造压力下的型芯进行强度分析，使型芯不产生应力集中，如图4.1.11所示。此外，为了提高材料的铸造性，经常将均匀的铸造壁厚设计成可变的，通过同时进行铸造分析和产品设计，将必要的材料放置在必要的部位。具体而言，对运动性能贡献高的悬架下臂和转向齿轮箱的安装部，为了确保支承刚性，壁厚设计为3.5mm，悬架安装部为了确保螺栓紧固力，壁厚为2.5mm，下表面设置为3.0mm，在碰撞时可以吸收能量而不分裂，并且同时保证副车架的最佳刚度和强度性能，如图4.1.12所示。

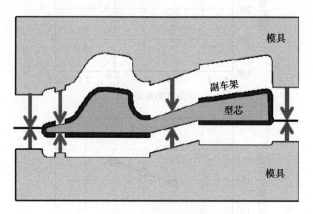

图4.1.10 型芯保持位置

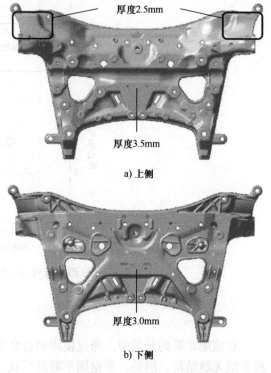

a) 上侧

b) 下侧

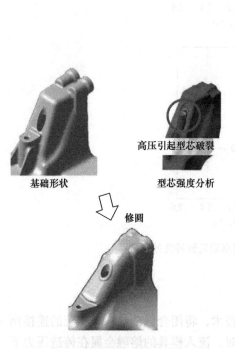

图4.1.11 型芯强度分析

图4.1.12 副车架厚度

另外，与以往的焊接连接相比，铸造不需要转接边，并且能够无缝成型，从而能够在节省空间的同时确保高刚性，如图4.1.13所示。结果显示，即使在CLARITY燃料电池汽车有限的发动机舱空间约束下，也可以配置刚性优良、质量小且确保碰撞性能的副车架。

从产品中割取测试样件来测量抗拉强度、0.2%屈服强度和伸长率，并根据应用部件的要求性能来确定产品的力学性能，可以稳定地获得目标值以上的屈服强度和伸长率。另外，还确认了实车激励条件下的静破坏试验和耐久试验。

本次开发的铝合金中空压铸副车架，通过将钢板置换为铝合金和取消转接边等形状优化，实现了约46%的轻量化，实现了顶级轻量化副车架，如图4.1.14所示。

a) 截面

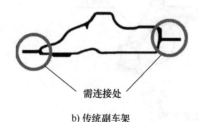

b) 传统副车架

c) 新副车架

图4.1.13 封闭结构

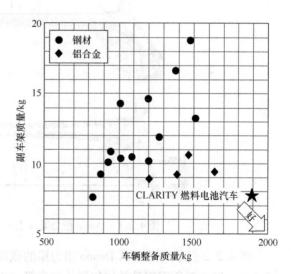

图4.1.14 副车架质量

4.2 高性能扭力梁开发

为了兼顾中、小型轿车的轻量化和运动性能，后悬架广泛采用扭力梁式后车桥。扭力梁主要由两部分构成：一部分是中间梁，另一部分是拖曳臂。拖曳臂左右各一根，用来连接车身和轮胎。中间梁则将左右拖曳臂连接起来，其优点是质量小、成本低。

本田开发了一种智能扩展梁（Smart Expand Beam，SEB），该 SEB 依靠扭力梁车桥（Torsion Beam Axle，TBA）的中间梁提高了车辆运动性能。SEB 通过可变周长来大幅提高扭转刚度和弯曲刚度，同时保持质量不变。

4.2.1 中间梁理想构造

1. 压溃管中间梁

中间梁的主要功能包括支承轮胎和控制车辆的侧倾姿势。前者需要具有较高的弯曲刚度，增大中间梁和拖曳臂的接合部截面是有效的，后者需要将扭转刚度设为某个适当的值，因此根据目标决定梁中央部的截面。另外，为了减小车辆质量，必须以最高的质量效率实现这些功能。

中间梁大致可以分为两类：一类是成型钢板制成的，另一类是成型钢管制成的。前者可以随需要调整钢板形状和厚度，为实心截面。后者则为空心截面，并且对减重更为有利，马自达 2014 年 9 月发售的 Demio 车型便开始采用这种中间梁。

2. 高性能中间梁

图 4.2.1 显示的是 Demio 扭力梁和 SEB 扭力梁的比较。相比于当前的 Demio 扭力梁，SEB 扭力梁扩大了中间梁和拖曳臂接合部分的横截面前后宽度。

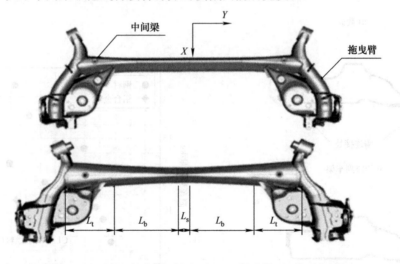

图 4.2.1　Demio 扭力梁（上）和 SEB 扭力梁（下）的比较

图 4.2.2 显示的是当前 Demio 扭力梁的截面形状。通过挤压中央部截面来得到适当的扭转刚性，但由于所用钢管是均匀周长的直管（Straight Pipe），因此与拖曳臂的接合部附近的截面是由直管周长决定的。

SEB 扭力梁的截面形状如图 4.2.3 所示，通过改变梁的周长，确保从梁中央部到拖曳臂接合部之间的各部位所需截面。

图 4.2.4 所示为两种中间梁各部位截面绕 Z 轴的几何惯性矩比较。两者的扭转刚度和质量相等。与传统直管相比，SEB 扭力梁从中间位置到与拖曳臂接合处周长不断增加，使得几何惯性矩最多可以增加约 150%。

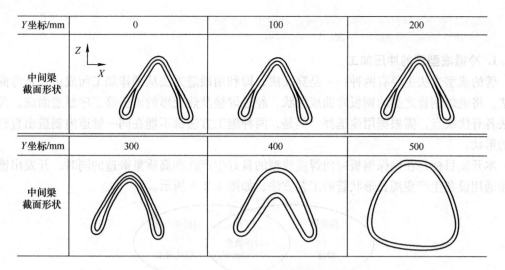

图 4.2.2　当前 Demio 扭力梁的截面形状

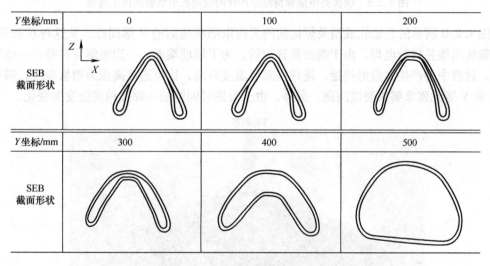

图 4.2.3　SEB 扭力梁的截面形状

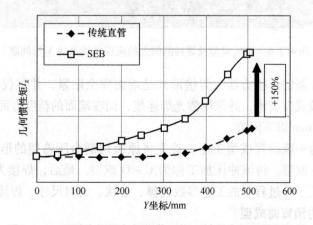

图 4.2.4　两种中间梁各部位截面绕 Z 轴的几何惯性矩比较

4.2.2 用于 SEB 的变周长直管的制造方法

1. 冷锻成型管的冲压加工

管的成型方法主要有两种：一是穿孔法，即利用锻造方法从圆棒加工而成；二是弯曲焊接法，将电焊钢管之类的钢板弯曲成筒状，经过焊接及热变形的矫正等工序制造而成。两种方法各有优缺点，需根据用途选择。但是，两种施工方法都不能在同一管道内制造出直径变化的形状。

本开发目标是在确保钢板弯曲焊接成型的良好生产性和高质量锻造的同时，开发出能够使用通用设备生产变周长形状管的工艺方法，如图 4.2.5 所示。

图 4.2.5　确保高质量和良好生产性的变周长形状管的加工过程

图 4.2.6 所示的是辊轧成型及焊接前的无约束形状端面的 V 形间隙。从这种状态开始，通过辊轧压接并进行电焊，由于端面是开放的，为了填埋端面，一边溶解管自身，一边填埋间隙。过程中会产生大量的热量，使焊接部位温度升高，这将造成高张力钢板裂纹，需要添加 Ti 和 V 等元素来解决裂纹问题。另外，由于凝固时间缩短，焊接精度会发生变化。

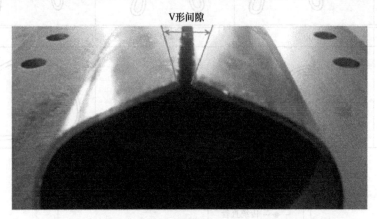

图 4.2.6　辊轧成型及焊接前的无约束形状端面的 V 形间隙

综上，需要一种新的焊接方法，焊接形式是端面完全贴紧，并且仅允许端面溶解和凝固。因此，采取冷锻成型技术，并采用激光焊连接，而在端面的精度方面，小野等人实现了激光焊接所需的 0.1mm 以下间隙。

图 4.2.7 所示为一般的管成型工序。首先将原板切割为所希望的形状，然后成型为 U 形。之后，实施 O - 成型。将该冲压加工称为 U - O 成型。最后，焊接为直管。U - O 成型可控因素是整个加工工序过程中的工艺参数选择、形状、材料尺寸、焊接方法等。

2. U - 成型后的预弯曲成型

传统的均匀周长 U - O 成型是简单弯曲，只需考虑 U - 成型的弹性恢复即可，但在变周

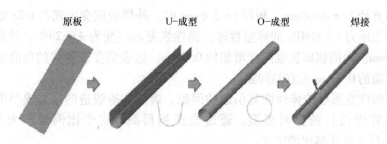

图 4.2.7 一般的管成型工序

长原管的情况下,除了弹性恢复之外,还需要考虑以下因素。

图 4.2.8 所示为变周长 U-O 成型管的展开形状。图 4.2.8 中的斜线部分是展开时的余壁,受该部位的影响,产生不均匀变形。p_1、p_2 是曲率变化部位的点。因为这两个曲率变化点的存在,分离后的端部位置与模具形状有很大的不同,需要控制分离后的形状变化。形状控制的要求是,使端部位于 O-形成型工序的上模形状(=∩)内侧。为了实现这一目的,在 O-成型工序之前设置预弯曲成型的工序。

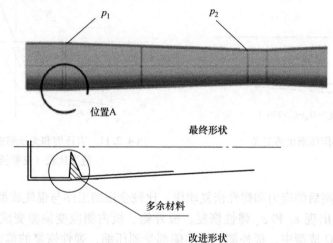

图 4.2.8 变周长 U-O 成型管的展开形状

3. 通过冷锻技术消除间隙

图 4.2.6 所示的是辊轧成型及焊接前的无约束形状端面的 V 形间隙。在通常的板弯曲成型中也会发生同样的现象。如图 4.2.9 所示,外周部分施加拉伸应力,内周部分施加压缩应力。当该应力释放后,弹性恢复产生间隙。

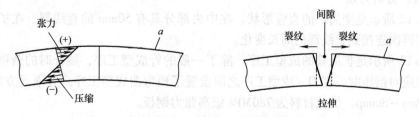

图 4.2.9 弹性恢复的区别

板厚中心直径 $2r = \phi 100mm$、板厚 $t = 2.6mm$ 时，外周的应变出现在 $t/2r$ 处，为 2.6%。假设材料为极限压力 $=600MPa$ 的弹塑性体，弹性恢复的应变为 $\pm 0.29\%$。外周侧的整个周长约减少 $0.9mm$。内周侧周长也同样增加约 $0.9mm$，这表明在普通常的弯曲成型中不能得到激光焊接所需的 $0.1mm$ 左右的间隙。

为了消除塑性变形后的弹性恢复引起的间隙，需要在冷锻造的压缩成型中寻找解决方法，即用比原管周长长的材料成型，通过全压缩得到。这个比例被称为几何压缩比。图 4.2.10 所示是几何压缩比的定义。

图 4.2.11 所示为全压缩的变形路径。板外侧变形从无负荷状态一直拉伸到 σ_o 为止。由此，与板内侧的压缩一起确保负荷状态下的圆形状。到目前为止，辊轧成型完成。此外，板内侧同样是从无负荷的状态被压缩到 σ_i。在辊轧成型中，板内侧与板外侧相同，到 σ_i 完成成型。接下来进一步压缩，在板外侧压缩到 σ_{dc}，在板内侧压缩到 σ_{ic}。至此，全压缩成型完成。

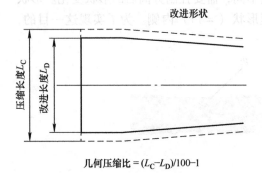

图 4.2.10　几何压缩比的定义

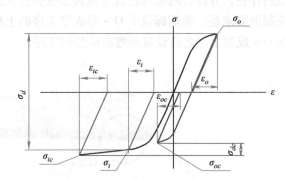

图 4.2.11　有压缩和无压缩管道的应力 - 应变比较（见彩插）

接下来描述分离后的应力和弹性恢复动作。比较全压缩工序与辊轧成型的应变。辊轧成型中，负荷除去后出现 ε_i 和 ε_o 弹性恢复。板外侧、板内侧应变偏差变成 $\varepsilon_i + \varepsilon_o$。与此相反，在全压缩 U - O 成型中，板外侧、板内侧都受到压缩，弹性恢复的偏差为 $\varepsilon_{ic} - \varepsilon_{oc}$，这个偏差很小，即分离后的端面平行移动。结果，塑性变形后的间隙成为可以忽略的微小等级。

另外，从应力的角度来看这种现象。板内侧、板外侧的应力差未进行全压缩时为 σ_d，但是在全部压缩后则变为 σ_{dc}。结果，残余应力（板内侧、板外侧的应力差）也得到大幅抑制。

4. 试验、分析方法

图 4.2.12 所示是变周长的直管形状。在中央部分具有 $50mm$ 的直线部，在扩大直径的同时，具有再次连接到直线部的周长变化。

图 4.2.13 所示是扩展管的成型工序。除了一般的管成型工序，展开时的余壁和曲率变化部位采取应对措施时，在 O - 成型工序之前设置了预弯曲成型工序。有限元方法（FEM）分析使用 Pam - Stamp。供试材料为 $780MPa$ 级高张力钢板。

图 4.2.14 所示为 O - 成型模具下止点，是没有芯棒的成型工艺。

焊接是为了通过激光焊接确保接合部的密切接合，使用了从左右加压的夹具。激光焊接

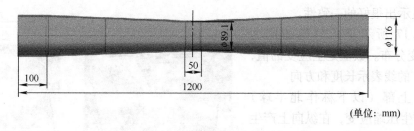

图4.2.12 变周长的直管形状

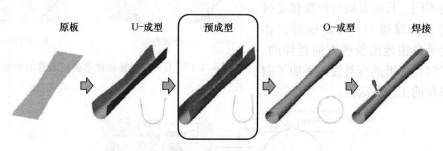

图4.2.13 扩展管的成型工序

图4.2.14 O-成型模具下止点

机使用纤维激光,功率为6kW,其焊接条件如下:速度为2.4m/s;照射直径为0.6mm;输出功率为4kW;辅助气体为Ar(30L/min)。

5. 预弯曲成型结果

图4.2.15所示为U-成型管和预弯曲成型管的形状比较。为了O-成型,U-成型的端部宽度A必须位于O-成型工序的上模形状(=∩)宽度C的内侧。图4.2.15a的宽度A通过预弯曲成型至图4.2.15b的宽度B,得到O-成型所需的宽度C以下的形状。在本试验中,供试材料为780MPa级高张力钢板,但为了进一步利用高强度材料和周长变化率更大的变周长直管成型,需要提高预弯曲成型管形状的精度。

6. O-成型结果

图4.2.16所示是管成型后板厚分布的试验和有限元(FEM)结果比较。试验中几何压缩比为1.0%、1.5%、2%、3%。图中仅列出了压缩比为1%的结果,其余省略。试验和

FEM 分析显示出很好的一致性。

图 4.2.17 所示是几何压缩比为 1.5% 的应变分布。数值是主应变的值，标记"+"的线表示长度和方向。

此处，上部（以下称作北半球）在周向上产生压缩应变，在纵向上产生几乎相同的应变。该部位与其他部位的边界条件不同，长度方向的约束仅是材料接触部分的摩擦力，与其他部位相比，认为是自由地沿长度方向延伸的。这显示了塑性变形的容易性，表明了制造所需形状的工艺灵活性。

a) U - 成型

b) 预弯曲成型

图 4.2.15　U - 成型管和预弯曲成型管的形状比较

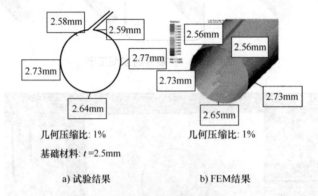

a) 试验结果　　　　b) FEM 结果

图 4.2.16　管成型后板厚分布的试验和有限元（FEM）结果比较

图 4.2.17　几何压缩比为 1.5% 的应变分布

此外，赤道部分的板厚增加是显著的。南半球与模具有摩擦，受到北半球成型时法线方向的力与摩擦系数之积的限制，材料难以变形。本节认为赤道部分由于包辛格效应的影响而促进了变形。O - 成型开始之前的模具接触状况如图 4.2.18 所示。

表 4.2.1 所示是当改变几何压缩比时应变的比较。应变量与压缩率成比例增加，但其变化在赤道部分最大，主要是南半球的应变增加，北半球的应变量几乎相同。另外，780MPa 级材料以 0.3% 的应变进入塑性区，但对于变周长的直管，即使几何压缩比为 1% 也能够进入整个压缩的塑性区。这被认为是图 4.2.8 所示的材料展开时的余壁成型造成的。如图 4.2.18 所示，由于是没有芯棒的成型加工，所以当几何压缩比超过 3% 时发生屈曲。由几何形状和纵向弹性模量确定的屈曲强度和压缩力确定是否发生屈曲。780MPa 级高张力钢板的抗拉强度为 780MPa，但需要考虑内外应力差对屈曲的影响。

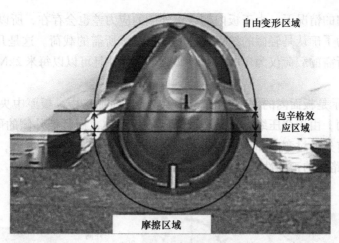

图4.2.18　O-成型开始之前的模具接触状况

表4.2.1　当改变几何压缩比时应变的比较

位置		几何压缩比（%）		
		1	1.5	2.0
北半球	外侧	-2.9	-2.2	-2.2
	内侧	-6.1	-5.7	-5.9
赤道	外侧	-3.1	-6.5	-7.1
	内侧	-7.6	-11.9	-12.6
南半球	外侧	-1.5	-1.5	-1.5
	内侧	-3.3	-4.1	-4.3

图4.2.19所示是O-成型品和辊轧成型品的截面比较。O-成型品通过人力加压而密切接合，但辊轧成型品不能使用人力。

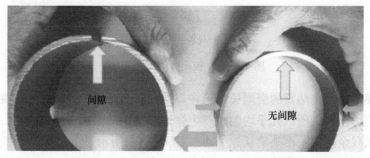

a) O-成型　　　　　　　　b) 辊轧成型

图4.2.19　O-成型品和辊轧成型品的截面比较

表4.2.2所列为密切接合所需要的压缩力矩比较。

表4.2.2　密切接合所需要的压缩力矩比较

成型方法	密切接合所需要的力矩	断面
无压缩成型	200kN/m	
压缩成型	小于2kN/m	

即使在全压缩的情况下，由于板内侧、板外侧的应力差也会存在，所以不能获得无约束的完全贴紧，但为了确认是轻微的约束力，测量了贴紧所需的载荷。这是几何压缩比为2%时的结果，贴紧所需的载荷仅为弯曲的1/100或更小，并且可以以每米2kN或更小的外力再现模具内部贴紧。

图4.2.20所示是板面内的硬度分布。在通常的弯曲加工中，板厚中央硬度低，在板厚表面硬度高。然而，由于全压缩，所有区域的硬度都增加，而且板外侧的硬度比板内侧低。这是由于板外侧首先通过弯曲加工拉伸后受到压缩，与板内侧相比硬度低，这进一步显示了图4.2.11的变形路径的正确性。

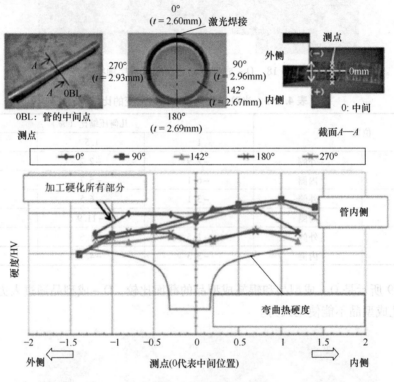

图4.2.20 板面内的硬度分布

接下来对模具内完全贴紧的变周长直管在焊接夹具上的状态进行说明。在压缩之后，由于板内外侧的应力差小，所以几乎均匀地产生弹性恢复，即图4.2.11所示的σ_{dc}变小。可以通过切割法测试残余应力大小来确认这一点。图4.2.21所示是测试部位和残余应力值。辊轧成型管在板内侧的残余应力为70MPa，板外侧拉伸残余应力为130MPa，而在U－O成型的情况下，任何部位的残余应力都低一个数量级，即板外侧和板内同样地产生弹性恢复。如图4.2.19所示，可以用人力再现模具内紧贴状态。

在焊接夹具内也施加了2kN/m的约束力，确认再现了与模具内相同的状况。

7. 焊接精度和质量

根据JIS G3445—1988《机械结构用碳素钢》规定的直径尺寸公差，当外径在100mm以上时，外径的公差为±0.5%。测量两端直径为116.31～116.66mm。不考虑模具弹性恢复除去压缩应力，将直径扩大到ϕ116mm。经证实经过弹性恢复后直径扩大0.3mm。考虑弹性恢

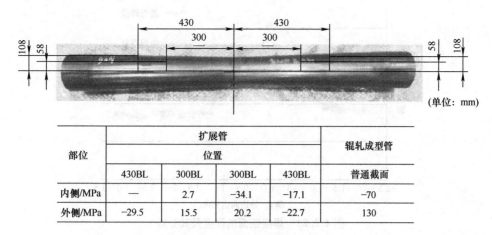

部位	扩展管				辊轧成型管
	位置				
	430BL	300BL	300BL	430BL	普通截面
内侧/MPa	—	2.7	−34.1	−17.1	−70
外侧/MPa	−29.5	15.5	20.2	−22.7	130

图 4.2.21 测试部位和残余应力值

注：BL 表示管材的轴线方向。

复进行模具制造，可以获得变化范围小于 ±0.2% 的变周长直管。另外，板厚度的允许偏差为 8%，对应的具体数值为最大值 2.77mm、最小值 2.59mm，相当于 ±4%。由于底板厚度为 2.56mm，因此需要考虑压缩引起的板厚增加。

日本工业规格（JIS）列举了弯曲试验和扁平试验来对钢管进行验证。考虑到 SEB 中的裂纹，进行了扁平试验和 V 形压扁试验两种评价试验。在扁平试验中，确认了接合部以外的龟裂。

在 V 形压扁试验中，变周长的直管（即扩展管）没有产生裂纹，显示出良好的结果，如图 4.2.22 所示，可见它优于电焊钢管（即辊轧成型管）。

a) 扩展管

b) 辊轧成型管

图 4.2.22 U-成型工具压缩试验

图 4.2.23 所示是焊接断面的硬度及其分布。与电焊钢管相比，激光焊接的硬度上升较小，热影响部位的宽度也很窄。

焊接部位的组织结构如图 4.2.24 所示。观察到有针状马氏体的产生，其密度在电焊钢管中较高。硬度差被认为是由于马氏体量的差异，显示了高能量密度激光焊接的优越性。

图 4.2.25 所示是焊接断面的形状。焊接部不是在热量较多的情况下观察到的葡萄酒杯状，而是在高速进给中产生的高长宽比的桩形形状，这表示焊接条件适当。

图 4.2.26 所示是以 0.1mm 间隙进行焊接的示意图。通常的激光焊接会产生裂纹，解决措施通常是有将某些金属作为填充物加以补充。通过利用图 4.2.17 所示的北半球部分的材料状态和增加板厚不足的部分，可以获得图 4.2.27 所示的形状，并且即使在 0.1mm 的间隙中也可以获得所需的横截面。

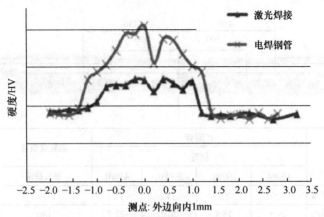

图 4.2.23　焊接断面的硬度及其分布

成型方式	焊接区域	断面	蚀刻面	焊接区域×400
激光焊接	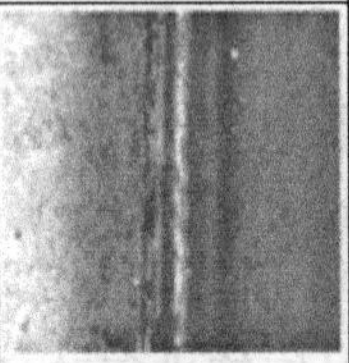	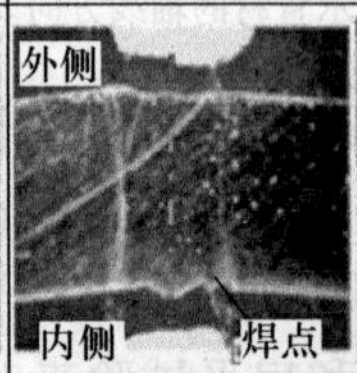		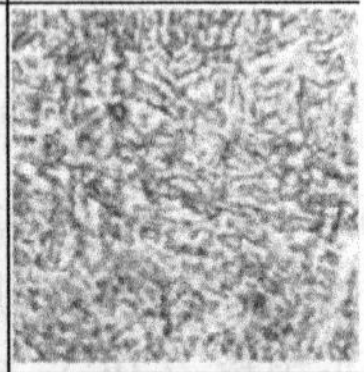
电焊钢管	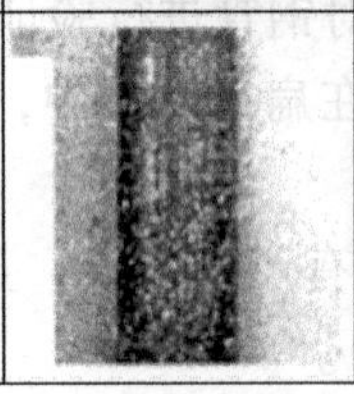	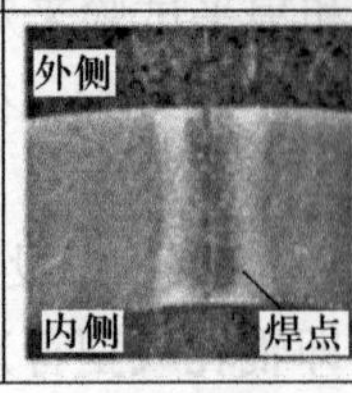	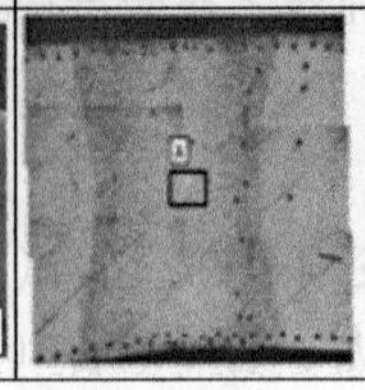	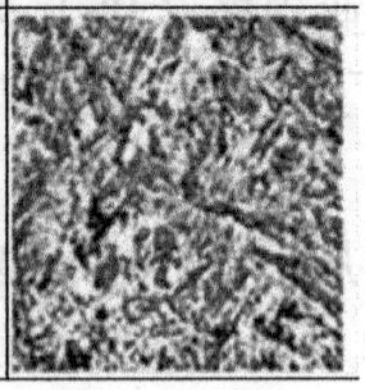

图 4.2.24　焊接部位的组织结构

图 4.2.25　焊接断面的形状

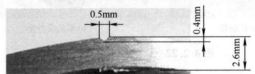

图 4.2.26　以 0.1mm 间隙进行焊接的示意图

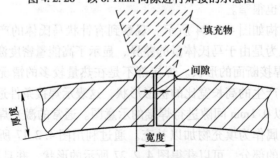

图 4.2.27　提供额外材料的方法

第5章

车轮NVH

5.1 车轮振动特性

汽车在正常行驶过程中，轮胎与地面接触，支持车辆的全部质量，承受汽车的负荷，传递牵引和制动的扭力，车轮是悬架与轮胎之间非常重要的传力部件，车轮侧向刚度对路面噪声影响比较大。因此，有必要对车轮动刚度进行校核，确保车轮动刚度频率处于合理的范围并有效避频，满足使用要求。

5.1.1 车轮结构

车轮是汽车的关键部件，影响整车外观性。因此，造型工程师会花费大量的功夫去设计车轮外形，以确保外观具有良好的视觉美感。图 5.1.1 所示为常见的乘用车用车轮外形结构。

图 5.1.1 常见的乘用车用车轮外形结构

车轮是连接轮胎与悬架的关键部件，其自身要承受较大的载荷。因此，车轮的设计要求不仅局限于外形美观，同时还要考虑疲劳强度、轻量化、NVH 等性能。

NVH 性能当中，车轮对路面噪声的影响非常大，因为它是路面激励向车身传递的主要路径之一，车轮本身的模态对路面激励的传递起到决定性的作用。因此，在设计车轮结构时，对车轮的模态、动刚度等性能要重点考察。

车轮整体上分为两大部分，即轮辐和轮辋，如图5.1.2所示。其中，轮辐是车轮结构最强的部分，它上面有与车轴装配的中心孔和螺栓孔，以及给轮胎充气的气门芯孔等结构。

通常的车轮都是整体式的，如图5.1.3a所示。整体式车轮一般采用铸造或锻造一次性成型，车轮整体刚度高、工艺性好，是目前最主要的设计、制造方式。除了整体式车轮，还有一部分分体式车轮，包括图5.1.3b所示的2段式车轮、图5.1.3c所示的3段式车轮。

从轮辋的结构型式上来看，还可分为多种类型，如图5.1.4所示，这些都是根据实际产品需要设计、制造的。

另外，根据轮辐部分相对于车轮中心线的位置，还可以分为图5.1.5所示的3种类型。

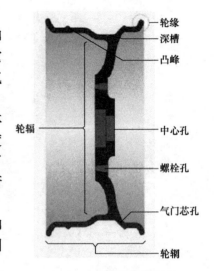

图5.1.2 车轮各部位名称

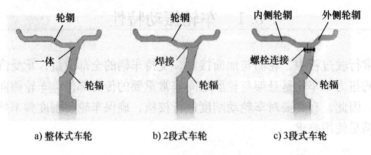

图5.1.3 整体式和分体式车轮

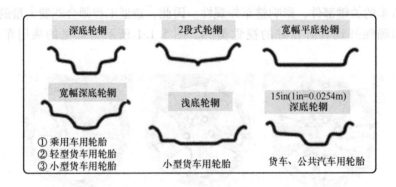

图5.1.4 轮辋的结构类型

传统的车轮材料为铸铁，近年来，陆续开发出了一些新型材料车轮，如铝合金车轮、镁合金车轮、碳纤维车轮、工程塑料车轮等，如图5.1.6所示。

5.1.2 车轮模态

车轮属于盘状结构，存在多阶典型的模态。这些模态如果与路面激励或者底盘零部件的

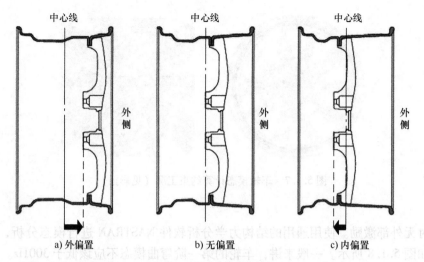

图 5.1.5 车轮结构偏置类型

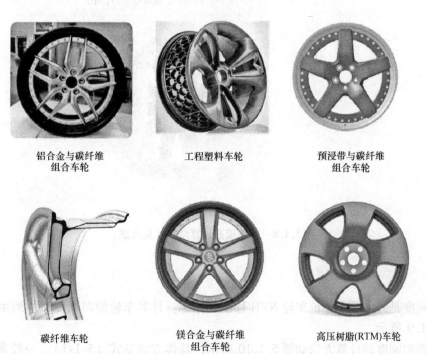

图 5.1.6 不同材料的车轮

模态出现耦合,那么路面传递过来的激励会被大幅放大,引起严重的路面振动和噪声问题。

获取车轮模态可以通过试验测试的方法,也可以通过有限元计算的方法。目前有限元方法在汽车开发过程中已经应用非常广泛,精度高、速度快,已经逐渐取代了试验测试。

利用有限元方法计算车轮模态时,需要搭建车轮的有限元模型。车轮属于铸造件,结构复杂、不规则,搭建有限元模型有一定的难度。经验数据表明,一阶六面体单元具有最高的计算精度,其次是二阶四面体单元。应用较多的是后者,因为这种单元搭建起来简单、快捷。

图 5.1.7 所示为车轮模态计算约束工况,完全约束车轮与轮毂连接螺栓孔和中心轮毂

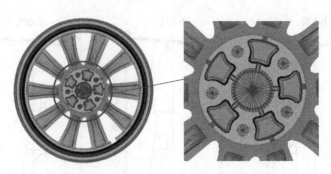

图5.1.7 车轮模态计算约束工况（见彩插）

孔处。

计算时无外部激励。使用通用的结构力学分析软件 NASTRAN 进行模态分析，车轮模态计算结果如图5.1.8所示。一般来讲，车轮的第一阶弯曲模态不应该低于300Hz。

图5.1.8 车轮模态计算结果（见彩插）

5.1.3 车轮刚度

侧向刚度是另外一个评价车轮 NVH 性能的指标。计算车轮侧向刚度时的约束和加载方法如图5.1.9所示。

车轮侧向刚度的计算方法如图5.1.10所示，具体方法见式（5-1-1）。一般来讲，车轮的侧向刚度要求不低于70kN/mm。

$$K = (2\pi F_{\min})^2 \left[M - M \left(\frac{F_{\min}}{F_{\max}} \right)^2 \right] \quad (5\text{-}1\text{-}1)$$

式中，K 为车轮侧向刚度（kN/mm）；M 为轮辋质量（kg）；$F_{\max}$ 为共振峰频率（Hz）；$F_{\min}$ 为反共振峰频率（Hz）。

5.1.4 车轮优化设计

1. 变截面轮辋

车轮是路面激励的主要传递路径之一，其模态和刚度对路面噪声的影响很大。

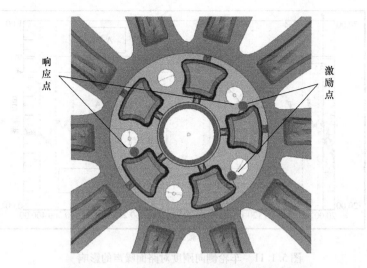

图 5.1.9　计算车轮侧向刚度时的约束和加载方法

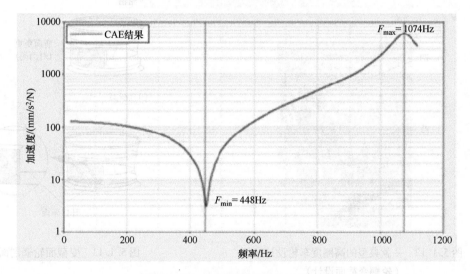

图 5.1.10　车轮侧向刚度的计算方法

图 5.1.11 所示为车轮侧向刚度对路面噪声的影响，A 车轮侧向刚度为 37.7kN/mm，B 车轮侧向刚度为 82.8kN/mm。从对比结果可以看到，更换 B 车轮后，路面噪声在 180Hz 之后整体下降了。

在新车型开发时，为了保证良好的路面噪声性能，和路面噪声相关的系统和零部件都要设定合适的目标值。然后在零部件设计过程中，采取一切有效措施来保证目标的达成。对于车轮来说，最重要的 NVH 目标值就是模态和侧向刚度，当然，除此之外还有诸如强度耐久性、质量等性能指标。

为了使车轮有良好的 NVH 性能，有许多成功的设计案例可以参考。图 5.1.12 所示为一款典型的高刚度车轮设计案例。在轮辋的直筒部分，采取变截面设计，这样可以提高轮辋部分的刚度。图 5.1.13 所示为变截面轮辋剖面图，图中共有两种设计方式，一种是闭合截面，另一种是开口截面。

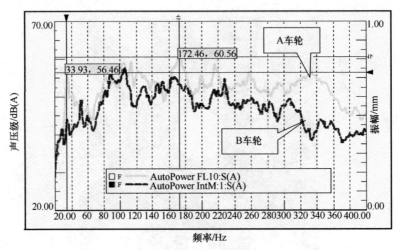

图 5.1.11　车轮侧向刚度对路面噪声的影响

图 5.1.12　一款典型的高刚度车轮设计案例
（轮辋变截面设计）

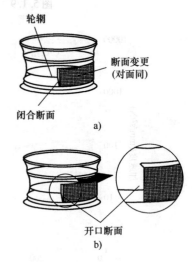

图 5.1.13　变截面轮辋剖面图

对上述两种变截面车轮进行样件试制，并进行装车试验。测试结果如图 5.1.14 所示。从结果可以看出，相比于原车轮，闭合断面车轮和开口断面车轮都表现出了良好的路面噪声改善效果。特别是开口截面车轮，效果更佳。

2. 轮辐拓扑优化

某车型现有 18in 车轮一阶模态为 292Hz，按照模态避频的原则，未达到 300Hz 的目标值，需要在质量增加最小的目标下，约束侧向刚度 50kN/mm 为下限。

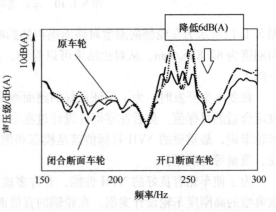

图 5.1.14　车轮截面对改善路面噪声的影响

由于车轮的实际造型已经确定,无法更改,所以考虑对减重窝进行微调,在不降低侧向刚度的前提下,弥补模态与目标值间的微小差异。考虑对车轮辐条进行填充,将填充区域(图 5.1.15 所示的黑色区域)设置为设计空间。

对车轮一阶模态的拓扑优化有 3 个响应,分别为一阶模态频率、质量和侧向刚度。

设计变量:辐条减重窝。

约束变量:①一阶模态 >300Hz;②侧向刚度 >50kN/mm。

优化目标:最小化设计变量的质量。

拓扑优化结果如图 5.1.16 所示,在 A 字形辐条上增加了加强筋条。拓扑结果对比见表 5.1.1,结构增重 350g,一阶模态及侧向刚度均达标,满足 NVH 性能要求,工艺上也可以实现。

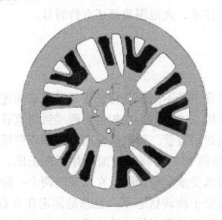

图 5.1.15 拓扑优化设计空间

图 5.1.16 拓扑优化结果

表 5.1.1 拓扑优化前后结果对比

对比项	车轮	数值	变化率(%)
质量/kg	原车轮	12.2	+2.9
	优化车轮	12.5	
模态/Hz	原车轮	292	+3.8
	优化车轮	303	
侧向刚度/(kN/mm)	原车轮	50	+4.1
	优化车轮	52.1	

5.2 多谐振腔车轮

5.2.1 基本概念

对于路面噪声,除了动力总成的电动化带来的发动机系统噪声贡献降低,作为激励源的轮胎低滚动化对轮胎振动传递特性的影响和轻量化对车身声灵敏度特性的影响等逐渐加强,路面噪声改善性能提高和环境保护所带来的矛盾问题也日益突出。

针对路面噪声，在激励源头上进行控制的措施是最有效的，特别是在中频路面噪声成分中，在噪声频谱中具有突出峰值的轮胎气柱共振噪声就是最主要的激励源，因此，控制轮胎气柱共振噪声是解决路面噪声的重点。

轮胎气柱共振噪声是指轮胎内部的圆环空腔的一阶共振，激励来自于路面凹凸不平对轮胎接地面的作用力，以结构传播的形式传递给车身。由于轮胎腔体中几乎没有声学衰减的声场，所以产生的共振保持峰值特性，轮辋表面在空气的激励下，通过悬架传递到车身。由于这种噪声伴随着听觉上无衰减的混响感，因此对乘员来说是一种刺耳的噪声，很早以来就成为路面噪声主要课题之一。

近年来，轮胎气柱共振噪声的降噪装置已经产品化。具体案例包括在轮胎内表面设置吸声材料的装置和在车轮上设置消声器的装置。但是，由于成本限制，这些装置的应用仅限于一部分轮胎和高级车型，目前还没有开发出通用的技术，大范围普及还有待时日。

5.2.2 轮胎环形声场吸声效率提升

1. 环形声场吸声原理的 CAE 分析

具有圆环形状的轮胎内部声场与两端闭管的直管声场不同，其特征在于没有末端连通的声场。因此，在激起轮胎气柱共振噪声的圆环声学模态中，不存在相当于两端封闭直管的一阶声学模态，圆环声场的一阶声学模态相当于两端封闭直管二阶声学模态。该圆环声场中的一阶声学模态，引起最大声压的模态的波峰位于相隔 180°的圆环对面，并存在正压、负压两处。当这个波峰位置正处于轮胎与地面接触处而承受垂向激励时，在出现的两个一阶声学模态中，如果以频率较高的一个为例，则即使轮胎处于旋转状态下，也总是固定在 0 点和 6 点位置。因此，为了使谐振腔吸声性能稳定，圆环形声场模态的波峰位置始终保持在 0 点和 6 点位置。

因此，通过 CAE 进行了轮胎声场中谐振腔位置对吸声效果影响的研究。作为一种计算方法，我们创建了一个有限元（FE）模型，使谐振腔声场特性与环形轮胎声场的一阶声学模态相匹配，并在 180°位置，即接地点对应的轮胎内部位置施加供单位粒子速度激励，如图 5.2.1 所示，并计算同一点的轮胎内部声压。另外，为了简单地模拟轮胎滚动，将上述 FE 模型静态地旋转，计算每个旋转角的声压。图 5.2.1 表示计算每一个车轮只安装 1 个谐振腔时，非滚动状态的每个轮胎滚动角的气柱共振噪声声压结果。由于固定在车轮上的谐振腔与行驶中的轮胎车轮一起旋转，谐振腔的吸声区域也在轮胎 360°之间移动，并且在 0 点和 6 点的位置处产生的声学模态的波峰处总是无法吸声。其结果是，由于每个轮胎旋转角的吸声量变动，在时间序列上保持稳定吸声变得很困难。

为了解决该问题，通过在每个车轮上设置 4 个谐振腔，来抑制每个轮胎旋转角的吸声量变动，从而能够进行稳定吸声，但是，应用多个谐振腔又会造成质量和成本增加，带来了新的问题。

因此，计算研究了将谐振腔使用个数设为 2 个时的最佳配置。图 5.2.2 表示 2 个谐振腔连通孔间的中心角与轮胎滚动一周平均吸声量的关系。

吸声性能最高的是将连通孔间的中心角设为 90°的正交配置，此时的轮胎滚动角与吸声量的关系如图 5.2.3 所示，值得注意的是，2 个谐振腔的连通孔位置与声场模态的波峰位置（0 点、6 点）的相位差变大，在轮胎滚动角 45°、135°、225°、315°时也能得到相同的吸声效果。

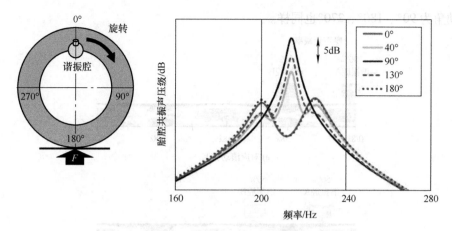

图 5.2.1　单谐振腔各周向位置的降噪效果

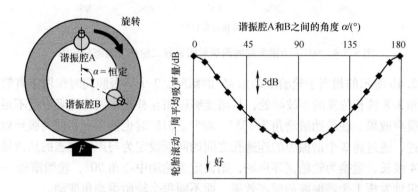

图 5.2.2　轮胎各周向位置胎腔噪声谐振腔 A 和 B 之间角度的优化

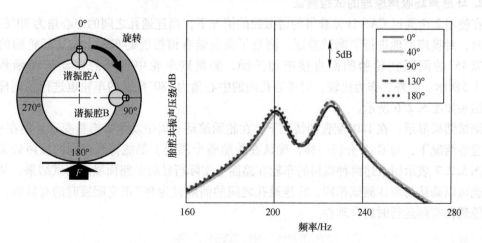

图 5.2.3　2 个谐振腔间隔 90°时的降噪效果

用两端封闭的直管二次音响模态替换圆环一次声学模态,则可以对上述现象进行解释。直管二阶声学模态的声压分布上,存在 1/4 波长（λ）间隔的驻波,会出现声压最大的波峰和声压最小的节点。如图 5.2.4a 所示,在相当于轮胎滚动角 0°的瞬间,谐振腔 A 以最大吸声量作用于直管二次模态的 0/8 波长位置的波峰,谐振腔 B 存在于 2/8 波长位置的节点处。

轮胎滚动角为90°、180°、270°也同样。

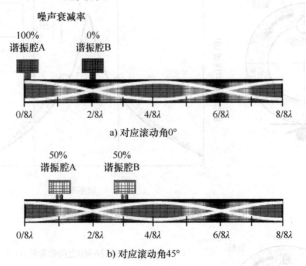

图5.2.4　90°2个谐振腔的两端封闭直管二阶声腔模态概念图

在图5.2.4b所示的相当于轮胎滚动角45°的瞬间，2个谐振腔同时作用于直管2个模态的1/8波长和3/8波长位置的半波峰处，从而能够以相互补充半波峰处吸声量不足，实现单个谐振腔的吸声效果。在轮胎滚动角为135°、225°、315°时也能得到相同的吸声效果。

如上所述，通过将2个谐振腔的连通孔之间的间隔设定为与声场模态的从波峰到节点相同的间隔1/4波长，置换为轮胎圆环声场，则设定为轮胎中心角90°，轮胎滚动一周360°内始终能够稳定地发挥1个谐振腔的吸声效果，而不随每个轮胎滚动角变动。

2. 环形声场吸声原理的试验验证

在使用2个通过CAE计算获得的谐振腔的情况下，当连通孔之间的中心角为90°的正交布置时，对吸声原理进行了测试验证。测量了在安装有谐振腔的车轮上组装了轮胎的状态下，以45°的间隔在轮胎胎面直接施加激励，测量到车轮中央部的振动传递函数，如图5.2.5所示。另外，作为比较，对连通孔间的中心角为180°配置的车轮也进行了同样的测试，结果如图5.2.6所示。

测试结果显示，在180°配置的情况下，在轮胎滚动一周中发生吸声量变动，但在90°正交配置的情况下，与CAE分析一样，确认在轮胎整个圆周上都能得到相同的吸声效果。进而，图5.2.7表示用上述两种规格的车轮在路面上实际行驶时的路面噪声测试结果。从车内噪声也可以确认与单体测试相同，将连通孔之间的间隔设为90°正交配置时的有效性，证明了本原理在实际运行时的合理性。

5.2.3　高空间效率谐振腔结构的具体构造

1. 设计理念和具体化结构

使用2个谐振腔，将连通孔间中心角设为90°正交配置原理为前提条件，用于实现空间效率良好的谐振腔结构的设计理念如下所示：

1）通过两腔一体谐振腔结构减少谐振腔个数。

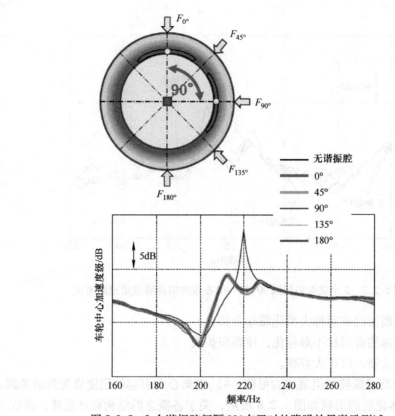

图 5.2.5　2 个谐振腔间隔 90°布置时的降噪效果激励测试

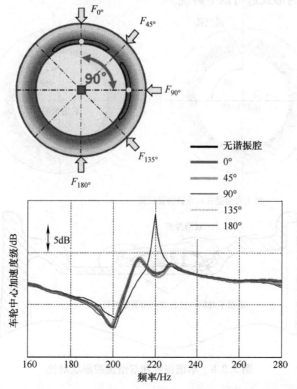

图 5.2.6　2 个谐振腔间隔 180°布置时的降噪效果激励测试

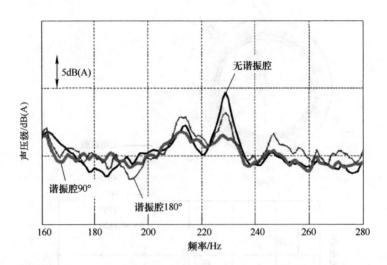

图 5.2.7 2 个谐振腔间隔 90°和 180°布置时的降噪效果道路测试

2) 通过谐振腔截面的非对称大型化缩短全长。
3) 谐振腔固定部的臂形状不对称化,使容积扩大。
4) 去掉底面交叉筋,以扩大容积。

1)~3) 使轮胎及谐振腔的组装成为可能,4) 中离心力引起的强度成为新的课题。

将上述概念具体化后的形状如图 5.2.8 所示,关于各概念的结构设计思路,将以与以往类型的单谐振腔对比的形式进行以下解说。

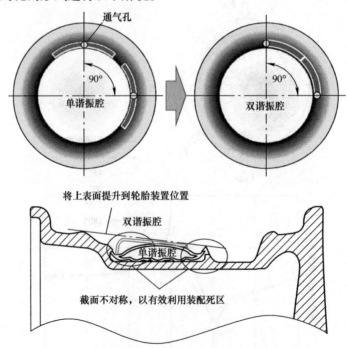

图 5.2.8 单谐振腔和双谐振腔形状对比

1）在2个谐振腔的连通孔之间中心角90°配置时，将连通孔位置从单谐振腔的主体中央部变更为多谐振腔的端部，在连通孔间的90°的空间连接双谐振腔副气腔，如果能够进行布局，则可以形成一体成形结构。由此，通过将每一个车轮上的使用数量从4个单腔谐振腔削减为1个多谐振腔，可以实现轻量化和组装成本的大幅度削减。

2）为了在上述90°空间内设置双谐振腔，必须从两个单谐振腔的中心角约160°大幅缩短全长，因此通过扩大截面积来提高空间效率。具体而言，在考虑轮胎组装性和轮辋规格的基础上，将单谐振腔的左右对称截面设为非对称异形截面。

3）为了扩大容积，将组装时不使用的一侧固定腕部的上部空间分配给谐振腔容积，将固定腕部从单谐振腔的左右对称形状变更为左右非对称形状。

4）如果废止作为单谐振腔的离心力对策的横向加强筋，则在离心力作用时，桥作为质量起作用，变形量增加。因此，如图5.2.9所示，通过避开最不利的截面中央部而使桥位置分散在左右两列，即使没有横梁也能够抑制离心力变形。同时，通过桥接器的双列化，内部压力变化时的面变形量也可以进一步降低，并且可以提高吸声性能，同时通过消除交叉筋来扩大体积。

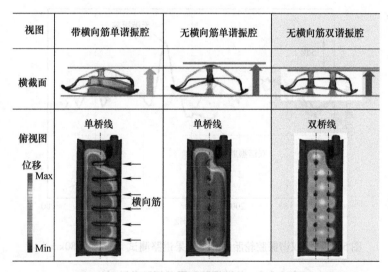

图5.2.9　单谐振腔和双谐振腔消除交叉筋后在离心力作用下的变形对比

通过对以上4项内容的具体结构化，设计了多腔树脂谐振腔。在设计时，利用CAE分析结果，决定了衰减量所需的面刚度和最大离心力强度可同时兼顾的结构。图5.2.10所示是双谐振腔外观图。

2. 基于实车行驶测试的降噪性能验证

图5.2.11显示了在带有双谐振腔的215/50R17轮胎的实车在路面上行驶时的道路噪声，测试结果显示了7.5dB的降噪效果，另外，在听觉上也可以降低到难以识别轮胎气柱共振噪声的水平。

接下来对多谐振腔的效率进行考察。

单谐振腔和双谐振腔参数对比见表5.2.1。

图 5.2.10 双谐振腔外观图

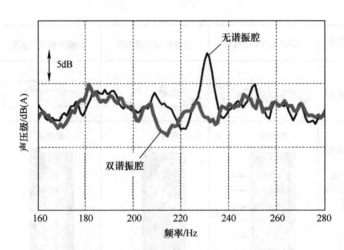

图 5.2.11 双谐振腔轮胎的降噪效果道路测试（车速为 80km/h）

表 5.2.1 单谐振腔和双谐振腔参数对比

参数	数值	
	单谐振腔	双谐振腔
降噪效果/dB	10	7.5
腔室总容积（%）	100	50
谐振腔总重量（%）	100	33

与单谐振腔相比，双谐振腔的吸声量的绝对值虽然有所减少，但如果将每辆车的谐振腔容积及吸声效率（单位重量的吸声量）进行比较，则双谐振腔约为单谐振腔的2倍，可以确认达到了最初目标的高吸声效率。

接下来对路面粗糙度和车速条件进行了鲁棒性验证，结果在小激励、大激励、低车速、高车速的任何条件下都能得到相同的效果。

另外，为了使安装多谐振腔的车轮适用于量产车型，还对强度耐久性、商品性、技术性等其他功能进行了验证，确认了其与具有量产实绩的单谐振腔有着同等的水平。

5.3 降噪车轮的开发

5.3.1 降噪车轮概述

轮胎气柱共振噪声是由路面凹凸激发的轮胎内部圆环空腔共振对车轮进行激振，振动通过悬架传递到车身并在室内产生的噪声。共振频率由轮胎内部的环形空腔的周长决定，对于普通轿车轮胎，通常存在于 200～250Hz。与其他路面噪声成分相比，该噪声的声压水平大，在听觉上也伴随着接近纯音的音色和混响感，对乘员来说属于一种刺耳的声音，一直是路面噪声的主要课题之一。

轮胎气柱共振噪声的主要原因是充气轮胎中不可避免的轮胎内腔的一阶共振现象，因此除非处理共振本身，否则很难从根本上解决。以以往的对策方法为例，通过降低轮胎结构振动来采取对策时，同时还要考虑到与其他轮胎功能的平衡，能够采取对策的自由度低，不能期待有大的改善。另外，在轮胎下游侧的悬架传递路径对策和车身隔声对策方面，涉及的零部件向大范围扩展，通常会伴随重量增加。

从 30 年前开始，通过专利和技术发表提出了 100 多个降低轮胎气柱共振噪声的设备，如将吸声海绵黏接在轮胎内衬上的结构，但在商品化方面很难满足市场的要求。

在降噪车轮的开发中，构建了一种将亥姆霍兹型谐振腔安装在车轮上的方法，以满足功能性和批量生产所需的生产率和成本，并且可以将轮胎气柱共振噪声降低到听觉上无法识别的水平。

5.3.2 开发目标

降低轮胎气柱共振噪声装置的设计目标如下：

1）在不限定轮胎的情况下，将轮胎气柱共振噪声设为听觉上无法识别的水平，因此在车上达到 10dB 的降低量。

2）对于最高速行驶时的离心力、恶劣路况行驶及越过缘石等大激励工况下，要求新车轮的强度耐久性与以往的轮胎车轮相同。

3）为了兼顾车辆的舒适性，要求重量轻且不影响车轮平衡。

4）轮胎装卸等的维修性与以往的车轮相同。

5）不影响现有车轮的制造工序，考虑生产技术难易度和量产性的低成本要求。

5.3.3 基本概念

从装置形态上来看，在轮辐部组装扁平、轻量化树脂材料谐振腔车轮组件。

降噪车轮结构如图 5.3.1 所示，其特征如下：

1）采用轻量化高刚度薄壁树脂材料的扁平截面谐振腔结构。

2）采用防止脱落的嵌合组装结构。
3）采用有效利用车轮式分离结构的连通孔横拉止转结构。

通过上述基本结构，将离心力作用时增加谐振腔保持力作为设计的基本概念，如图5.3.2所示。

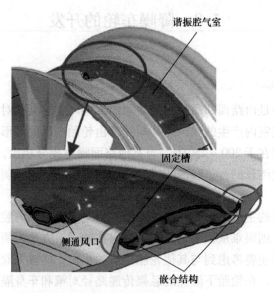

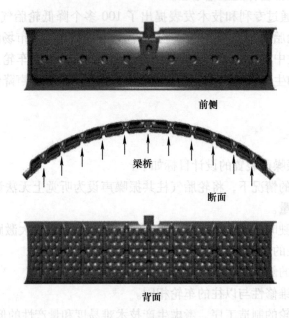

图5.3.1　降噪车轮结构

另外，在选择谐振腔的树脂材料时，选择可以控制弹簧下重量增加、保持离心力强度的高刚度聚丙烯。

制造成型方面，选择成型自由度高、成本低、生产性好的吹塑成型，目的在于以对气密性有利的无缝成型谐振腔主体。

为了充分发挥谐振腔的降噪效果，必须确保气密性，并在有限空间内确保谐振腔容量和连通孔截面积。图5.3.3显示的是谐振腔容积率与吸声量的关系，以及连通口断面比与吸声量的关系。上述参数决定了必要的谐振腔基本参数。

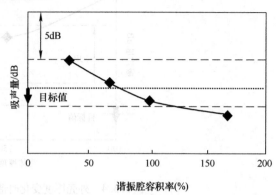

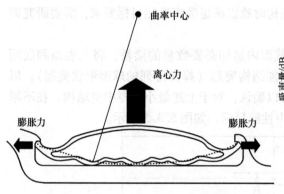

图5.3.2 离心力作用下的结构概念

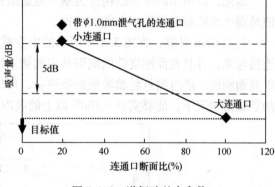

图5.3.3 谐振腔基本参数

5.3.4 主要开发内容

以下是新谐振腔开发过程中需要解决的课题和所采取的解决措施，保证新谐振腔能够在所有行驶条件下兼具充分的吸声效果、强度耐久性，同时还要兼顾轻量化、低成本、批量生产性等性能要求。

1. 薄壁轻量构造和确保吸声性能

汽车以300km/h速度行驶时作用于轮辋的离心力达到1500g。为了承受这种最大离心力，需要将谐振腔自重控制在最小限度。为了使谐振腔充分发挥吸声作用，需要确保谐振腔自身的面刚度。

以发动机进气系统的谐振腔为例，在聚丙烯材料的情况下，树脂谐振腔的壁厚一般为2.5~3.0mm，但作为承受高离心力作用的车轮谐振腔，其壁厚、重量变大，聚丙烯材料就不适合了。因此，需要构筑以薄壁轻量为前提的树脂谐振腔结构。

为了确定实现目标吸声性能的表面刚度，在简单的中空结构基础上进行了壁厚变化试验，掌握了吸声性能和必要壁厚的关系。

如图5.3.4所示，以吹塑成型的下限为最小壁厚时，消声器几乎不起作用，壁厚增加到

1.5倍时,吸声量略有提高,但相反,壁厚增加到2.0倍时谐振腔容量降低。

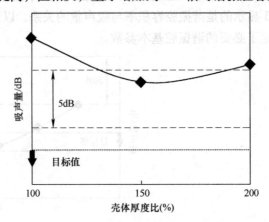

图5.3.4 外壳厚度变化时谐振腔吸声量的变化曲线

因此,以简单的中空结构作为基本截面结构时难以满足吸声性能目标要求,需要研究即使是薄壁也能够确保吸声性能的结构。

利用CAE计算,在图5.3.1所示的中空截面内追加必要数量的梁桥,将上表面和底面连接起来,并且在面刚度低的底面外表面侧追加结构突起(蜂窝排列的球面形状突起),以提高面刚度。通过测量轮胎激振的吸声量,可以确认,对于上述最小壁厚中空结构,在不增加重量的情况下,能够实现-10dB以上的吸声性能目标,如图5.3.5所示。

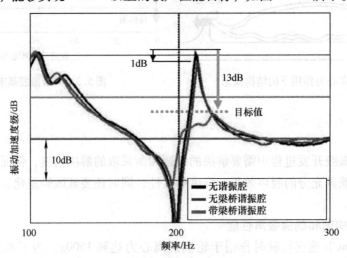

图5.3.5 轮胎胎面锤击试验

2. 兼顾离心力强度和组装性的结构

为了保证能够承受最大离心力的谐振腔强度,需要掌握在所有行驶状况下车轮谐振腔的载荷、频率、环境等,并优化结构。考虑到装配性,理想的结构是可以在低载荷下装配。

对强度和组装性影响最大的是谐振腔主体的弯曲刚度,谐振腔主体是树脂材料,随着所处的环境温度而有着很大的变化。测量谐振腔表面的最高温度,即接近苛刻条件下轮缘部的上限温度数值,如图5.3.6所示,该温度下树脂材料的弹性模量降低到常温时的约20%。

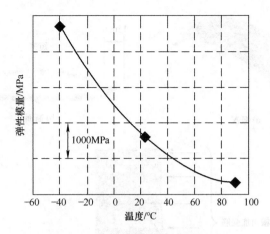

图 5.3.6　弹性模量的温度依赖性

由于仅通过重新评估材料特性很难大幅改善弹性模量，因此从谐振腔主体形状优化设计上来提高弯曲刚度，使得即使在上限温度时（弹性模量低）也能够确保所需要的弯曲刚度。另外，关于组装性，从可手动组装的低负荷嵌合，到使用工具的高负荷嵌合，从工序设计上使二者保持合理连续。

利用图 5.3.7 所示的离心力 CAE 分析结果，通过在臂部长度方向和中空部主体底面的分支面上追加横向加强筋，这样在离心力作用时，谐振腔的弯曲变形均匀分布，并且保持对谐振腔消声性能影响最大的面的刚度，以提高离心力强度，如图 5.3.8 所示。

图 5.3.7　离心力 CAE 分析结果

对上述结构进行离心力负荷试验，确认没有发现轮胎和车轮组件中谐振腔的脱落、损伤、车轮平衡降低，确保能够承受最大离心力的强度目标。

通过以上研究内容，实现了兼顾离心力强度和组装性的谐振腔结构。

3. 量产组装方法

在生产工艺上，最难的是谐振腔和车轮的组装工序，将轮胎压力监测系统（TPMS）传感器以外的零件组装在车轮上在行业内是没有成功先例的。

假设谐振腔车轮批量生产时，谐振腔安装到车轮上所需的时间受到车轮制造工序和轮胎和车轮安装工序所需的生产线流动时间的限制。在限制时间内将谐振腔组装到车轮上是面临的最大课题。

在批量生产组装中，需要设想以下产品尺寸公差和环境温度（图 5.3.9）：

1）谐振腔、车轮的紧固公差。
2）谐振腔刚度（吹塑成型的壁厚）。
3）组装环境温度。

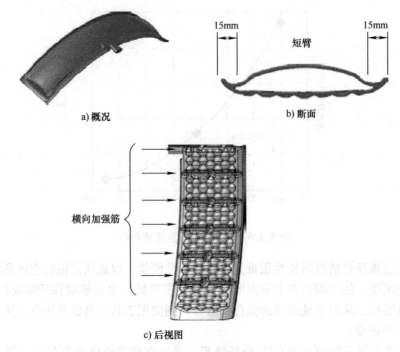

图 5.3.8 抗离心力结构

特别是树脂材料的刚度随温度的变化很大，低温时需要提高组装负荷（图 5.3.9 中条件 E），在高温下谐振腔过度挠曲，组装行程不足，无法组装（图 5.3.9 中条件 C）等，在所有可能的组装环境温度条件下保证装配性的条件参数是一个巨大的挑战。

如上所述，通过提高离心力强度来提高谐振腔的刚度，因此样品的组装需要用专用工具（图 5.3.10）对每个谐振腔进行多次压入作业。

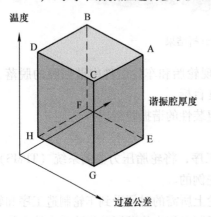

图 5.3.9 尺寸公差和环境温度

图 5.3.10 组装专用工具

在上述组装方法中，从量产要求来看，效率低、不现实。因此，研究了带气缸的组装机压装。该组装机可以保证每个谐振腔一次的压入即可完成所有组装。

试制装置并进行组装验证，结果显示，组装时间缩短到原来的 1/5，确保满足批量生产要求。

另外，通过调整以下项目，可以在设想批量生产的大温度范围内进行组装，如图5.3.11所示。

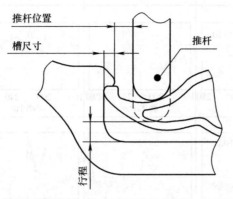

图5.3.11　谐振腔和车轮装配机的槽形、推杆位置和行程优化

1）车轮槽状的谐振腔腕部施加余量。
2）组装机的推杆位置和行程。
3）组装机的推动器推压负荷。

通过上述3项优化措施，最终可以在 $-5\sim40$℃ 的环境下进行批量生产组装。

5.3.5　实车效果验证

图5.3.12显示了装有降噪车轮的汽车以80km/h的速度在不平路面上行驶时的降噪效果。测试结果显示有10dB的吸声效果，并且在听觉上，轮胎气柱共振噪声也降低到了无法识别的水平。

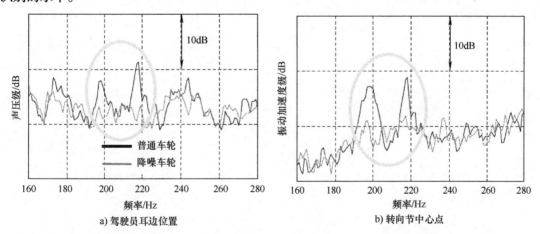

图5.3.12　汽车以80km/h的速度行驶在不平路面时的降噪效果

此外，验证了路面粗糙度和车速条件的稳定性。图5.3.13表示在各种粗糙路面上改变车速行驶时的室内声音。在小激励、大激励、低车速、高车速的条件下都有10dB的吸声效果，证明了降噪车轮对路面粗糙度和车速变化具有较好的稳定性。

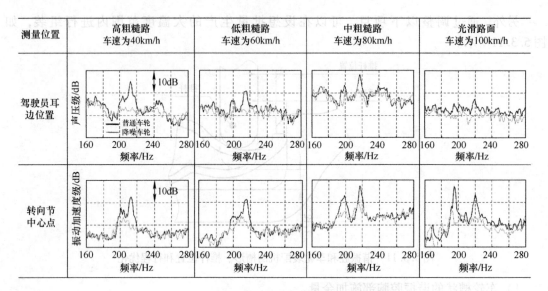

图 5.3.13 与路面粗糙度和车速相关的降噪稳定性

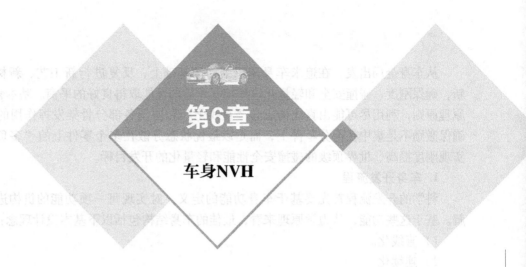

第6章

车身NVH

6.1 车身结构

汽车是人们日常生活中必不可少的交通工具,在安全、快捷地将乘客运送到目的地的同时,还要提供舒适、安静的乘坐环境,无论对于汽车公司还是顾客,追求低噪声化是永远的主题。车身作为汽车的主要构成部件,是由地板、顶盖和前围板、侧围板等薄壁板件形成的封闭空间,因此,薄壁板件的结构振动对车内噪声有着重要的影响。板厚变更、加强板、加强筋,以及阻尼材料,是人们经常使用的减振降噪方法。但是,车内噪声是车身结构与车内空气之间复杂的耦合共振产生的,想要达到最佳降噪效果,却不是一件容易的事。设计者追求最少的材料、最低的重量以达到最优的性能,而做到这一点,需要以精确的计算为前提,否则,不但达不到目的,还有可能使现有的问题恶化,产生负面效果,或者出现新的问题。

汽车在使用过程中要承受扭转、弯曲等多种载荷的作用。如果车身刚度不足,在日常的使用过程中,可能造成车厢密封不严而产生漏风、渗雨以及内饰脱落等现象。在发生碰撞时也可能会引起车身的门框、窗框、发动机舱盖和行李舱开口等处的变形过大,从而导致车门卡死、玻璃破碎等不符合汽车安全法规的现象发生。如果车身刚度设计不合理,车身会很容易受到激励。某些部位在低频范围内产生局部共振,进而引起车室内的空气共振噪声。如果车身刚度不足,在受到激励时振动幅度大,安装在车身上的内饰件等很容易产生振动,出现异响,而这一点也是影响汽车乘坐感受的重要因素。

车身是噪声与振动的传递通道,各种噪声与振动都会通过车身传入车室内。衡量车身结构振动和噪声特性的常用指标是车身振动和声灵敏度。在车身设计时,结构振动的灵敏度非常重要。与车身相连接的系统要尽可能地安装在车身灵敏度低的地方。灵敏度是指结构体在受到激励时所输出的响应,如位移、速度、加速度、应力等。好的车身设计对各种激励的灵敏度低,即激励所引起的振动和噪声响应低。通常用关键点动刚度、振动灵敏度、声灵敏度等指标来评价车身设计的优劣。

6.1.1 高刚度车身结构设计

从车身全局出发,在追求车身理想结构的基础上,反复进行新工艺、新材料的技术创新,确保刚度、碰撞安全和轻量化这些相互矛盾的性能取得良好的平衡。基本骨架回归力学原理原则,利用尽可能由直线构成的"直线化"和协调各部分骨架发挥作用的"连续化",确保激励不是集中在部分零件上,而是以最优状态分散在多个零件上的"多负载路径化"。实现刚度提高、世界顶级的碰撞安全性能和轻量化的开发目标。

1. 车身开发流程

科学的开发流程首先要基于车身功能的定义,对实现每一项功能的机构进行彻底的了解。基于这些功能,从力学原理来看,最佳的车身结构包括以下基本设计理念:

1)直线化。
2)连续化。
3)多负载路径化。

然后,针对由性能目标确定的功能分配量,选择合适的工艺方法和材料。

通过多次重复上述开发过程,提高每个阶段的研发质量,使开发流程提升到更高层次,如图6.1.1所示。

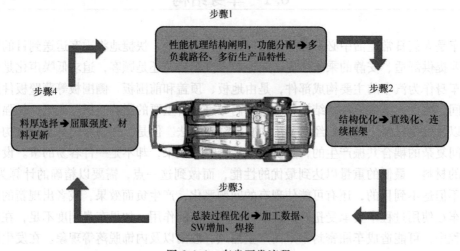

图 6.1.1 车身开发流程

2. 构造特征、工艺、材料及车身重量

(1) 构造特征

1)直线化。在考虑车身结构的基础上,遵循力学原理,基本骨架尽可能保持直线走势。特别是在地板上,极力避免弯曲和曲折,通过车辆整体的统一构架布置,实现直线化,如图6.1.2所示。

2)连续化。以往,通过一个部件承受碰撞载荷和路面激励,同时也传递给其他部件,部件间各自协调,降低所承担的载荷,减轻部件的重量。具体而言,直线形状的框架构成从前到后保持连续。在保持直线的基础上,在不得不弯曲的部分,通过与横向框架连续接合,并尽可能地形成闭合截面结构,如图6.1.2所示,在确保刚度的同时,对轻量化做出了很大的贡献。

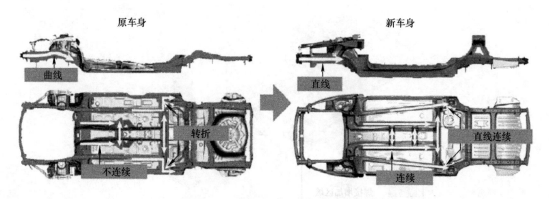

图 6.1.2 基础框架直线化和连续化

顶盖也同样作为连续化的构成部件发挥功能。具体来说，如图 6.1.3 所示，通过包括车顶轨道和 B 柱等在内的顶盖和底盘的整个后加强件形成三个环形结构，提高了车身的整体刚度。另外，悬架/副车架部分的结构也重新设计，在提高单体刚度的同时，通过优化车身侧的安装位置，有助于提高整体刚度。另外，在车轮罩内部等细节处也贯彻了连续结构。

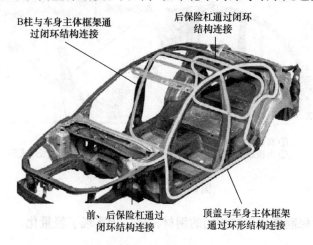

图 6.1.3 环形结构

3）多负载路径化。这是一种重要的想法，它不仅在特定的部位承受激励，而且在许多部件中确保最佳的平衡性分散，以此打造轻量化和高强度骨架。在这里只介绍想法，详细情况将在碰撞性能内容处叙述。

（2）工艺

1）连接强化。作为"连续化"和"多负载路径化"的实现手段，在车顶后端部和后悬架加强件的结合部采用了焊接接合。

另外，在地板上，增加了二氧化碳保护焊和点焊连接，通过强化部件的接合部位，降低了路面噪声并提高了刚度，如图 6.1.4 所示。

2）热成型。所谓热成型，是指将材料加热到约 900℃，用冲压模具成型的同时进行淬火（高强度化 1200~1470MPa）的方法，成型后的零件精度良好，同时确保成型性和强度。

传统的 780MPa 高强度材料，从侧面碰撞性能和强度耐久性能方面考虑，在 B 柱加强件

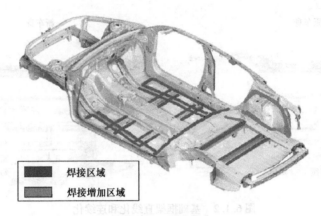

图 6.1.4　焊接接合

的内侧还要再设置加强件，通过应用上述热成型高强度钢材后，就可以取消这个加强件，实现了轻量化，如图 6.1.5 所示。

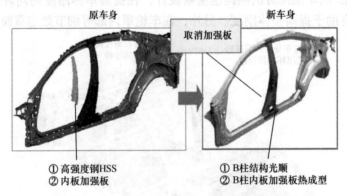

图 6.1.5　加工方法

同样地，前、后保险杠也采取相同的钢材，进一步实现了轻量化。

（3）材料

通过 CAE 计算出车身刚度所需的板厚，在此基础上，将能量吸收性、强度、可靠性优良的高强度钢板应用于需要强化碰撞性能的部件。零件形状通过修改为容易加工的简单形状来扩大适用范围，高强度钢使用率（质量比）从现行车型的 40% 扩大到 60%。其中增加了生产性和性能均良好的 590MPa 级高强度钢的使用率，如图 6.1.6 所示。

（4）车身重量

利用前面介绍的开发流程、构造特征、工艺、材料，白车身实现了与以往车型相比约减轻了 8% 的重量，如图 6.1.7 所示。

3. 车辆性能

（1）安全性能

为了兼顾最佳的碰撞安全性能和轻量化这些相互矛盾的性能目标，从基本骨架层级就进行了最佳能量吸收方案的搭建和耐久性分配最佳化，实现了牢固保护乘员舱的车身结构。

1）车身各部的最佳能量吸收方案。以往碰撞时的能量主要由前框架吸收。此次的车身

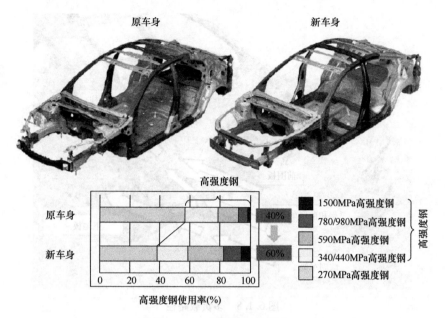

图 6.1.6 高强度钢使用率

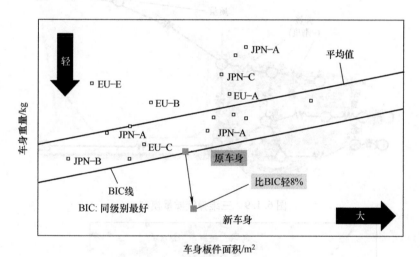

图 6.1.7 车身重量和车身板件面积

采用了多负载路径概念,通过前框架周边的部件吸收更多的能量,提高了能量吸收效率。例如,正面碰撞时的输入能量被分散吸收在"从前副车架到下地板""从前围板到前门柱""从悬架和前副车架到下地板"这三个连续的路径(负载路径)中,如图 6.1.8 所示。

基于该多负载路径概念,对车身各部分进行了最佳的耐久性分配。为此,将车辆的主要骨架部件置换为由简单的弹簧和质点构成的三维弹簧质量模型,如图 6.1.9 所示。结合最新的数值优化计算技术,从数千个案例的研究中发现了质量效率最好的分配,如图 6.1.10 所示。

2)实现最佳轻量化的结构。车身各部分的结构是根据车身各部分的强度耐久指标,使用详细的 FE 模型来决定的。其中,在各个零件设计中也应用了多负载路径的想法。例如,在碰撞吸能盒和前框架中,着眼于碰撞能量主要通过结构体的棱线部分传递,将从碰撞吸能

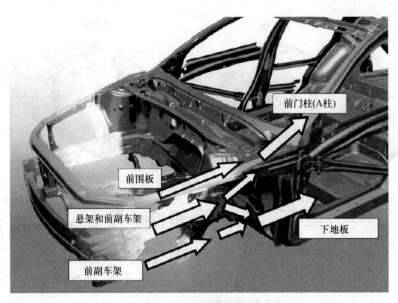

图 6.1.8 多负载路径

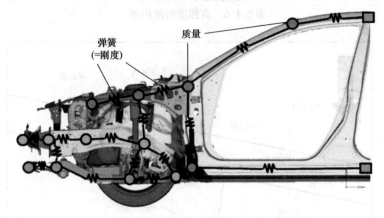

图 6.1.9 三维弹簧质量模型

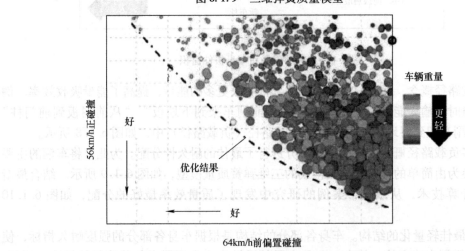

图 6.1.10 车身刚度平衡优化

盒到前框架前端部的截面形状设为图 6.1.11 所示的十字形。在传统的方形截面中，棱线的数量为 4 条，但通过做成十字形，棱线变成 12 条，来自前方的能量可以分散得更广泛。由此，在不损失能量吸收量的情况下，降低了部件的板厚，实现了轻量化。另外，由于能够以更短的长度确保能量吸收量，因此能够缩短车辆的前悬架长度，提高了外部设计的自由度。同样的想法也被用于侧门和后副车架等，为车辆全方位的安全性能提升和轻量化做出了贡献。

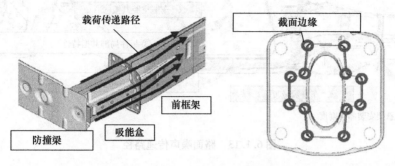

图 6.1.11　多负载路径和框架截面

3）前偏置碰撞性能验证结果。图 6.1.12 显示了前偏置碰撞时的前围板侵入量与车身重量之间的关系。通过如上所述的新能量吸收和分配优化，实现了比竞争车型大幅轻量化、乘员舱变形量极少的牢固车身结构。

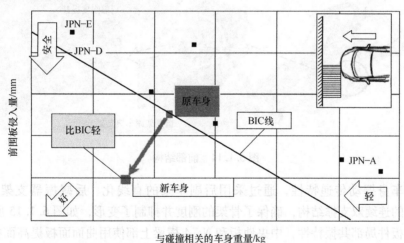

图 6.1.12　前偏置碰撞时的前围板侵入量与车身重量之间的关系

（2）振动噪声性能

为了兼顾降噪性能和轻量化，进行了道路噪声的机理阐明、最佳的车身辐射噪声降低方案的构筑和功能分配，抑制车辆行驶中由于路面激励引起的车内声压变化和峰值。

1）降低车身辐射噪声设计方案和功能分配。从路面噪声的产生机理上大致可分为激励源系统、悬架传递系统、车身传递辐射系统三个系统。其中，在与车身相关的车身传递辐射系统的开发中，以往为了进行目标设定，使用了对悬架安装部位施加一定激励时的声压，即车身灵敏度。在本次开发中，车身灵敏度按照图 6.1.13 所示的三个指标，即悬架安装部位刚度、车身振动传递特性和板件局部共振特性进行了性能分配。此外，设定了数百个条目的目标，通过实车测试和CAE分析进行了参数研究，确定了贡献高的路径和部件，实现了最佳的性能分配。

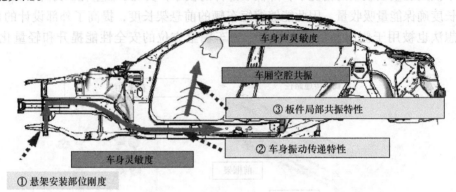

图6.1.13　路面噪声传递路径

2) 轻量化结构设计。以1) 的性能分配指标为基础，确定了对振动、噪声性能贡献高的部件和路径，并进行了如下的最佳结构优化。

① 关于悬架安装部位刚度，采用了与前悬架副车架安装部的碰撞性能相匹配且同时兼顾刚度和轻量化的结构，抑制了车身的变形，如图6.1.14所示。

图6.1.14　前部结构

② 关于车身振动传递特性，通过采用后副车架的直线化、后减振器支架和No.4及No.4.5横梁的连续双支撑结构，确保了骨架的刚度并抑制了变形，如图6.1.15所示。

③ 关于板件局部共振特性，中央地板和No.4横梁上部使用曲面面板提高面板刚度，在不追加刚度部件的情况下降低了辐射噪声，如图6.1.16所示。

3) 路面噪声验证结果。如上所述，通过将车身灵敏度性能分配给各部件特性，对结构进行优化，实现了轻量化与其他性能的匹配，同时实现了高的降低路面噪声性能，如图6.1.17所示。

(3) 操纵稳定性及乘坐舒适性

为了兼顾操纵稳定性、乘坐舒适性和轻量化，对车身各部分进行了刚度分配的最佳化，实现了高刚度的车身。

1) 基于功能分配的刚度目标设定。为了提高车辆的操纵稳定性和乘坐舒适性，除了扭转刚度之外，还需要提高悬架安装部位刚度、乘员舱的刚度等。此次，在对各刚度目标值的

第6章 车身NVH

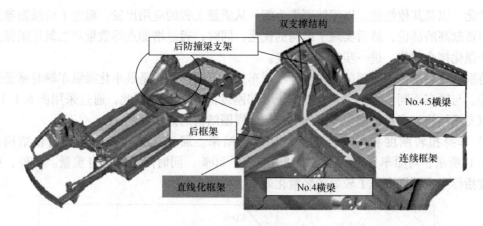

图 6.1.15 后框架结构

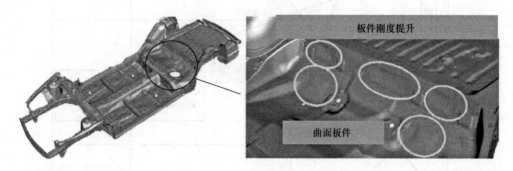

图 6.1.16 中央地板（见彩插）

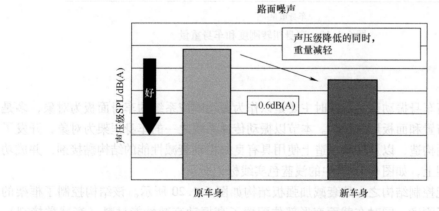

图 6.1.17 降低路面噪声性能

功能分配中，兼顾性能目标达成和实现重量最低。

为了抑制车身受到各种激励时的扭转变形，大幅提高了扭转刚度，在此基础上，与车身弯曲、乘员舱倒塌等主要变形或者局部变形相关的其他刚度也超过了以往的车型。此外，通过基于每个刚度与实际车辆性能的相关性重新调整每个刚度的配置，确定了高质量效率的刚度分配。

2）刚度提高的构造。在实现每个刚度目标的具体结构中，使用 CAE 方法来保证直线化和连续化，以及其他性能。以扭转刚度为例，从质量工程的应用出发，确定了后减振器周围等噪声贡献高的部位，然后实现了结构的优化。同时，通过增加点焊数量和二氧化碳保护焊长度来强化接合部位，进一步提高了刚度。

特别是在后减振器周围的结构中，根据车型的不同，目标是最小化操纵车辆时感受到的刚度差。与轿车不同，面包车具有不利于后部刚度的大开口。因此，通过采用图 6.1.15 所示的双支撑结构，实现了面包车型的后减振器周围结构的高刚度化。

3）车身扭转刚度和车身重量的性能平衡结果。通过优化刚度分布和简化结构，如图 6.1.18 所示，与原车身相比，扭转刚度提高了 30%，同时降低了车身重量。另外，在其他刚度指标中也同样实现了较好的轻量化效果。

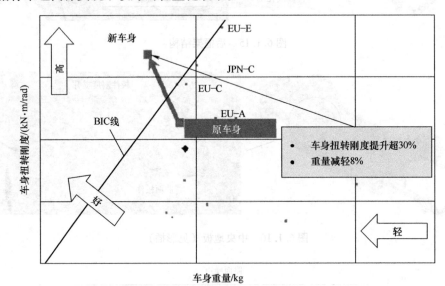

图 6.1.18　车身扭转刚度和车身重量

6.1.2　高振动衰减特性车身结构设计

以往，在提高车身振动衰减特性时主要是以作为振动响应系统的车身面板为对象，多是增加减振材料的布置和面板形状优化。本节以振动传递系统之一的车身框架为对象，开发了新的衰减性能控制构造，以及在该构造上使用具有良好振动衰减性能的结构黏接剂，并成功地应用在某新车型上，如图 6.1.19 中的浅蓝色实线标记所示。

作为衰减性能控制结构之一的衰减加强板结构如图 6.1.20 所示。该结构控制了框架的截面变形，提高了刚度，同时在截面变形部位配置了高振动衰减性能材料（衰减黏接剂），使应变能集中于此处，降低了振动。

接下来将详细介绍衰减加强板结构的设计思想、验证结果、衰减黏接剂的开发，以及实现该结构的生产技术。

1. 衰减结构的开发

（1）结构设计方法

如图 6.1.20 所示，在考虑车身框架截面变形时，在截面上设置加强板（隔板），通过加强板的面内力控制框架变形，对于提高刚度是有效的。以往，加强板与框架通过点焊连接，在截面变形时，加强板与焊接部分分担应变能。因此，为了提高整个结构的衰减性，我们认为，如果用高衰减材料（衰减黏接剂）代替焊接连接，可以提高应变能量分担率，保持刚度不变的同时，还可以提高衰减性。

（2）利用简易框架进行验证

为了快速地对上述观点进行验证，制作了带衰减加强板的简易框架，来验证刚度和衰减性提高的效果。由于试制的简易框架质量相等，所以用共振频率来代表刚度特性。简易框架的形状、尺寸如图6.1.21中所示。框架板厚为1.2mm、点焊间距为40mm，两个加强板的板厚为0.7mm，距离框架中央60mm处，左右各一。

图6.1.19 使用具有良好振动衰减性能的结构黏接剂的白车身（见彩插）

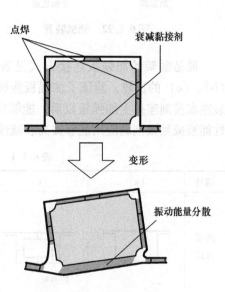

图6.1.20 衰减加强板结构

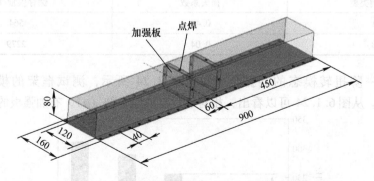

图6.1.21 简易框架的形状、尺寸（单位：mm）

测试装置如图6.1.22所示。简易框架弹性支撑，采用电磁激振机垂向激励框架端部，测量激振点处的激振力和框架上各点的加速度。使用框架上共计20点（前后、左右、上下）的振动灵敏度来识别共振模态频率和衰减比。在本次验证中，将图6.1.23所示的一阶扭转模态作为框架横截面变形的研究指标。

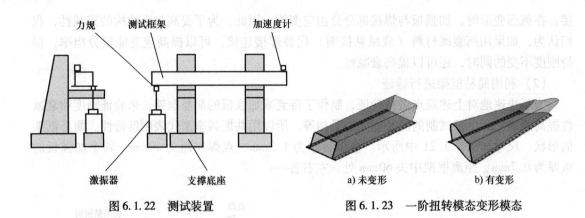

图 6.1.22 测试装置　　　　图 6.1.23 一阶扭转模态变形模态

简易框架的加强板连接方式见表 6.1.1，结构黏接剂参数见表 6.1.2。通过（a）和（b）、（c）的比较，验证了加强板能够提高刚度，通过（b）和（c）的比较，验证了通过衰减黏接剂连接上加强板以后，能够提高衰减性能，通过（d）和（e）的比较，验证了高性能衰减黏接剂的应用能够提高衰减性能。

表 6.1.1　简易框架的加强板连接方式

编号	(a)	(b)	(c)	(d)	(e)
连接方式		点焊／加强板	黏接剂A	黏接剂A	黏接剂B

表 6.1.2　结构黏接剂参数（20℃、20Hz）

黏接剂类型	损失系数	储存模量/MPa
A	0.45	564
B	0.04	2279

各框架的一阶扭转模态的共振频率如图 6.1.24 所示，测试框架的模态衰减比如图 6.1.25 所示。从图 6.1.24 可以看出，相对于没有加强板的（a），有加强板的（b）和（c）

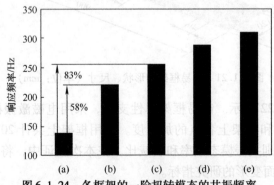

图 6.1.24　各框架的一阶扭转模态的共振频率

中谐振频率高、刚度高。从图 6.1.25 中可以看出，相对于（a）和（b），利用损失系数更高的黏接剂 A 连接的（c）的模态衰减比大幅提高，衰减性能也大大提高。另外，从（d）和（e）的比较可以看出，黏接剂的损失系数越高，模态衰减比越高。

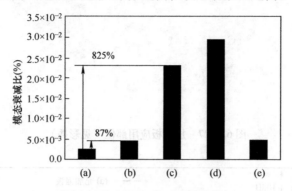

图 6.1.25　测试框架的模态衰减比

各测试框架一阶扭转模态的振动灵敏度如图 6.1.26 所示。与没有加强板的（a）相比，用衰减性高的黏接剂 A 连接的（c）和（d）的振动灵敏度大幅降低。这里，相对于（a），（b）的振动灵敏度降低量为 4dB，（c）的振动灵敏度降低量为 16dB。由于（b）和（c）的质量相等，可以看出，提高了刚度和衰减性的（c）以更高的质量效率降低了振动。

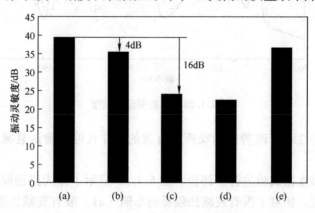

图 6.1.26　各测试框架一阶扭转模态的振动灵敏度

(3) 实车验证

将衰减加强板结构应用于实车车身框架，研究了在框架截面扭转模态下车身刚度的提升、减振效果以及实车降噪效果。这次，比较了有无衰减加强板结构的车身。在图 6.1.27 中显示了配置衰减加强板的车身框架结构（红色的部位）。黏接剂具有与表 6.1.2 中类型 A 相同的特性。

1) 使用车身进行验证。测量车身前框架前端激振时地板各点（车身整体 70 个测量点）的振动灵敏度，各频率下的振动灵敏度如图 6.1.28 所示。发现主要的共振峰值处的频率提高约 3Hz，同时，振动灵敏度降低约 6dB。

2) 使用整车进行验证。路面噪声是汽车在路面上行驶时产生的轰鸣声，是典型的车内噪声。轮胎产生的振动通过悬架传递给车身的框架，在驾驶舱内产生辐射噪声。我们认为改

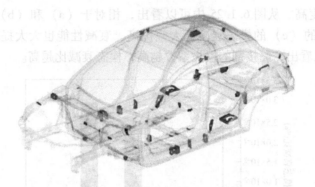

图 6.1.27 加强板应用部位（见彩插）

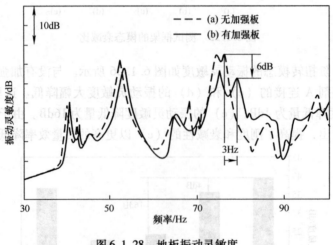

图 6.1.28 地板振动灵敏度

善车身框架的振动特性对于改善路面噪声是有效的，并且可以确认衰减加强板结构的减振效果。

首先，通过台架激振试验进行了评价。图 6.1.29 显示了作为路面噪声主要路径的悬架安装点处的声灵敏度。相对于没有衰减加强板的车辆（a），装有衰减加强板的车辆（b）在路面噪声频域的声灵敏度峰值降低了。

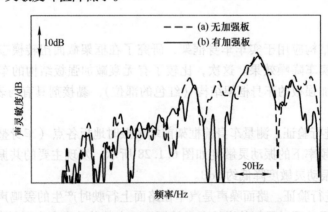

图 6.1.29 测试车辆驾驶员耳边声灵敏度的比较

然后，图 6.1.30 表示汽车以 100km/h 的速度在路面上行驶时的驾驶员侧声压级。通过设计衰减加强板结构，可以确认声压级最大降低了 5dB。

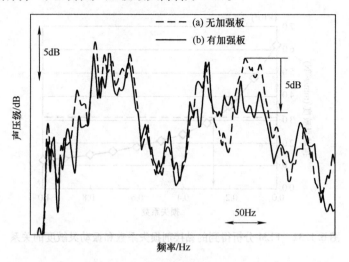

图 6.1.30　测试车辆路面噪声对比

2. 衰减黏接剂的开发

（1）黏接剂的开发目标

1）杨氏模量。从前面叙述的结果来看，衰减加强板结构是将框架和加强板的三个面用点焊黏接，剩下的一个面用衰减黏接剂黏接。黏接剂的刚度目标是保持一定的杨氏模量值，使得上述连接方式和四个面均使用点焊连接时的框架保持同等的静扭转刚度。图 6.1.31 显示了当框架和加强板的四个表面点焊时框架的静扭转刚度与黏接剂杨氏模量之间关系的 FEM 分析结果。当黏接剂的杨氏模量为 100MPa 时，可以看出它与加强板的四个表面点焊时的静扭转刚度相等。因此，黏接剂杨氏模量的目标值为 100MPa。

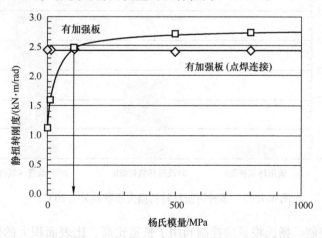

图 6.1.31　框架的静扭转刚度与黏接剂杨氏模量之间关系的 FEM 分析结果

2）损失系数。使用衰减加强板结构时，框架扭转振动水平减半时的损失系数即为黏接剂的衰减性目标值。图 6.1.32 所示是 FEM 分析得到的黏接剂损失系数和振动灵敏度的关系。当黏接剂的损失系数接近 0.3 时，振动水平减半。因此，黏接剂损失系数的设计目标值为 0.3 以上。

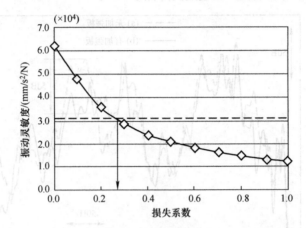

图 6.1.32　FEM 分析得到的黏接剂损失系数和振动灵敏度的关系

(2) 材料设计思路

下面给出了用于实现高衰减性能黏接剂的材料设计思路。一般来说，杨氏模量和损失系数需要相互平衡。因此，通过调配多种树脂材料，在广泛的温度范围内确保衰减性的同时，通过选择填料的形状来控制杨氏模量。

1) 常温下的衰减性能确保。图 6.1.33 所示是多种树脂材料的损失系数差异。由于通用环氧树脂 a 的玻璃化转变温度（Tg）高，因此在常温范围内损失系数低，不能确保衰减性。因此，使用转变温度低的改进环氧树脂 b，在常温下表现出较好的衰减性。此外，通过配合使用转变温度不同的改进环氧树脂 c，扩大了高衰减性的区域。

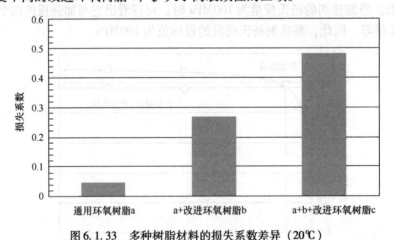

图 6.1.33　多种树脂材料的损失系数差异（20℃）

2) 杨氏模量控制。杨氏模量的控制利用了长宽比高、比表面积大的针状填料的增强效果。图 6.1.34 显示了针状填料配比与黏接剂的杨氏模量和损失系数之间的关系。通过合理配比针状填料，可以在不大幅降低损失系数的情况下控制杨氏模量。

基于上述材料设计思路，开展了黏接剂材料成分开发，开发出了如图 6.1.35 所示的兼

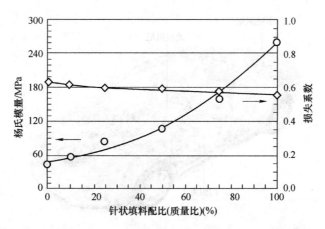

图 6.1.34 针状填料配比与黏接剂的杨氏模量和损失系数之间的关系

具刚度和衰减性的黏接剂。另外,同时进行了生产工艺性开发,以确保对汽车生产线的适应性。例如,从降低生产耗能的观点出发,实现了低温且时间短的固化特性。

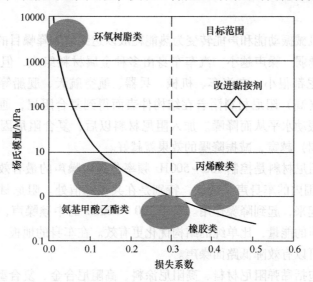

图 6.1.35 改进黏接剂杨氏模量和损失系数的关系(20℃)

6.2 车身阻尼

汽车行驶的过程中,噪声源主要包括动力总成、空气、路面和轮胎等。根据噪声性质的不同,汽车降噪分为吸声降噪、隔声降噪、阻尼降噪和主动降噪等不同方法。

发动机噪声、路面噪声、轮胎噪声等都是受激励振动或者振动传递所产生的噪声,属于汽车结构噪声,大多属于中低频噪声。低频噪声通常超出人的听力范围,不易被察觉,对生理的直接影响没有高频噪声明显。但低频噪声却接近人体器官的共振频率,会对心血管系统、神经系统、消化系统以及代谢功能产生损害,影响健康。对于降低结构噪声,可以从阻尼降噪入手。汽车上常用的阻尼材料分布如图 6.2.1 所示。

图 6.2.1　汽车上常用的阻尼材料分布

6.2.1　阻尼材料概述

阻尼材料是将机械振动能和声能转变为热能耗散以达到减振降噪目的的材料。材料的阻尼越大，结构振动越弱、噪声越小。汽车车身由多种金属材料组成，但一般金属材料（例如钢板）的固有阻尼都很小。在汽车、机械、兵器、航空航天、舰船等领域中，常用阻尼减振技术将外加的（高）阻尼材料附着在结构件表面得到复合阻尼，通过耗散结构件的振动能量有效控制其振动水平从而降噪。加入阻尼材料以后，复合阻尼因子越大、温域（阻尼材料工作温度范围）越宽，减振降噪的效果就越好。

在车身上使用阻尼材料是控制 100～500Hz 频率范围内噪声的最有效措施，它可以降低 100～500Hz 频率范围内的车身声灵敏度，特别是在共振峰值处。阻尼材料还可以同其他的吸声处理方式联合起来，起到降噪作用。对于 100～500Hz 的中频噪声，适当地使用阻尼材料来吸收振动和噪声的能量，比单纯的结构优化更有效。在车身的地板、后轮罩、车门等部位使用阻尼材料，可以有效降低路面噪声。

汽车阻尼材料包括黏弹阻尼材料、高阻尼涂料、高阻尼合金、复合型阻尼钢板、高聚物阻尼材料等。在这些阻尼材料中，使用比较成熟的是黏弹阻尼材料和高阻尼涂料，如图 6.2.2 所示。

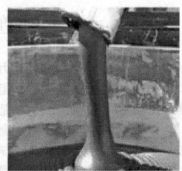

a) 沥青阻尼片　　　　b) 可液态喷涂型隔声阻尼(LASD)材料

图 6.2.2　两种常用的汽车阻尼材料

在黏弹阻尼材料中，应用较多的是沥青阻尼片。它是以沥青为主的薄片状材料，用于大面积壳体减振降噪。沥青阻尼片分为磁性型、自粘型和热熔型三类。

磁性型沥青阻尼片在汽车车身的一些竖直面（例如车门等）或者倾斜面（例如轮罩等）上使用，需要在沥青阻尼和汽车钣金的贴合面之间添加磁粉，将其吸附在这些竖直或倾斜面的表面，通过涂装线时在一定的温度下（140~180℃）熔融，冷却后黏附在车身上。

自粘型沥青阻尼片与前者相似，通过在表面涂胶并覆盖隔离纸，使用时除去隔离纸粘贴于车内立面或斜面等部位。

热熔型沥青阻尼片主要用于汽车地板等平面，将其平铺在地板上，通过涂装线烘房在140~180℃熔融、冷却后黏附在地板上，如图6.2.3所示。

图6.2.3　铺在汽车地板上的沥青阻尼片

沥青阻尼片材料成本低，但需要预成型剪裁成特定形状，方便储存、运输，只能手工操作，难以控制，对质量和一致性都有影响。沥青阻尼片的机械强度低、适用温域窄、容易受到气温冷热影响、密度大、重量重、复合阻尼因子低（不超过0.1），并且污染严重。

高阻尼涂料，即可液态喷涂型隔声阻尼（Liquid Applied Sound Deadener, LASD）材料，是一种高分子功能涂料，特别适合用于空间曲面结构。早期的LASD采用聚氯乙烯（PVC）和环氧基，阻尼因子略大于沥青阻尼片，实现了机器人操作。新一代橡胶基和水基LASD出现后，不仅具有自动化的优势，还进一步提升了减振降噪性能。

水基阻尼材料是一种新型阻尼材料，适用于烘烤固化工艺的汽车车身结构刚度低、振动较大的钣金结构，如发动机盖、顶盖骨架、车门内板等，主要用于取代传统汽车生产过程中使用的沥青及沥青贴片。

水基阻尼材料是一种水基丙烯酸树脂类材料，具有优秀的抗石击和耐磨性能，与传统的PVC抗石击涂料相比，它环保性好，没有有害气体释放，符合国家环保法规要求，另外还具有优秀的减振性能，可以降低喷涂区域的厚度，实现车辆轻量化的需求。再者，水基阻尼材料主体采用特殊分子结构，具有超强耐水性和快速固化的特性，符合抗石击应用的连续生产节拍和恶劣的工作环境。

1. 阻尼性能优化

LASD可通过定制高分子调制阻尼性能，进一步优化降噪区间（温度范围为0~40℃），复合阻尼因子提高到 0.15～0.3，更有效地使振动能以热能形式消耗，实现降噪。

2. 减重贡献巨大

通过振动模态分析和机器人操作，优化了所覆盖的振动位置，只对振动强度大的区域进行覆盖，减少了覆盖面积，提升了减振效果，可达到与大面积沥青阻尼片（图 6.2.4b 中矩形黑底部分）相同的阻尼效果，如图 6.2.4 所示。

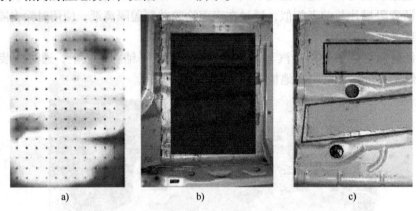

图 6.2.4 振动模态分析和 LASD 材料

通过对完整车身声学研究分析，并在实际驾驶试验中证实：LASD 相对于沥青阻尼片，在涂装烘烤后材料密度更低。因此在同等的施工面积上，LASD 使汽车总重量减小，减重效果对比见表 6.2.1。

表 6.2.1 沥青和 LASD 在各种车型上的减重效果对比

车型	沥青垫/kg	LASD/kg	减重量/kg	相对减重（%）
微型车	4.050	3.150	0.900	23
小型车	2.855	2.290	0.565	22
中型车	7.518	5.862	1.656	22
中大型车	7.650	5.230	2.420	31
豪华车	7.300	6.012	1.288	18

3. 高效率、自动化

由于使用机器人对车身多处进行减振降噪，LASD 的可重复性和生产节拍高，误差 ≤5mm（视机器人的精度而定），一致性好。对于不同车型，只需要调整机器人仿形与喷涂参数，无须进行沥青阻尼片设计开发验证等过程，提高了设计和应用的灵活性。

4. 可持续发展、低 VOC 排放

橡胶基和水基 LASD 具有极低的挥发性有机化合物（Volatile Organic Compounds，VOC）和甲醛排放的优点，极大地减少了车内排放，同时还使用可再生原材料，具有可持续发展性、安全、健康、环保。

6.2.2 阻尼材料的属性

阻尼材料的基本材料参数有杨氏模量（E）、剪切模量（G，E 近似等于 $3G$）、体积模量

(B) 和损耗因子 η。

拉伸型阻尼板也称伸展型阻尼板。当板件弯曲时，阻尼层产生拉伸变形，如图 6.2.5a 所示。对于剪切型阻尼板材料，当板件弯曲时，约束层的限制使阻尼层产生剪切变形，如图 6.2.5b 所示，这使得单位质量的材料，剪切型阻尼板的阻尼性能比拉伸型阻尼板的要好。

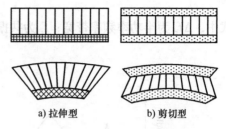

图 6.2.5 拉伸型、剪切型阻尼板

车身上常用的阻尼板有以下几种：

（1）钢-树脂层铺阻尼板

这种阻尼板出现于 20 世纪 80 年代初期，最早用在日本汽车上，特别是用于防火墙。阻尼钢板的制造工艺复杂、成本高，因此限制了其应用范围。

（2）层压刚板

由两层钢板夹一薄层黏弹性树脂阻尼材料形成。

（3）塑料树脂剪切板

塑料采用热固性树脂，这种材料一般用于车身地板。

（4）多层复合板

多层复合板综合了拉伸型阻尼板和剪切型阻尼板，其基本结构由四层构成：①约束层采用硬的热固融性树脂，厚度约为 2mm；②低刚度黏弹性剪切层，厚度约为 0.2mm；③低密度拉伸层，厚度约为 2mm；④钢板层。多层复合板的主要优点是重量相对较小，对温度的敏感性低。

阻尼性能受温度的影响很大，大概可以分为四个状态：玻璃状态、过渡状态、橡胶状态和流体状态。材料的阻尼性能在过渡状态最佳，如图 6.2.6 所示，汽车工作环境一般在过渡区域，因此，一般汽车阻尼材料都设计在过渡状态。

固定温度下，频率对阻尼性能的影响如图 6.2.7 所示。图 6.2.7 中频率范围可以高达几千赫兹，对于黏弹性材料，在 5~5000Hz 范围内，阻尼系数可以认为是常数。

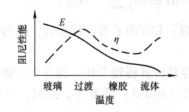

图 6.2.6 温度对阻尼性能的影响

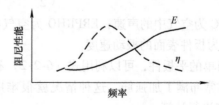

图 6.2.7 频率对阻尼性能的影响

6.2.3 车身灵敏度和阻尼

通过在车身板件上使用阻尼材料，可以降低共振频率的峰值，从而降低车身对激励的灵敏度，阻尼对车身灵敏度的影响受材料的阻尼水平和具体模态振型等因素制约。

共振模态存储了能量，使车身灵敏度曲线在共振处产生峰值，存储的能量可以通过阻尼机制转化成热能，阻尼越大，能量转化为热能的比例越大，车身灵敏度曲线上的峰值也就越小，如图 6.2.8 所示。阻尼材料的损耗因子（图 6.2.9）η 的表达式为

$$\eta = \frac{\Delta f_r}{f_r} \tag{6-2-1}$$

式中，Δf_r 为半功率频率带宽；f_r 为共振频率。

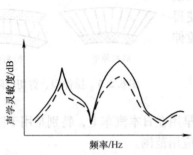

图 6.2.8　阻尼对响应峰值的影响

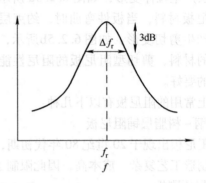

图 6.2.9　阻尼材料的损耗因子

使用阻尼材料对高频短波噪声非常有效，而对低频长波噪声效果不明显，因此阻尼材料对于 50Hz 以下的整体模态作用不大。板件除了附加阻尼材料引进的阻尼外，没有其他阻尼结构，刚性较大，一般频率大于 50Hz，因此采用附加阻尼材料。如果板件较薄，需要的阻尼材料也相应减少。除了对车身板件应用阻尼材料提高阻尼外，对与车身相连的部件要采用其他手段来提高阻尼，如底盘件一般采用的钢板较厚，并有相关加强措施，结构刚性大，阻尼材料减振效果不佳，因此一般不用阻尼材料进行减振，而采用衬套结构。

6.2.4　ERP 和阻尼

板件受到激励时会产生振动，激励周边的空气发出辐射噪声。等效辐射声功率（Equivalent Radiated Power，ERP）是衡量板件辐射噪声大小的物理量。ERP 可以用式（6-2-2）计算得到。

$$\mathrm{ERP} = \mathrm{ERPRLF} \times \left(\frac{1}{2}\mathrm{ERPC} \times \mathrm{ERPRHO}\right) \sum_i^{\mathrm{ngrid}} A_i v_i^2 \tag{6-2-2}$$

式中，ERPC 为空气中的声速；ERPRHO 为空气密度；ERPRLF 为声辐射比；A_i 为板件的有效面积；v_i 为板件表面的振动速度。

对于简单的平板件，可以利用式（6-2-2）很容易计算得到 ERP，但是车身板件结构复杂，上面常常布满了加强筋，这种情况就很难用式（6-2-2）计算了。此时，一般是利用 CAE 方法来进行计算。

利用 CAE 方法进行 ERP 计算时，通常选用白车身模型。在悬置中心点、前后减振器、副车架摆臂前后点、稳定杆、弹簧支座、后拖曳臂上同时施加单位激励，计算前围板、前地板、后地板、左右后轮罩、顶盖的等效辐射声功率、节点贡献量。图 6.2.10 所示为 ERP 计算结果。

从计算结果曲线上可以看到，在 106Hz、160Hz、296Hz、359Hz 等多个频率点，ERP 存在峰值。可从上述各频率点中，选出节点贡献量大的位置，喷涂阻尼材料，并对带阻尼车身重新计算，验证阻尼方案的效果。

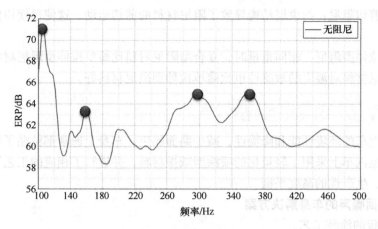

图 6.2.10　ERP 计算结果

6.2.5　车身板件阻尼处理

车身板件阻尼处理总的策略是获得的阻尼应该使费用和重量最小，并保证板件的刚度和可加工性。板件阻尼处理的主要影响因素有温度、频率、位置、刚度、阻尼处理的面积、阻尼材料的类型和阻尼材料的厚度。

温度：阻尼材料对温度极为敏感，因此，阻尼材料应优化至其工作环境的平均温度。一般工作温度在 20~40℃，温度的影响如图 6.2.11 所示。

频率：大部分阻尼材料在 50~1000Hz 范围内的阻尼和刚度水平几乎是常量。

位置：阻尼材料应该用于应变能最大的区域，也就是振动时板件最大曲率区域。因为在应变能最大处，阻尼材料变形量最大。例如，为减小悬臂梁二阶模态对振动的影响，应将阻尼最大的材料置于悬臂梁第二阶模态振型的最大应变能处，如图 6.2.12 所示。

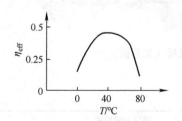

图 6.2.11　温度的影响

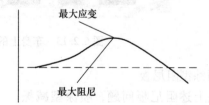

图 6.2.12　阻尼材料布置示意图

仅对一个模态进行阻尼处理时，将阻尼材料用在高应变能位置可以减少阻尼材料的使用量，但是实际应用时往往需要对多个模态进行阻尼处理，需要大面积附加阻尼处理。

拉伸型阻尼材料对面积不敏感，而剪切型阻尼材料在小面积的板件上应用效果更好。因此，剪切型阻尼材料一般用于小的区域，如前围板和轮罩的局部区域。

板件的刚度：拉伸型阻尼材料（树脂）在板件刚度较低时有很好的衰减效果，板件较厚或者板件上有加强筋会降低其应用效果。剪切型阻尼材料适合用于刚度较高的板件。

厚度和刚度：在临界点之前，随着厚度的增加，拉伸型阻尼材料的减振效果增强；此外，阻尼材料的刚度对拉伸型阻尼材料的减振性能有很大影响。

约束层和剪切阻尼：约束层结构导致了阻尼材料的剪切运动，这使得使用低刚度阻尼材料成为可能。

复合型和拉伸型阻尼：相同重量时，复合型阻尼材料比简单拉伸型阻尼材料减振性能要好。复合型阻尼材料对温度的敏感性也比简单拉伸型阻尼材料好。

6.2.6 高精度阻尼喷涂工艺

为了提高汽车的环境性能和降噪性，减少路面噪声，车身上通常都粘贴了数公斤重的阻尼板。一些新型汽车上采用了轻量化的喷涂型减振材料，并进行了相应的工艺开发，实现了轻量化、降噪、生产性的高度平衡。

1. 针对路面噪声的车身解决方案

（1）阻尼板的涂装工艺

在涂装工序中，一般来说，为了衰减传递到车室内的路面噪声，将数公斤的阻尼板粘贴在地板上，如图6.2.13所示。阻尼板是以沥青和比重大的无机物为主要成分的黏着性材料，为了防止在堆积保管期间材料黏着，通常在阻尼板上涂撒了防粘粉，因此在粘贴到车身上时防粘粉会飞散，造成环境污染。另外，以前屈姿势将沉重的阻尼板粘贴到机舱内的作业，对于操作工人来说是很困难的动作，从涂装工序的生产性观点来看也是问题比较多的。

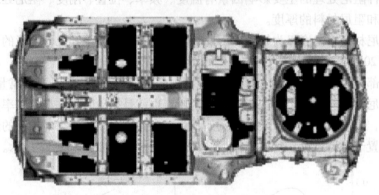

图6.2.13 车身上的阻尼板（见彩插）

（2）喷涂型阻尼板

为解决上述阻尼板问题，喷涂型减振材料的应用正在扩大。该材料是以强度高的丙烯酸树脂和用于将振动转换为摩擦热的无机粒子为主要成分的液体涂料，不仅可以通过减重来衰减振动，还可以将振动转换为涂膜强度和热能来衰减振动，保持轻量化的同时，而且具有很高的减振性能，如图6.2.14所示。另外，通过机器人自动喷涂，可以同时解决以往的阻尼板生产性问题。

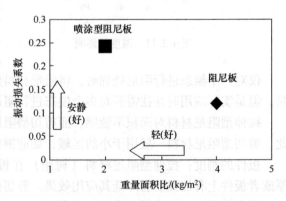

图6.2.14 重量面积比和振动损失系数

（3）喷涂型阻尼板的问题

一般的喷涂工艺是狭缝喷涂工艺，但膜厚分布均匀性和喷涂位置的正确性还存在需要解决的课题，为了确保每个部位的最低喷涂量而进行了过度的喷涂。以现有车型的阻尼板为喷涂参数基础制造试验样车，根据声学评价结果决定最终参数，结果如图6.2.15所示，由于过度喷涂而增加了重量。

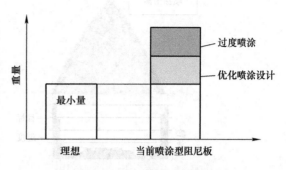

图6.2.15 喷涂型阻尼板过度喷涂

涂装工艺和车辆设计是主要的矛盾点，因此，从车辆开发的初期阶段开始，利用专业软件，大幅提高喷涂精度，采取了同时实现轻量化和降噪性能的措施。

2. 高精度涂装工艺的开发

（1）涂装工艺现状和问题

一般的喷涂方法中，用增压泵压送涂料，从机器人臂前端的狭缝喷嘴以高压喷出涂料并展开，以喷嘴的移动速度控制涂膜厚度，如图6.2.16所示。

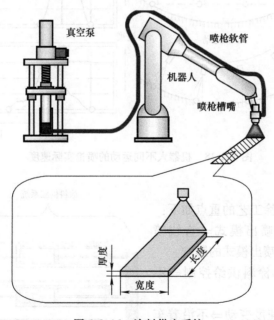

图6.2.16 涂料供应系统

在实际的喷涂中，涂料的扩散模式是不均匀的，如图6.2.17所示，并且在喷嘴阀开/关时涂料压力不稳定，因此需要过度喷涂。

另外，为了使厚度稳定，喷嘴的移动速度必须恒定，但由于实际的机器人具有惯性力，因此，如图6.2.18所示，改变机器人手臂的移动速度，当速度较慢时，涂膜厚度增加。当沿着车身曲面进行复杂运动时，这种速度变化程度增加。

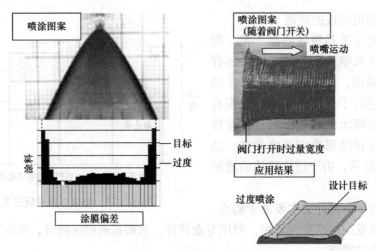

图 6.2.17 涂料喷涂图案

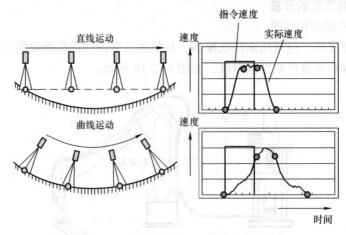

图 6.2.18 机器人不同运动的喷枪实际速度

（2）新喷涂工艺

解决上述问题的喷涂工艺的重点如下：

1）通过压力扩大喷出模式⇒直线喷出，消除了喷枪距离对喷出模式的影响。

2）停止涂料/移动涂料供给控制⇒不停止涂料的供给控制。

3）机器人机械臂速度变动⇒不沿着车身，使机器人机械臂直线运动固定化。

作为满足上述条件的系统，进行了喷涂系统的开发，如图 6.2.19 所示。

3. 新喷涂工艺的开发

（1）解决问题的喷涂工艺方法的实现

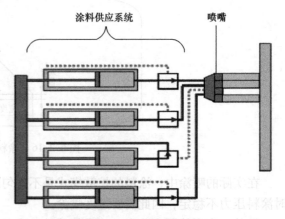

图 6.2.19 高响应喷涂系统

1）涂料喷嘴。为了消除涂装距离的影响，提高喷涂形状的响应性，设计了一种新型涂料喷嘴，从微小尺寸圆形间隙喷出棒状涂料，同时并行排列布置多个喷嘴。

为了获得具有高喷射响应的平滑涂膜，以平均喷射流速、喷枪移动速度和喷嘴直径等参数为对象，对上述新型喷嘴喷出的涂料进行了验证试验。如图 6.2.20 所示，喷嘴直径越小，平滑性越高。但是，直径太小的喷嘴在量产工序中的维持、管理方面是不利的。

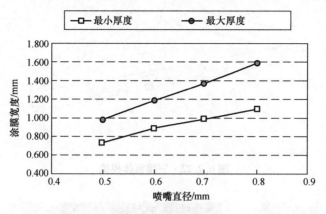

图 6.2.20　喷嘴验证结果

如图 6.2.21 所示，平均喷涂流速越大，喷涂宽度的扩展越钝化，平均喷涂流速越小，越有利于薄膜化和平滑性的提高。但是，喷涂流速与喷涂响应有关，为了将一定量涂料喷涂在车身上，需要与喷枪速度联动。喷枪速度是与生产节拍有关的因素，如果速度极慢，工序的生产效率就会下降。这样，车辆性能所需的喷涂量和喷涂工序的生产率，决定了最佳喷涂流速。

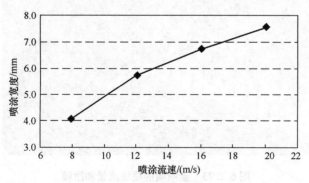

图 6.2.21　喷涂流速验证

如上所述，在考虑涂膜质量、生产效率和维护性的基础上确定了各项参数，并进行了优化，结果在平滑性方面可以实现 ±10% 以下。

这样，在决定喷嘴孔单体的喷涂条件的基础上，形成了对一个喷枪设置多个喷嘴孔的结构。由于涂料属于高黏度流体，从多个喷嘴孔喷出的涂料的等量性、流动线性是需要解决的问题。从图 6.2.22 所示的三维流体模拟和基础试验中，通过分析喷嘴内部的流动和喷射后的流动，优化喷嘴的内部结构，确保了每个孔中涂料流量的等量性和喷射后的流动线性。

如上所述，通过使从多个孔喷出的涂料与车身碰撞，开发了能够得到平滑涂膜的喷嘴，如图 6.2.23 所示。

2) 涂料供应系统。在短时间内进行涂料流出/不流出的切换是在不停止涂料流动情况

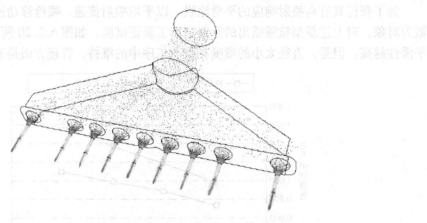

图 6.2.22 三维流体模拟

图 6.2.23 新喷嘴的喷涂流量和涂膜

下的一种控制方法,是通过三通阀切换泵实现的。高响应涂料供应系统如图 6.2.24 所示。

为了提高从喷嘴喷出的涂料量的精度,最重要的是使频繁开闭的喷枪内部压力保持一定。在传统供料系统中,压力总是变化的,因为泵的驱动/停止与喷枪的开闭同步。而且,由于涂料一般具有高黏度,为了移动涂料需要更高的动压。因此,很难使喷枪内部的压力恒定,结果喷出的量产生偏差,喷涂位置发生偏移。

与此相对,该系统始终以恒定的速度驱动泵,通过改变喷枪侧和返回管道侧的瞬时路径,保持整个路径的动压恒定。在此基础上,设置了适当调整返回管道侧背压的机构,使两条路径的压力损失相等,保持上止点的喷枪侧软管内的压力。

反过来说,决定该系统精度的是瞬时路径改变的响应性和两个路径的压力损失差,这是唯一会产生变化的因素,需要适当控制。

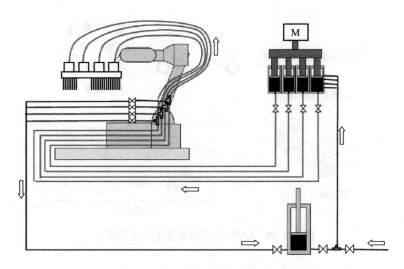

图 6.2.24　高响应涂料供应系统

路径改变的响应性取决于阀门的打开和关闭速度，严格地说是用空气推动阀门中活塞的速度。因此，为了提高开闭速度，要么增大压力，要么减轻活塞质量。这一次，通过优化喷枪内部结构和活塞驱动气压，可以在几毫秒内实现打开和关闭动作。

结果显示，即使以微小的时间间隔打开和关闭喷枪，压力从开始到结束都是恒定的，并且通过不停止涂料流动，保持压力波动最小化。如图 6.2.25 所示，该供料系统能够以微小的喷涂量区分平滑且宽度一定的涂膜。

3）机器人控制。在机器人喷涂中，由于边移动边作业，因此要求机器人手臂的移动速度一定。为了实现在车身上喷涂一定量涂料的目的，也可以考虑根据涂料喷出量和

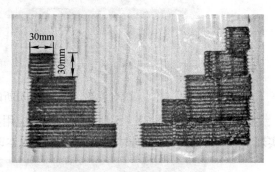

图 6.2.25　开发方法的应用试验

喷枪速度进行控制，但这与本案中开发的不改变涂料流动的概念是矛盾的，其响应性还存在问题。在工艺上，追求如何使移动速度恒定，并验证了机器人的动作特性。结果发现，等速直线运动而不改变喷枪角度是最理想的恒定速度运动，如图 6.2.19 所示。

综上所述，通过从喷嘴喷出一定量的涂料，以等速移动，可以高精度地将一定量的涂料喷涂在车身上。

（2）喷涂参数优化

以上述喷涂工艺的精度为基础，对车辆开发中的喷涂参数进行了优化。如图 6.2.26 所示，阐明了面板振动转换为声音的机理，并基于此实现了面板振动模拟。在该模拟中，以喷涂工艺的喷涂精度为前提，在数万点 30mm×30mm 的喷涂位置×涂膜厚度等三个阶段的庞大组合中，构建了搜索最优解的算法，并确定了最小量涂覆参数，如图 6.2.27 所示。

通过以上的工艺开发，实现了开发初期的目标值，开发出了兼顾减振性能、轻量化和低成本的阻尼材料喷涂工艺。

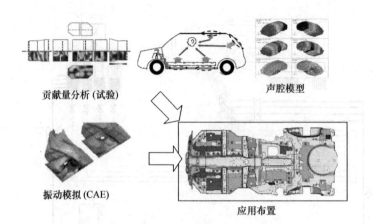

图 6.2.26 LASD 应用布置优化（见彩插）

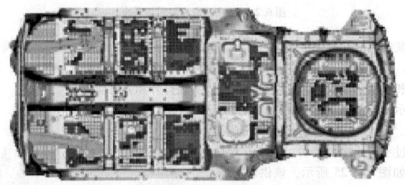

图 6.2.27 基于振动分析的应用范围（见彩插）

图 6.2.28 所示是 CX-5 地板上阻尼板应用案例。与以往的阻尼板的重量相比，每台车实现了 30% 的轻量化，同时实现了 12% 的成本改善。

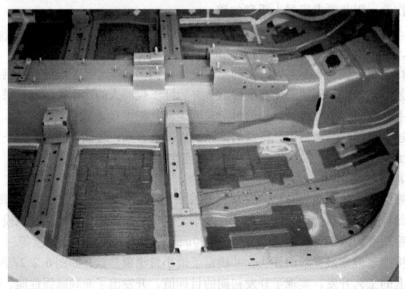

图 6.2.28 CX-5 地板上阻尼板应用案例

6.3 车身密封及声学包装

路面噪声中的高频成分主要是以空气传播的形式，通过车身的缝隙、孔洞传入车内，形成噪声。还有一部分是通过车身的板件、玻璃等部位，以透射的形式进入车内。因此，良好的车身密封性和声学包装，是控制路面噪声重要的一环。

6.3.1 吸声材料概述

材料或结构的吸声能力大小采用吸声系数 α 表达。吸声系数 α 等于被材料吸收的声能（包括透射声能在内）与入射到材料的总声能之比，即

$$\alpha = \frac{E_a + E_t}{E} = \frac{E - E_r}{E} \tag{6-3-1}$$

式中，E 为入射到材料的总声能，单位为 J；E_a 为材料吸收的声能，单位为 J；E_t 为透过材料的声能，单位为 J；E_r 为被材料反射的声能，单位为 J。

吸声系数是表示吸声材料或吸声结构性能的物理量，不同材料具有不同的吸声能力。当 $\alpha = 0$ 时，表示声能全部反射，材料不吸声；当 $\alpha = 1$ 时，表示材料吸收了全部声能，没有反射。一般材料的吸声系数在 0~1 之间，吸声系数 α 越大，表明材料的吸声性能越好。

吸声系数的大小除取决于材料的性能和结构外，对于同一种材料，还与声波的入射频率、入射方向有关。各种材料的吸声系数是频率的函数，因此对于不同的频率，同一材料具有不同的吸声系数。为表示方便，在工程上通常采用 125Hz、250Hz、500Hz、1000Hz、2000Hz、4000Hz 六个频率吸声系数的算术平均值表示某一种材料的平均吸声系数。通常，将 $\alpha > 0.2$ 的材料称为吸声材料。$\alpha > 0.5$ 的材料是理想的吸声材料。

吸声材料的种类及材质、形状见表 6.3.1。

表 6.3.1 吸声材料的种类及材质、形状

玻璃棉吸声材料种类	记号	密度/(kg/m³)	概要	材质	形状
玻璃棉吸声毡	GW-F	10、12、16、20、24、32	根据需要，有粘贴外覆材料或覆盖表面的材料	多孔吸声材料	有弹性毡状
玻璃棉吸声板	GW-B	24、32、40、48、64、80、96			板状

1. 吸声原理

由吸声材料、辅助材料、空气层、安装面材料等构成的吸声结构，可使声音"吸收或透过"。空气层是从吸声材料的背面到安装基面的中空层，这个中空的距离等于背后空气层的厚度，如图 6.3.1 所示。

2. 混响室法测试吸声系数

在实现接近随机入射（声）条件的空间里，安装基板是刚性材料（很好地反射声音），在背后空气层的厚度为 0mm 的状态下测量，对于入射声能，表示有多少反射声能的物理量

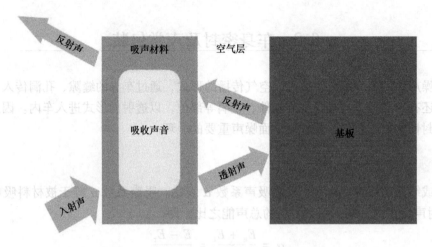

图 6.3.1　吸声结构

是混响室法测试吸声系数。该值按频率表示，表示吸声材料的特性，同时，其值越大，则吸声效果越好，如图 6.3.2 和图 6.3.3 所示。

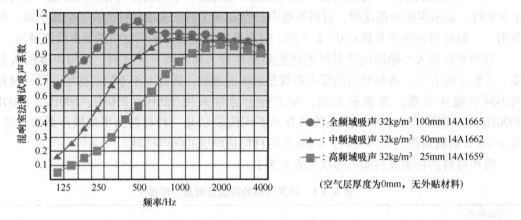

图 6.3.2　吸声材料厚度对吸声性能的影响

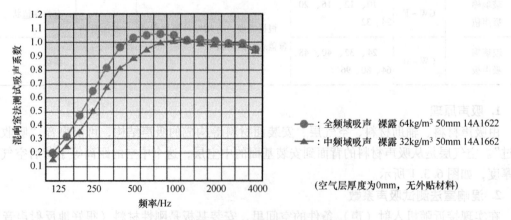

图 6.3.3　吸声材料密度对吸声性能的影响

3. 与其他材料的组合

（1）吸声材料与其他材料的组合

用其他材料覆盖的吸声材料部分，吸声性能会发生变化。

在吸声材料的背面设置背后空气层组合的部分，吸声性能会发生变化，如图6.3.4所示。

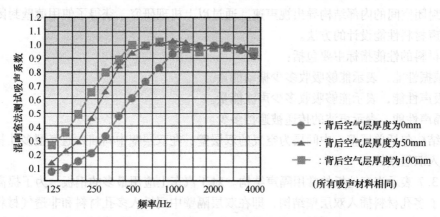

图6.3.4　背后空气层厚度和吸声性能的关系

（2）贴有外覆材料的吸声材料

外覆材料的有无对吸声性能有微妙的影响，如图6.3.5和图6.3.6所示。

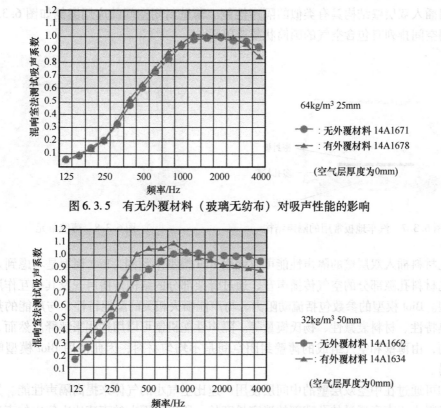

图6.3.5　有无外覆材料（玻璃无纺布）对吸声性能的影响

图6.3.6　有无外覆材料（厚玻璃棉）对吸声性能的影响

6.3.2 隔声材料在薄壁封闭空间的应用

汽车上常见的隔声结构是在中间层插入多孔材料的双层壁结构。着眼于声波通过薄壁封闭空间的传播速度（视声速），并研究为什么薄壁封闭空间具有与多孔材料相同的隔声性能。此外，为了获得适当的隔声性能，建立一种方法来定义隔声性能与视声速之间的关系，并从薄壁封闭空间的内部结构导出视声速。通过以上机理研究，获得了使用薄壁封闭空间进行轻质隔声材料性能设计的方法。

隔声材料的性能指标主要包括：

1）减振性能，表示能够吸收多少振动能量。
2）吸声性能，表示能够吸收多少声波能量。
3）隔声性能，表示声波的传递被遮挡多少。

隔声结构包括单层壁、中间层为空气的双层壁、在双层壁中间插入通气型多孔材料的多孔材料插入双层壁等。

图 6.3.7 表示汽车地板的常用隔声结构。对于汽车上应用最多的钢板，为了提高隔声性能，采用了多孔材料插入双层壁结构，即在双层隔壁中间插入多孔材料和非透气材料。为了进一步提高隔声性能，还有其他多种应用案例，如增加钢材面板厚度、增加多孔材料厚度、增加非透气材料片的面密度等，但是这些方法通常都会增加车辆的重量。所以说轻量化通常与隔声性能是相互矛盾的。

在先前的研究中，将薄壁封闭空间插入双层壁结构的中间层中，与传统方法相比，薄壁封闭空间插入双层壁结构具有类似的隔声性能。薄壁封闭空间的应用案例如图 6.3.8 所示。薄壁封闭空间排列有包含空气的圆筒状薄壁单元。

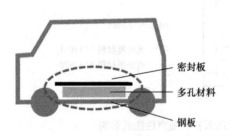

图 6.3.7 汽车地板常用的隔声结构

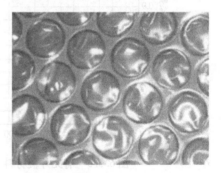

图 6.3.8 薄壁单元

多孔材料插入双层壁的隔声性能可以使用 Biot 模型来预测。Biot 模型是考虑到入射声波通过多孔材料孔隙部分的空气传播声音、通过骨架部分的结构传播声音及其相互作用的声学特性模型。Biot 模型的参数包括流动阻力、与声能损失相关的黏性特性、与声能的热转换量相关的热特性、材料衰减性、杨氏模量等。隔声性能机制可以用这些来解释。然而，与多孔材料不同，由薄壁和空气组成的薄壁封闭空间是不均匀材料，因此使用 Biot 模型解释机理并不容易。

已知可通过在中空双层壁的中间层使用声速比空气小的气体来提高隔声性能。另外，已知多孔材料由于声音通过的孔隙部的迷宫长度长，所以表面上的声速比空气中的声速小，这是多孔材料插入双层壁的隔声性能好的原因之一。由此可以推测，中间层的视声速与隔声性能的机理有关。

因此，在这项研究中，我们着眼于声波在薄壁封闭空间内的传播速度（视声速），研究了薄壁封闭空间插入双层壁具有与多孔材料插入双层壁相同的隔声性能的机理。如果通过这项研究可以用简单的方法进行性能预测，那么它将成为在初始性能设计阶段研究设计参数的指南。

1. 声速和隔声性能的关系

（1）隔声材料的比较

图 6.3.9 显示的是单层壁、双层壁（含空气）（简称中空双层壁）、多孔材料插入双层壁的隔声结构，图 6.3.10 显示的是使用混响室法测试得到的隔声性能。隔声性能可以用传递损失（Transmission Loss，TL）表示，该值越大，隔声性能越高。在双层壁（含空气）的情况下，如果中间层像建筑的双层窗户那样厚，为 10mm 以上，则隔声性能相对于单层壁大大提高，但如果如汽车上所采用的那样，薄至 10mm 左右，则隔声性能是下降的。已知在薄的中间层中插入多孔材料可以提高隔声性能。对这种双层壁结构的机理进行说明。

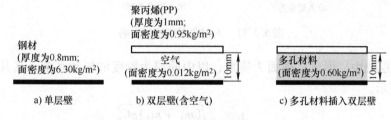

图 6.3.9 隔声结构

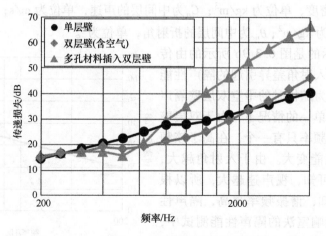

图 6.3.10 传递损失

（2）中空双层壁的声速和隔声性能

入射角为 θ_i、声速为 C_i 的平面波入射到中空双层壁后，在中间层 n 内折射角为 $\theta_n(=\theta_i)$，声速为 $C_n(=C_i)$，根据式（6-3-2）可知，入射角越大，声速越大，为 $C_{n-\theta_n}$。这种现象与中间层的材质无关。

$$C_{n-\theta_n} = \frac{C_n}{\cos\theta_n} \tag{6-3-2}$$

例如，图 6.3.11a 显示的是入射角为 0°、声速 C_i 为 340m/s 的平面波，图 6.3.11b 中显示的是入射角为 45°、声速为 C_i 为 340m/s 的平面波，在图 6.3.11a 的情况下，由于平面波同时到达中间层下表面，所以中间层的声速保持为 340m/s。在图 6.3.11b 的情况下，由于倾斜入射的平面波的一部分很快到达中间层下表面，垂直方向的声速 C 明显变大，根据式（6-3-2）可知，为 481m/s。

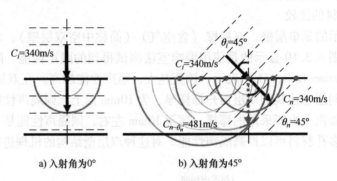

a) 入射角为0°　　b) 入射角为45°

图 6.3.11　入射角对声速的影响

在中空双层壁中，形成以壁面为质量、以中间层为刚度的振动系统，其共振频率 f 由式 (6-3-3) 表示。

$$f = \frac{1}{2\pi\cos\theta_n}\sqrt{\frac{(m_1+m_2)\rho C_n^2}{m_1 m_2 l}} \tag{6-3-3}$$

式中，ρ 为中间层密度，单位为 kg/m^3；C_n 为中间层的声速，单位为 m/s；m_1、m_2 均为双层壁的面密度，单位为 kg/m^2；θ_n 为中间层的折射角，单位为°。

图 6.3.12 显示的是图 6.3.9b 所示的由传递矩阵法计算出的入射角差异引起的隔声性能的变化以及入射角为随机时的中空双层壁隔声性能。在入射角为单一的情况下，由于双层壁间距离恒定，谐振频率只有一个，在高于该频率的区域，隔声性能变大。由于入射角越大，根据式（6-3-2）可知，视声速越大，所以根据式（6-3-3）可知，谐振频率越高，隔声性能越低。在使用混响室法的隔声性能测试中，由于入射角是随机的，所以谐振频率取入射角为 0°～90°的所有值，测试结果显示隔声性能如图 6.3.12 所示的计算值那样降低了。

（3）多孔材料插入双层壁声速和隔声性能

由于多孔材料具有较长的迷宫长度，所以平面波通过多孔材料需要很长时间，声速明显变小，这就是由距离引起的视声速 C_{di}。

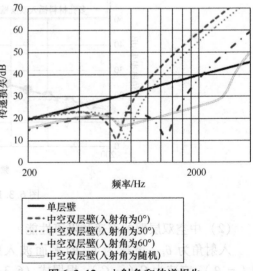

图 6.3.12　入射角和传递损失

在这种情况下，以入射角 θ_i、声速 C_i 入射的平面波在多孔材料内根据式（6-3-4）的斯内尔定律，成为以折射角传播的平面波。

$$\frac{\sin\theta_i}{C_i} = \frac{\sin\theta_{di}}{C_{di}} \tag{6-3-4}$$

图 6.3.13 中显示的是以入射角 θ_i、声速 C_i 入射，并以由距离引起的视声速 C_{di} 通过多孔材料的平面波。

折射后的平面波引起的视声速 $C_{di-\theta_{di}}$，根据式（6-3-2），继而利用式（6-3-5）分析，可知结果变大了。

$$C_{di-\theta_{di}} = \frac{C_{di}}{\cos\theta_{di}} \tag{6-3-5}$$

即使在入射角为随机的情况下，当中间层的视声速变小时，由于折射角接近 0°，所以隔声性能具有接近图 6.3.12 所示的入射角为 0° 的高峰值。

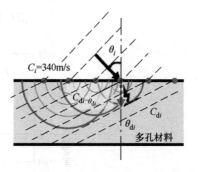

图 6.3.13　折射角和传递损失

也就是说，中间层的视声速越小，隔声性能越高。

2. 薄壁封闭空间视声速减小的机理

(1) 薄壁封闭空间视声速

根据先前的研究，薄壁封闭空间插入双层壁和多孔材料插入双层壁的隔声性能相同。因此，可以推测薄壁封闭空间也与多孔材料一样，视声速小。

使用直径为 ϕ100mm 声阻抗管的垂直入射吸声系数测试（参考 ISO 10534-2：2023《声学　阻抗管中吸声系数和阻抗的测定　第 2 部分　传递函数法》）值，对两者的视声速进行计算。样品厚度为 100mm，计算出的视声速如图 6.3.14 所示。尽管薄壁封闭空间内几乎全是空气，但视声速小于空气中的 340m/s，与多孔材料相同，约为 200m/s。

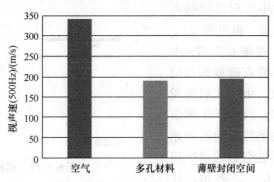

图 6.3.14　视声速

(2) 由透过薄壁引起的声波的时间延迟

薄壁封闭空间的视声速小的原因是声波透过薄壁时产生时间延迟。时间延迟测量方法的概念图如图 6.3.15 所示。在声源和声压测量点之间不配置薄壁的情况如图 6.3.15a 所示，配置薄壁的情况如图 6.3.15b 所示。测量声压传播到测量点的时间，计算有无薄壁的时间差，将其作为声波的时间延迟。

由透过薄壁产生的声波的时间延迟与薄壁数量的关系如图 6.3.16 所示。发现随着薄壁数量的增加，时间延迟也增大。从图 6.3.16 中的一次近似曲线来看，每片薄壁的时间延迟

a) 无薄壁　　　　　　　b) 有薄壁

图 6.3.15　时间延迟测量方法的概念图

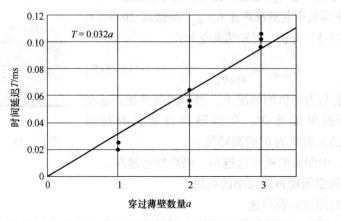

图 6.3.16　由透过薄壁产生的声波的时间延迟与薄壁数量的关系

为 0.032ms。

（3）由薄壁配置引起视声速的减小

由于通过薄壁透射产生声波的时间延迟，因此，如果在中间层放置多个薄壁，则视声速会变得更小。

图 6.3.17a 表示向中空双层壁斜入射的平面波。入射角越大，视声速 $C_{n-\theta_n}$ 越大，隔声性能越低。在图 6.3.17b 中显示的是倾斜入射到布置有薄壁的双层壁面内方向上的平面波。由于入射角越大，薄壁透射片数越多，因此产生声波的时间延迟，中间层的测线方向的声速明显变小。如果时间延迟引起的视声速为 C_{de}，则视声速用 $C_{de-\theta_{de}}$ 表示，比图 6.3.17a 的 $C_{n-\theta_n}$ 小，隔声性能比图 6.3.17a 高。

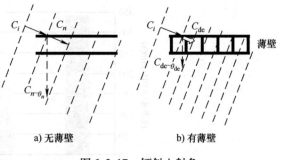

a) 无薄壁　　　　　　　b) 有薄壁

图 6.3.17　倾斜入射角

根据以上研究可以认为，薄壁封闭空间插入双层壁具有与多孔材料相同的隔声性能，其机理是薄壁透射引起声波时间延迟，视声速变小。

3. 验证方法

为了直接验证上述机理假设，需要使用薄壁来确定中间层的视声速，但是在入射角为随机的情况下，直接测量中间层的视声速是很困难的。因此，首先确定了薄壁结构和视声速之间的关系。接下来，建立了视声速与隔声性能的关系，并计算了与多孔材料插入双层壁的隔声性能相同的视声速。最后，创建了一个类似于多孔材料插入双层壁隔声性能的视声速结构。通过测量所产生的结构的隔声性能，验证了由薄壁透射引起的声波时间延迟而提高了隔声性能的假说的有效性。

（1）薄壁结构的视声速的公式化

首先，研究了薄壁结构和视声速之间的关系。图 6.3.18 所示是薄壁布置示意图。将薄壁结构的高度设定为与双层壁间距离对应的 l，薄壁间隔设定为 y。薄壁的片数在面垂直方向设为 b（在图 6.3.18 中为 2 片）。

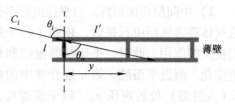

图 6.3.18　薄壁布置示意图

以入射角 θ_i、声速 C_i 入射到薄壁结构的平面波，在薄壁结构中变成折射角 $\theta_n(=\theta_i)$，通过薄壁结构的距离 l' 可由式（6-3-6）表示，此时，所花费的时间 T' 则可以用式（6-3-7）表示。

$$l' = \frac{l}{\cos\theta_n} \tag{6-3-6}$$

式中，l 为薄壁结构的高度（m）；θ_i 为入射角（°）。

$$T' = \frac{l'}{C_i} + at \tag{6-3-7}$$

式中，a 为薄壁透射片数；t 为一片薄壁的时间延迟（$t=0.032\mathrm{ms}$）。

此处，薄壁透射片数 a 可以用式（6-3-8）表示。

$$a = \frac{l\tan\theta_n}{y} + b \tag{6-3-8}$$

因此，通过薄壁结构的声波的时间延迟引起的视声速 C_{de} 可以用式（6-3-9）表示。

$$C_{de} = \frac{r}{T'} \tag{6-3-9}$$

因为入射角越大，测线方向上的声速越大，根据式（6-3-2），视声速 $C_{de-\theta_{de}}$ 见式（6-3-10）。

$$C_{de-\theta_{de}} = \frac{C_{de}}{\cos\theta_n} \tag{6-3-10}$$

当入射角为随机值时，平均声速 $\overline{C}_{de-\theta_{de}}$ 见式（6-3-11）。

$$\overline{C}_{de-\theta_{de}} = \frac{\int_0^{\pi/2} C_{de-\theta_{de}} \mathrm{d}\theta}{\int_0^{\pi/2} \mathrm{d}\theta} \tag{6-3-11}$$

本项研究中，使用与实际状态接近的条件，即入射角为 0°~78°，间隔刻度为 1°，对视声速进行求解。

如上所述，以薄壁结构的高度 l、面内方向的薄壁配置间隔 y 为参数，就可以求解视声速的具体数值。

（2）视声速与隔声性能关系的公式化

为了求出目标隔声性能的视声速，对视声速和隔声性能的关系用公式进行表达。

图 6.3.19a 显示了公式化的结构。在双层壁中间层内插入三层结构，对声速、折射角、隔声性能的关系进行公式化。

对中间层进行一般化处理，将其视为所有 m 层中的第 n 层，以平面波的形式进行传播。普通结构如图 6.3.19b 所示。

1）中间层传递矩阵。当平面波在多孔材料或气体等透气层中行进时，依赖于粒子速度的阻抗发挥作用。此时，平面波的振幅和相位发生变化。假设平面波，第 n 层介质中的横截面 n（入射侧）处的声压 p_n、粒子速度 v_n、截面 $n-1$ 处的声压 p_{n-1} 和粒子速度 v_{n-1} 的关系分别由式（6-3-12）~式（6-3-15）表达。

$$p_n = p_{i,n} + p_{r,n} \quad (6\text{-}3\text{-}12)$$

$$v_n = \frac{p_{i,n} - p_{r,n}}{w_{x,n}} \quad (6\text{-}3\text{-}13)$$

$$p_{n-1} = p'_{i,n} + p'_{r,n} \quad (6\text{-}3\text{-}14)$$

$$v_{n-1} = \frac{p'_{i,n} - p'_{r,n}}{w_{x,n}} \quad (6\text{-}3\text{-}15)$$

式中，$p_{i,n}$ 为截面 n 处的行进波声压（Pa）；$p_{r,n}$ 为截面 n 处的后退波声压（Pa）；$p'_{i,n}$ 为截面 $n-1$ 处的行进波声压（Pa）；$p'_{r,n}$ 为截面 $n-1$ 处的后退波声压（Pa）；$w_{x,n}$ 为 n 层介质内方向的平面波传播时的复数阻抗特性。

$p_{i,n}$、$p'_{i,n}$、$p_{r,n}$、$p'_{r,n}$ 因为距离而产生的衰减由式（6-3-16）表达。

$$\begin{aligned} p_{i,n} &= p'_{i,n} e^{jk_{x,n}l_n} \\ p'_{i,n} &= p_{i,n} [\cos(k_{x,n}l_n) - j\sin(k_{x,n}l_n)] \\ p_{r,n} &= p'_{r,n} e^{jk_{x,n}l_n} \\ p'_{r,n} &= p_{r,n} [\cos(k_{x,n}l_n) + j\sin(k_{x,n}l_n)] \end{aligned} \quad (6\text{-}3\text{-}16)$$

式中，$k_{x,n}$ 为波数；l_n 为第 n 层的厚度（m）。

对式（6-3-12）~式（6-3-16）进行整理，截面 n、截面 $n-1$ 处的声压和粒子速度的关系见式（6-3-17）。此处，$[T_{n,n-1}]$ 为传递矩阵。

$$\begin{bmatrix} p_n \\ v_n \end{bmatrix} = [T_{n,n-1}] \begin{bmatrix} p_{n-1} \\ v_{n-1} \end{bmatrix}$$

$$[T_{n,n-1}] = \begin{bmatrix} \cos(k_{x,n}l_n) & jw_{x,n}\sin(k_{x,n}l_n) \\ \dfrac{j}{w_{x,n}}\sin(k_{x,n}l_n) & \cos(k_{x,n}l_n) \end{bmatrix} \quad (6\text{-}3\text{-}17)$$

式（6-3-17）中，当 $l_n \ll \lambda_{x,n}$ 时，$k_{x,n}l_n = 2\pi \dfrac{l_n}{\lambda_{x,n}}$ 的值非常小，因此可以得到式（6-3-18）的近似式。

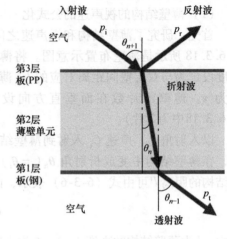

a）公式化结构

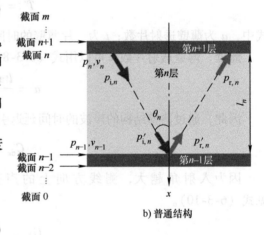

b）普通结构

图 6.3.19 公式化结构

$$\cos(k_{x,n}l_n) \cong 1, \sin(k_{x,n}l_n) \cong k_{x,n}l_n = \frac{\omega l_n}{C_{x,n}} \qquad (6\text{-}3\text{-}18)$$

由此，可以得到

$$[T_{n,n-1}] \cong \begin{bmatrix} 1 & j\omega_{x,n}k_{x,n}l_n \\ \dfrac{j}{\omega_{x,n}}k_{x,n}l_n & 1 \end{bmatrix} \qquad (6\text{-}3\text{-}19)$$

式中，$k_x = \dfrac{\omega}{C_{x,n}}$；$\omega_{x,n} = \rho_n C_{x,n}$，$C_{x,n}$ 为第 n 层内 x 方向的声速（m/s）。

由此，可以得到

$$[T_{n,n-1}] = \begin{bmatrix} 1 & j\omega\rho_n l_n \\ \dfrac{j\omega l_n}{\rho_n C_{x,n}^2} & 1 \end{bmatrix} \qquad (6\text{-}3\text{-}20)$$

因为 $C_{x,n} = C_n \cos\theta_n$，第 n 层的体积弹性率 $\rho_n C_{x,n}^2 = E_n$，则有

$$[T_{n,n-1}] = \begin{bmatrix} 1 & j\omega\rho_n l_n \\ \dfrac{j\omega l_n}{E_n \cos\theta_n^2} & 1 \end{bmatrix} \qquad (6\text{-}3\text{-}21)$$

因为 $E_n = \dfrac{l_n}{K_n}$，

$$[T_{n,n-1}] = \begin{bmatrix} 1 & j\omega\rho_n l_n \\ \dfrac{j\omega}{K_n \cos\theta_n^2} & 1 \end{bmatrix} \qquad (6\text{-}3\text{-}22)$$

式中，ρ_n 为第 n 层的密度（kg/m³）；K_n 为第 n 层的刚度系数（N/m），可以利用 FEM 方法求得；θ_n 为第 n 层的平面波角度（°）。

式（6-3-22）中的第 n 层的平面波角度 θ_n 可以利用斯内尔定律，即式（6-3-4），通过边界面的声速差异来计算得到，计算方法如下：

$$\frac{\sin\theta_{n+1}}{C_{n+1}} = \frac{\sin\theta_n}{C_n} \qquad (6\text{-}3\text{-}23)$$

式中，θ_{n+1} 为第 $n+1$ 层平面波角度（°）；C_{n+1} 为第 $n+1$ 层内的声速（m/s）；C_n 为第 n 层内的声速（m/s）。

将式（6-3-23）代入式（6-3-22）中，搭建模型，就可以计算出中间层的声速。

2）壁板传递矩阵。假定声波为平面波，可以用第 n 层内的单位面积的机械阻抗 $Z_{k,n}$ 来表达壁板的传递矩阵 $[T_{n,n-1}]$，即式（6-3-24）。

$$[T_{n,n-1}] = \begin{bmatrix} 1 & Z_{k,n} \\ 0 & 1 \end{bmatrix} \qquad (6\text{-}3\text{-}24)$$

此处，机械阻抗 $Z_{k,n}$ 用式（6-3-25）表达。

$$Z_{k,n} = \gamma_{k,n} + j2\pi f \overline{m_n}\left[1 - \left(\frac{f}{f_{c,n}}\right)^2 \sin\theta_{n+1}^4\right]$$

$$f_{c,n} = \frac{C_{n+1}^2}{2\pi}\sqrt{\frac{\overline{m_n}}{B_n(1+j\eta_n)}} \qquad (6\text{-}3\text{-}25)$$

式中，$\gamma_{k,n}$ 为壁面单位面积的黏性衰减系数；$\overline{m_n}$ 为壁板的面密度（kg/m²）；$f_{c,n}$ 为第 n 层壁板的共振边界频率（Hz）；B_n 为壁板单位面积的弯曲刚度（N·m³）；η_n 为壁板的损失系数。

3）层压整体传递矩阵。所有 m 层层压体的传递矩阵由式（6-3-26）表示，它是每层传递矩阵的乘积。

$$[T_{m,0}] = [T_{m,m-1}] \cdot [T_{m-1,m-2}] \cdots [T_{n+1,n}] \cdot [T_{n,n-1}] \cdot [T_{n-1,n-2}] \cdots [T_{1,0}]$$
(6-3-26)

在薄壁封闭空间插入双层壁情况下，包括钢板层、薄壁封闭空间层、PP 板层三层，因此用三个传递矩阵的积来表示。

4）层叠整体的隔声性能。整个 m 层的截面 m（入射侧）、截面 0 处的声压和粒子速度之间的关系由式（6-3-27）表示。

$$\begin{bmatrix} p_m \\ v_m \end{bmatrix} = [T_{m,0}] \begin{bmatrix} p_0 \\ v_0 \end{bmatrix}$$
(6-3-27)

$$[T_{m,0}] = \begin{bmatrix} T_{m,0}^{(1,1)} & T_{m,0}^{(1,2)} \\ T_{m,0}^{(2,1)} & T_{m,0}^{(2,2)} \end{bmatrix}$$

根据式（6-3-27），透过率 τ 由式（6-3-28）表达。

$$\frac{p_m}{p_0} = T_{m,0}^{(1,1)} + \frac{T_{m,0}^{(1,2)}}{z_0} = \frac{1}{\tau_{(0)}}$$
(6-3-28)

入射角 θ_i 的透射损失 $TL_{(\theta)}$ 利用式（6-3-29）计算。

$$TL_{(\theta)} = 10\lg\left[\frac{1}{\tau_{(0)}}\right]$$
(6-3-29)

在入射角为随机的情况下，入射角为 $0 \sim \pi/2$，透射率的平均值 $\overline{\tau}$ 可以通过使用半球积分式（6-3-30）来表示。这里，入射角为 $0° \sim 78°$，计算平均透射率。

$$\overline{\tau} = \frac{\int_0^{\frac{\pi}{2}} 2\pi\tau_0 \sin\theta\cos\theta d\theta}{\int_0^{\frac{\pi}{2}} 2\pi\sin\theta\cos\theta d\theta}$$
(6-3-30)

根据式（6-3-30），透射损失 TL 可以用式（6-3-31）求得。

$$TL = 10\lg\left(\frac{1}{\overline{\tau}}\right)$$
(6-3-31)

中间层的刚度系数为 9400N/mm，用式（6-3-31）计算的视声速与传递损失的关系以及多孔材料插入双层壁的传递损失的实测值如图 6.3.20 所示。已经证实，当视声速达到 200m/s 时，其值与本书中使用的多孔材料插入双层壁的隔声性能相同。

4. 验证结果及考察

用于验证的结构如图 6.3.21 所示。使用厚度为 0.1mm 的聚乙烯为主材料的薄壁，制作了以 4mm 间隔排列，包含直径 ϕ30mm、高度为 10mm 的空气圆筒状单元的结构。将该结构应用于图 6.3.18 所示的示意图，薄壁间距为 17mm，使用式（6-3-10）计算该结构的视声速，结果约为 216m/s。另外，面密度比传统的多孔材料插入双层壁小 33%（0.5kg/m²）。

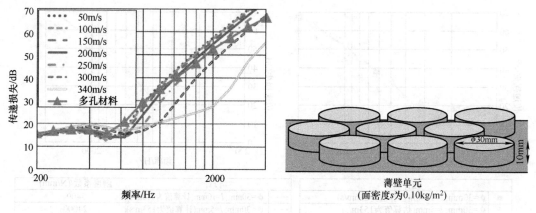

图 6.3.20 视声速和传递损失   图 6.3.21 薄壁单元设计

各薄壁单元设计结构的传递损失如图 6.3.22 所示。

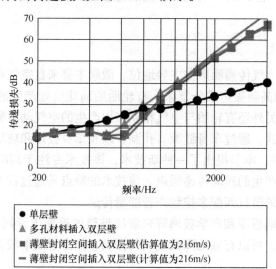

图 6.3.22 各薄壁单元设计结构的传递损失

从图 6.3.22 可以看出，多孔材料插入双层壁的隔声性能和所制备的视声速估算值和公式计算值均为 216m/s 的薄壁封闭空间插入双层壁结构的隔声性能几乎相同。

此外，为了确认不同结构的性能预测是否可行，制作了直径为 φ30mm、高度为 5mm、以 4mm 间隔排列、内部含有空气的圆筒状单元的结构。该结构的视声速预测结果为153m/s。图 6.3.23a 表示高度分别为 10mm 及 5mm 的薄壁封闭空间插入双层壁的测试传递损失。另外，通过计算分析到的视声速下的传递损失如图 6.3.23b 所示。高度为 5mm 的结构具有比高度为 10mm 的结构更大的刚度系数，因此谐振频率变高。

根据图 6.3.23a、b，得到了所制作的薄壁封闭空间插入双层壁的结构的测试传递损失和计算分析到的传递损失相同的倾向。

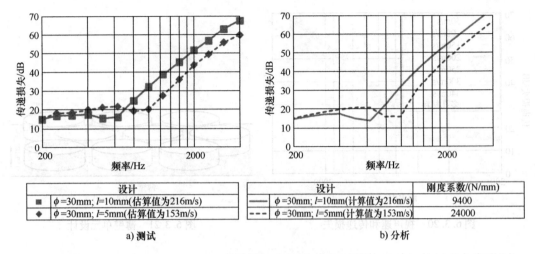

a) 测试　　　　　　　　　　　　b) 分析

图 6.3.23　不同薄壁单元双层壁设计的传递损失

6.3.3　车门玻璃隔声性能提升技术

汽车高速行驶时，空气传播噪声占主导地位，激励主要来自空气和轮胎，其频率通常在 1kHz 以上。轮胎产生的高频噪声成分复杂，有轮胎胎面花纹处产生的泵气噪声、胎面与地面撞击产生的敲击声，另外还有轮胎与空气相互作用产生的空气动力噪声等。而这些高频噪声主要以空气传播的形式，通过车身缝隙、孔洞，以及车身板件和玻璃等传递到车内。为了改善上述 1kHz 高频噪声，本节提出了一种新技术，该技术专注于高阻尼玻璃导槽，以低成本降低由于吻合效应而产生的玻璃传递噪声。该技术的特点是通过在不改变材料的情况下利用玻璃和玻璃导槽之间的阻抗匹配来控制声音能量传递。

以往，通过增加玻璃板厚和声学玻璃等来解决玻璃的透射声音问题。特别是声学玻璃，由于中间膜的高衰减性，可以有效地降低玻璃的振动，但由于成本较高，实际中采用的车型有限。

本节中，着眼于车门玻璃和框架之间的玻璃导槽的衰减性能，提出了一种在不增加成本的情况下降低门玻璃透射声音的技术。本技术的特征在于，不改变玻璃导槽的材质，控制振动能量从玻璃向玻璃导槽的传递。通过增加这种能量的透射率并通过玻璃导槽的衰减来耗散能量，以降低门玻璃的透射声音。为此，改变玻璃导槽结构以匹配两个部件的阻抗（阻抗匹配）。此时，目标是在高频范围内贡献最高的吻合频率下进行阻抗匹配。首先确定对玻璃透射声音贡献较大的玻璃导槽的特性，然后确定在 3kHz 下阻抗匹配所需的阻抗要求。

1. 高频噪声的传递路径和对策部件

首先说明高频噪声的频率特性和传递路径。接下来，分析玻璃（包括附近部件）的质量、刚度、衰减对透射特性的影响。最后，确定改善门玻璃透射声音的对策部件。

（1）高频噪声的频率特性和主要透射路径

车辆以 100km/h 的速度稳定行驶时的乘员耳边位置声压级如图 6.3.24 所示。耳边位置声压级显示出随着频率上升而大致下降趋势，但在 2～3kHz 时其梯度变缓，相对于右侧下降的梯度，3kHz 周围的声音相对较大。由于人类的听觉声灵敏度随着频率上升而上升，在 3～

4kHz 时达到最高,所以 3kHz 附近的声音容易令人在意,需要改善。为了确定 3kHz 噪声的产生因素,图 6.3.25 中显示出了 3kHz 时各部件对耳边位置声压级的贡献。因空气激励而产生的声音发生在轮胎、外后视镜、A 柱附近,从靠近乘员耳边位置的车门玻璃向车室内透过,因此车门玻璃的贡献最大,约 80%。

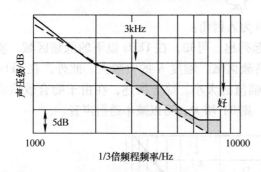 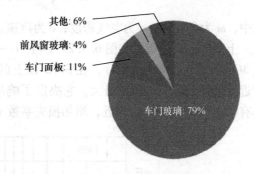

图 6.3.24 乘员耳边声压级(玻璃厚度为 4.0mm)   图 6.3.25 3kHz 时各部件对耳边位置声压级的贡献

(2) 决定玻璃透射声音频率特性的因素和部件

玻璃透射声音由空气作用在车身外表面的激励和玻璃的声灵敏度的乘积决定,已知前者没有峰值。因此,需要确认在 3kHz 时玻璃声灵敏度是否有峰值。

玻璃的声灵敏度一般用传递损失 (TL) 表征。TL 用式 (6-3-32) 表示,其值越小,则声灵敏度越高,隔声性能越差。式中的透射率 T 等于透射声能与入射声能之比。

$$\text{TL} = 10\lg\frac{1}{T} \tag{6-3-32}$$

玻璃(及附件) TL 如图 6.3.26 所示,玻璃厚度为 4mm,入射角为 80°。TL 基本上随着频率的增加而增加,但在 3kHz 时具有极小值。这种极小值是由于声波激励和玻璃的弯曲振动的频率一致,透射声音变大而产生的,通常被称为吻合效应。由此可知,在图 6.3.24 所示的耳边位置声压级的 3kHz 附近变大的声音是由玻璃的吻合效应造成的。

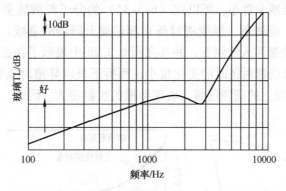

图 6.3.26 玻璃 TL

为了抑制这种吻合效应引起的隔声性降低,研究了玻璃及附件(密封材料、玻璃升降器)对 TL 的影响。

根据 Cremer 理论公式,即式 (6-3-33) 得到的透射率 T 可知, TL 为玻璃及附件的质量 M、刚度 K、损失系数 η 的函数。质量 M 与面密度 m 成正比,刚度 K 与弯曲刚度 B 成正比,

损失系数 η 取决于衰减。

$$\frac{1}{T} \approx (M-K)^2 + \eta K^2 \tag{6-3-33}$$

$$M = \frac{\omega m}{2\rho c}\cos\theta, K = \frac{\omega^3 B}{2\rho c^5}\cos\theta\sin\theta$$

式中，ω 为角频率；ρ 为空气密度；c 为声速；θ 为入射角。

上述各因素的贡献在图 6.3.27 中与 TL 一起列出。可知，在 1kHz 以下的低频区域，质量 M 的贡献大（质量定律），在 5kHz 以上的高频区域，刚度 K 的贡献大。此外，在 3kHz 附近，损失系数 η 的贡献最大，它决定了响应幅值的大小。综上所述，在由于吻合效应而具有极小值 TL 的 3kHz 附近，增加损失系数 η，则 TL 增大，可以减小透射声音。

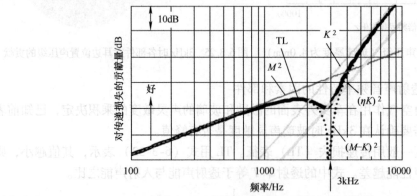

图 6.3.27　各特性参数对传递损失的贡献量

损失系数 η 在统计能量分析中，由耗散能量（由衰减等消散的能量）与总能量之比定义，见式（6-3-34）。

$$\eta = \frac{\text{系统耗散能量}}{\text{系统总能量} \times \omega} \tag{6-3-34}$$

由于玻璃单体的衰减非常小，所以式（6-3-34）的分子耗散能量取决于与玻璃接触的密封材料（玻璃导槽、带饰条、腰线密封条）和玻璃升降器的衰减。因此，实车上玻璃的损失系数 η 可以通过能量注入法测量，并且在图 6.3.28 中表示了在去除密封材料时的变化结果。拆下带饰条和腰线密封条时的变化很小，而拆下玻璃导槽时损失系数 η 降低了 10dB 以上，特别是在 1kHz 以上的高频区域，玻璃导槽的贡献很大。因此，重点对玻璃导槽进行研究。

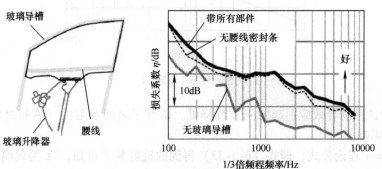

图 6.3.28　车门玻璃的损失系数

2. 基于阻抗匹配的玻璃振动降低方法

通过 CAE 方法对玻璃/玻璃导槽系统的损失系数 η 的影响因素进行了调查分析，为了 3kHz 附近损失系数 η 最大化，明确了阻抗匹配所需的各部件阻抗要求。

（1）玻璃/玻璃导槽系统的损失系数 η

对玻璃/玻璃导槽系统损失系数 η 的频率特性进行了调查。用于分析的二维玻璃有限元模型如图 6.3.29 所示。玻璃的两端用玻璃导槽支撑，玻璃中央用力锤敲击。玻璃和玻璃导槽为实体单元、车门框架为刚体，搭建二维模型。实物为三维结构，如图 6.3.30 所示，η 的频率特性在三维模型和二维模型中具有相同的趋势，因此可

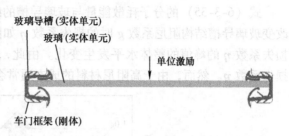

图 6.3.29 二维玻璃有限元模型

以在二维模型中进行研究。此外，每个部件的材料性质与相同设置的测试结果一致。损失系数 η 利用式（6-3-34）由耗散能量和总能量计算得到。玻璃导槽系统的损失系数 η 结果如图 6.3.31 所示。可以发现损失系数 η 以 1kHz 为中心的频率范围内具有峰值。因此，将该峰值的中心频率设为 f_η，用它来调查玻璃导槽对损失系数的影响。

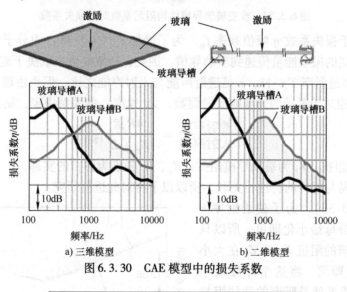

a) 三维模型　　　　　　　b) 二维模型

图 6.3.30 CAE 模型中的损失系数

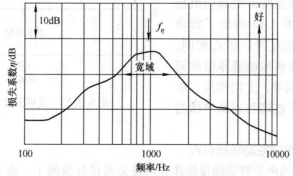

图 6.3.31 玻璃导槽系统的损失系数 η

在本振动系统中，由于玻璃导槽的衰减大、玻璃的体积大，所以式（6-3-34）中的损失系数 η 可以用式（6-3-35）近似。

$$\eta = \frac{\text{玻璃导槽耗散能量}}{\text{玻璃总能量} \times \omega} \tag{6-3-35}$$

式（6-3-35）的分子耗散能量与玻璃导槽的结构阻尼系数 g 成正比。为了确认这一点，改变玻璃导槽结构阻尼系数 g 时的损失系数 η 如图 6.3.32 所示。如果改变结构阻尼系数 g，损失系数 η 的峰值的整体水平发生变化。由此，通过提高玻璃导槽材料的阻尼，可以增加损失系数 η。然而，由于高阻尼材料的成本通常会增加，所以它被排除在研究对象之外。

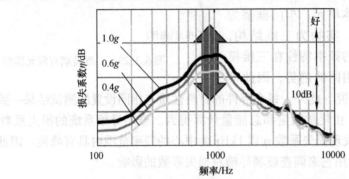

图 6.3.32　改变玻璃导槽结构阻尼系数时的损失系数

接着，着眼于损失系数 η 峰值频率 f_η。为了增加式（6-3-35）中分子的玻璃导槽耗散能量，需要将玻璃的振动能量传递到玻璃导槽。因此，耗散能量也取决于玻璃和玻璃导槽的能量透射率 τ。和透射率 T 一样，τ 是透射声能与入射声能之比，但也由玻璃和玻璃导槽的结合部的阻抗（相对于激励的速度响应的倒数，力/速度）的关系决定，见式（6-3-36）。

$$\tau = \frac{\text{透射声能}}{\text{入射声能}} = \frac{4R_g R_r}{|Z_g + Z_r|^2} \tag{6-3-36}$$

式中，Z_g 为玻璃阻抗；Z_r 为玻璃导槽阻抗；R_g、R_r 分别为各自的实部。

由于阻抗容易与部件的特性相关联，所以以下将对此进行研究。

根据式（6-3-36），为了使透射率 τ 最大化，只要使分母最小化即可，所以只要玻璃和玻璃导槽的阻抗 Z_g 和 Z_r 在大小相同下符号相反即可。将这个分母最小化、τ 最大化的关系就是所谓的最佳阻抗匹配状态。因此，图 6.3.33 列出了玻璃及玻璃导槽阻抗的研究结果。和 f_η 相同，在 1kHz 处，相对于玻璃和玻璃导槽的阻抗频率的趋势，大小相等，方向相反。综上所述可知，f_η 取决于玻璃和玻璃导槽的阻抗匹配。

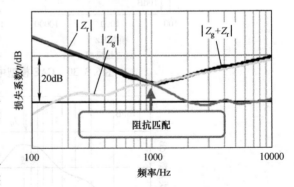

图 6.3.33　玻璃及玻璃导槽阻抗

（2）基于阻抗匹配的振动降低机构

图 6.3.34 中显示的声学管是能量传递和阻抗关系最好的例子。由于声学管的阻抗 Z 取

决于横截面 S，所以在均匀截面的情况下（图 6.3.34a）是恒定的，并且能量保持不变。在连接截面积不同的声学管的情况下（图 6.3.34b），由于阻抗不同，因此在其边界反射一部分能量，能量透射率 τ 下降。同样的情况也发生在图 6.3.35 所示的玻璃和玻璃导槽之间，当由于阻抗匹配而两者的阻抗相等时 τ 变大，这有效地将玻璃的振动能量传递到玻璃导槽，并在玻璃导槽的大衰减下耗散，从而降低玻璃的振动。

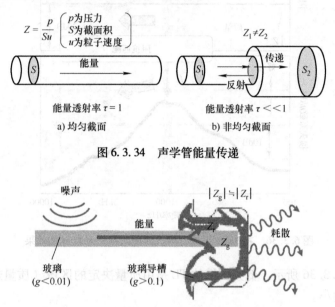

图 6.3.34 声学管能量传递

图 6.3.35 阻抗匹配后玻璃传递振动能量的衰减

(3) 3kHz 损失系数 η 最大化的要求

系统质量为 m、刚度为 k、阻尼为 c，则阻抗 Z 的表达式见式 (6-3-37)。质量项与角频率 ω 成比例关系，随着频率的上升而增加，刚度项与 ω 成反比例下降。

$$Z = j\omega m + \frac{k}{j\omega} + c \qquad (6-3-37)$$

式中，j 为虚数单位；ω 为角频率。

从式 (6-3-37) 和图 6.3.33 可以看出，玻璃的阻抗以质量为主导，而玻璃导槽的阻抗以刚度为主导。因此，当玻璃板厚（质量）确定后，阻抗匹配频率 f_η 由玻璃导槽的刚度决定。

综上所述，为了使 3kHz 附近的损失系数 η 最大化，要将 3kHz 的玻璃导槽的阻抗增加到与玻璃相等。因此，只要增加玻璃导槽的刚度即可。根据该要求，在 3kHz 下进行阻抗匹配时损失系数 η 的效果如图 6.3.36 所示。一直到 3kHz，f_η 是上升的，2kHz 以上的损失系数 η 的水平按照预期那样上升。

(4) 基于阻抗匹配的玻璃振动降低效果确认

前面确认了 3kHz 时的损失系数 η 最大化时对玻璃振动的影响效果。在图 6.3.29 的有限元模型中，增加玻璃导槽的杨氏模量（刚度），并在 3kHz 下进行阻抗匹配。分析此时玻璃中央激振点的振动灵敏度（相对于激励的加速度响应）的变化，如图 6.3.37 所示，在 2kHz 以上损失系数 η 增加的高频区域，玻璃振动降低。另外，在 1.5kHz 以下的低频区域，振动

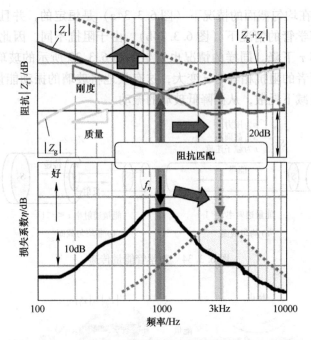

图 6.3.36 在 3kHz 下进行阻抗匹配时损失系数 η 的效果

反而增加，如图 6.3.36 所示，低频区域的 TL 是由质量决定的区域（质量规则区域），因此对透射声音的影响小。

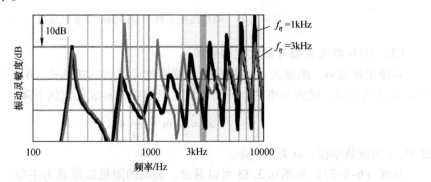

图 6.3.37 损失系数增加到 2kHz 以上对玻璃振动的影响

3. 试制玻璃导槽的台架/实车效果

接下来，通过试制样件测试来确认满足玻璃导槽对阻抗匹配的刚度要求的同时兼顾玻璃导槽其他要求的效果。

（1）玻璃导槽截面结构的具体化

与玻璃导槽刚度 K 相关的参数如图 6.3.38 所示。为了增加刚度 K，需要增加杨氏模量 E、接触宽度 w 或减小厚度 h。这次，为了不改变玻璃导槽的材料（杨氏模量 E）和设计（厚度 h）而增加刚度 K，决定增加接触宽度 w。

另外，行驶时车辆外侧产生负压，玻璃被吸向车外侧。因此，为了确保刚度增加的效果，要使车辆外侧的玻璃导槽具有较好的刚度。图 6.3.39 所示是玻璃导槽设计改进。为了

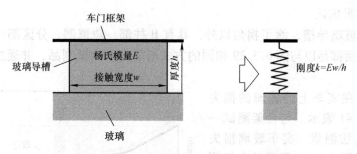

图 6.3.38 与玻璃导槽刚度 K 相关的参数

增加刚度,通过去除车辆外侧的唇部并使侧部变厚来增加接触宽度 w。另外,在车辆内侧,为了将玻璃可靠地按压在刚度增加的外侧部,加厚唇部,增加反作用力。

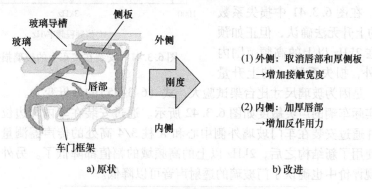

图 6.3.39 玻璃导槽设计改进

以上的形状变化是在兼顾玻璃导槽其他性能要求的范围内进行的。刚度增加会使玻璃升降滑动性变差,另外还有异响恶化等。可以通过调整唇部的反作用力来确保滑动性。

(2) 台架性能测试

根据图 6.3.39 的设计改进试制了满足形状设计的样件,并对其性能加以确认。在台架试验中测得的玻璃和玻璃导槽的损失系数 η 如图 6.3.40 所示。在原始结构中损失系数 η 峰值频率 f_η 为 400Hz,而在新结构中上升到 1.5kHz 左右,没有达到 3kHz 的目标值,可以确认 1kHz 以上的高频区域的水平如预期那样增加了。

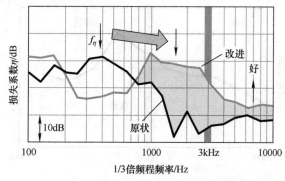

图 6.3.40 台架试验中测得的玻璃和玻璃导槽的损失系数

(3) 实车效果确认

实车搭载的玻璃导槽，除了拐角以外，具有 B 柱部、轨道部、分区部三种不同的截面形状。这三个截面都是以与图 6.3.39 相同的方式增加刚度的试制品，并通过实车测试对性能进行了确认。

首先，安装在实车上的玻璃的损失系数 η 如图 6.3.41 表示。与台架测试一样，用能量注入法测量。实车玻璃损失系数 η 没有形成图 6.3.40 所示的台架测试结果的峰值。这是由于玻璃附近的多个部件（图 6.3.28）的影响，新结构的玻璃导槽的效果在三个截面上各不相同。由于这个原因，在图 6.3.41 中损失系数 η 的峰值频率的上升无法确认，但正如预期目标那样，在 2kHz 以上的高频范围内水平增加。另外，损失系数 η 的上升量比台架试验小，是因为玻璃尺寸比台架试验大，式 (6-3-35) 的分母变大。

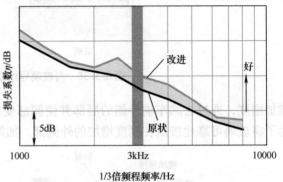

图 6.3.41 安装在实车上的玻璃损失系数 η

接下来，实际车辆的声灵敏度如图 6.3.42 所示。通过安装在车内耳边位置的扬声器进行声学激励，并通过安装在车门玻璃外侧中心和 A 柱 3/4 高处的传声器测量透射声音。正如目标一样，使用了新结构之后，2kHz 以上的高频域的幅值都降低了。另外，在实际行驶中的测量和主观评价中也确认了门玻璃的透射声音可以降低。

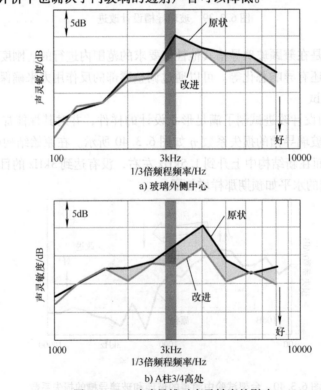

a) 玻璃外侧中心

b) A柱3/4高处

图 6.3.42 玻璃导槽对声灵敏度的影响

第7章 路面噪声性能开发

7.1 目标设定及分解

7.1.1 整车级目标

开发一部新车,需要设定几百个 NVH 目标,有整车级别的,有系统级别的,也有零部件级别的,在产品开发过程中,始终以达成目标为准则。NVH 目标的设定必须全面、准确且具有可执行性,这样最终才能生产出具有市场竞争力的产品。

1. 路面噪声总体 NVH 目标

某款新开发车型路面噪声一级目标见表 7.1.1。表中 LACU 是用于汽车性能目标定义的 4 个级别。L 为领导者,A 为次领导者,C 为具有竞争力,U 为不具竞争力。目标主要包括三类,第一类是主观评价指标,采取打分制,主要由市场同级别竞争车、公司上一代基础车的 NVH 水平决定,分为 1~10 分,分值越高表示 NVH 性能水平越好,通常认为 6 分为及格。第二类是车辆在各种路面上行驶时的总体声压级。路面通常有两种,即光滑路面和粗糙路面,根据试验规范选择。如普通的市区沥青路面可以近似等同于粗糙路面。光滑路面上的车速一般选定 60km/h、80km/h、100km/h,粗糙路面上的车速一般选定 40km/h、60km/h,具体情况视所执行的试验标准而定。第三类为语音清晰度,对车内声品质进行评价。

表 7.1.1 路面噪声一级目标

属性指标		单位	LACU	目标值
路噪 NVH 总体主观评价		VER	A	
光滑沥青路面车内噪声	60km/h—前排	dB (A)	A	
	60km/h—后排	dB (A)	A	
	80km/h—前排	dB (A)	A	
	80km/h—后排	dB (A)	A	

(续)

属性指标		单位	LACU	目标值
光滑沥青路面车内语音清晰度	60km/h—前排	%	A	
	60km/h—后排	%	A	
	80km/h—前排	%	A	
	80km/h—后排	%	A	
粗糙沥青路面车内噪声	60km/h—前排	dB（A）	A	
	60km/h—后排	dB（A）	A	
粗糙沥青路面车内语音清晰度	60km/h—前排	%	A	
	60km/h—后排	%	A	

各类指标的具体数值主要由市场同级别竞争车、公司上一代基础车的NVH水平决定。

2. 频谱曲线

在新车开发过程中，还有另外一种目标，即每一种工况下的路面噪声频谱曲线，如图7.1.1和图7.1.2所示。该曲线用于开发过程中CAE分析结果及样车测试结果的目标性能校核，检查性能指标是否达到要求。要求CAE计算值或者测试值不能超过目标曲线，有超过曲线的峰值，要进一步分析其产生原因，并制定针对性的解决方案。

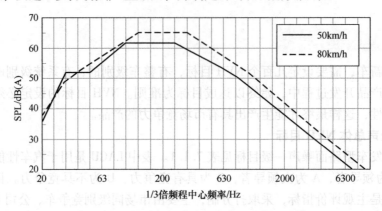

图7.1.1 路面噪声目标频谱曲线（粗糙路面）

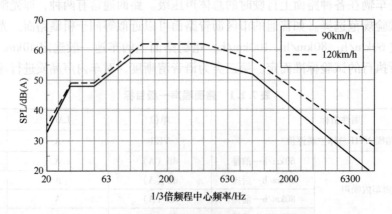

图7.1.2 路面噪声目标频谱曲线（光滑路面）

上述目标曲线对应于刚性连接副车架。对于弹性连接副车架，可以参考上述曲线做适当调整，通常将目标值下调 1~2dB。

上述目标曲线对应于前排座椅、17in 标准轮胎。对于其他型号轮胎，可以参考表 7.1.2 执行。后排座椅目标值可以在前排座椅的基础上，增加 1dB。

表 7.1.2 不同型号轮胎目标值定义

轮胎尺寸/in	目标值
17	基础值
18	基础值 + 0.5dB
19	基础值 + 1.0dB
20	基础值 + 2.0dB

3. 巡航目标

图 7.1.3 所示是车辆处于巡航工况时的与车速对应的总体噪声值（前排座椅）。每个测试工况中，车辆以恒定速度行驶在光滑路面上，测试该车速下的总体声压级，并以 10km/h 的车速间隔，对其他车速分析测试。要求车辆行驶过程中的总体噪声值不能超过目标曲线，并且需要控制噪声水平过大的波动和明显峰值，曲线平滑过渡。从任何点算起，当车速变化为 10km/h 时，总体声压级的变化不能超过 4dB。

后排座椅目标值可以在前排座椅的基础上，增加 1dB。

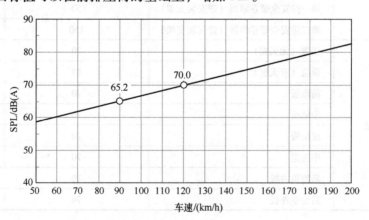

图 7.1.3 车辆处于巡航工况时的与车速对应的总体噪声值（前排座椅）

7.1.2 系统级目标

1. 车身

车身是基础，底盘和各种附件都要搭载在车身上，同时还是乘员搭乘的空间。汽车在使用过程中要承受扭转、弯曲等多种载荷的作用，如果车身刚度不足，在日常的使用过程中，可能造成车厢密封不严而发生漏风、渗雨以及内饰脱落等现象。在发生碰撞时也可能会引起车身的门框、窗框、发动机罩盖和行李舱开口等处的变形过大，从而导致车门卡死、玻璃破碎等不符合汽车安全法规的现象发生。如果车身刚度设计不合理，车身会很容易受到激励，某些部位在低频范围内产生局部共振，进而引起车室内的空气共振。车身受到载荷时，如果变形过大，则会使搭载在其上的内饰件产生异响。

(1) 模态

模态代表了车身的动刚度，揭示了车身在受到动态载荷时的抗变形能力。车身的固有模态与外载荷无关，但分析的结果揭示了各种不同动态载荷对结构的影响。模态分析的目的是找出结构的固有特征，并极力避免共振的发生，或者减小振动的幅度。

车身的主要模态包括弯曲模态、扭转模态。弯曲模态还包括一阶、二阶模态。车身的不同状态其模态值是不一样的。表 7.1.3 为某车身模态及刚度目标值定义。

表 7.1.3 某车身模态及刚度目标值定义

系统级目标项目			技术要求	单位
静刚度	扭转		25000（带天窗）	N·m/°
	弯曲		15000（带天窗）	N/mm
模态	白车身（BTP）	扭转	45	Hz
		弯曲	50	Hz
		前端横摆	50	Hz
	装饰车身（TB）	扭转	33	Hz
		弯曲	36	Hz
		前端横摆	38	Hz
	第一排安全带卷缩器（带安装支架）		50	Hz
	第二排安全带卷缩器（带安装支架）		150	Hz
车身板件局部模态	顶盖（无天窗）		70	Hz
	顶盖（有天窗）		39	Hz
	前地板		70	Hz
	中地板		70	Hz
	前围板		70	Hz
	中通道		70	Hz
	后轮罩内板		70	Hz
	后轮罩外板		70	Hz

车身上除了弯曲和扭转模态以外，还存在大量的局部模态，如地板、顶盖、前围板等面积较大的部位，均存在局部弯曲模态。这些局部模态较低，通常都低于 50Hz，如果受到激励，那么就会产生很高的辐射噪声。因此，在车身设计过程中，对这些局部模态也要加以控制。车身局部模态目标设定的原则是尽可能避开声腔的一阶模态、主要激励，如发动机怠速激励，另外，一些附件的安装点，如座椅安装点、排气吊挂安装点、ECU 安装点等处，不应该出现过低的局部模态。

(2) 静刚度

车身经常受到弯曲和扭转载荷。静刚度是衡量车身受到载荷时的抗变形能力，通常包括弯曲刚度、扭转刚度、前端横向刚度、接头刚度和安装点静刚度等。

设定刚度目标时，要尽可能多地开展对标工作。丰富的数据库无疑有助于制定合理的目标值。数据库来自平时的积累，通过试验测试手段或者仿真分析手段，都是积累数据库的有效途径。车身刚度定义可参考表7.1.3。

车身静刚度的CAE分析和测试要按照标准规范执行，各公司都有自己的标准。除了静刚度目标值以外，还要考察静刚度曲线，要求曲线平滑、没有突变。如图7.1.4和图7.1.5所示分别为某白车身的弯曲、扭转刚度曲线。

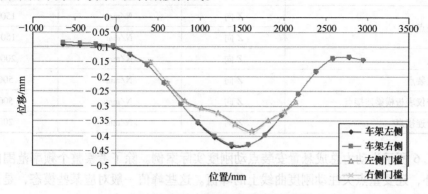

图7.1.4　白车身弯曲刚度曲线

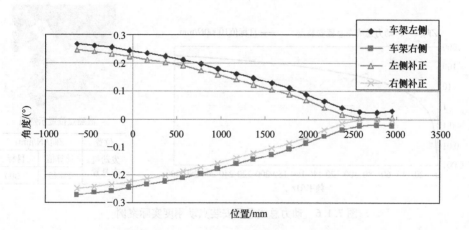

图7.1.5　白车身扭转刚度曲线

除了车身弯曲、扭转刚度以外，还要考察弯曲、扭转状态下车身孔洞的变形，如前后车门、尾门处在承受弯曲、扭转载荷时的变形量。此项指标与整车异响关系重大。过大的变形量极易引起异响问题。

（3）动刚度

动刚度是指车身受到动态激励时的抗变形能力，通常用IPI（Input Point Inertance）来评价。车身接附点动刚度所关注的是某些频率范围内该接附点局部区域的刚度水平，刚度过低必然引起更大的噪声，因此该性能指标对整车的NVH性能有较大的影响，是在整车NVH性能设计中需要首先考虑的因素。考察对象包括车身上的动力总成接附点、底盘接附点等所有的受力点。除此之外，还有一些特殊点也要保证足够的动刚度，如ECU安装点、转向系统安装点、座椅安装点、散热器安装点等。表7.1.4为某车型车身接附点动刚度目标设定值。

表 7.1.4 某车型车身接附点动刚度目标设定值

性能评价项目		单位	目标
悬置安装点	X向	N/mm	17000
	Y向	N/mm	5000
	Z向	N/mm	16000
副车架安装点	X向	N/mm	15000
	Z向	N/mm	15000
悬架安装点	Z向	N/mm	20000
排气吊挂安装点	Z向	N/mm	5000
转向系统与仪表板横梁连接点	Z向	N/mm	5000
散热器车身连接点	Z向	N/mm	2000

图 7.1.6 所示为动力总成悬置安装点动刚度实际案例。除了考察整个频率范围内的平均动刚度以外,还要重点关注动刚度曲线上的峰值。这些峰值一般对应某些模态,是潜在的风险点。右下角的表格是整个计算频率范围内的平均值及目标。

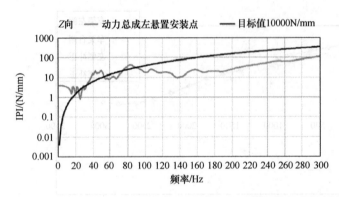

激励点位置示意图

位置	Z向/(N/mm)	
	计算值	目标
发动机左悬置	28845	10000

图 7.1.6 动力总成悬置安装点动刚度实际案例

除了上述一些关键连接点以外,还有些大面积板件,通常也有动刚度要求,如前围板、地板等。其实这相当于局部模态要求。

（4）振动传递函数

振动传递函数一般称为 VTF（Vibration Transfer Function）,是考察车身刚度的重要指标。VTF 的意义是针对某条特定的传递路径,施加单位激励时,所引起的车内某点的振动响应,如转向盘、座椅导轨、地板等处。

动力总成、悬架系统、驱动系统等直接与车身连接,这些连接点是车身的受力点。来自动力总成、路面的激励通过这些连接点传递到车身,引起各种 NVH 问题,因此,每个连接点都是重要的传递路径。在汽车设计时,要慎重选择这些连接点。车身具有弯曲和扭转模态,一般将连接点选择在模态节点处,这样能够保证同样大小的激励所引起的响应低。另外,连接点还需要进行加强,如增加加强板、隔板等。

如图 7.1.7 所示为座椅导轨 VTF 的目标值及计算结果。

(5) 声学传递函数

声学传递函数一般称为 NTF（Noise Transfer Function），是考察车身动刚度的重要指标。NTF 的意义是针对某条特定的传递路径，施加单位激励时，所引起的车内某点的噪声响应，如驾驶员耳边、后排乘员耳边。

图 7.1.8 为声学传递函数目标设定及计算案例。声学传递函数的单位可以是 dB，也可以是 dB（A），按照规范选取。以 dB 为单位时，目标值一般为 0.01Pa，即 55dB，即在车身某处施加单位激励时，所引起的车内声压级不超过 55dB。

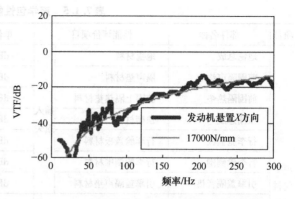

图 7.1.7　座椅导轨 VTF 的目标值及计算结果

车身上有多处受力点，有些位置受力较大，如动力总成安装点、悬架安装点，而有些位置受力较小，如排气吊挂、散热器、转向稳定杆等处。即使是同一点，不同的方向，其受力的大小也不同，如动力总成悬置，左、右悬置的 Z 向一般受力较大，而 X、Y 向则受力较小。但是前悬置则不同，一般 X、Z 向受力较大，而 Y 向受力较小。基于此，在设定 NTF 目标时，可以按照不同的位置、不同的方向设定不同的目标值。如悬架安装点处，因受力较大，因此 NTF 目标要求较高，如 55dB。排气吊挂安装点处，因受力较小，因此 NTF 目标值可以适当放宽，设定为 65dB。

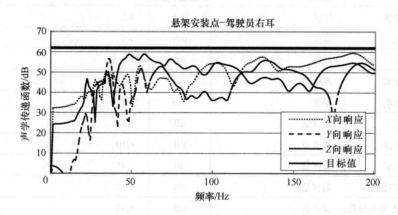

图 7.1.8　声学传递函数目标设定及计算案例

(6) 吸隔声

处理高频噪声的主要方法就是声学包装。前面叙述了汽车上的一些主要辐射噪声源，针对这些不同的声源，需要采取有针对性的降噪措施。如高频路面噪声、轮胎噪声主要通过吸隔音的方法，一方面提高车声结构、声学包材料的吸声性能，另一方面增加车身的隔声性能，使外界声音尽量少地向车内透射。

在设计阶段，需要对每个影响整车声学包性能的部位设定目标，见表 7.1.5。

表7.1.5 声学包性能参数指标

项目	部件名称	性能评价项目		单位	目标
声学包材料性能	地毯总成	地毯材料	插入损失	dB	10dB@400Hz；26dB@2500Hz；36dB@8000Hz
	前围隔声垫	隔声垫材料		dB	10dB@400Hz；27dB@2500Hz；37dB@8000Hz
	前围隔热垫	前围上隔热垫材料		dB	3dB@400Hz；6dB@2500Hz；12dB@8000Hz
	顶棚总成	顶棚材料		dB	4dB@400Hz；10dB@2500Hz；15dB@8000Hz
	行李舱盖板	行李舱盖板材料		dB	13dB@400Hz；29dB@2500Hz；39dB@8000Hz
	行李舱侧围	行李舱侧围材料		dB	7dB@400Hz；15dB@2500Hz；15dB@8000Hz
	引擎盖隔音垫	引擎盖隔声垫材料		dB	3dB@400Hz；8dB@2500Hz；13dB@8000Hz
	地毯总成	零部件级别吸声系数		—	0.3@400Hz；0.75@3150Hz；0.75@8000Hz
	前围隔声垫				0.45@400Hz；0.95@3150Hz；0.95@8000Hz
	前围隔热垫				0.34@400Hz；0.95@8000Hz
	顶棚总成				0.3@400Hz；0.8@3150Hz；0.8@8000Hz
	行李舱盖板				0.3@400Hz；0.7@1600Hz；0.7@8000Hz
	行李舱侧围				0.3@400Hz；0.7@1600Hz；0.7@8000Hz
	发动机盖隔声垫				0.34@400Hz；1.0@8000Hz
气密性	整车	泄漏量		SCFM（立方英尺每分钟，1SCFM=0.028m³/min）	<70
	白车身	泄漏量			<35
	车门	泄漏量			<20
玻璃厚度	前风窗玻璃	厚度		mm	>5
	前门玻璃	厚度		mm	>4
	后门玻璃	厚度		mm	>3.5
	后风窗玻璃	厚度		mm	>3.5
	三角窗玻璃	厚度		mm	>3.2
漏声	门外开把手	漏声量		dB	≤10
	外后视镜座	漏声量		dB	≤10
	单向通风框	漏声量		dB	≤15
	电器线束过孔	漏声量		dB	≤15
	转向护套/线束过孔	漏声量		dB	≤10
	门框密封条	漏声量		dB	≤10
	玻璃周边	漏声量		dB	≤10
	换档拉线过孔	漏声量		dB	≤10
	离合踏板处	漏声量		dB	≤10
	供热通风与空气调节（HVAC）过孔	漏声量		dB	≤10
	前舱拉线过孔	漏声量		dB	≤10

2. 副车架

副车架是动力总成的载体，同时也是动力总成激励、路面激励的主要传递路径。因此，在设计副车架时,要注意激励的衰减,涉及搭载点的选择、副车架自身模态和刚度。同时,还要考虑副车架的疲劳强度、轻量化性能要求。

副车架相关 NVH 目标定义见表 7.1.6。

表 7.1.6　副车架相关 NVH 目标定义

系统级目标项目			单位
前副车架模态	前悬架刚体模态 – 安装状态		Hz
	前副车架柔性模态 – 安装状态		Hz
前副车架上安装点动刚度（50~500Hz）	下控制臂前点	X	N/mm
		Y	N/mm
		Z	N/mm
前副车架安装点 NTF（20~200Hz）	动力总成后悬置安装点	X	dB
		Y	dB
		Z	dB
前副车架衬套	副车架前衬套	X 向静刚度	N/mm
		X 向动静比（100Hz）	—
		Y 向静刚度	N/mm
		Y 向动静比（100Hz）	—
		Z 向静刚度	N/mm
		Z 向动静比（100Hz）	—
前悬架衬套隔振	隔振率		dB
	安装点刚度与衬套刚度比率		—
后副车架模态	后副车架刚体模态（整车状态）		Hz
	后副车架柔性模态（自由状态）		Hz
	后副车架柔性模态（安装状态）		Hz
后副车架上安装点动刚度（50~500Hz）	减振器安装点	X	N/mm
		Y	N/mm
		Z	N/mm
后副车架安装点 NTF（20~200Hz）	减振器安装点	X	dB
		Y	dB
		Z	dB
后副车架衬套	后副车架前衬套	X 向静刚度	N/mm
		X 向动静比（100Hz）	—
		Y 向静刚度	N/mm
		Y 向动静比（100Hz）	—
		Z 向静刚度	N/mm
		Z 向动静比（100Hz）	—
后悬架衬套隔振	隔振率		dB
	安装点刚度与衬套刚度比率		—

副车架与车身的连接点尽可能选择在模态节点上,这样可以保证对激励有较好的衰减效果。即使无法选择模态节点,也要尽可能选择动刚度高的位置。

(1) 模态

副车架最主要的性能要求是模态。一般要求副车架的模态避开发动机常用激励频率范围。例如,对于一台搭载了四缸发动机的汽车来说,要求副车架模态不低于140Hz,它对应四缸发动机的转速4200r/min,通常发动机不会工作在这个转速以上。同时,副车架的模态也不能太高,否则会与动力总成的弹性模态接近,同样会出现共振问题。因此,要求副车架的模态不高于190Hz,即前副车架的模态要求位于140~190Hz的范围内。

(2) 隔振

对于柔性连接式前、后副车架,对衬套的刚度、隔振率要有具体要求。

副车架和车身之间的衬套刚度一般远小于车身或者副车架的刚度,因此,副车架存在刚体模态,且频率值较低。而弹性模态一般较高。图7.1.9所示为副车架模态分布与隔振率的关系调查结果。通常副车架模态要求为:

1) 刚体模态分布在发动机转速1200~1500r/min对应的主阶次激励范围内。
2) 第一阶弹性模态大于发动机4000r/min对应的主阶次激励。
3) 如果2)不能满足,那么要尽量提高衬套的隔振率。

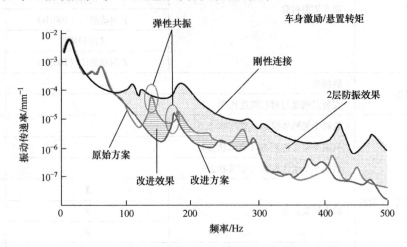

图7.1.9 副车架模态分布与隔振率的关系调查结果

(3) 安装点动刚度

良好的安装动刚度能够保证激励具有较高的衰减能力,因此,对于主要传递路径的安装点,一定要保证具有足够高的动刚度,具体要求见表7.1.6。

(4) 安装点传递函数

动力总成后悬置、减振器一般置于副车架上,因此,该点是重要的振动和噪声传递途径,要求具有良好的振动和噪声衰减性能。可以用振动传递函数和声学传递函数对副车架上的安装点进行评价和要求。

3. 车轮

车轮是影响路面噪声最重要的因素之一,在开发过程中,除了外造型、重量及强度耐久性之外,还要对轮胎的侧向刚度、模态做出具体要求。车轮NVH目标定义见表7.1.7。

表 7.1.7　车轮 NVH 目标定义

系统级目标项目	单位
车轮模态（大于轮胎空腔模态）	Hz
车轮动不平衡量	g
车轮侧向刚度	kN/mm

对于车轮模态，通常要求不低于 300Hz，车轮侧向刚度要求不低于 60kN/mm。

车轮动不平衡会产生离心力，传递到车身、转向系统等。车轮动不平衡激励引起的最典型 NVH 问题是高速行驶过程中出现的转向盘摆振，就是车轮不平衡激励引起转向系统中的某些模态，因共振引起的转向盘周向振动，严重时会影响驾驶安全。

4. 轮胎

与轮胎相关的振动包括两类：一是来自路面的激励，通过轮胎传递给车身；二是轮胎本身产生的激励。前者还可以分为频率在 100Hz 以下的声振粗糙度和 100~500Hz 的路面噪声。轮胎自身成为激振源是由于轮胎本身的不均匀，在旋转过程中产生的不平衡力和力矩，根据出现的现象被称为摆振、冲击或抖动等。另外，由轮胎胎面花纹引起的花纹噪声和轮胎自身振动引起的轮胎振动，传递到车室内形成噪声。

轮胎相关 NVH 目标定义见表 7.1.8。

表 7.1.8　轮胎相关 NVH 目标定义

系统级目标项目		单位
车轮总成	轮胎力传递率	%
	车轮力动不平衡量（内/外侧）	g
轮胎	轮胎空腔模态	Hz
	轮胎动不平衡量（内/外侧）	g
	轮胎径向跳动力	N
	轮胎径向跳动力一阶谐波	N
	轮胎侧向跳动力	N
	径向尺寸跳动	mm
	侧向尺寸跳动	mm

5. 悬架系统

悬架系统是路面激励向车身的传递通道，要求能够有效地对路面激励加以衰减。悬架系统本身具有多个模态，这些模态与相关激励或者模态不能产生耦合，如典型的粗糙路面激励、轮胎的空腔模态、动力总成上下跳动模态等。

某些特定频率的激励峰值对应特定的模态，其中轮胎模态的影响最大。因此，在悬架系统设计过程中，或者路面噪声改进过程中，一定要注意这些模态的规划。

悬架系统中构成零部件的模态的影响也很大，如摆臂及副车架的模态对振动的传递也起到了放大的作用。对于这些风险点要严加控制。

悬架系统 NVH 目标值设定案例见表 7.1.9。当然，除了这些悬架系统的零部件以外，还有其他的相关参数，如副车架模态、悬架安装点动刚度等目标需要同时关注。

表7.1.9 悬架系统NVH目标值设定案例

系统级目标项目			单位
前悬架衬套刚度	减振器上衬套	X向静刚度	N/mm
		X向动静比	—
		Y向静刚度	N/mm
		Y向动静比	—
		Z向静刚度	N/mm
		Z向动静比	—
前悬架衬套隔振	隔振率		dB
	安装点刚度与衬套刚度比率		—
前悬架模态	上控制臂模态		Hz
	下控制臂模态		Hz
	下后控制臂模态		Hz
	转向节模态		Hz
	减振弹簧模态		Hz
	悬架前/后模态		Hz
	悬架前/后模态（反相）		Hz
	左右轮同/反向跳动模态		Hz
后悬架衬套	减振器上衬套	X向静刚度	N/mm
		X向动静比（400Hz）	—
		Y向静刚度	N/mm
		Y向动静比（400Hz）	—
		Z向静刚度	N/mm
		Z向动静比（400Hz）	—
后悬架衬套隔振	隔振率		dB
	安装点刚度与衬套刚度比率		—
后悬架杆件及系统模态	前束连杆模态（自由状态）		Hz
	上连杆模态（自由状态）		Hz
	下连杆模态（自由状态）		Hz
	H形臂模态（自由状态）		Hz
	减振器杆模态（整车状态）		Hz
	转向节模态		Hz
	减振器弹簧模态（整车状态）		Hz
	悬架前/后模态		Hz
	悬架前/后模态（反相）		Hz
	左右轮同/反向跳动模态		Hz

7.1.3 开发方案

好的产品是设计出来的。性能是产品的灵魂,所以为了确保优秀的 NVH 指标,一定要有优秀的设计策略和开发方案。在产品概念设计阶段,要制定好各个系统和性能的开发方案,这相当于指定了一个发展方向,如果方向错了,那么后期无论多么努力,都不会达到理想的目标,或者要付出巨大的代价。

路面噪声是重要 NVH 性能指标之一,所以,在概念设计阶段,和路面噪声相关的一些关键系统和设计路线就要确定下来。

图 7.1.10 所示为路面噪声改善性能开发方案中的一部分。

- ✓ 提升悬架安装点动刚度
- ✓ 空气悬架

- ✓ 提高车身弯曲、扭转刚度
- ✓ 提高车身钣金件刚度
- ✓ 控制路噪传递路径NTF

- ✓ 静音轮胎有效降低空气噪声

图 7.1.10　路面噪声改善性能开发方案中的一部分

(1) 车身

为了保证车身达到之前制定的相关 NVH 目标,如模态、静刚度、动刚度等,那么在车身设计之初就要考虑如何才能达到要求,而不是在车身主体造型和结构确定后才考虑,如车身主断面形状和尺寸、主要接头的刚度、各门柱处的整体结构等。从经验和统计数据可以知道,将车身某些部位设计成封闭式环形结构,可以保证车身具有更好的刚度。具体内容可以参考第 6 章的内容。

车身上有一些面积较大的板件,如地板、前围板、顶盖等。这些部位刚度低,很容易受到激励,发出辐射噪声。因此,在设计这些部位时,就要注意采取必要的措施来保证板件的局部刚度。图 7.1.11 所示为地板振动特性优化设计案例。通过对比地板上增加筋、曲面等结构,可以选择振动特性最佳的结构形状。

(2) 悬架系统

在概念设计阶段,就应确定选择什么类型的悬架系统,如前悬架应用较多的是麦弗逊式、双叉臂式悬架,后悬架应用较多的是扭力梁式、多连杆式等。不同类型的悬架系统会有不同的 NVH 设计方法。

当然,悬架的选择要取决于多种因素,如成本、重量、操纵稳定性、零部件通用性等。

空气悬架系统作为半主动悬架,可以控制车身底盘高度、车身倾斜度和减振阻尼系数等,能显著提升驾驶体验,增加乘坐舒适性,提高汽车底盘智能化水平。近年来,空气悬架的应用范围越来越广,在普通汽车上也有很多的应用案例。

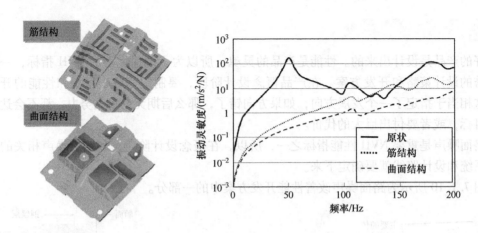

图 7.1.11 地板振动特性优化设计案例

(3) 轮胎

轮胎是路面噪声最主要的激励源，路面激励首先传递到轮胎上，然后再传递到车身。当然，轮胎本身也是激励源，泵气噪声、花纹噪声等都是路面噪声中重要的因素。所以，如何选择轮胎是在概念设计阶段就要确定下来的。

当然，静音轮胎是首选。它可以在激励源头上控制住路面噪声，一些采取了先进技术手段的轮胎，如吸声海绵、静音环、降噪车轮等，都可以保证整车具有较低的路面噪声，同时也减轻了车身、副车架等系统的设计压力。但是静音轮胎最大的困难就是成本，新车开发时，要在成本、NVH 性能等方面进行论证。

轮胎通常都是采购的，汽车主机厂只是提出轮胎的相关技术规范和要求，然后具体的设计和验证都交给轮胎供应商去完成。主机厂只需要考虑如何将轮胎集成到整车上，并保证整车的 NVH 性能。

7.2 竞标车分析

NVH 目标设定以合适为原则，所设定的目标既要在市场上具有一定的竞争力，还不能太高，否则会增加开发成本和时间，降低产品的性价比，反而使产品在市场上的竞争力下降。选择市场上一款同水平的竞争车作为新产品的性能目标是最便捷的途径，各大汽车公司内部停放的其他公司的车辆足以证明这一点。性能参考车的选择非常重要，应该首选市场上销量好、NVH 性能优秀的产品，并且价格、购买群体大致相当。以竞标车为参考，新产品应该在总体上不低于竞标车，甚至在某些个别项目上还要占有一定的优势。这样生产出来的产品才具有较大的竞争力。

竞标车分析的意义重大，能够保证项目产品在开发过程中，有序协调开发工作，使得项目产品具备明显的市场竞争力。主要在以下三个方面给项目开发提供帮助和支持：

1) 通过拆解逆向竞标车型数据，获得完整的竞标车型设计数模及控制硬点，为项目设计开发提供参考。

2) 通过针对竞标车型的静态评价和动态试验测试，可以获取竞标车型的开发技术指标，同时也能够给系统开发提供技术支持和参考，这对于项目前期技术预研和后期的项目设计开发都具有重要意义。

3）结合项目实际情况，通过竞标车型分析，还能给项目前期的造型工作提供工程边界输入条件，有利于保证项目能够更快更可靠地开展。

竞标车分析计划主要包括以下两方面内容：

1）竞标车到位后直接开展拆解逆向工作，主要包括整车姿态扫描、内外表面扫描、人机工程扫描、白车身及附件系统拆解扫描、底盘和电气系统拆解扫描、动力系统拆解扫描等。根据扫描数据开展整车逆向工作，最终获得竞标车的整车数据模型。

2）开展整车级别的性能试验对标测试，主要包括整车操作稳定性能测试、整车制动性能测试、整车NVH性能测试、整车空调和热管理系统性能测试、整车动力性经济性及驾驶质量性能测试等。在参考竞标车整车性能测试结果的基础上，来设定新开发车型整车及系统级别的开发目标，并基于开发目标进一步定义各子系统的性能要求和开发方案。

第1）步工作需要将竞标车进行拆解，拆解后是无法恢复的。所以，在制定竞标车分析计划时要充分考虑到这一点，有一些整车性能测试要尽量安排在拆解之前，保证竞标车的最大利用率。

7.2.1 NVH主观评价

拿到竞标车后，首先要对其进行详细的主观评价。按照试验规范进行，评价内容、方法等都应该在规范中有所体现。图7.2.1所示为车内路面噪声的主观评价方法简介。汽车以匀速在粗糙或光滑路面上行驶，测试人员坐在车内，至少选择驾驶员和后排中央两个位置。评价时主要关注车内噪声的大小、是否有嘈杂声、泵和电机等辅助机构是否有异响。根据试验规范要求逐项进行打分，一般选择十分制，10分是最好，1分是最差。

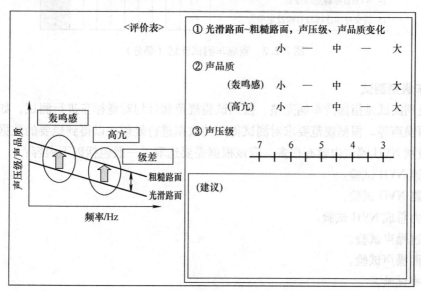

图7.2.1 车内路面噪声的主观评价方法简介

参与主观评价的人员要求具有一定的经验，如专业的NVH工程师、公司领导，有时还会邀请汽车专业媒体人士参加。根据所有参与试验人员的打分进行汇总，并按照一定的规则得到最终的分数。

7.2.2 NVH 客观测试

主观评价不能获得竞标车所有的性能指标，需要同时配合客观测试。测试包括静态测试和动态测试。静态测试是指车身模态、传递函数、动刚度测试。动态测试是车辆在行驶状态下进行的，如加速噪声、路面噪声等。图 7.2.2 所示为竞标车测试计划（部分）。按照该计划，对整车、系统或者零部件进行相应的测试。

阶段1——竞争车型对标测试	50	第一阶段
1. 车外加速pass-by噪声测试	5	
2. 进排气管口及壳体辐射噪声测试	5	
3. 车内噪声基本测试	5	
4. 车内振动基本测试	5	
5. 发动机悬置及排气吊耳隔振率测试	5	
6. Trimmed body模态试验	10	
7. NTF及VTF测试	5	
8. 动力总成，传动轴系，后桥模态试验	5	
9. 内饰件密封隔声量测试	5	
10. 前围、地板等局部动刚度测试	5	
11. 悬架系统隔振率测试	5	
12. 车门关闭声学测试	5	
13. 动力总成辐射噪声测试	15	
14. NVH目标确定与分解	10	
15. 提交对标分析与目标设定报告	10	

图 7.2.2 竞标车测试计划（部分）

1. 整车级别测试

整车级别测试是指保持车辆完整，按照试验规范和计划对竞标车进行测试，如怠速振动噪声、路面噪声等。根据规范要求对测试得到的数据进行处理，以得到想要的数据。

整车级别 NVH 测试内容有很多，应该根据需要选取，一般包括以下内容：

1）怠速 NVH 试验。
2）道路 NVH 试验。
3）动力总成 NVH 试验。
4）通过噪声试验。
5）路面噪声试验。
6）风噪试验。
7）异响试验。
8）车门关闭声试验。

试验有时在路面上进行，有时在试验室内进行。道路试验尽可能选择专用的 NVH 试验场,以保证试验结果的一致性、可重复性和人车安全。

图 7.2.3 所示为车辆以 60km/h 的速度在光滑路面上行驶时,车内前排、后排座椅等处的噪声测试结果。

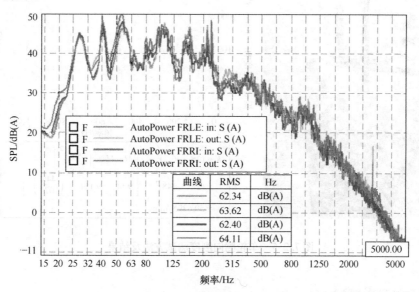

图 7.2.3　路面测试噪声测试结果（见彩插）

2. 系统级别测试

有些测试是在总成级别上进行的,如车身模态,需要将底盘系统拆解掉［该状态定义为内饰车身（Trimmed Body，TB）］。底盘连接点动刚度、振动传递函数、声学传递函数都是在 TB 上进行的。

继续拆解内饰件、电器件等后,称为白车身（Body in White，BIW）。在白车身状态可以进行模态、静刚度测试。

其他系统级别测试,如悬架系统模态、副车架模态等,都需要将每个系统单独拆解下来进行试验。

图 7.2.4 所示是白车身模态测试方法及结果。

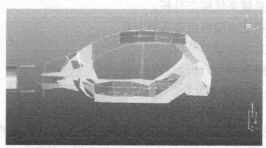

图 7.2.4　白车身模态测试方法及结果

3. 零部件级别测试

有些测试是在零部件上进行的,如车轮模态、车轮侧向刚度、轮胎模态、悬架摆臂模态等。

图 7.2.5 所示为车轮侧向刚度测试方法及结果。

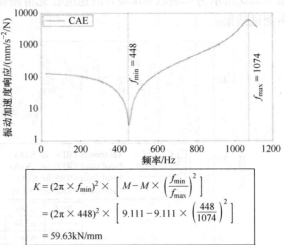

$$K = (2\pi \times f_{min})^2 \times \left[M - M \times \left(\frac{f_{min}}{f_{max}} \right)^2 \right]$$
$$= (2\pi \times 448)^2 \times \left[9.111 - 9.111 \times \left(\frac{448}{1074} \right)^2 \right]$$
$$= 59.63 \text{kN/mm}$$

图 7.2.5　车轮侧向刚度测试方法及结果

7.2.3　CAE 分析

如果有详细的车身 CAD 数据，按照分析规范进行网格划分和组装后，就可以进行详细的 CAE 仿真分析了。

CAE 分析内容一般与测试是对应的，如整车级别的怠速振动、路面噪声，其他还有车身模态、传递函数等，分析内容包括：

1）整车 CAE 模型建立、调整。
2）白车身模态分析。
3）白车身静刚度、动刚度分析。
4）排气系统振动特性分析。
5）转向系统振动特性分析。
6）悬置系统模态分析。
7）振动及噪声传递函数分析。
8）怠速振动声分析。
9）路面噪声分析。
10）车身模态分析。
11）动力总成悬置分析。

CAE 分析结果和试验结果都会被导入 NVH 数据库中，参与项目开发的各方根据需要访问数据库，提取所需要的信息。随着数据库的不断充实和完善，进一步提高了公司的产品研发能力。

图 7.2.6 所示为竞标车部分 CAE 分析结果。

CAE仿真分析
- 整车有限元网格划分
- 白车身模态分析
- 白车身静刚度分析
- 白车身动刚度分析
- 车轮模态分析
- 整车路面噪声分析

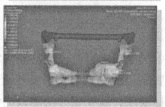

图 7.2.6　竞标车部分 CAE 分析结果

7.3　工程设计

按照整车开发流程，当完成概念设计和目标设定及分解以后，就进入了正向工程设计阶段。设计部门会提供初版 CAD 数模，当然车身各系统的数据发布有的快一些，有的慢一些。接下来的主要责任由 CAE 部门承担。CAE 分析工程师根据事先编制的分析清单，收集数据和参数，根据分析目的搭建各种模型，开展各项分析任务。所有的分析都应该按照规范进行，这样可以保证分析结果的一致性和可靠性。所有的分析结果都要经过评审，与先期制定的目标值进行对比，针对不合格项要分析原因，并制定优化方案。所有的分析项都满足目标要求后，才能进入下一个阶段，即开始试制样车。

当然，在实际设计过程中，由于时间、成本、空间布置、工艺等因素的限制，不可能所有的项目都满足目标要求。这时，就要根据一定的规则进行风险评估，审查每个风险点是否在可控范围内，保证每个风险点都有切实可行的解决方案。一旦在后期试验过程中发生了问题，能够快速地制定解决措施。

7.3.1　分析计划

整车开发有详细的开展计划，内容主要包括工作内容、时间节点等。同样，CAE 分析工作也有与整车开发计划对应的计划。

图 7.3.1 所示为与整车开发计划对应的 CAE 分析计划。计划中规定了各个开发节点所要做的 CAE 分析项目及时间进度，要求在每个节点前要完成相应的分析工作，并完成分析结果的评审工作。

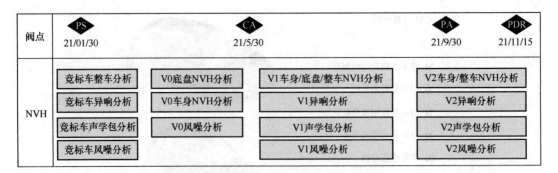

图 7.3.1 与整车开发计划对应的 CAE 分析计划

7.3.2 分析内容

正向设计过程中的分析内容应该能够涵盖零部件、系统和整车，与 NVH 目标项是对应的。例如，对于悬置支架的模态目标，就要开展悬置支架的模态分析，对分析结果进行评价，如果不满足目标要求，就要想办法加以优化。

1. 整车

在内饰车身上增加底盘后，就是整车状态。整车模型用来模拟一些实际的工况，如急速振动、加速噪声等。详细内容见表 7.3.1。

表 7.3.1 整车 CAE 分析项目

分析项目	说 明
整车模态分析	发动机六方向模态、排气管一阶垂向/横向、前后悬架、前后座椅、转向盘垂向/横向、四门两盖、整车一阶扭转/弯曲、HVAC、油箱、电池
动力总成质心灵敏度分析（AOT）	AOT 分为 aot–idle 和 aot–crusing 两个工况。1N·m 转矩加载发动机刚体侧，曲轴旋转方向。频率为 200、20、1、280。振动主要分析 20~50Hz。计算噪声（前后排乘员耳边位置）和振动（转向盘 12 点钟方向，座椅左前点）
轮心灵敏度分析	单位力加载轮心，输出前后排乘员耳边位置声压。计算噪声（前后排乘员耳边位置）
轮胎不平衡分析	在轮心处施加轮胎不平衡力，输出座椅、转向盘振动响应
传动轴不平衡分析	计算在传动轴不平衡力的作用下，座椅、转向盘振动响应
急速分析	四缸机计算一、二、四阶次，分为 drive on、drive off、park on、park off 四个工况（行驶时空调开和关，停止时空调开和关）。计算噪声（前后排乘员耳边位置）和振动（转向盘 12 点钟方向，座椅左前点）
加速分析	1000r/min 算到 6000r/min，1Hz 一步计算。计算噪声（前后排乘员耳边位置）和振动（转向盘 12 点钟方向，座椅左前点）
路面噪声分析	计算在路面激励作用下，车内噪声响应
过坎冲击分析	模拟车辆通过减速带时，座椅、转向盘振动响应
异响分析	内饰件模态、搭接点相对运动等
风噪	模拟车辆高速行驶时，车内噪声响应
声学包分析	模拟车身各部位和所用材料的吸声、隔声性能，确定整车声学包

整车模型搭建完成后，首先用来进行模态分析，模态分析结果要填进整车模态分布表，然后查看各系统的模态分布，保证相关模态和激励之间不产生耦合。对于模态分布不合理的，要进行调整，不满足目标要求的，要进行优化。

各个系统集成在一起构成整车，整车的性能也是由各个系统集成在一起的，但绝不是简单地相加。无论各个系统是否满足了目标要求，最终还是要在整车上加以验证。有时候即使每个系统都满足了目标要求，但是集成到一起后还是可能会有不合格项。这是由于各个系统之间的耦合具有不确定性，实际分析过程中的线性简化，可能使一些风险点被掩盖住了。例如，动力总成悬置系统在设计时简化为简易的系统，当集成到整车上时，由于此时的边界条件为车身，不再是简易模型里的刚性边界，因此，简易系统里的计算结果，如模态分布、解耦率、隔振率等都会发生变化。

整车分析工况经常需要用到实际的激励，如怠速时发动机激励，可以是转矩，也可以是悬置的传递力。

2. 内饰车身

内饰车身是指在白车身的基础上，增加内、外饰件和功能件，如四门两盖、座椅、转向盘、内饰板、电器附件等，也可以说是整车拆除底盘件以后剩余的部分。内饰车身模型搭建完成以后，可以用来进行模态、动刚度、传递函数等分析，详细内容见表7.3.2。

表7.3.2　内饰车身分析项目

项目	内容
模态	弯曲模态
	扭转模态
	呼吸模态
	前端横向弯曲模态
	板件局部模态
	四门两盖等的模态
	声腔模态
动刚度	动力总成接附点动刚度
	底盘接附点动刚度
	排气吊挂接附点动刚度
	仪表板横梁（CCB）安装点动刚度
	ECU安装点动刚度
传递函数	振动传递函数
	噪声传递函数

由于底盘件与车身都是弹性连接，底盘件对车身的模态影响很小，因此，内饰车身的弯曲、扭转模态与整车状态很接近，有时只是在内饰车身上进行模态分析和评价。车身模态应该高于发动机怠速激励，以避免被发动机激励起来，引起车身和转向系统振动。常见的怠速抖动，很多情况下是由车身的模态带动起来的，激励源就是来自于怠速时的发动机主阶次激励。

传递函数分析用来了解传递路径。由于车身受到的激励主要来自于动力总成和路面，因此，悬置、悬架与车身的接附点是激励的主要传递路径。通过传递函数分析，可以掌握每一条传递路径的贡献。每项分析都有相应的评价标准，保证每条传递路径都满足目标要求，这样可以将风险控制在最低水平。即使后期试验过程中出现问题，也可以根据传递函数结果来判断问题的根源，并采取有效的改进措施。图 7.3.2 所示为振动传递函数（VTF）和噪声传递函数（NTF）结果。

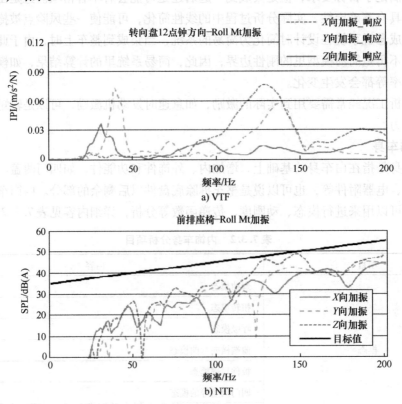

图 7.3.2　VTF 和 NTF 结果

3. 系统级分析

（1）白车身

白车身由地板、侧围、前围板、顶盖等几部分焊接而成。各汽车公司的白车身定义略有不同，有的将固定玻璃，如前、后风窗玻璃（三厢车）、刚性连接副车架、前后保险杠都划分在白车身上，实际工作时，要按照规范进行。

白车身阶段可以开展静刚度、模态、动刚度分析。静刚度还包括车身弯曲刚度、扭转刚度、前后端横向弯曲刚度、底盘及动力总成各安装点静刚度。表 7.3.3 为白车身分析内容清单。

车身上通常都会粘贴有减振降噪用的阻尼板。阻尼板的粘贴位置可以由等效声辐射功率分析结果来确定，这样可以避免在不需要的地方粘贴了阻尼板，或者在需要的地方却被忽略了。等效声辐射功率分析可以帮助确定最合理的阻尼板设计，既能保证减振降噪的目的，同时还可以保证阻尼板用量最少，满足轻量化要求。

表 7.3.3 白车身分析内容清单

项目	分析内容
刚度	弯曲刚度
	扭转刚度
	前端横向弯曲刚度
	后端横向弯曲刚度
	前减振器中心点间刚度
	后减振器中心点间刚度
	前悬架摆臂安装点间刚度
	后悬架摆臂安装点间刚度
	车身主要接头刚度
模态	车身弯曲模态
	车身扭转模态
	车身呼吸模态
	车身横向弯曲模态
	板件局部模态
其他	等效声辐射功率分析
	灵敏度分析

灵敏度分析有助于制定轻量化方案，结果显示有些零件对刚度敏感，有些零件对重量敏感。根据灵敏度分析的结果，可以对车身的板件厚度加以调整，在满足模态和刚度要求的同时，减轻车身重量，甚至还可以进行拓扑优化，对零件的结构形状进行重新设计，在满足性能要求的同时，实现重量最小。

板件的局部模态影响车内噪声，如果发生在座椅安装点、转向系统安装点处，还会影响振动。因此，需要了解车身的局部模态分布情况。特别是一些面积较大的件，如地板、前围板、顶盖、侧围等处，都是容易出现低频局部模态的位置。根据局部模态的分布，可以对这些板件进行局部加强，如起筋、增加加强板和焊点、使用黏胶、粘贴阻尼板等。

车身在设计过程中，经常会有很多性能不达标的现象，如弯曲模态、扭转模态、静刚度等。优化时，要找到问题出现的原因，有很多种方法可以提供快速帮助，如灵敏度分析、模态贡献量分析等。例如，对于扭转模态优化，可以先从接头刚度入手。车身上的 A 柱、B 柱、C 柱等处是重要的接头，这些接头刚度在很大程度上影响整车的刚度。

(2) 悬架及轮胎系统

悬架及轮胎系统是典型的非线性系统，具有随负载及运动而变化的刚度及阻尼，影响车辆的操纵稳定性、乘坐舒适性和路面噪声。由于非线性系统的分析非常困难，结果具有不确定性，因此，常常将悬架及轮胎系统小位移运动简化为线性系统来分析。

模态是悬架及轮胎系统最基本的振动特性，掌握悬架及轮胎系统的模态是 NVH 设计的关键。

簧下振动系统由轮胎及悬架的质量和刚度组成，其模态较低，一般为 13~15Hz（前悬架）、15~17Hz（后悬架）。簧上振动系统由车身的质量、悬架的刚度及减振器的阻尼构成，其模态一般为 1~2Hz，即通常所说的偏频。当悬架行程较大时，悬架的刚度变大，此时，簧上模态为 4~8Hz。悬架及轮胎系统的这些低频共振与人体敏感频率接近，振幅较大时会给乘员带来非常不舒适的感觉。

悬架及轮胎系统中还存在高频模态，如减振弹簧、振臂等零部件。这些部件模态高，有时对路面激励具有放大作用。

轮胎本身具有多阶模态。最典型的是轮胎空腔内部的声腔模态，约为240Hz。轮胎胎壁的模态也较高，对路面激励也具有放大作用。图 7.3.3 所示为轮胎模态，图 7.3.4 所示为悬架及轮胎系统模态对路面激励的影响。曲线上的峰值对应特定的模态。

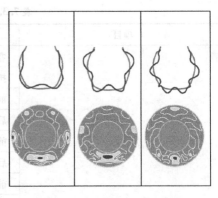

图 7.3.3　轮胎模态（见彩插）

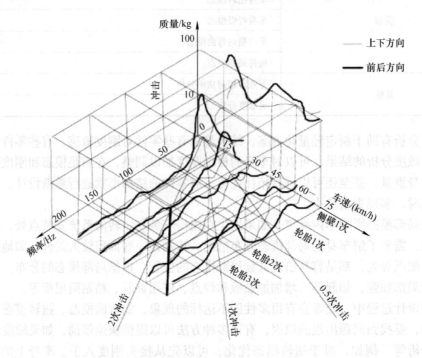

图 7.3.4　悬架及轮胎系统模态对路面激励的影响

汽车在路面上行驶时，路面的激振力传递到轮胎，再经过轮胎内空气和轮辋的耦合系统传递到车轴，形成车轴上的纵向力、垂向力，有时还有转矩。路面对轮胎的激振力来自两个方面：一是路面通过接触面对轮胎不断地局部挤压和释放，产生垂向激振力；另一方面是路面与轮胎橡胶在接触面不断地滚挤和释放，产生纵向激振力。图 7.3.5 所示为悬架系统传递力计算结果。

（3）副车架

副车架起到转接作用，一端与车身连接，另一端搭载了动力总成、悬架系统，直接承受

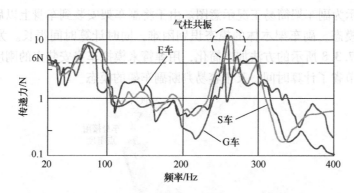

图 7.3.5 悬架系统传递力计算结果（见彩插）

动力总成和路面传递而来的激励。副车架的隔振性能直接影响整车的 NVH 性能。副车架的 NVH 相关性能主要是指模态和传递函数。

副车架最主要的振动特性是模态，包括弹性模态和刚体模态，其中，弹性模态只有副车架与车身为弹性连接时才有。

货车及大型轿车的副车架与车身多数是通过衬套弹性连接的，有些轿车的副车架与车身也是弹性连接。弹性连接的副车架或者副车架存在刚体模态，如上下跳动、俯仰、侧倾等。图 7.3.6 所示为副车架模态，其中包括刚体模态和弹性模态。图 7.3.7 所示为某车型的前副车架模态测试结果。

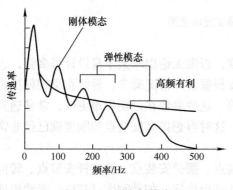

图 7.3.6 副车架模态

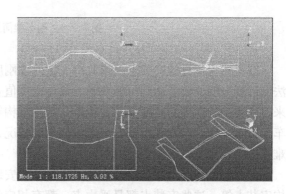

图 7.3.7 某车型的前副车架模态测试结果

副车架的模态分析包括多个工况，如自由状态、约束状态及整车状态，见表 7.3.4。

表 7.3.4 副车架模态分析工况

项目	内容	说明
副车架单体	自由模态	无约束
副车架单体	约束模态	约束与车身的连接点
整车状态下	约束模态	整车状态下
简易约束	约束模态	用弹簧模拟车身连接点刚度

图 7.3.8 所示为副车架简易工况示意图。由于将副车架安装到车身上以后,在 100Hz 以上范围有很多阶模态,副车架本体的模态识别困难,同时计算时间很长。为了解决这些问题,可以按照图 7.3.8 所示的方法加以简化,用弹簧来模拟车身安装点的刚度,这样就可以将车身省去,既节省了计算时间,又很容易判断副车架的模态。

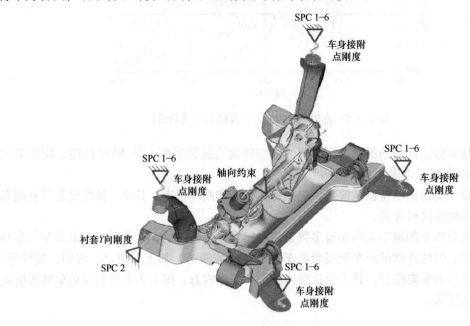

图 7.3.8　副车架简易工况示意图

副车架与车身的安装点要求具有一定的动刚度,否则无论副车架本身设计得多强,也无法保证副车架的模态达到目标要求。具体刚度值要根据实际情况确定,最好在早期就决定下来,主要是指纵梁的截面形状、板厚、加强结构等。这些参数在后期很难更改,常常遇到副车架模态优化时,发现车身安装点刚度低的情况,这时再想提高安装点的刚度就已经非常困难了。

副车架上还有一些其他的安装点,如悬置安装点、摆臂安装点、稳定杆安装点、转向机构安装点等。这些安装点都是受力点,都有相应的评价指标,如动刚度(IPI)、振动传递函数(VTF)、噪声传递函数(NTF)。另外,如果副车架与车身是弹性连接,那么副车架与车身的安装点也同样有上述要求。图 7.3.9 所示为后悬置安装点到驾驶员耳边的噪声传递函数对标结果。

(4) 车轮

汽车上的一些零部件是要保证模态和刚度要求的,如底盘系统中的摆臂、转向节等。

图 7.3.10 所示为悬架系统转向节的模态分析结果,它与路面噪声相关。转向节共振时,会将路面激励大幅放大,产生严重的路面噪声。如图 7.3.11 所示,路面噪声的试验测试结果和仿真分析结果显示,240Hz 附近存在噪声峰值。通过传递路径分析,得知这个峰值是由转向节的模态造成的。因此,优化转向节模态可以有效降低该峰值。

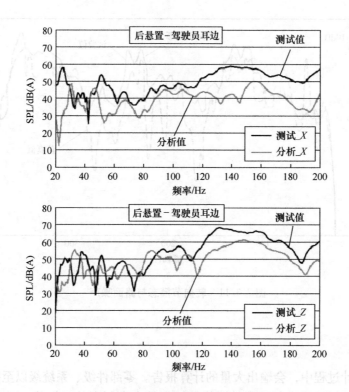

图 7.3.9 噪声传递函数对标结果

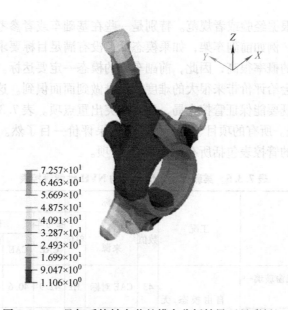

图 7.3.10 悬架系统转向节的模态分析结果（见彩插）

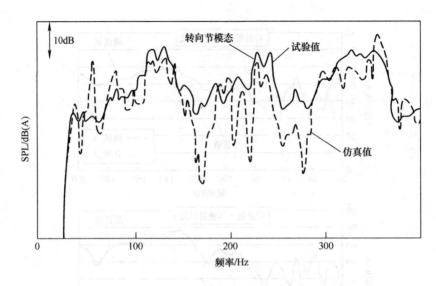

图 7.3.11 转向节模态与路面噪声

7.3.3 结果评价及优化

正向工程设计过程中,会输出大量的计算报告。零部件级、系统级以至整车级的各项分析项目,都要对分析结果进行评价,评价的标准是事先制定的目标值。对于不满足目标值的,要判断该项的风险程度,同时结合其他相关项进行综合考虑。对于风险较高的项目,要采取措施进行优化。

风险项的判断要根据经验或者规范。特别是一些在基础车或者参考车上曾经出现过的问题,一定要重点关注。例如前副车架,如果模态低,没有满足目标要求,那么被发动机激励起来而出现加速噪声的概率很高,因此,前副车架的模态一定要达标。

大量的输出结果会给评价带来很大的难度,很难做到面面俱到。这时,一套好的管理方法就显得特别重要,既要能保证管控全局,还要能突出重点项。表 7.3.5 为某新开发车型项目的 NVH 性能管控表。所有的项目、分析结果、结果评价一目了然。当然,这只是性能管控表的一部分,完整的管控表包括所有的 NVH 分析项。

表 7.3.5 某新开发车型项目的 NVH 性能管控表

项目	分项目	工况	目标			车型					
			数值	目标来源	单位	参考车 CAE	初版			CAE 优化方案 1	
							CAE	百分比(%)	判断	CAE 百分比(%)	判断
BIW 模态	非天窗 – 带风窗玻璃一阶扭转	自由模态,无约束	43	CAE 对标	Hz	42.9	40.6	-5.31	OK	40.69 -5.20	OK
	非天窗 – 带风窗玻璃一阶弯曲		47	CAE 对标	Hz	47.0	46.1	-1.93	OK	47.6 1.21	OK

(续)

项目	分项目		工况	目标		单位	车型					
				数值	目标来源		参考车 CAE	初版			CAE优化方案1	
								CAE	百分比(%)	判断	CAE 百分比(%)	判断
TB模态(0~50Hz)	非天窗——阶扭转		自由模态,无约束	30	CAE对标	Hz	32.0	30.5	-4.57	OK	31.84 -0.41	OK
	非天窗——阶弯曲			30	CAE对标	Hz	29.7	28.6	-3.77	NG	— -100.00	OK
	转向盘——阶模态		自由模态,无约束	35.5	CAE对标	Hz	35.5	34.9	-1.77	NG	34.04 -4.22	NG
声腔模态	非天窗——阶模态		自由模态,无约束	—	与声腔造型有关	Hz	47.2	40.9	-13.27	—	— —	—
仪表板横梁及转向盘管柱模态	横梁+转向盘管柱	一阶模态	约束横梁及管柱与车身连接点的全部自由度	45	经验值	Hz	42.0	46.4	10.41	OK	— —	—
	横梁+转向盘管柱+制动离合支架	一阶模态		45	经验值	Hz	42.5	46.4	9.25	OK	— —	—
排气系统模态	约束模态	一阶弯曲	约束动力总成悬置车身侧和排气吊挂车身侧的所有自由度	30	避频	Hz	—	16.9				
	自由模态	一阶弯曲	自由模态	30	避频	Hz	—	12.6				
转向盘模态		一阶	约束转向盘与转向管柱连接处的所有自由度	—	CAE对标	Hz	81.9	86.6		OK		
		二阶		—	CAE对标	Hz	90.2	95.4		OK		

结构优化是设计和制造一款精品汽车的关键。在分析过程中,对于不满足目标要求的重点项,一定要进行优化。优先采用结构优化,避免增加加强板、增加板厚等。结构优化包括更改截面形状、调整焊点密度和位置等。

优化时要找到问题的根源。NVH问题可以划分为激励源、传递路径和接受体三部分,例如对于怠速抖动,激励源为发动机转矩和惯性力,传递路径为悬置及排气吊挂,接受体为车身,包括转向盘、座椅、地板等。

了解了问题产生的根源以后,就要制定改进措施。由于这一阶段对车身的更改难度太大,因此,将重点放到悬置的隔振率上。通过调整悬置的刚度,来提高悬的隔振率。最终的试验结果验证了方案的有效性。

所有的分析项目都应该在要求的时间节点内完成,当然包括结构优化。项目部门会组织相关人员进行评审,所有的分析项都满足目标要求,或者说即使有风险项也在可控范围内,那么正向工程设计阶段才算是结束,这时才可以进入样车试制阶段。

7.3.4 分析规范

所有的分析项目都应该有章可循，即都要有对应的分析规范。分析规范是否完善、是否先进，代表了一家汽车公司的技术实力。规范是技术和经验的传承，解决人员流动带来的技术缺失的最好方法就是编制规范。各汽车公司都不遗余力地组织人员编写各种规范，如试验规范、设计规范、分析规范等。

规范有利于统一标准，避免各自为战而出现的混乱局面。有些分析项目是要与试验测试值对标的，因此，分析规范应该保证分析方法与测试方法相同，这样才具有可比性。如白车身静刚度，分析规范和试验规范对约束条件、加载位置及大小、数据的后处理都应该相同。

编写规范是工程师的日常工作内容之一。编写规范时，可以参考，可以借鉴，但是最重要的是要形成自己的风格和特点。编写规范也是对技术工作的总结和提炼，对工程师个人能力也是一个提升过程。

分析规范都是经过实践检验的，按照规范分析得到的结果具有可信性。规范的准确程度决定了虚拟性能与实车性能的一致程度，这样的虚拟分析工作才有意义。可靠的虚拟性能模拟结果证明了分析工程师存在的价值，可以在新车开发过程中，减少样车制造数量和试验次数，缩短研发周期，这些都直接影响了汽车公司的经济效益。

表 7.3.6 列出了部分 CAE 分析规范。

表 7.3.6 部分 CAE 分析规范

规范编制及修订工作内容	2021											
	1	2	3	4	5	6	7	8	9	10	11	12
1）乘用车内饰件建模规范												
2）整车 SEA 模型建模规范												
3）乘用车前围系统隔声性能分析规范												
4）乘用车地板系统隔声性能分析规范												
5）乘用车顶棚系统隔声性能分析规范												
6）乘用车车门系统隔声性能分析规范												
7）乘用车轮罩系统隔声性能分析规范												
8）乘用车车内噪声分析规范												
9）乘用车 PBNR 分析规范												
10）轮胎动不平衡分析规范												
11）异响分析-仪表板模态分析规范												
12）异响分析-关重件模态分析规范												
13）异响分析-卡扣搭接点灵敏度分析规范												
14）异响分析-门锁销相对位移分析规范												
15）异响分析-敲击异响分析规范												
16）异响分析-摩擦异响分析规范												
17）乘用车车身阻尼垫布置 CAE 分析规范												
18）乘用车零部件模态 CAE 分析规范												
19）乘用车前悬架系统模态 CAE 分析规范												
20）乘用车后悬架系统模态 CAE 分析规范												
21）乘用车车门外后视镜模态 CAE 分析规范												

7.4 试验验证

在正向工程设计阶段，所有的分析项目完成，大部分性能满足目标要求，没有满足目标要求的风险项都在可控范围内，并且有合理的解决预案，此时就可以进入进一个阶段，开始进行样车试制。

7.4.1 样车试制

样车也称为模型车，只生产几台。NVH 工程师拿到样车以后，开始进行各种测试评价。测试的目的是查找存在的问题，对正向工程设计阶段的分析结果加以验证。进行主观评价，确定样车存在的 NVH 问题。主观评价一般采取十分制，以 1 分为最低，以 10 分为最高，通常要达到 6 分为合格，才可以进入市场销售。具体的主观评价等级定义见表 7.4.1。

表 7.4.1 主观评价等级定义

评价等级	状况描述	特征描述	客户反映
1	使客户感到痛苦或受到伤害	极差	—
2	所有客户都无法忍受	很差	—
3	客户不可接受，并且必须改进	差	生气
4	客户感到苦恼，并且希望有改进措施	较差	苦恼
5	客户不期望的，或不具有竞争性，但不会使客户苦恼	合格	失望
6	客户经常感知到，但认为不是问题	较好	可察觉
7	客户很少感知到	好	满意
8	极其敏感的客户才能感知到	很好	高兴
9	经过专业培训的评价员需要进行仔细观察才能感知到	极好	—
10	主观上感知不到	完美	—

主观评价试验时，要严格按照试验规范要求进行，详细内容见表 7.4.2。

表 7.4.2 主观评价试验方法

序号	评价内容	评价方法	说明
1	轰鸣声	1）档位为 3 档，以最低转速，节气门开度为 100% 加速至额定转速 2）档位为 3 档，以最低转速缓慢加至额定转速 3）档位为 3 档，从额定转速滑行至最低转速 4）记录车内轰鸣声时的转速、大小	主要是由发动机二阶点火频率产生（对于四缸发动机）
2	风噪及轮胎噪声	1）将车速提至最高安全车速，断开发动机滑行，注意感觉风噪及轮胎与地面发出的噪声 2）然后以 4 档或 5 档由 20km/h 开始缓慢加速至最高安全车速，注意感觉风噪及轮胎与地面发出的噪声	排除发动机的噪声
3	行驶噪声	1）车速分别为 30km/h、50km/h，在保证车辆平稳行驶时，尽量使转速低，评价并记录噪声发生的部位及发生的工况 2）在沙石路面，评价车辆轮胎带起的石子打在车底板、挡泥板上的噪声	要求路面对车辆的激励占主要体

表7.4.3为某款试制样车的路面噪声主观评价结果之一。

表7.4.3 某款试制样车的路面噪声主观评价结果之一

NVH问题	主观评价结果
路面噪声不达标	1）车内噪声嘈杂，总体噪声声压级高 2）噪声衰减效果不好 3）某些频段有单频噪声峰值，声品质不好 4）轮胎噪声不大

主观评价要与客观测试结合进行。图7.4.1所示为某车型在粗糙路面上以60km/h速度行驶时车内前排噪声的测试结果。

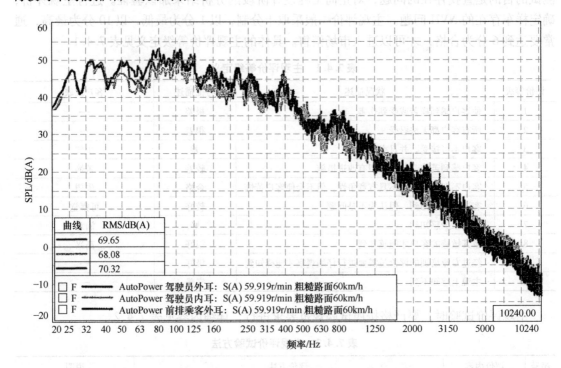

图7.4.1 某车型在粗糙路面上以60km/h速度行驶时车内前排噪声的测试结果

主观评价过程中发现的问题点要与测试结果相互验证。如果确实是问题点，要查找原因。找到问题根源以后，就可以采取有效解决措施了。

这一阶段的试验目的是为了暴露问题，因此，试验项目要尽可能地全面，要尽可能地模拟用户的用车环境和行为习惯。有时候售后服务部门会接到用户的投诉、抱怨，这说明有些问题在试验过程中并没有发现。道路情况、天气条件、个人习惯、使用频度等都会影响问题发生的概率。而试验工程师要做的就是尽可能全面地考虑到这些因素。

试验应该按照规范进行，试验规范中应该有各种工况的定义，试验场地、天气条件、测试设备等有统一的规定。表7.4.4中对部分工况及试验场地进行了说明。

表 7.4.4　车辆行驶工况

工况	档位	试验场地
发动机起动	N	试验室或安静场所
车辆起步	1G/R	试验室或安静场所
急速	N	试验室或安静场所
空档急速	N	试验室或安静场所
常速巡航	2G/3G/4G	试验场、安静公路或消声室
缓加速	2G/3G/4G	试验场、安静公路或消声室
全加速	2G/3G/4G	试验场、安静公路或消声室
快踩/快松加速踏板	2G/3G/4G	试验场、安静公路或消声室

除了整车级别的 NVH 试验以外，还需要同时进行系统及零部件级别的测试，如白车身模态、转向系统模态、动力总成辐射噪声等，以对系统级及零部件级的 NVH 目标加以验证，同时也是数据库建设的需要。

对于试验中发现的问题要及时地解决。有些问题是设计上的原因，有些问题是制造和安装上的原因，要根据问题产生的根源去采取有效的措施。一些专业的测试设备、软件和工具为发现问题、解决问题提供了很好的帮助。还有一些专业的咨询公司，专门提供这方面的技术服务。通过合作的方式来解决问题，不但能够缓解汽车公司人手不足、经验不足的问题，还可以在解决问题的同时，快速培养出自己的 NVH 试验工程师。

7.4.2　小批量制造

小批量生产的目的主要是验证生产线生产能力、工人的操作熟练程度、各单位的配合等。这一阶段可能会生产几十台，甚至上百台样车。所有的样车都在正规生产线上生产，零部件都由工装模具制造。根据试验目的的不同而分配样车的使用。例如，有些样车要进行碰撞安全试验，以验证是否满足安全法规要求；有些样车要进行 NVH 试验，以检验生产线上出来的汽车的性能稳定性。

小批量生产阶段的样车也有可能出现 NVH 问题。这时候出现的问题多数是产品质量稳定性、安装稳定性等因素造成的。例如，底盘零部件上某个螺栓没有按照规范打紧，那么就很容易出现异响问题。因此，对于这一类问题，最有效的解决办法就是对车间工人进行培训，严格按照操作规范进行，提高规范的执行率。

第8章 路面噪声模拟

8.1 路面噪声模拟方法

8.1.1 虚拟性能开发概述

汽车开发是一项庞大的工程，涉及众多的技术领域。一百多年前，当汽车刚刚被发明出来时，可能连图纸都没有，工人们是一边摸索一边将汽车组装起来的。随着技术的进步，越来越多的新技术被应用到汽车设计和制造中。汽车开发越来越复杂，人们想尽一切办法来提高效率。模拟仿真技术就是在这种情况下被开发出来的，并不断地加以完善，越来越多地应用到汽车开发当中。

模拟仿真技术利用计算机极高的运行速度和专业软件的强大功能，部分或者全部地模拟汽车的某项功能，以代替物理试验。例如，车身的疲劳强度试验，传统做法是制造出多台样车来，然后到专门的路面上去驾驶，对车身是否满足强度要求进行校核。这一过程耗时费力，通常需要花费几个月的时间，当然还有大量的人力、物力投入。后来人们开发出来疲劳强度的仿真软件，有很多工作都可以在计算机上完成，既节省了时间，还节省了费用。如果出现了疲劳强度问题，如车身某处发生了断裂，那么还可以通过模拟仿真技术来制定最有效的整改方案。

模拟仿真技术的应用能够带来很多好处，如：

1) 可以提高产品开发质量。
2) 可以缩短产品开发周期。
3) 可以降低产品开发费用。
4) 可以进行复杂产品的操作使用训练。

汽车NVH性能模拟仿真技术是其中的一个分支，从最初的单个零件的模态计算，到目前的整车NVH性能模拟，已经越来越专业、越来越复杂，能够更好地对整车性能进行模拟，帮助人们更好、更快地开发汽车产品。

汽车在路面上行驶时，轮胎和路面产生的激振力传递到轮胎，再经过轮胎内空气和轮辋的耦合系统传递到车轴，形成车轴上的纵向力、垂向力，有时还有转矩。

路面对轮胎的激振力来自两个方面：一是路面通过接触面对轮胎不断地局部挤压和释放，产生垂向激振力；另一方面是路面与轮胎橡胶在接触面不断地挤压和释放，产生纵向激振力。粗糙路面产生的激振力一般比平坦路面产生的激振力要大。

有限元法可以分析轮胎内空气与结构间的耦合影响。轮胎与路面接触并变形后，密封在轮胎内的空气会在 220 ~ 240Hz 出现两个空腔模态，这会引起车轴端垂直方向的振动。

图 8.1.1 所示为路面噪声的产生原理示意图。

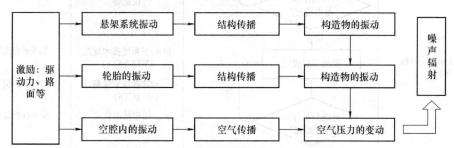

图 8.1.1　路面噪声的产生原理示意图

路面噪声的激励主要来自路面，路面越粗糙，则激励越大，噪声越高。图 8.1.2 所示为汽车以同一速度在不同路面上行驶时测试得到的车内噪声水平。从测试结果可以得出如下结论：

1) 路面的激励越大，则路面噪声越高。
2) 低频时路面激励的影响大。
3) 高频时结构振动特性的影响大。

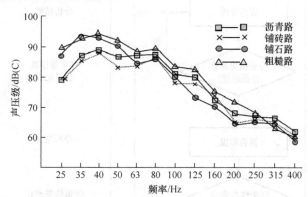

图 8.1.2　汽车以同一速度在不同路面上行驶时测试得到的车内噪声水平

8.1.2　虚拟性能开发流程

为规范虚拟性能开发过程，明确相关部门的职责分工，及时促进各项工作的行动落实，需要编制专门的虚拟性能开发流程。

开发流程包括目的、适用范围、职责分工、工作内容、工作流程、交付物、节点评审等内容。

图 8.1.3 所示为某汽车公司虚拟性能开发流程，与整车开发流程相对应，每个阶段的工作内容、责任部门都有列出。

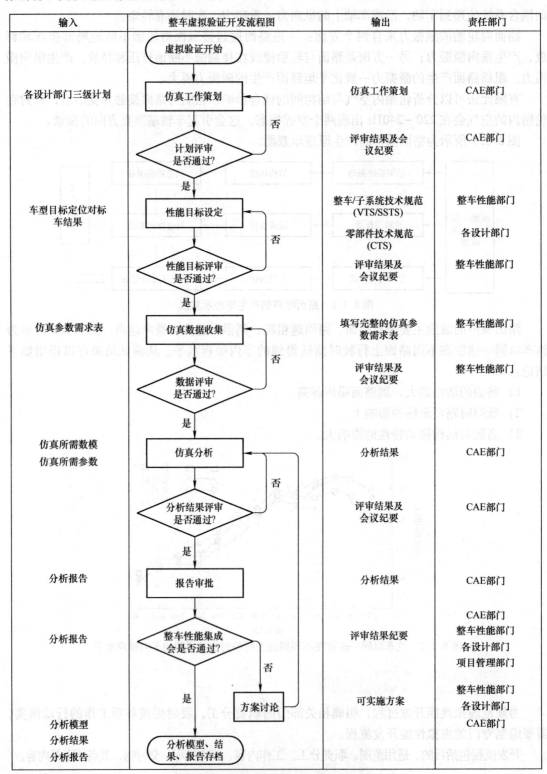

图 8.1.3　某汽车公司虚拟性能开发流程

车型开发包含全新车型开发、改款车型开发和换代车型开发，当车型项目为改款车型或换代车型时，CAE部门工作内容需根据项目主计划及具体车型变更来制定，但具体工作内容包含在全新车型项目开发中。

以全新车型开发项目为例，各阶段主要工作内容如下：

(1) 产品规划阶段

项目产品规划阶段的主要工作包括：

1) 参与技术调研、标杆车分析、目标设定和可行性分析。

2) 为产品设计阶段提供结构设计指导。

项目产品规划阶段的输出物包括竞品车对标分析报告。

(2) 概念开发阶段

产品概念开发阶段的主要工作包括：

通过概念建模或同类车型有限元网格变形技术，建立产品的概念模型，经过仿真分析，得到车身模态、刚度、碰撞结果等；根据整车参数、结构参数或数据等，建立动力性、经济性、操纵稳定性等模型并分析，为产品设计初步提供性能依据与设计方向。

项目概念开发阶段的输出物包括各阶段数据各性能分析报告。

(3) 工程设计阶段

产品工程设计阶段的主要工作包括：

负责对各设计部门的详细数模进行分析和优化，并提供结构更改建议，使结构满足性能目标要求。

产品设计阶段的输出物包括详细数据各性能分析报告、优化报告。

(4) 工程开发及产品验证阶段

产品工程开发及产品验证阶段的主要工作包括：

1) 协助设计部门解决制造或试验中出现的问题。

2) 根据试验结果进行仿真试验对标分析，提升仿真精度。

产品工程开发及产品验证阶段的输出物包括性能优化报告、仿真试验对标报告。

(5) 生产准备阶段

产品生产准备阶段的主要工作包括：

为适应市场需求和提高市场竞争力而提出的结构变更，用以提升产品性能，由设计工程师提供变更数模，CAE部门进行分析优化及验证。

产品生产准备阶段的输出物包括性能分析及验证报告。

8.1.3 虚拟性能开发管理

(1) 计划内分析项目管理

1) CAE部门根据项目主计划编制CAE分析计划。

2) 各设计部门根据项目主计划在数据同步之前提供仿真参数需求表中的相关数据，在项目过程中，若输入数据发生设计变更，设计部门需要及时通知CAE部门，并提供新的数据及变更明细。

3) CAE部门根据CAE分析计划完成各阶段各专业的CAE分析。

4) CAE部门定期组织专家对CAE分析结果进行内部评审后，出具分析报告。

5) 由整车性能部牵头组织整车性能集成会，与各设计部门对性能状态进行沟通讨论。

6) CAE 部门对分析结果和分析报告进行存档。

(2) 临时性分析项目管理

1) 针对临时性分析任务，委托方需要内部评审后填写 CAE 任务申请单，并以邮件形式发送给 CAE 部门领导及相关负责人，CAE 部门在回复 CAE 任务申请单时明确项目负责人、完成时间及该项目的 CAE 分析数据输入清单。

2) 委托方根据 CAE 分析数据输入清单提供参数。

3) CAE 部门构建分析模型，分析计算，组织专家内部评审后，出具分析报告反馈给委托方。

4) CAE 部门对分析结果和分析报告进行存档。

8.1.4 路面噪声的计算方法

为了预测路面噪声，人们尝试了多种办法。概括地讲，主要有矢量合成法、路谱激励法和载荷分解法等。下面逐一介绍。

1. 矢量合成法

矢量合成法分两步进行。第一步通常利用试验来测试轮心力及力矩。它利用逆矩阵法来反推轮心激励。第二步利用有限元方法来获得轮心到车内乘员位置的声学传递函数。利用矢量合成法得到车内噪声。

图 8.1.4a 所示为轮心力测试示意图，图 8.1.4b 所示为声学传递函数，图 8.1.4c 所示为车内噪声合成结果。

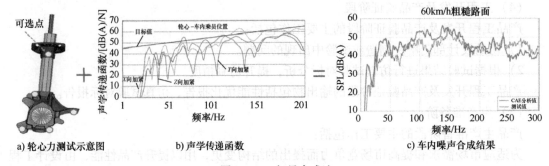

图 8.1.4 矢量合成法

2. 路谱激励法

该方法模拟的是实际车辆在路面上行驶时的状况。在轮胎与地面接触部位施加激励，直接计算车内噪声响应。使用这种方法有两个难点：一是轮胎的模型，二是路面激励。

轮胎具有高度的非线性，其模态特性因载荷、胎压、温度、车速等因素而不同。为了准确模拟轮胎的振动特性，人们开发出了模态轮胎。它是基于测试和仿真的综合方法而搭建的模型，能够准确地反映出轮胎的模态特性。模型中还包括轮胎内部的空气，并考虑空气与轮胎胎壁的耦合作用。

模态轮胎模型一般由轮胎供应商提供，模型通常为 DMIG 格式，其中包括质量、刚度和阻尼矩阵，可以直接导入到软件中进行计算。

路面激励通常称为路谱，一般是通常扫描路面形状而获得的。为了保证路谱的一致性，必须在专用的试验跑道上进行测试。

图 8.1.5a 所示为路谱，图 8.1.5b 所示为车内噪声模拟结果。

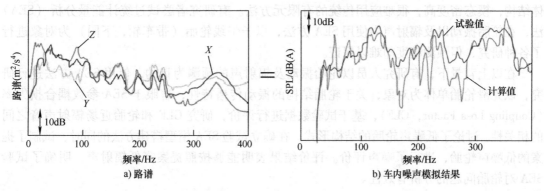

图 8.1.5　路谱激励法

3. 载荷分解法

路面作用在轮胎上的激励，通过轮胎、悬架系统、悬置系统向车身传递。这些传递路径上都设置有激励衰减部件，如动力总成悬置、衬套等。通过试验方法测试悬置、衬套等处的传递力，然后将这些激励施加到车身上，利用有限元方法就可以对路面噪声进行预测。

直接测试这些点的传递力很困难，一般采用载荷分解的方法来获取激励。首先利用六分力仪测取轮心力和力矩，然后利用 ADAMS 的载荷分解方法，将轮心力和力矩分解到各个连接点处。这种方法类似于疲劳分析的载荷分解方法，不同的是试验路面、频率范围及载荷大小等参数。图 8.1.6a 所示为悬架系统传递路径关键点示意图，图 8.1.6b 所示为分解到前摆臂前点的载荷，图 8.1.6c 所示为将这些载荷施加到车身上，计算得到的车内噪声。

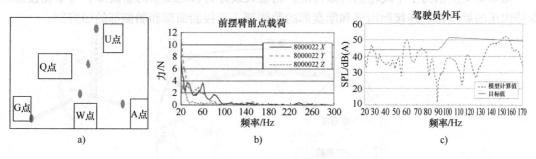

图 8.1.6　载荷分解法

8.2　轮胎单体振动分析 SEA 模型搭建

8.2.1　简介

近年来，随着动力总成系统的噪声水平不断的降低，以及电动化转型，整车噪声中轮胎噪声的贡献量变得越来越高。另外，从 2018 年 4 月开始应用 R117 - 02 的轮胎限制，

R51-03中汽车单体噪声限制也变得愈发严格，要求进一步降低轮胎和路面噪声。关于轮胎噪声，利用各种维度、各种模型进行了深入研究，但其中大部分是针对500Hz以下的车内噪声的，关于500Hz以上对车外噪声贡献较高部分的研究报告很少。轮胎是复合结构超黏弹性体结构，模态密度高，很难应用传统的有限元方法。有研究者尝试过统计能量分析（SEA）法，在轮胎振动以及辐射声中使用SEA方法，以子午线轮胎（带车轮，下同）为对象进行了各种研究，但预测精度却难以保证。

在以上背景下，有研究人员以轮胎振动及辐射声的预测为目的，使用SEA方法进行研究，以光滑轮胎单体为对象，关于轮胎结构的振动传播特性，着眼于SEA参数耦合损失率（Coupling Loss Factor，CLF），基于试验数据进行评价，研究CLF和轮胎近场辐射声音之间的相关性。讨论了低噪声轮胎的结构形式。在确立试验SEA模型搭建方法的同时，试制了提案的低噪声轮胎，进行了噪声评价。评价结果表明能够按照提案降低辐射声，明确了试验SEA对轮胎问题的分析有效性。

在本节中，从图面设计阶段开始，对光滑轮胎单体分析SEA模型，即CLF的计算公式进行探讨。首先，在SEA试验中评价三种轮胎的CLF，考察通过SEA分析计算CLF的方法。其次，整理基于SEA分析的CLF的计算公式，与试验SEA的CLF进行比较，考察后，关于200Hz以下，将轮胎结构视为一张等价平板，作为表示弯曲振动传播的SEA分析模型来处理。另外，本结果与将以往的轮胎视为平板相对应。

8.2.2 基于SEA试验的CLF

首先，显示了基于三种轮胎SEA试验的CLF评价结果，并考察了基于SEA分析的CLF预测方法。

1. 轮胎结构

图8.2.1所示为子午线轮胎内部构造。轮胎大致分为带花纹槽的胎面部、与车轮接触并保持内压的胎盘部、连接胎面部和胎盘部的胎侧部、连接胎面部和胎侧部的胎肩部。

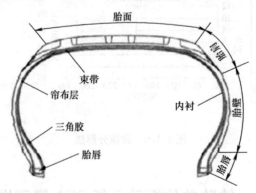

图8.2.1 子午线轮胎内部构造

胎面部主要由橡胶、钢丝帘布层、帘布和周向加强层构成，胎侧部由橡胶和帘布构成。本次关于试验SEA的轮胎研究中，主要着眼于胎面部和胎侧部。考察、评价胎面要素间、胎面和胎侧间的振动能量传播特性，即CLF。

2. 三种测试轮胎

准备了三种内部构造不同的光滑轮胎（195/65R15，内压为220kPa），其主要参数见表8.2.1，以带束层角度、周向加强层层数、帘布层、弯曲刚度为参数。另外，这三种轮胎分别是基准轮胎（G1）、降噪轮胎（R1）、增噪轮胎（R2）。

表 8.2.1　三种测试轮胎的主要参数

轮胎名称	G1	R1	R2
带束层角度/(°)	28	36	20
周向加强层层数	1	2	0
帘布层	1	1	1
弯曲刚度/(N/mm)	30	49	19

3. 轮胎类型引起的 CLF 差异

图 8.2.2 显示的是三种轮胎的面外和面内振动的 CLF 比较结果。另外，作为参考列出了高达 10kHz 的结果，但如已报道的那样，脉冲锤的激振在 2Hz 以上时不能确保相干性。另外，关于试验引起的 CLF 的偏差，后述的图 8.2.5 ~ 图 8.2.8 表示了两次评价结果的差异，可以确认偏差的大小。由此，可以说图 8.2.2 所示的三种轮胎的差异大于试验的偏差。

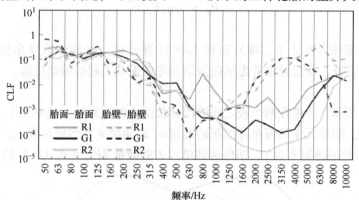

a) 胎面间和胎壁间CLF比较

b) 胎面和胎壁CLF比较

图 8.2.2　三种轮胎的面外和面内振动的 CLF 比较结果

在胎面间和胎壁间的 CLF 中，根据图 8.2.2a，CLF 的频率特性被分为大约以 200Hz 和 1kHz 为边界的三个频域。另外，图 8.2.2b 的胎面和胎壁之间的 CLF 的频率特性也大致以 200Hz 和 630Hz 为界分为三个频域。

如上所述，轮胎的振动传播特性（CLF）根据频域而具有不同的特性。这种频率特性引起的变化在金属材料中几乎不被观察到，被认为是轮胎构造研究的难点之一，但是，通过本节中基于 SEA 分析的 CLF 计算，将轮胎结构视为单层化的等价平板，在约 200Hz 以下的频域进行讨论。轮胎的最低次固有振动频率约为 50Hz，到 200Hz 为止大约有 30 阶。对于 200Hz 以上频带范围，今后将考虑各层实际结构的影响。

8.2.3 SEA 分析模型搭建

如前所述，轮胎结构中的振动传播特性（CLF）具有三个频段的特性，但在本节中，重点关注 200Hz 以内的特性。作为 SEA 分析的 CLF 计算公式，我们整理了板材之间的振动传播，并将其扩展到块材之间的振动传播。

1. 基于 SEA 分析的 CLF 计算公式

在 SEA 理论中，当两个部件连接时，从一个部件到另一个部件的传递能量 P_{ij} 认为与单元能量 E_i 之间具有以下关系：

$$P_{ij} = \omega \eta_{ij} E_i \tag{8-2-1}$$

式中，η_{ij} 为 CLF。

下面，整理部件为板材（二维）时的 CLF 计算公式，并从中推导出块材（三维）的 CLF 计算公式。另外，在板材中考虑纵向振动和弯曲振动引起的振动传播。

（1）板材

如图 8.2.3 所示，考虑在两个板之间的耦合长度 L 的边界处，从单元 1 入射到单元 2 的传递能量。现在，当单元 1 的每单位面积的能量 e_1^+ 以角度 θ 和传播速度 c_{S1} 入射到耦合长度 dL 时，如果耦合处的透射率为 τ，则传递到单元 2 的能量 dP_{12} 见式（8-2-2）。

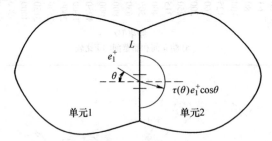

图 8.2.3 通过板单元之间的耦合传播的能量

$$dP_{12} = \frac{e_1^+ c_{S1}}{\pi} \tau \cos\theta d\theta dL \tag{8-2-2}$$

因此，从单元 1 到单元 2 的全部传递能量 P_{12} 见式（8-2-3）。

$$P_{12} = \int_0^L \int_{-\pi/2}^{\pi/2} \frac{e_1^+ c_{S1}}{\pi} \tau \cos\theta d\theta dL \tag{8-2-3}$$

此处，如果设单元 1 的所有能量为 E_1，由于有 $e_1^+ = E_1/S_1$（S_1 为单元 1 的表面积），则式（8-2-3）可以转化为式（8-2-4）。

$$P_{12} = \frac{E_1 c_{S1}}{\pi S_1} L\tau_{12}, \tau_{12} = \int_{-\pi/2}^{\pi/2} \tau\cos\theta d\theta \tag{8-2-4}$$

因此，从式（8-2-4）和式（8-2-1）可以得到板材之间的CLF：

$$\eta_{12} = \frac{c_{S1}L}{\omega\pi S_1}\tau_{12} \tag{8-2-5}$$

（2）块材

对于块材（三维单元），将前面的二维板材间公式扩展到三维即可，即结合边界长度为接合边界面，表面积为体积，入射角为与接合面正交的两个角度 θ_1、θ_2。因此，从式（8-2-5）可以得到块材间的CLF：

$$\eta_{12} = \frac{c_{S1}S}{\omega\pi^2 V_1}\tau_{12S} \tag{8-2-6}$$

透射率 τ_{12S} 由式（8-2-7）定义。

$$\tau_{12S} = \int_0^L \int_{-\pi/2}^{\pi/2} \tau\cos\theta_1\cos\theta_2 d\theta_1 d\theta_2 \tag{8-2-7}$$

2. 传递速度

对于式（8-2-5）和式（8-2-6）中的传递速度 c_{S1}，分为板材间纵波和弯曲波的两种情况，在块材当中则只有疏密波，即纵波。板材中的纵波传播速度 c_{SL} 和杨氏模量 E、密度 ρ 之间的关系可以用式（8-2-8）表达。

$$c_{SL} = \sqrt{\frac{E}{\rho}} \tag{8-2-8}$$

板材的弯曲波传播速度 c_{SB}，由弯曲刚度 EI、单位面积的质量 m、角频率 ω、断面二次惯性力矩 I 等参数决定，用式（8-2-9）表达。

$$c_{SB} = \sqrt[4]{\frac{EI\omega^2}{m}} \tag{8-2-9}$$

对于块材的疏密波，与式（8-2-8）的纵波相同。

3. 透射率

对于板材，如果两种材料的材质相同，接合角度分别为 0°、90°，那么纵波及弯曲波的透射率 τ_{12L}、τ_{12B} 可以利用板厚比 $\Delta = h_i/h_j$，由式（8-2-10）~式（8-2-11）求得。

$$0°\text{时}: \tau_{12L} = \tau_{12S} = 4/(\Delta^{-1/2} + \Delta^{1/2})^2 \tag{8-2-10}$$

$$0°\text{时}: \tau_{12B} = \left(\frac{\Delta^{-5/4} + \Delta^{-3/4} + \Delta^{3/4} + \Delta^{5/4}}{\frac{\Delta^{-2}}{2} + \Delta^{-\frac{1}{2}} + 1 + \Delta^{\frac{1}{2}} + \frac{\Delta^2}{2}}\right)^2 \tag{8-2-11a}$$

$$90°\text{时}: \tau_{12B} = \tau_{12L} = 2/(\Delta^{-5/4} + \Delta^{5/4}) \tag{8-2-11b}$$

8.2.4 轮胎等价弯曲刚度及等价杨氏模量的推导

本章中，在利用分析 SEA 方法计算 CLF 时，轮胎的胎面及胎壁视为积层构造，将其按照等价单层板考虑，则可以计算出等价杨氏模量和等价弯曲刚度。

1. 胎面

(1) 单向强化材料的复合法则

轮胎内部结构的带束层、周向加强层和帘布层分别由橡胶和帘布层构成，具有各向异性。因此，各层的周向杨氏模量 E_L、宽度方向杨氏模量 E_T、周向的泊松比 ν_L、剪切弹性模量 G_{LT} 使用帘布层和橡胶的杨氏模量、泊松比、剪切率、体积含有率来表示。

$$E_L = E_f V_f + E_m V_m \tag{8-2-12}$$

$$\frac{1}{E_T} = \frac{V_f}{E_f} + \frac{V_m}{E_m} - V_f V_m \left(\frac{V_m}{E_m} - \frac{V_f}{E_f}\right)^2 \bigg/ \left(\frac{V_f}{E_m} + \frac{V_m}{E_f}\right) \tag{8-2-13}$$

$$\nu_L = \nu_f V_f + \nu_m V_m \tag{8-2-14}$$

$$\frac{1}{G_{LT}} = \frac{V_f}{G_f} + \frac{V_m}{G_m} \tag{8-2-15}$$

式中，E、ν、G、V 分别为杨氏模量、泊松比、剪切模量、体积含有率；下角标 f 为帘布层；下角标 m 为橡胶。

另外，根据 Maxwell–Betti 的相反性原理，宽度方向的泊松比 ν_T 由式（8-2-16）定义。

$$\nu_T = \nu_L \frac{E_T}{E_L} \tag{8-2-16}$$

由于帘布层的杨氏模量 E_f 大于橡胶的杨氏模量 E_m，剪切模量 G_{LT} 和宽度方向的泊松比 ν_T 用式（8-2-17）近似计算。

$$\nu_T = 0, \quad G_{LT} = \frac{E_T}{4} \tag{8-2-17}$$

帘布层和带束层及周向加强层不同，在垂直方向配置了强化纤维。总之与之前的强化纤维方向相反，泊松比 ν_T 由式（8-2-18）表达。

$$\nu_T = \nu_{ply} V_{ply} + \nu_m V_m \tag{8-2-18}$$

式中，ν、V 分别为泊松比、体积含有率；下角标 ply、m 分别为帘布层和橡胶。

(2) 直交异方性刚度矩阵的推导

接下来，从应力和应变的关系导出刚性矩阵 $[E_{ij}]$。带束层、周向加强层、帘布层等各层在以下条件下求出刚性矩阵 $[E_{ij}]$。

轮胎的积层可以考虑带束层、带束层+帘布层的两层、带束层+周向加强层的两层、带束层+帘布层+周向加强层的三层。因此，以下对两层和三层的情况分别进行整理。

根据胡克定律，使用坐标变换矩阵 $[T]$、柔性矩阵 $[C_{(O)}]$、应力 $[\sigma_1]$ 见式（8-2-19），根据应变 $[\varepsilon_1]$ 和刚度矩阵 $[E_{ij}]$ 的关系求出。

$$[\sigma_1] = [T][\sigma_1] = [T][C_{(O)}]^{-1}[T]^{-1}[\varepsilon_1] \equiv [E_{ij}][\varepsilon_1] \tag{8-2-19}$$

因此，单层、两层、三层时的刚度矩阵 $[E_{ij}]$ 由下面的公式表达。

$$[E_{ij}]_1 = [T][C_{(O)}]^{-1}[T]^{-1} \tag{8-2-20}$$

$$[E_{ij}]_2 = \left\{[T][C_{(O)}]^{-1}[T]^{-1}\frac{h_1}{H_0} + [T][C_{(O)}]^{-1}[T]^{-1}\frac{h_2}{H_0}\right\} \tag{8-2-21}$$

$$[E_{ij}]_3 = \left\{[T][C_{(O)}]^{-1}[T]^{-1}\frac{h_1}{H_0} + [T][C_{(O)}]^{-1}[T]^{-1}\frac{h_2}{H_0} + [T][C_{(O)}]^{-1}[T]^{-1}\frac{h_3}{H_0}\right\}$$

$$\tag{8-2-22}$$

式中，h_1、h_2、h_3 为各层的厚度；H_0 为橡胶厚度与各层厚度加起来的长度。

(3) 等价弯曲刚度的推导

根据由式（8-2-20）~式（8-2-22）求得的刚度矩阵 $[E_{ij}]$，利用古典积层理论求出每单位宽度的弯曲刚度。假设积层截面在变形后仍保持平面，总是与变形的基准面正交，厚度方向上没有伸缩，弯曲的中立轴位于轮胎主交叉带的中央。

假设积层厚度方向为 Z 向，则胡克定律可以用式（8-2-23）表达。

$$\begin{bmatrix} N_x \\ N_y \\ N_{yx} \\ M_x \\ M_y \\ M_{xy} \end{bmatrix} = \begin{bmatrix} A_{xx} & A_{xy} & A_{xs} & B_{xx} & B_{xy} & B_{xs} \\ A_{xy} & A_{yy} & A_{xs} & B_{xy} & B_{yy} & B_{ys} \\ A_{ys} & A_{ys} & A_{ss} & B_{xs} & B_{ys} & B_{ss} \\ B_{xx} & B_{xy} & B_{xs} & D_{xx} & D_{xy} & D_{xs} \\ B_{xy} & B_{yy} & B_{ys} & D_{xy} & D_{yy} & D_{ys} \\ B_{xs} & B_{ys} & B_{ss} & D_{xs} & D_{ys} & D_{ss} \end{bmatrix} \begin{bmatrix} \varepsilon_x \\ \varepsilon_y \\ \varepsilon_z \\ k_x \\ k_y \\ k_z \end{bmatrix} = [A_{ij}, B_{ij}, D_{ij}] \begin{bmatrix} \varepsilon_x \\ \varepsilon_y \\ \varepsilon_{xy} \\ k_x \\ k_y \\ xy \end{bmatrix} \quad (8\text{-}2\text{-}23)$$

式中，N_i、M_i 分别为积层板的合力、合惯性矩；ε_i 为应变；k_i 为曲率；A_{ij}、B_{ij}、D_{ij} 分别为面内刚度、面外变形和面内变形耦合在一起的刚度、面外刚度，由式（8-2-24）表示。

$$[A_{ij}, B_{ij}, D_{ij}] = \sum_{m=1}^{N} \int_{h_{m-1}}^{h_m} [E_{ij}] \mathrm{d}z \quad (8\text{-}2\text{-}24)$$

式中，N 为层数；h_m 为第 m 层的厚度。

将上述推导出的刚度矩阵 $[E_{ij}]$ 作为测试轮胎内部构造的积层，就可以求得各种轮胎的刚度矩阵 $[E_{ij}]$。

另外，如果考虑到圆筒弯曲状的约束条件，等价刚度 D_x 可以利用式（8-2-25）推导出来。

$$D_x = \frac{M_x}{k_x} = D_{xx} - \frac{B_{xs}^2}{A_{ss}} \quad (8\text{-}2\text{-}25)$$

2. 胎壁

胎壁由帘布层和橡胶构成，是与沟槽部的内部结构相互独立的结构。

胎壁的等效杨氏模量由拉伸、弯曲、剪切和张力等多个因素决定。因此，胎壁的等效杨氏模量 E 可以由式（8-2-26）求得。

$$E = k_p + P/(u_x + u_B + u_S) \quad (8\text{-}2\text{-}26)$$

式中，k_p 为由张力引起的轴向刚度；P 为轮胎内压；u_x、u_B、u_S 分别为拉伸位移、弯曲位移和剪切位移。

通过考虑式（8-2-26）的等效杨氏模量和胎壁曲率的截面二次惯性矩，可以求出胎壁的等效弯曲刚度。

另外，在胎壁由帘布层和橡胶构成的情况下，可以推导出帘布层的层方向和垂直方向的刚度。

假设胎壁橡胶的纤维布增强橡胶是各向同性的，利用前述的变量，可以得到胎壁的等效杨氏模量 E_q、泊松比 ν、等效纵向弹性模量 G 的计算公式。

$$E_q = \frac{\dfrac{E_L + E_T + 2\nu_L E_T}{1 - \nu_L \nu_T} \left(\dfrac{E_L + E_T + 2\nu_L E_T}{1 - \nu_L \nu_T} + 4G_{LT} \right)}{\dfrac{3(E_L + E_T) + 2\nu_L E_T}{1 - \nu_L \nu_T} + 4G_{LT}} \quad (8\text{-}2\text{-}27)$$

$$\nu = \frac{\dfrac{E_L + E_T + 6\nu_T E_T}{1 - \nu_L \nu_T} - 4G_{LT}}{\dfrac{3(E_L + E_T) + 2\nu_L E_T}{1 - \nu_L \nu_T} + 4G_{LT}} \tag{8-2-28}$$

$$G = \frac{1}{8}\left(\frac{E_L + E_T + 2\nu_L E_T}{1 - \nu_L \nu_T} + 4G_{LT}\right) \tag{8-2-29}$$

8.2.5 SEA 分析的应用

此处，使用 8.2.4 的等效杨氏模量和等效弯曲刚度，通过 8.2.3 的 SEA 分析，对板材间的纵波和弯曲波传播、块体之间的 CLF 计算公式的预测结果，主要是对 200Hz 以下频带进行比较观察，对胎面和胎壁间的 CLF 计算公式进行讨论。

1. 不同轮胎的等价杨氏模量和等价弯曲刚度的差异

胎面的等效弯曲刚度主要取决于带束层角度，依次为 R2(19N/mm) < G1(30N/mm) < R1(49N/mm)。另外，由于胎壁由帘布层和橡胶构成，本节中的轮胎都是相同的规格，所以无论哪种轮胎的规格，胎壁的等效杨氏模量都为 0.044GPa，截面二次力矩和等效弯曲刚度都是相同的。

2. SEA 测试和分析得到的 CLF 比较

作为 SEA 测试和分析得到的 CLF 结果比较的典型案例，G1 轮胎的结果如图 8.2.4 ~ 图 8.2.7 所示。另外，研究对象的轮胎有 30 个模态，作为等价平板单层化后的等价杨氏模量适用于 200Hz 以下频带范围，但作为参考，显示到 2kHz 频带。在图 8.2.4 ~ 图 8.2.7 中，ESEA 是 SEA 试验结果（两次测试结果用黑实线表示，由此可以确认试验评价的再现性），SL 和 SB 是式（8-2-5）中的纵波和弯曲波的 SEA 分析结果，Solid 是式（8-2-6）的 SEA 分析结果。

SL（板材、纵波）和 Solid（块材）的 CLF 与角频率 ω 的平方成反比，SB（板材、弯曲波）与角频率的 1/2 次方成反比，式（8-2-5）~式（8-2-11）所需的参数，如等效杨氏模量（表 8.2.1 的最后一行）、密度（1610kg/m³）、胎面厚度（0.013m）、侧壁厚度（0.007m）、接合长度和面积，是按照胎面及胎壁四分之一模型的实际尺寸计算的。另外，在弯曲波的情况下，由于单元在胎面间和胎壁间连续接合，所以透射率设为接合角度为 0°见式（8-2-11a），胎面和胎壁之间由于单元间垂直接合，所以接合角度为 90°见式（8-2-11b）。

（1）胎面间的 CLF

根据图 8.2.4 所示的胎面之间的 CLF 的比较，ESEA（试验）在 200Hz 以下大致与振动频率的 1/2 次方成反比，可以说是 SB（板材、弯曲波）更接近的结果。另外，SL（板材、纵波）的频率特性是一致的，但在大小上存在差异。此外，在 250Hz 以上，ESEA 通常与频率的 3/2 次方成反比，并且与任何分析 SEA 的结果都不一致。

（2）从胎面到胎壁的 CLF

在图 8.2.5 所示的从胎面到胎壁的 CLF 比较中，在 200Hz 以下 SB 的 ESEA 在尺寸和频率特性上都一致。然而，SL 和 ESEA 的频率特性是一致的，但大小不同。另外，在 250Hz 以上，SEA 分析的频率特性都与 ESEA 不同。

图 8.2.4 G1 轮胎胎面之间的 CLF 比较

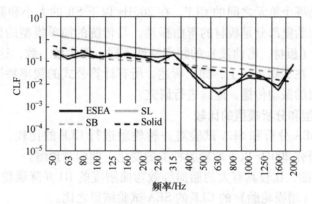

图 8.2.5 G1 轮胎从胎面到胎壁的 CLF 比较

(3) 从胎壁到通顺面的 CLF

在图 8.2.6 所示的从胎壁到胎面的 CLF 比较中,在 200Hz 以下,ESEA 和 SB 和 Solid 大致一致,但是 SL 的大小不同。

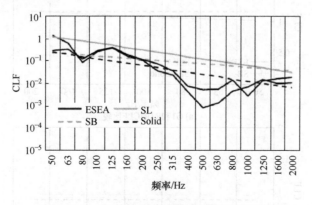

图 8.2.6 G1 轮胎从胎壁到胎面的 CLF 比较

(4) 胎壁间 CLF

在图 8.2.7 所示的胎壁间的 CLF 比较中,在 200Hz 以下,ESEA 与 SB 有很好的一致性,

Solid 也大致一致。

图 8.2.7　G1 轮胎胎壁间的 CLF 比较

综上所述，无论哪个单元之间的 CLF，在 200Hz 以下 SB 的大小和频率特性都与 ESEA 一致。这表明胎面和胎壁部分是板材的弯曲振动，与传统的简单模型的想法相对应。另外，Solid（块材）与 SB（板材、弯曲波）的频率特性不同，但大致一致，这是有趣的，并且将进一步研究。另外，在 250Hz 以上，如上所述，所有计算公式的频率特性都有很大的不同，表明有必要考虑各层的振动传播，继续进行研究。

3. SEA 试验模型和分析模型的比较

在前面，通过 SEA 分析和 SEA 试验对一种轮胎进行 CLF 的比较，进行了绝对预测研究。因此，接下来研究 200Hz 以下的轮胎种类的变化，即相对预测。

以 G1 轮胎为基准，比较具有大的胎面等效弯曲刚度的 R1（降噪轮胎）与具有小胎面等效弯曲刚度的 R2（增噪轮胎）的 CLF 的 SEA 试验结果之比。

图 8.2.8 表示胎面间的 CLF，图 8.2.9 表示从胎面到胎壁的 CLF 比较。当纵轴比大于 1 时，意味着 R1 的 CLF 大于 G1。

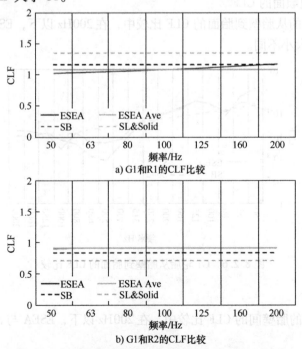

a) G1 和 R1 的 CLF 比较

b) G1 和 R2 的 CLF 比较

图 8.2.8　三种轮胎胎面间的 CLF 比较（200Hz 以下）

第8章 路面噪声模拟

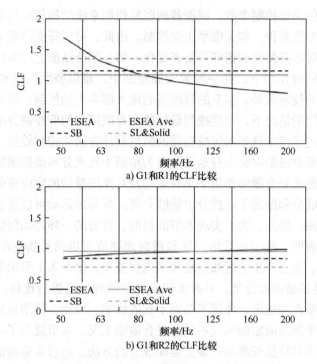

图 8.2.9 三种轮胎从胎面到胎壁的 CLF 比较（200Hz 以下）

（1）胎面间 CLF 比较

对于胎面之间的 CLF，根据图 8.2.8a，R1 的 SEA 试验结果的平均值（ESEA Ave）为 G1 的 1.09 倍，R1 的 SEA 分析的板材弯曲波（SB）为 G1 的 1.17 倍，R1 的纵波（SL）和块材（Solid）为 G1 的 1.36 倍。另外，根据图 8.2.8b，R2 的 ESEA Ave 为 G1 的 0.91 倍，R2 的 SB 为 G1 的 0.84 倍，R2 的 SL 和 Solid 为 G1 的 0.71 倍。

因此，可以说在胎面间 CLF 中，板材的弯曲波（SB）传递时的 ESEA 值与 ESEA Ave 值一致性最好。

（2）从胎面到胎壁的 CLF 比较

图 8.2.9 表示从胎面到胎壁的 CLF 比较结果。根据图 8.2.9a，R1 的 ESEA Ave 为 G1 的 1.1 倍，可以说板材的弯曲波（SB）是最对应的。另外，根据图 8.2.9b，R2 的 ESEA Ave 为 G1 的 0.96 倍，与图 8.2.8 相同，板材的弯曲波（SB）传递时的 ESEA 值与 ESEA Ave 值一致性最好。

因此，从胎面到胎侧的 CLF 比较中，板材的弯曲波（SB）传递时的 ESEA 值与 ESEA Ave 值一致性最好。

8.3 悬架系统阻尼控制

8.3.1 悬架系统阻尼的影响

悬架系统阻尼对路面传递来的激励有良好的衰减作用，是车辆在受到路面激励时仍能确保舒适的驾乘体验的关键控制参数。减振器的阻尼控制系统结构相对简单，适用范围广。其代表性的控制规则有很多种，如天棚半主动控制。由此，可以降低路面干扰引起的振动，控制驾驶员驾驶操作时车身侧倾和俯仰等姿态变化。如在凹凸路面上转向行驶时，在驾驶员操舵和路面干扰激励同时作用下，在一般的天棚控制中，难以兼顾振动和姿态变化的同步控制，无法得到充分的控制效果。本节的目的是利用天棚半主动控制，即使在驾驶员操舵和路面干扰激励同时作用的情况下，也能找到最佳的车身侧倾和俯仰控制方法。

在本节中，叙述了汽车悬架系统减振器的阻尼设计方法和控制效果。有文献指出，最有效的方法是在受到复合激励时将车身运动分离为路面干扰成分和操舵激励成分，并分别加以控制。如果能够检测出复合激励作用下车身运动及对操舵激励的响应成分，即使不对路面进行检测，操舵激励成分和路面干扰成分也能够分离。车身的运动可以通过加速度传感器或车轮速度传感器来检测。因此，为了实现本节的目的，重要的一环是如何估算驾驶员操舵激励成分。有研究实例表明，基于前后加速度和横向加速度可以估算操舵激励的俯仰和侧倾行为。在路面干扰下，也会产生前后加速度和横向加速度。图8.3.1所示为车辆在凹凸路面以60km/h行驶时测得的横向加速度，对有无转向操舵两种情况进行比较。可以看出，在非转向操舵时也会产生横向加速度，体现了路面干扰的影响。因此，使用前后加速度和横向加速度来估算车身相对于操舵激励的响应不适合复合激励工况。本节提出了一种使用不受路面扰动影响的车辆模型来估算操舵激励时簧上运动成分的方法。通过实验验证了模型的精度，并构建了分离操舵激励成分和路面干扰成分的天棚阻尼控制逻辑。在实验车辆上，验证了复合激励时中频域的振动控制和低频域的车身姿态变化控制的兼容性。

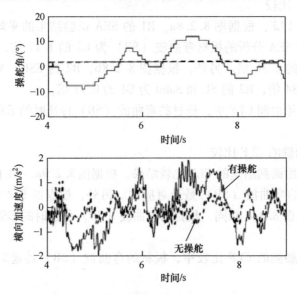

图8.3.1　凹凸路面行驶时的车辆响应

8.3.2　相对于操舵激励的侧倾状态推测模型

1. 平面运动和侧倾运动耦合的三自由度推测模型

使用图8.3.2所示的平面运动和侧倾运动耦合的三自由度（3DOF）模型来推测转向操

舵的侧倾特性。

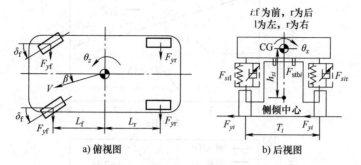

图8.3.2 平面运动和侧倾运动耦合的三自由度（3DOF）模型

该模型的运动方程如下，平面运动和侧倾特性通过轮胎横向力 F_{yi} 耦合。

$$mV(\dot{\beta} + \dot{\theta}_z) = 2F_{yf} + 2F_{yr} \tag{8-3-1}$$

$$I_z \ddot{\theta}_z - I_{xz} \ddot{\theta}_x = 2F_{yf} L_f - 2F_{yr} L_r \tag{8-3-2}$$

$$I_x \ddot{\theta}_x - I_{xz} \ddot{\theta}_z = 2F_{yf} h_{sf} + 2F_{yr} h_{sr} +$$
$$(F_{sfl} - F_{sfr} + 2F_{stbf}) T_f/2 +$$
$$(F_{srl} - F_{srr} + 2F_{stbr}) T_r/2 + mgh_s \theta_x \tag{8-3-3}$$

$$F_{yf} = -k_{cf}(\beta + L_f \dot{\theta}_z/V + h_{sf} \dot{\theta}_x/V - p_f \theta_x - \delta_f) \tag{8-3-4}$$

$$F_{yr} = -k_{cr}(\beta + L_r \dot{\theta}_z/V + h_{sr} \dot{\theta}_x/V - p_r \theta_x) \tag{8-3-5}$$

式中，g 为重力加速度；s 为拉普拉斯变量，$s = i\omega$；V 为行驶速度；m 为车辆质量；I_x 为侧倾转动惯量；I_z 为摇摆转动惯量；I_{xz} 为摇摆侧倾惯性积；T_f、T_r 分别为前、后轴距；L_i（$i =$ f、r）为重心到前后轴距离；h_{si} 为重心到侧倾中心上下距离；h_s 为侧倾力矩长度；θ_x、θ_y、θ_z 分别为侧倾角、俯仰角、摇摆角；δ_f 为操舵角；k_{ci} 为等效侧倾刚度。

考虑到转向系统和悬架的弹性变形引起的柔性转向和轮胎松弛长度引起的动态特性，k_{ci} 可以表达如下：

$$k_{ci} = \frac{k_{ci0}}{q_{1i}s/V + q_{0i}} \tag{8-3-6}$$

式中，k_{ci0} 为轮胎侧倾刚度；q_{0i}、q_{1i} 均为等价侧倾刚度测试值。

2. 悬架上下力

考虑到悬架各部位的摩擦力和橡胶衬套类的特性等，可以得到悬架在频域内的等效刚度系数和衰减系数。式（8-3-3）中的悬架上下力考虑了上述因素的影响。使用四轮激振器的随机激振试验测量每个车轮的位移、速度和上下力，获得了图8.3.3虚线所示的等效刚度系数 c_s 和阻尼系数 k_s 的频率特性。

衰减力控制指示电流 I 变化时，c_s 和 k_s 都发生变化。等效刚度系数和阻尼系数的近似识别函数见式（8-3-7）、式（8-3-8）。

$$c_s(I) = \frac{1}{a_c(I)s + 1} c_{s0}(I) \tag{8-3-7}$$

$$k_s(I) = \frac{b_k(I)s + 1}{a_k(I)s + 1} k_{s0}(I) \tag{8-3-8}$$

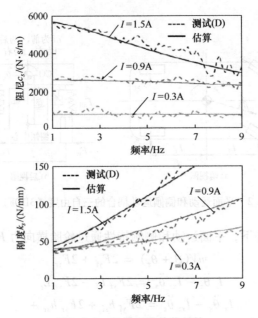

图 8.3.3 悬架系统等价系数

式中，$k_{s0}(I)$、$c_{s0}(I)$ 分别为控制指令电流值等于 1.0A 时的刚度、阻尼系数；$a_k(I)$、$a_c(I)$ 分别为减振器的刚度、阻尼系数；$b_k(I)$ 为悬架衬套的刚度系数。

图 8.3.3 中的实线是使用近似函数的估算值。综上所述，考虑到悬架摩擦、橡胶衬套特性和控制指令电流值，各车轮的悬架力 F_{sij} 可以由式（8-3-9）计算。

$$F_{sij} = c_{sij}(I) z_{sij} s + k_{sij}(I) z_{sij} \quad (8\text{-}3\text{-}9)$$

式中，$i=f$ 为前车轮；$i=r$ 为后车轮；$j=l$ 为左车轮；$j=r$ 为右车轮。

另外，假定稳定杆具有线性刚度 k_{stbi}，由此产生的力 F_{stbi} 如下：

$$F_{stbi} = k_{stbi}(z_{sil} - z_{sir}) \quad (8\text{-}3\text{-}10)$$

式（8-3-9）、式（8-3-10）中的悬架位移 z_{sij} 与侧倾角的关系如下：

$$z_{sil} = -z_{sir} = \theta_x T_i / 2 \quad (8\text{-}3\text{-}11)$$

3. 控制系统的响应及延时补偿

在估算模型中，还考虑了相对于控制指示电流（I）的致动器响应性（T_{act}）和减振器响应性（T_{ab}），用下面的公式表示。

$$T_{act} = \frac{e^{-t_e s}}{t_{act} s + 1} \quad (8\text{-}3\text{-}12)$$

$$T_{ab} = \frac{1}{t_{ab} s + 1} \quad (8\text{-}3\text{-}13)$$

式中，t_e 为控制电流通信采样周期；t_{act} 为致动器通信采样周期；t_{ab} 为减振器通信采样周期。

另外，针对转向角和行驶速度的 CAN 发送时间延迟，进行如下的设计补偿：

$$T_{can} = \frac{t_{can} s + 1}{\Delta t_{can} s + 1} \quad (8\text{-}3\text{-}14)$$

式中，T_{can} 为 CAN 通信的采样周期。设定分母线性系数 Δt_{can} 小于 T_{can} 的值（例如：$\Delta t_{can} = 0.1 T_{can}$）。

综上所述，相对于转向操舵角的侧倾运动的推测逻辑，使用车辆行驶速度 V、转向操舵角 δ_f（$\delta_f = \delta_h/n_s$，δ_h 为转向操舵角，n_s 为转向齿轮比），以及衰减力指示电流 I 等参数，搭建图 8.3.4 所示的车辆侧倾估算模型。

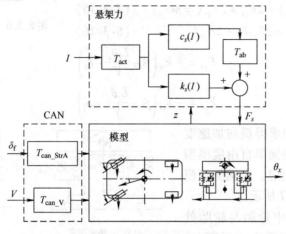

图 8.3.4　车辆侧倾估算模型

8.3.3　操舵激励的侧倾推测精度验证

1. 平整路面操舵时的推测状态量

首先，验证平整路面上的侧倾估算精度。图 8.3.5a 所示为操舵角响应，图 8.3.5b 所示为侧倾角速度响应。车辆行驶速度为 60km/h。为了比较，下面给出了用于操纵稳定性基础分析的平面两自由度模型和解耦侧倾单自由度模型的估算值（2DOF + 1DOF 模型）。

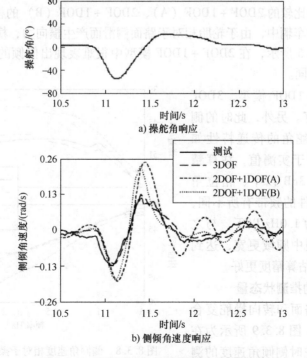

图 8.3.5　平整路面上操舵激励时的侧倾响应

通过式（8-3-15）~式（8-3-18）的平面两自由度（2DOF）模型，可以求得相对于操舵角而产生的横向加速度，如图8.3.6所示。

$$mV(\dot\beta + \dot\theta_z) = 2F_{yf} + 2F_{yr} (= ma_y) \quad (8\text{-}3\text{-}15)$$

$$I_z\ddot\theta_z = 2F_{yf}F_f - 2F_{yr}L_r \quad (8\text{-}3\text{-}16)$$

$$F_{yf} = -k_{cf}\left(\beta + \frac{L_f\dot\theta_z}{V} - \delta_f\right) \quad (8\text{-}3\text{-}17)$$

$$F_{yr} = -k_{cr}\left(\beta - \frac{L_r\dot\theta_z}{V} - \delta_f\right) \quad (8\text{-}3\text{-}18)$$

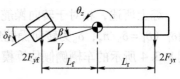

图 8.3.6 平面两自由度模型

从平面2DOF模型求得横向加速度a_y，将其代入非耦合侧倾单自由度模型中，就可以估算侧倾响应。车辆侧倾模型（1DOF）如图8.3.7所示。

当假定图8.3.7a中轮胎与轮胎处于完全约束状态（轮胎横向力无穷大）时，则侧倾运动方程式为

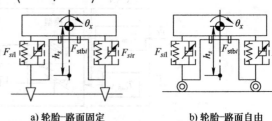

a) 轮胎-路面固定　　　b) 轮胎-路面自由

图 8.3.7 车辆侧倾模型（1DOF）

$$(I_x + mh_s^2)\ddot\theta_x = ma_yh_s + (F_{sfl} - F_{sfr} + 2F_{stbf})/T_f/2 +$$
$$(F_{srl} - F_{srr} + 2F_{stbr})/T_r/2 + mgh_s\theta_x \quad (8\text{-}3\text{-}19)$$

如图8.3.7b所示，当路面和轮胎处于自由状态时而没有轮胎力产生时，下面表达式成立。

$$I_x\ddot\theta_x = ma_yh_s + (F_{sfl} - F_{sfr} + 2F_{stbf})/T_f/2 +$$
$$(F_{srl} - F_{srr} + 2F_{stbr})/T_r/2 + mgh_s\theta_x \quad (8\text{-}3\text{-}20)$$

与图8.3.5中做比较的2DOF+1DOF（A）、2DOF+1DOF（B）的模型参数值与3DOF模型相同。在实际的车辆中，由于轮胎相对于路面侧滑而产生横向力，横向力使平面运动和侧倾耦合，如图8.3.5所示，在2DOF+1DOF模型中很难表现出侧倾的动态特性。稳定侧倾角与3DOF模型相同。

相对于2DOF+1DOF模型，3DOF模型的估算精度较好。另外，此时的侧倾角速度相对于操舵角的传递特性如图8.3.8所示。相对于实测值，估算精度的合格条件为益3dB以下、相位角45°以下。满足该条件的频带有所不同，2DOF+1DOF模型为1.0Hz以下，与之相比，在3DOF模型中频域更宽，达到2.5Hz，动态侧倾的估算精度更好。

2. 复合激励时的推测状态量

接下来，确认路面和转向操舵复合激励时的侧倾响应。图8.3.9所示为在凹凸路面上转向操舵时侧倾角速度的测

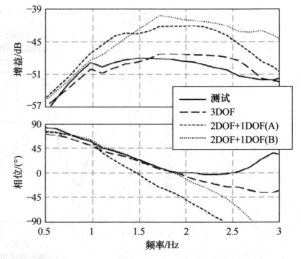

图 8.3.8 侧倾角速度相对于操舵角的传递特性

量值和使用 3DOF 模型的估算值的比较。行驶速度为 60km/h。测量值中还包含相对于路面激励的侧倾运动成分，因此比估算值大。从操舵角和侧倾角速度的测量值中提取与操舵角对应的簧上运动成分，复合激励时测试数据分析如下。

显然，转向盘操作和路面扰动的两个激励是不相关的，并且系统可以做线性化近似处理。

步骤 1：利用复合激励时测试得到的转向盘转角 δ_{hMea} 和车辆侧倾角 θ_{xMea}，可以求出相对于转向盘转角的传递特性 $H(s)$。上标 * 表示共轭复数。

$$\frac{\theta_{xMea}(s)\delta_{hMea}^*(s)}{\delta_{hMea}(s)\delta_{hMea}^*(s)} = H(s) \quad (8\text{-}3\text{-}21)$$

步骤 2：对式（8-3-21）进行逆 FFT 分析，可以求得相对于转向盘转角 δ_{hMea} 的侧倾角 θ_{xMea_D} 的响应。

$$\theta_{xMea\_D}(t) = \int_{-\infty}^{+\infty} H(i\omega) \, \delta_{hMea}(i\omega) \, e^{i\omega t} d\omega \quad (8\text{-}3\text{-}22)$$

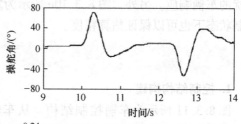
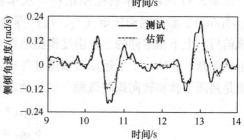

图 8.3.9　凹凸路面上转向操舵激励时的侧倾响应

步骤 3：根据 θ_{xMea} 和 θ_{xMea_D} 的差可以求得相对于路面干扰激励的侧倾角 θ_{xMea_R} 的响应。

$$\theta_{xMea\_R}(t) = \theta_{xMea}(t) - \theta_{xMea\_D}(t) \quad (8\text{-}3\text{-}23)$$

图 8.3.10a 所示为从测量值提取的转向激励的侧倾角速度和 3DOF 模型的估算值的比较

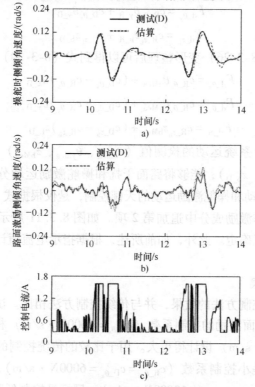

图 8.3.10　操舵激励和道路干扰的侧倾响应分离

结果。二者显示出很好的一致性。如果从测量值中减去提取值或估算值，则如图8.3.10b所示，获得了路面激励的侧倾角速度成分，二者也非常一致。综上所述，确认了即使在复合激励时，根据实际的侧倾运动的测量值和3DOF模型的估算值，也能够分离出操舵激励和路面干扰的车辆响应。另外，图8.3.10c所示为复合激励时的衰减力控制电流值，确认了即使在控制状态下也可以保证估算精度。

8.3.4 试验车的控制结构和行驶评价

1. 控制结构构建

图8.3.11所示为车辆控制结构。从车辆CAN总线接收行驶速度（V）、转向操舵角（$\delta_f = \delta_h / n_s$）、驱动制动转矩（$T_a$、$T_b$）等参数信号。参考前述3DOF模型，使用包含悬架系统前后、上下和俯仰的三自由度模型估算相对于制动转矩的俯仰和上下运动。实际车身上产生的侧倾、俯仰、上下运动可以通过各车轮簧上系统的上下加速度传感器来检测。这些检测值是路面干扰和转向操舵激励下的运动之和。

$$\dot{\theta}_{x\text{Mea}} = \dot{\theta}_{x\_R} + \dot{\theta}_{x\_D} \tag{8-3-24}$$

$$\dot{\theta}_{y\text{Mea}} = \dot{\theta}_{y\_R} + \dot{\theta}_{y\_D} \tag{8-3-25}$$

$$\dot{z}_{b\text{Mea}} = \dot{z}_{b\_R} + \dot{z}_{b\_D} \tag{8-3-26}$$

相对于路面干扰和转向操舵激励引起的车身运动，分别设计了独立的天棚阻尼控制系数：

$$F_{d\_\theta_x} = c_{R\_\theta_x} \dot{\theta}_{x\_R} + c_{D\_\theta_x} \dot{\theta}_{x\_D} \tag{8-3-27}$$

$$F_{d\_\theta_y} = c_{R\_\theta_y} \dot{\theta}_{y\_R} + c_{D\_\theta_y} \dot{\theta}_{y\_D} \tag{8-3-28}$$

$$F_{d\_z_b} = c_{R\_z_b} \dot{z}_{b\_R} + c_{D\_z_b} \dot{z}_{b\_D} \tag{8-3-29}$$

式(8-3-24)~式(8-3-26)变形整理后可以得到式(8-3-30)~式(8-3-32)。

$$F_{d\_\theta_x} = c_{R\_\theta_x} \dot{\theta}_{x\text{Mea}} + (c_{D\_\theta_x} - c_{R\_\theta_x}) \dot{\theta}_{x\_D} \tag{8-3-30}$$

$$F_{d\_\theta_y} = c_{R\_\theta_y} \dot{\theta}_{y\text{Mea}} + (c_{D\_\theta_y} - c_{R\_\theta_y}) \dot{\theta}_{y\_D} \tag{8-3-31}$$

$$F_{d\_z_b} = c_{R\_z_b} \dot{z}_{b\text{Mea}} + (c_{D\_z_b} - c_{R\_z_b}) \dot{z}_{b\_D} \tag{8-3-32}$$

这样，使用实际簧上系统运动的检测值（$\dot{\theta}_{x\text{Mea}}$、$\dot{\theta}_{y\text{Mea}}$、$\dot{z}_{b\text{Mea}}$）和基于模型的操舵激励成分推测值（$\dot{\theta}_{x\_D}$、$\dot{\theta}_{y\_D}$、$\dot{z}_{b\_D}$），能够将路面干扰和操舵激励运动分离，并分别设计控制参数。以往，不分离路面扰动和操舵激励运动的天棚控制，是仅根据式(8-3-30)~式(8-3-32)的第1项的控制，在操作激励成分中追加第2项。如图8.3.11所示，阻尼的指示电流由控制要求力和悬架行程速度确定。此外，如前所述，根据指示电流值计算状态量估算模型中的悬架系统力。

2. 实车行驶评价结果

验证本节所提出的控制方法的效果，并与传统控制方法相比。试验车侧倾运动的天棚控制系数见表8.3.1。与路面激励的控制系数（$c_{R\_\theta_x} = 6000\text{N} \cdot \text{s/m}$）相比，转向操舵激励的控制系数（$c_{D\_\theta_x} = 12000\text{N} \cdot \text{s/m}$）设计得更大。用于比较的传统控制的控制系数是恒定的，并且具有两种规格。一个是小控制系数（$c_{R\_\theta_x} = c_{D\_\theta_x} = 6000\text{N} \cdot \text{s/m}$），目标是控制中频振动，另一个是大控制系数（$c_{R\_\theta_x} = c_{D\_\theta_x} = 12000\text{N} \cdot \text{s/m}$），目标是控制低频运动。

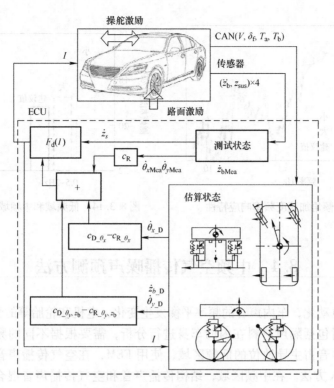

图 8.3.11 车辆控制架构

表 8.3.1 天棚控制系数

系数		$c_{R\_\theta_x}/(N \cdot s/m)$	$c_{D\_\theta_x}/(N \cdot s/m)$
传统值	小	6000	6000
	大	12000	12000
建议值		6000	12000

另外，为了仅评价对侧倾特性的影响，将上下和俯仰运动的控制系数设为一定值，设为 $c_{R\_\theta_y} = c_{D\_\theta_y} = 18000 \text{N} \cdot \text{s/m}$，$c_{R\_z_b} = c_{D\_z_b} = 4000 \text{N} \cdot \text{s/m}$。

复合激励的评价路面如图 8.3.12 所示。A～D 为 ISO 8608 等级路面。在 60km/h 的速度下，研究了在该路面上行驶过程中转向操舵时的侧倾特性。图 8.3.13 所示为侧倾角加速度频率响应特性。此时，0.5～2Hz 和 2～8Hz 的频域积分值如图 8.3.14 所示。在传统控制中，根据控制系数的大小，2Hz 以下的低频运动控制与 2～8Hz 的中频振动控制是相互矛盾、需要平衡的关系，但是在本节所提出的控制方案中，低频域和中频域的侧倾运动都减小了，取得了良好的平衡。

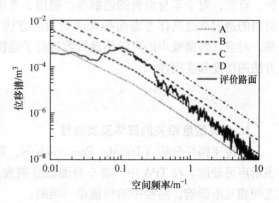

图 8.3.12 复合激励的评价路面

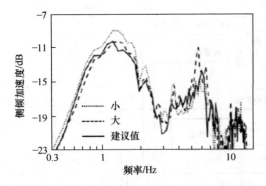

图 8.3.13 侧倾角加速度频率响应特性

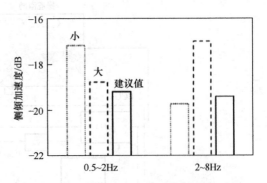

图 8.3.14 低频域和中频域的侧倾运动响应

8.4 中频空气传播噪声预测方法

随着汽车的电动化，车内声音的频率平衡发生变化，电机和轮胎等的噪声明显增加。针对各种噪声源，对包括隔声材料在内的车身进行分析，需要根据不同的频段使用适当的方法。在结构传播声音占主导地位的低频区域，使用 FEM，在空气传播声音占主导地位的高频区域，使用 SEA 方法。在中频区域，结构传播声音和空气传播声音混合在一起，正在研究扩大 FEM 和 SEA 的分析频率范围。从中频区域的空气传播声音来看，隔声材料具有结构谐振的区域，并且车身面板的谐振模态也很明显，因此需要考虑两种振动模态相互耦合的影响。这是由于地板、面板等的振动因相位而抵消，奇数阶模态的辐射声大，偶数阶模态的辐射声小。

在本书中，提出一种可以考虑车身面板和隔声材料振动模态相互影响的中频空气传播噪声的预测方法。在该方法中，假设由于声场和结构的耦合，振动模态振型的变化很小，并缩小到一维声场。因此，传统上需要连接结构和声场的 FEM，仅通过结构 FEM 就可以进行分析。首先，对于车身面板的透射率，提出了考虑面板振动模态相位的预测方法，其次，隔声材料的透射率也同样考虑面板振动的预测方法。利用所提出的面板透射率和隔声材料透射率，对空气传播噪声的声学传递函数进行了建模，通过分析结果和试验结果的比较，验证该方法的精度和实用性。

8.4.1 考虑振动模态的声灵敏度预测方法

1. 声灵敏度相关的部件及其特性

从传递路径分析（Transfer Path Analysis，TPA）原理中知道，可以用各传递路径之和来表示声灵敏度。在 TPA 中，将车身面板分割成多个分区，将每个分区作为一条路径。路径之间相互不影响，路径中的传播是一维的。

图 8.4.1 所示是车身断面及基本要素。声灵敏度等于驾驶员耳边声压 P_{ear} 与电机等声源的体积速度 Q 之比。体积速度 Q 在面板外部产生声压 P_{panel}。另外，面板和隔声材料的透射率分别为 τ_{panel} 和 τ_{trim}。从隔声材料渗透到车内的声压 P_{trim} 受到车内声场的影响，传播到耳朵位置的声压 P_{ear}。在此期间的传递函数 P_{ear}/P_{trim} 称为吸声量。传递函数积分后求和，即可得

到声灵敏度，用式（8-4-1）表示。

$$\frac{P_{\text{ear}}}{Q} = \sum_{i=1}^{\text{elem\#}} \left(\frac{P_{i,\text{panel}}}{Q} \tau_{i,\text{panel}} \frac{P_{\text{ear}}}{P_{i,\text{trim}}} \right) \tag{8-4-1}$$

式中，下角标 i 为路径数。

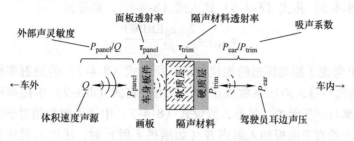

图 8.4.1　车身断面及基本要素

2. 考虑振动模态的面板透射率

等效辐射声功率（Equivalent Radiated Power，ERP）是用作预测面板振动引起的辐射声功率的指标。ERP 由式（8-4-2）定义。

$$\text{ERP} = \frac{1}{2} \rho_0 c_0 \sigma \sum_{i=0}^{N} (V_i V_i^* S_i) \tag{8-4-2}$$

式中，ρ_0 为空气密度；c_0 为声速；σ 为声辐射效率，在本节中，假设结构和声场的耦合对振动模态的影响很小，并且假设 σ 为 1；V_i 为构成分区的 N 个单元中编号为 i 的平均速度，上角标 * 表示共轭复数，通过节点速度获得单元的平均速度，并与单元面积相乘，可以导出 ERP。

从式（8-4-2）可以看出，ERP 与振动模态的绝对值的平方和成正比，并且没有考虑各分区平面中的振动模态的相位抵消。这是因为 ERP 在自由声场中表示与发声点无关的辐射声功率。假设图 8.4.1 所示为一维声场，因此，需要考虑各分区中的相位抵消的辐射量预测，例如在奇数阶模态下辐射声能大，偶数阶模态下辐射声能小。因此，提出相位抵消等效辐射声功率（Equivalent Radiated Power With Phase-cancelation，ERPWP）概念。ERPWP 由式（8-4-3）定义。

$$\text{ERPWP} = \frac{1}{2} \rho_0 c_0 \sigma \frac{\left| \sum_{i=0}^{N} (V_i S_i) \right|^2}{\sum_{i=0}^{N} (S_i)} \tag{8-4-3}$$

对于各分区平面中的振动，可以利用式（8-4-3）来考虑等效辐射声功率相位抵消的影响。

接下来，导出 ERPWP 和透射率之间的关系。渗透率可以用式（8-4-4）表示。

$$\tau_{\text{panel}} = \frac{I_{\text{out}}}{I_{\text{in}}} \tag{8-4-4}$$

式中，I_{in} 为输入侧声强；I_{out} 为响应侧声强。

该面板由 I_{in} 激励，面板振动产生 I_{out}。因此，通过对面板赋予声压系数，利用 FEM 计算各单元的速度响应 V_i，从而由式（8-4-3）得到 ERPWP。根据 I_{in} 和 I_{out} 以及 ERPWP 的关系，由声音透过的面板面积 S 得到式（8-4-5）和式（8-4-6）。

$$I_{\text{in}} = \frac{P_{\text{panel}}^2}{2\rho_0 c_0} \qquad (8\text{-}4\text{-}5)$$

$$I_{\text{out}} = \frac{\text{ERPWP}}{S} \qquad (8\text{-}4\text{-}6)$$

如果将式（8-4-5）和式（8-4-6）代入式（8-4-4），则得到

$$\tau_{\text{panel}} = \frac{2\rho_0 c_0 \text{ERPWP}}{P_{\text{panel}}^2 S} \qquad (8\text{-}4\text{-}7)$$

由于 ERPWP 考虑了振动模态的相位抵消，所以式（8-4-7）的透射率也考虑了相位的影响。ERPWP 的值与输入声压系数成正比，但由于在式（8-4-7）中用声压系数进行了归一化，所以透射率与声压无关。另外，假设式（8-4-7）中的入射角相对于面板的入射角是垂直的。在模拟非垂直于面板的入射声音（如随机入射）时，求解入射声音的垂直分量的式（8-4-7）。

3. 考虑振动模态的隔声材料透射率

隔声材料透射率是在面板上堆积隔声材料时的能量增减，也称为插入损失（Insertion Loss, IL）。插入损失包括结构传播的插入损失（SBIL）和空气传播的插入损失（ABIL）。ABIL、SBIL 和面板的衰减和质量一致，分别由式（8-4-8）和式（8-4-9）定义。

$$\text{ABIL} = \text{TL}_{w/\text{trim}} - \text{TL}_{\text{bare}} \qquad (8\text{-}4\text{-}8)$$

$$\text{SBIL} = 10\lg\left(\frac{I_{\text{out,bare}}}{I_{\text{out},w/\text{trim}}}\right) \qquad (8\text{-}4\text{-}9)$$

式中，$I_{\text{out,bare}}$ 为面板的透射强度；$I_{\text{out},w/\text{trim}}$ 为在面板上堆积隔声材料时的透射强度；TL_{bare} 为面板的传递损失；$\text{TL}_{w/\text{trim}}$ 为在面板上堆积隔声材料时的传递损失；下角标 bare 表示面板单体；下角标 w/trim 表示隔声材料堆积状态。

空气传播声音通常使用 ABIL，但是在声压传递过程中，通过面板振动而辐射的声能 ERPWP 来表示透射声音。因此，插入损失也使用辐射声能指标 SBIL。当隔声材料在面板上的堆积面积为 S 时，将式（8-4-6）代入式（8-4-8），SBIL 置换为

$$\text{SBIL} = 10\lg\left(\frac{\text{ERPWP}_{\text{bare}}}{\text{ERPWP}_{w/\text{trim}}}\right) = 10\lg\left(\frac{\left|\sum_{i=0}^{N}(V_{i,\text{bare}} S_i)\right|^2}{\left|\sum_{i=0}^{N}(V_{i,\text{trim}} S_i)\right|^2}\right) \approx 10\lg\left(\frac{\overline{V_{\text{bare}}}}{\overline{V_{\text{trim}}}}\right)^2 \qquad (8\text{-}4\text{-}10)$$

式中，上划线表示平面内的平均值。

根据式（8-4-10），SBIL 可以通过隔声材料表面振动相对于面板振动的平均速度比（振动倍率）来近似。在隔声材料表面，弯曲共振频率通常高于车身面板共振频率。在低于隔声材料表面共振频率的情况下，隔声材料表面与面板以同相振动。因此，在式（8-4-10）中，假定隔声材料表面的振动模态与面板的振动模态振型相近。根据这个假设，SBIL 可以通过隔声材料的振动倍率来预测。

透射率 τ 和传递损失 TL 的关系如下：

$$\text{TL} = 10\lg(1/\tau) \qquad (8\text{-}4\text{-}11)$$

根据式（8-4-10）和式（8-4-11），隔声材料透射率为

$$\tau_{\text{trim}} = \gamma^2 = \left(\frac{\overline{V_{\text{trim}}}}{\overline{V_{\text{bare}}}}\right)^2 \qquad (8\text{-}4\text{-}12)$$

式中，γ 为隔声材料表面振动相对于面板振动的振动倍率。

在上述假设下，可以看出隔声材料的振动倍率与隔声材料的透射率成比例关系。另外，式（8-4-11）由考虑了振动模态的相位抵消的 ERPWP 导出，成为考虑了面板及隔声材料表面的振动模态的隔声材料透射率。

4. 考虑振动模态时的声灵敏度

考虑到面板振动模态，建立声灵敏度求解公式。式（8-4-1）表示的声灵敏度由式（8-4-7）求出的面板透射率和式（8-4-12）求出的隔声材料透射率表达：

$$\frac{P_{ear}}{Q} = \sum_{i=1}^{elem\#} \left(\frac{P_{i,panel}}{Q} \frac{2\rho_0 c_0}{P_{i,panel}^2} \frac{ERPWP_i}{S_i} \gamma^2 \frac{P_{ear}}{P_{i,trim}} \right) \quad (8-4-13)$$

当考虑了面板和隔声材料振动模态的影响后，就可以由式（8-4-13）预测声灵敏度。式（8-4-13）的吸声量 P_{ear}/P_{trim} 取决于激励和响应点的吸声特性。通常，当改变隔声材料的板厚和密度时，隔声材料表面的吸声特性也随着振动倍率的变化而变化。因此，对于每个条件变更，需要设定式（8-4-13）的吸声量 P_{ear}/P_{trim}。为了消除由隔声材料的吸声特性引起的吸声量 P_{ear}/P_{trim} 的变化，将 P_{ear}/P_{trim} 置换为声灵敏度 P_{ear}/Q_{trim}。在式（8-4-13）中，$\rho_0 c_0$ 是空气的阻抗 Z_0，使用声压 P 和粒子速度 U 可以表示为 $Z_0 = P/(2U)$。另外，根据体积速度 Q 与粒子速度 U 的关系 $Q = \int U dS$，得到

$$\frac{P_{ear}}{Q} = \sum_{i=1}^{elem\#} \left(\frac{P_{i,panel}}{Q} \frac{ERPWP_i}{P_{i,panel}^2 S_i} \gamma_i^2 \frac{P_{ear}}{P_{i,trim}} \right) \quad (8-4-14)$$

式中，P_{panel}/Q 和 P_{ear}/P_{trim} 为声灵敏度，并且可以在不考虑结构和声场的耦合的情况下通过声学 FEM 和边界元法（BEM）或试验获得。

综上所述，在排除了隔声材料表面吸声率的传递特性变化的情况下，导出了可以考虑面板振动模态相位抵消的声灵敏度的预测公式。

式（8-4-14）右边的各传递函数的定义和推导方法见表 8.4.1。在本项研究中，ERP-WP/P_{panel}^2 可以通过 FEM 求得，γ^2 可以通过传递矩阵法（Transfer Matrix Method，TMM）求得，并且可以在计算机上进行构造变更分析，P_{ear}/P_{trim} 通过试验测得，为固定值。TMM 是一种以弹性体和多孔弹性体的每个横截面中的粒子速度和声压等为端口常数，生成表示整体特性的矩阵，并分析吸声和隔声特性的方法。当通过 TMM 计算传递损失时，在输入侧提供单位粒子速度激励，并且通过计算输入侧和响应侧空气层中的声压响应来确定反射率和透射率。在这个过程中，也可以导出单位粒子速度输入时各截面的速度响应。在本项研究中，用 TMM 计算面板和隔声材料表面的速度响应，获得振动倍率 γ。

表 8.4.1　各传递函数的定义和推导方法

系数	$\frac{P_{panel}}{Q}$	$\frac{ERPWP}{P_{panel}^2}$	γ^2	$\frac{P_{ear}}{Q_{trim}}$
定义	外部声灵敏度	$ERPWP_{w/unit}$ 声压输入	面板透射率	内部声灵敏度
推导方法	测试、FEM、BEM	FEM	TMM 或 FEM	测试、FEM、BEM

8.4.2　面板透射率验证

比较本方法和传统方法求得的面板透射率，并考察两者的差异。计算假设无限长和有限

长的传统面板传递损失,并通过比较两种方法在低频和高频区域结果来确认本方法的有效性。

1. 计算条件

用于计算的面板尺寸为 1.0m×1.0m、板厚为 1.0mm(杨氏模量为 210GPa、结构阻尼 $\eta=0.04$、泊松比为 0.3)。

高频范围(+6dB/oct)中的无限长面板采用 TMM,其受振动模态的影响较小。有限长度面板可以用有限传递矩阵法(Finite TMM,FTMM)来分析。

在 FTMM 中,除了上述质量定律之外,还可以分析低频域的刚度线区域(-6dB/oct)。比较 TMM、FTMM 和提案方法的预测结果,验证提案方法的有效性。ERPWP 由施加了 1Pa 激励声压的 FEM 求出。FEM、TMM 和 FTMM 的计算都在 1/3 倍频程上进行。类似于式(8-4-7),TMM 和 FTMM 的入射声音以垂直入射进行计算。

2. 验证结果

图 8.4.2 显示的是 TMM、FTMM 和本方法的传递损失对比。由于本方法的传递损失考虑了面板振动模态,所以可以看出面板谐振和反谐振的影响。特别地,根据式(8-4-7)和式(8-4-11),面板传递损失与面板振动成反比。因此,通过图 8.4.2 可知,本方法获得的 9Hz 的反谐振是面板的一阶谐振。一阶谐振奇数次的振动模态,由于辐射声能大,所以透射损失小。在 28Hz 的四阶谐振等偶数阶振动模态下,辐射声能变小,透射损失变大。

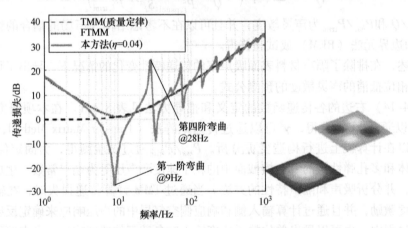

图 8.4.2 TMM、FTMM 和本方法的传递损失对比

TMM 和 FTMM 不考虑面板振动模态。在数百赫兹或更高的质量线区域,TMM 和 FTMM 具有 +6dB/oct 的斜率。本方法也确认具有同样的结果。这是因为在高频范围内,模态的阶数较高,所以各模态的辐射声能量大致相等,质量占主导地位。

在一阶谐振的 9Hz 或更小的刚度线区域中,FTMM 和本方法的结果是相同的,并且可以确认其斜率均为 -6dB/oct。这是因为 FTMM 和本方法都可以在低于谐振的频率下考虑刚度的影响。

在质量线和刚度线中间的中频区域,本方法受到模态的影响,但其平均值与 TMM 和 FTMM 相同。综上所述,本方法的传递损失确认为可以进行与理论值相同的预测。通过本方法，仅通过结构的 FEM 就可以简单地预测形状和物性变化时的透射损失的变化。

8.4.3 隔声材料透射率的准确性验证

根据 TMM 的隔声材料透射率预测结果和本方法的结果，考察相似点和差异。通过 TMM 求得的 ABIL 和本次提案方法求得的 SBIL 的结果的比较，其准确性得到了确认。

1. 计算条件

图 8.4.3 所示是用于计算的隔声材料和面板的截面结构。板件为厚 1.0mm 的钢（杨氏模量为 210GPa、结构阻尼 $\eta=0.3$、泊松比为 0.3）。由于在车身面板上堆积隔声材料，可以将 η 值设定得较大。隔声材料是板厚 40mm、面密度 2000g/m² 的多孔弹性体（软质层）和板厚 1.0mm、面密度 1700g/m² 的隔声层（硬质层）。TMM 计算所需的毕奥数使用实测值。在面板和多孔弹性体之间设置极小厚度的空气层，以抑制纵波振动的耦合。

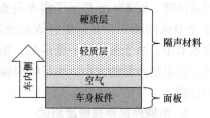

图 8.4.3 用于计算的隔声材料和面板的截面结构

传统方法的 ABIL 使用 TMM 通过式（8-4-9）计算。在 ABIL 的计算中，只计算面板和在面板上堆积隔声材料时的 2 个案例，计算差分。在所提出的 SBIL 方法中，根据 TMM 模型，计算了图 8.4.3 的面板上堆积隔声材料的结构面板和隔声层的振动倍率。

2. 验证结果

图 8.4.4 显示的是基于 TMM 的 ABIL 的计算结果和基于本方法的 SBIL 计算结果。这两个结果在 200Hz 附近显示反谐振的特性，并且高于反谐振频率时的特性是一致的。在低于反谐振频率时，结果存在差异。隔声材料用 1 个自由度的弹簧质量振动系统近似于面板和隔声材料表面的质量和多孔弹性体的纵向刚度。ABIL 是从式（8-4-9）中排除面板特性的振动系统，而 SBIL 从式（8-4-8）中考虑了面板的振动特性。因此，图 8.4.4 中的差异是由于振动系统的不

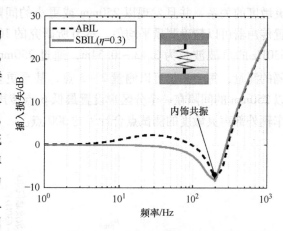

图 8.4.4 SBIL 和 ABIL 的比较

同。当面板的质量大时，或者面板的结构阻尼 η 较大时 ABIL 和 SBIL 的结果是一致的。如图 8.4.4 所示，在结构阻尼 η 较大时，可以确认本提案方法的 SBIL 的结果与 ABIL 理论值大致相同。

8.4.4 车辆声灵敏度预测精度

将从该方法获得的声灵敏度预测值与实测值进行比较，以验证预测精度。

1. 计算条件

通过与实测结果的比较，验证了提案方法对声灵敏度的预测精度。假设以中频空气传播声为主的电机声灵敏度作为验证对象。

参考数据测试条件如图 8.4.5 所示。在发动机舱内设置体积速度声源 Q，在车内的驾驶

员耳边位置测量声压 P_{ear}。在 100~630Hz 的 1/3 倍频程上测量声源与耳边位置之间的声灵敏度，用于验证。

本提案方法在车身面板上设置有限数量的分区，见式（8-4-14），并通过积分之和预测声灵敏度。图 8.4.6 显示了将车身面板划分为 31 个分区的结果，并用颜色表示分区的差异。

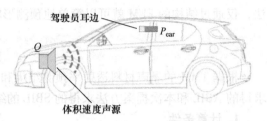

图 8.4.5 参考数据测试条件

在本节中，由于假设是一维声场，所以在分区中必须具有均匀的输入激励和响应特性。因此，在激励声源的大小、车身结构和减振材料的分布以及隔声材料的结构不同的情况下，进行分割。

2. 车辆外部声灵敏度测试

从声源到车身面板外侧的车辆外部声灵敏度 P_{panel}/Q 使用实测值。图 8.4.7 显示了测量条件，体积速度声源以与图 8.4.5 相同的方式设置。传声器设置在图 8.4.6 所示的面板部分的车辆外侧。传声器的数量设定取决于在分区内能够正确测量输入的平均声压。图 8.4.8 显示了传声器布置间隔与车辆外部声灵敏度的关系，并且发现以 250mm 或更小的间隔布置传声器可以精确测量平均值。本节所研究的 100~630Hz 的声波波长为 3.43~0.54m，通过 250mm 间

图 8.4.6 ERP 计算分区模型（见彩插）

隔的测量，每个波长可以测量 2~3 点，甚至更多，平均声压的测量精度提高。在本节中，以 250mm 的间隔在一个分区中设置最低 6 点传声器。在图 8.4.6 所示的 31 个分区模型中，车辆外部声灵敏度的测试点合计为约 300 点。

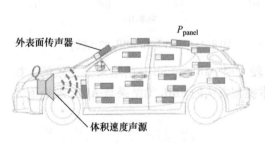

图 8.4.7 外部声灵敏度测试

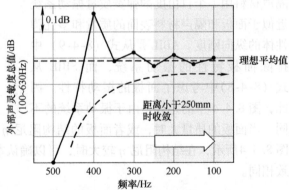

图 8.4.8 传声器布置间隔与车辆外部声灵敏度的关系

3. ERPWP 的计算

对于图 8.4.6 中设定的各分区，分别施加单位声压激励，计算 ERPWP。因此，在 31 个分区的模型中，在改变每个激励位置的同时计算 ERPWP。另外，ERPWP 的计算由位于车内侧的车身面板元件来实施。例如，在车身面板上堆积有加强件并具有多层横截面结构的部

位，计算车内最上层的加强件的 ERPWP。这是基于与车内侧相接的面板辐射声音最多的假说。

4. 隔声材料振动倍率的计算

隔声材料振动倍率 γ 由 TMM 计算。与车身面板一样，隔声材料的结构也因车身部位的不同而不同。例如，仪表内隔声垫和地板隔声垫的板厚、面密度、结构各不相同。因此，在对每个分区计算板厚和面密度等平均值的基础上实施 TMM 计算，将结果作为分区的平均振动倍率来处理。在 31 个不同的分区中，进行相同数量的 TMM 计算。图 8.4.9 表示车辆的隔声材料剖面。仪表板内隔声垫分 3 层建模，地板隔声垫分 2 层建模。图 8.4.10 表示隔声材料振动倍率的计算结果。仪表板内隔声垫的总板厚为 10mm 或 20mm，地板隔声垫的总板厚为 15mm 或 30mm。从地板隔声垫的结果可以看出，振动倍率的共振频率根据板厚而变化，振动倍率在共振前后的频率下变化很大。对于板厚较大的隔声垫，由于最上层是多孔弹性体，所以衰减大，由于板厚较大，振动倍率的变化比较小。这样，隔声材料的板厚和结构的差异对振动倍率的影响很大，可以确认按分区计算振动倍率的重要性。

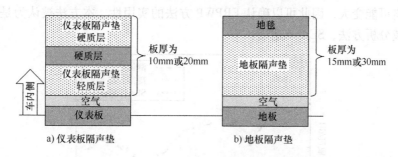

图 8.4.9 仪表板和地板隔声垫结构比较

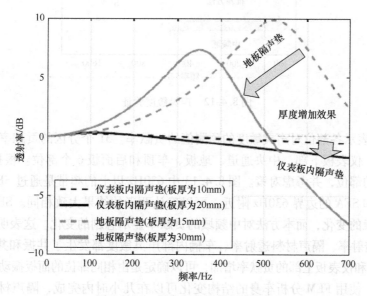

图 8.4.10 提案方法计算的透射率

5. 车辆内部声灵敏度的测试

从隔声材料表面到耳边位置的声灵敏度 P_{panel}/Q_{trim} 使用实测值。图 8.4.11 表示测试条件。与图 8.4.7 所示的车辆外部声灵敏度测量一样,使用体积速度声源和传声器。根据相反定理,声源设置在耳边位置,传声器设置在车内侧的隔声材料表面附近。此时设置的传声器以 250mm 的间隔合计设定约 200 点。

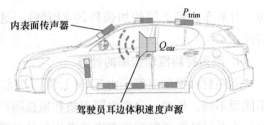

图 8.4.11 内部声灵敏度测试

6. 声灵敏度的精度验证结果

由式 (8-4-14) 求出的声灵敏度如图 8.4.12 所示。虚线是在图 8.4.5 的条件下获得的声灵敏度的实测值,而实线是通过本方法获得的预测值。点线是 SEA 方法对同一车辆的声灵敏度的预测值。本方法的结果证实,实测值可以在中频范围内保证大约 ±2dB 的精度。除了考虑面板振动模态的相位之外,还考虑隔声材料振动倍率,可以再现在中频范围内产生的反谐振特性。在不考虑面板振动模态的相位抵消的情况下,辐射声能量的估值很大,并且与实测值的偏离可能变大,因此可以确认 ERPWP 方法的实用性。本方法被认为是一种模态密度低的中频域分析方法,SEA 不适用。

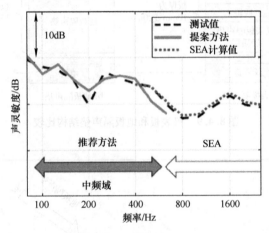

图 8.4.12 声灵敏度验证

图 8.4.13 表示各部位对声灵敏度的预测值的贡献率。31 个分区的贡献率集中在流水槽和仪表板上部、仪表板下部、中央通道、地板、车顶和后面板 6 个部位。根据图 8.4.13 可以确定贡献大的部位,并考虑对策。图 8.4.13 中 630Hz 以上的频带是通过 SEA 求出的贡献率。在本方法和 SEA 的边界 630Hz 附近,可以确认两者的结果大致相同。SEA 对高频域的贡献率显示平稳的变化,而本方法对中频域的贡献率显示急剧的变化。这表明,车辆外部声灵敏度、面板透射率、隔声材料透射率、车辆内部声灵敏度都发生了共振和共鸣。例如,在 250Hz 下流水槽和仪表板上部的贡献率增加,可以确定是由相同部位的面板振动模态造成的。

本方法中,使用 FEM 分析车身的结构变化可以在几小时内完成,隔声材料的尺寸变化的分析可以在几秒钟完成。与传统的 FEM 声学结构耦合分析需要的几十个小时的时间相比,可以大大缩短分析时间。这种时间短、精度高的方法可以应用于中频空气传播声音分析。

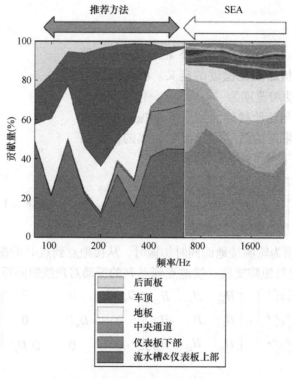

图 8.4.13 声灵敏度贡献率

8.5 路面噪声模拟实例

8.5.1 概述

近年来，由于市场竞争激烈，汽车的振动噪声等与乘坐舒适性有关的性能越来越受到重视，新车的开发周期也越来越短。汽车高速行驶时的路面噪声对整车噪声的贡献量最大，而包括轮胎在内的悬架减振系统对控制路面噪声是非常有效的。因此，在开发的初期选择悬架系统时，需要预测其对路面噪声的影响，以准确把握车辆的性能。

为了预测路面噪声，需要得到路面传递给车身的激励力。但是，路面噪声是由路面非周期性的激励力产生的，在进行数值模拟时，难以精确地输入激励力。在工程上，一般是通过试验的方法来测定车轴位置的激励力。但是这种方法有以下两点难点：

1）依赖于悬架的特性。
2）测量试验条件难以保证。

因此，在悬架的选择阶段难以适用。基于此，一种新的定义，即等价路面粗糙度在工程上得到了推广，该数据容易获得，不依赖于悬架的特性，主要取决于轮胎的类型及路面的种类。以其为激励源，对路面噪声进行预测，其计算有效性得到了确认。

8.5.2 等价路面粗糙度的定义

(1) 定义方法

如图 8.5.1 所示,以安装 195/60R15 轮胎的半拖曳臂式悬架为对象进行等价路面粗糙度的定义。测量点为图中的点 P。点 P 的振动加速度为 $\{v_x\ v_y\ v_z\}$,它等于路面传递给轮胎的激励力与轮胎接地面到点 P 的振动传递率的乘积。此处,路面带来的激励力是关于频率的位移函数 $\{D_x\ D_y\ D_z\}$,有如下关系式:

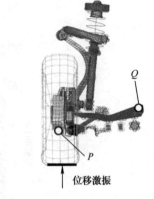

图 8.5.1 半拖曳臂式悬架

$$\begin{bmatrix} v_x \\ v_y \\ v_z \end{bmatrix}^P = \begin{bmatrix} H_{xx} & H_{xy} & H_{xz} \\ H_{yx} & H_{yy} & H_{yz} \\ H_{zx} & H_{zy} & H_{zz} \end{bmatrix} \begin{bmatrix} D_x \\ D_y \\ D_z \end{bmatrix} \quad (8\text{-}5\text{-}1)$$

式中,等号右边第一项为轮胎接地面同时加振时,从接地点到点 P 的振动传递率矩阵。

对 (8-5-1) 式进行矩阵变换,接地点到点 P 的振动对角线矩阵可以表示为

$$\begin{bmatrix} v_x^P v_x^{P*} & v_x^P v_y^{P*} & v_x^P v_z^{P*} \\ v_y^P v_x^{P*} & v_y^P v_y^{P*} & v_y^P v_z^{P*} \\ v_z^P v_x^{P*} & v_z^P v_y^{P*} & v_z^P v_z^{P*} \end{bmatrix} = \begin{bmatrix} H_{xx} & H_{xy} & H_{xz} \\ H_{yx} & H_{yy} & H_{yz} \\ H_{zx} & H_{zy} & H_{zz} \end{bmatrix} \begin{bmatrix} D_x D_x^* & 0 & 0 \\ 0 & D_y D_y^* & 0 \\ 0 & 0 & D_z D_z^* \end{bmatrix} \begin{bmatrix} H_{xx} & H_{xy} & H_{xz} \\ H_{yx} & H_{yy} & H_{yz} \\ H_{zx} & H_{zy} & H_{zz} \end{bmatrix}^*$$

$$(8\text{-}5\text{-}2)$$

此处,假设路面传来的激励力的各方向成分之间不相关,如 $D_x D_y^* = 0$。

式 (8-5-2) 的左边,是车辆行驶时测量得到的加速度对角线矩阵,另外,传递率也可以通过测量得到。如上所述,根据式 (8-5-2) 进行转换,可以得到

$$\begin{bmatrix} D_x D_x^* & 0 & 0 \\ 0 & D_y D_y^* & 0 \\ 0 & 0 & D_z D_z^* \end{bmatrix} = \begin{bmatrix} H_{xx} & H_{xy} & H_{xz} \\ H_{yx} & H_{yy} & H_{yz} \\ H_{zx} & H_{zy} & H_{zz} \end{bmatrix}^{-1*} \begin{bmatrix} v_x^P v_x^{P*} & v_x^P v_y^{P*} & v_x^P v_z^{P*} \\ v_y^P v_x^{P*} & v_y^P v_y^{P*} & v_y^P v_z^{P*} \\ v_z^P v_x^{P*} & v_z^P v_y^{P*} & v_z^P v_z^{P*} \end{bmatrix} \begin{bmatrix} H_{xx} & H_{xy} & H_{xz} \\ H_{yx} & H_{yy} & H_{yz} \\ H_{zx} & H_{zy} & H_{zz} \end{bmatrix}^{-1}$$

$$(8\text{-}5\text{-}3)$$

$\sqrt{D_x D_x^*}\ \sqrt{D_y D_y^*}\ \sqrt{D_z D_z^*}$ 定义为等价路面粗糙度。

(2) 计算结果的验证

图 8.5.2 所示为以车速 50km/h 行驶时加速度功率谱。图 8.5.3 所示是在静止状态下轮胎接地面同时加振时从接地点到点 P 的振动传递率。基于这些数据而计算出来的等价路面粗糙度如图 8.5.4 所示。从这些图中可以看出,Z 方向的等价路面粗糙度同其他方向相比幅值高,对路面噪声的贡献量最大。

为了对以上计算结果进行验证,对图 8.5.1 中所示的 Q 点振动按照式 (8-5-4) 进行计算,其计算结果如图 8.5.5 ~ 图 8.5.7 所示。

$$\begin{bmatrix} v_x \\ v_y \\ v_z \end{bmatrix}^Q = \begin{bmatrix} H_{xx} & H_{xy} & H_{xz} \\ H_{yx} & H_{yy} & H_{yz} \\ H_{zx} & H_{zy} & H_{zz} \end{bmatrix} \begin{bmatrix} \sqrt{D_x D_x^*} \\ \sqrt{D_y D_y^*} \\ \sqrt{D_z D_z^*} \end{bmatrix} \quad (8\text{-}5\text{-}4)$$

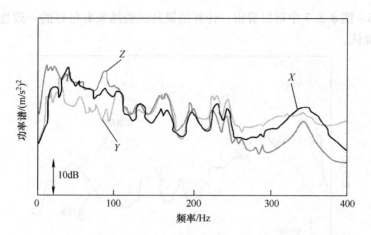

图 8.5.2　以车速 50km/h 行驶时加速度功率谱

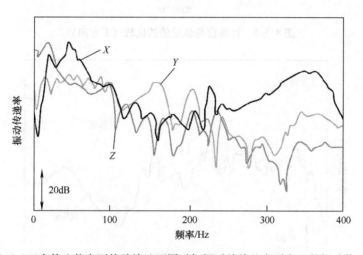

图 8.5.3　在静止状态下轮胎接地面同时加振时从接地点到点 P 的振动传递率

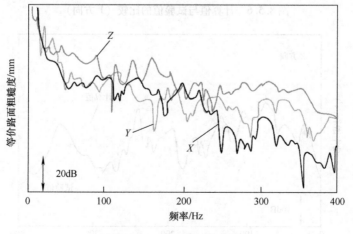

图 8.5.4　等价路面粗糙度

从图 8.5.5～图 8.5.7 中可以看出，计算结果与试验结果有很好的一致性，即计算方法的精度得到了确认。

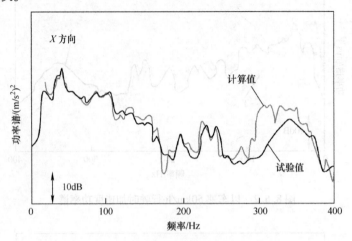

图 8.5.5　计算值与试验值的比较（X 方向）

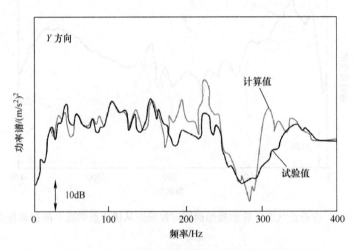

图 8.5.6　计算值与试验值的比较（Y 方向）

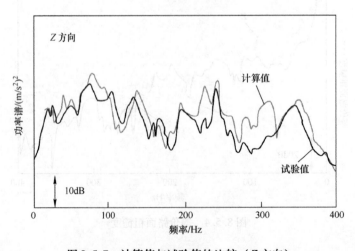

图 8.5.7　计算值与试验值的比较（Z 方向）

（3）不同形式的悬架系统的影响

在概述部分提到，等价路面粗糙度不受悬架的特性影响，仅与轮胎刚度和路面粗糙度相关。为了对此进行验证，在一款多连杆式悬架上安装了同一轮胎，对等价路面粗糙度进行计算，车辆行驶条件同前述一致，测量点为图 8.5.8 中所示的 R 点。

计算结果与半拖曳臂式悬架进行的等价路面粗糙度对比如图 8.5.9 ~ 图 8.5.11 所示。从图中可以看出来，计算结果虽然略有差别，但是对路面噪声的贡献量，同前面的分析结论是一致的。

因此，本节中提出的等价路面粗糙度的概念在悬架的选型设计阶段的应用得到了验证。

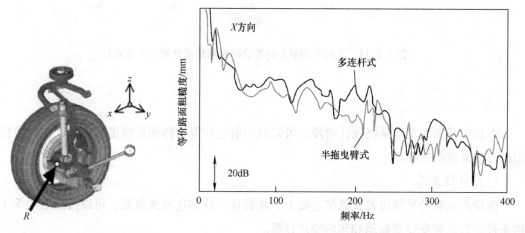

图 8.5.8 多连杆式悬架　　图 8.5.9 不同类型悬架的等价路面粗糙度比较（X 方向）

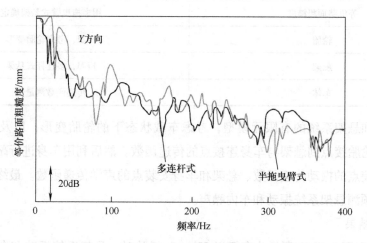

图 8.5.10 不同类型悬架的等价路面粗糙度比较（Y 方向）

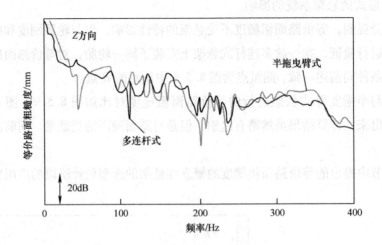

图 8.5.11 不同类型悬架的等价路面粗糙度比较（Z方向）

8.5.3 数值计算

在新车开发的悬架系统设计阶段，可以利用前述的等价路面粗糙度的方法，利用数值模拟的方法来进行选择。

(1) 计算条件

假设在现有的半拖曳臂式悬架基础上，新设计一款多连杆式悬架，可以按照表 8.5.1 中的条件进行悬架安装点振动和车内噪声计算。

表 8.5.1 分析条件

分析方法	传递函数合成法
等价路面粗糙度	用半拖曳臂式悬架确定
轮胎	FEM，考虑轮胎变形
悬架	FEM，多连杆式悬架
车体	传递函数测量值

使用轮胎和悬架系统的有限元模型，考虑车载状态下的轮胎变形，以及悬架系统的结构，首先计算轮胎接点到悬架与车身连接点的传递函数。然后利用车身进行敲击试验，分别获得悬架各安装点的振动传递函数、悬架和车身安装点的声学传递函数。最终利用这些测量得到的数据，预测悬架系统振动和车内噪声。

(2) 计算结果

图 8.5.12 和图 8.5.13 所示为车辆以 50km/h 行驶时，悬架系统振动和车内噪声的测试和计算结果的对比。从图上可以看到，悬架系统的振动和车内噪声的计算结果与试验结果有很好的一致性。

第8章 路面噪声模拟

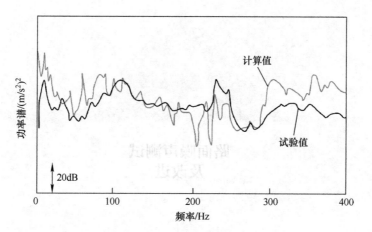

图 8.5.12 悬架系统振动

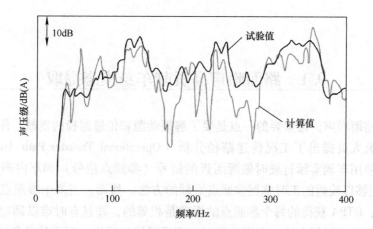

图 8.5.13 车内噪声

第9章 路面噪声测试及改进

9.1 路面噪声高贡献车身模态提取

为了降低路面噪声，很重要的一点是要了解振动源和传递路径的贡献，作为一种有效分析方法，有研究人员提出了工况传递路径分析（Operational Transfer Path Analysis，OTPA）法。该方法仅使用车辆实际行驶时振源附近的信号（参照点信号）和车内声音（响应点信号），是一种能够以较短的工时掌握参照点贡献的方法。然而，当多个参照点位于同一车身的相邻位置时，OTPA获得的每个参照点的贡献是相等的，并且有时难以确定主路径。在这种情况下，提出了一种新方法，利用响应点的高贡献振动行为，而不是来自每个参照点的贡献，并且通过降低车内声音来确定有效部位。该方法是一种在OTPA分析过程中评估主成分贡献的技术（高贡献主成分模态提取）。

为了利用现有技术提取高贡献主成分模态，需要同时测量车辆整体各点的加速度数据。在实际车辆试验应用中，需要准备数百个通道的加速度传感器，确保试验工时，同时处理大量数据，因此存在工时长和测量精度低的问题。为解决这一难题，提出了使用分组的方法，利用各点的分步测量数据提取各自的高贡献主成分模态，并综合这些模态来取得整体模态。搭建简易轮胎和车身的汽车模型，并由激励器施加随机激励来模拟路面噪声。在此过程中，上述工况传递路径法得到了有效的验证。但是，该方法并没有应用于车辆的实际行驶工况，这可能影响综合模态的提取结果。

因此，本章采用C级在售车辆，研究应用于实测噪声数据和对四轮提供随机输入的路面噪声数据的综合高贡献主成分模态提取技术。具体地说，获取分步测量的路面噪声实际行驶数据，从这些数据中提取车身整体的综合高贡献主成分模态，并且，与同时测量的模态相比，通过确认分步测量数据的灵活运用对综合模态的影响，验证综合高贡献主成分模态提取技术对路面噪声数据的有效性。最后，参照提取结果，证实通过简单的结构变化降低实际车辆振动对车内声音的影响。

9.1.1 车身振动特性

路面噪声性能的开发将整个车辆细分为轮胎、悬架、车身、车室空间等各组件。然后，分别对各个组件设定目标，如图9.1.1所示。对于每个组件的目标设置，需要掌握对性能有贡献的振动特性。车身与轮胎、悬架以及车室空间不同，其模态密度高，如图9.1.1所示。因此，为了应用现有技术掌握车内声音特性，需要同时测量多点加速度数据。但是，多点同时测量由于存在工时长以及数据精度下降等难题，因此很难掌握对车内声音贡献高的振动行为。

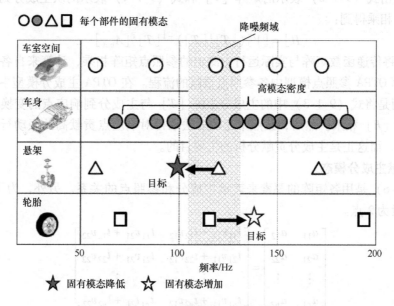

图 9.1.1 路面噪声和模态变化

因此，本章着眼于车身，使用分步测量数据应用综合高贡献主成分模态提取技术，获得对路面噪声贡献高的振动行为。

9.1.2 OTPA 和高贡献主成分模态

1. OTPA 参照点模型和主成分模型

OTPA 参照点模型分为两个步骤：一是计算从各参照点到响应点的传递函数；二是利用在实际工作状态下测量的各参照点信号乘以传递函数，求出来自各参照点的贡献。另外，在主成分模型中，利用获得的一部分主成分，取得对响应点影响大的振动行为作为高贡献主成分模态。以下是参照点贡献及主成分贡献计算的流程。

1）为了消除参照点之间的相关性，首先将主成分分析应用于参照点矩阵 $[A_{in}]$。通过将快速傅里叶变换（FFT）重复应用于在实际工作状态下测量的振动时间波形来生成该参照点矩阵 $[A_{in}]$，各行为参照点数，各列为重复FFT数，并且对于每个频率应用该矩阵。然后，在主成分分析中，见式（9-1-1），对参照点矩阵应用奇异值分解，将得到的单体矩阵 $[U]$ 和仅具有对角成分的奇异值矩阵 $[S]$ 相乘，见式（9-1-2），由此计算出各矢量不相关的主成分矩阵 $[T]$。

$$[A_{in}] = [U][S][V]^T \qquad (9\text{-}1\text{-}1)$$

$$[T] = [A_{in}][V] = [U][S] \qquad (9\text{-}1\text{-}2)$$

2) 将主成分矩阵 $[T]$ 作为说明变量，将响应点矩阵作为从属变量，实施重回归分析，得到从各主成分到响应点的变换矩阵 $[B]$，计算过程如下：

$$[A_{out}] = [T][B] \qquad (9\text{-}1\text{-}3)$$

$$[B] = ([T]^T[T])^{-1}[T]^T[A_{out}] \qquad (9\text{-}1\text{-}4)$$

这里，为了使参照点不相关化（变换为主成分），从参照点信号到响应点信号的传递函数矩阵 $[H]$ 由式（9-1-2）表示的矩阵 $[V]$ 和式（9-1-4）表示的从主成分到响应点的变换矩阵 $[B]$ 相乘得到：

$$[H] = [V]([T]^T[T])^{-1}[T]^T[A_{out}] \qquad (9\text{-}1\text{-}5)$$

3) 通过将传递函数矩阵与实际运行中测定的参照点矩阵相乘，计算来自各参照点的贡献。这是计算 OTPA 参照点模型中各参照点贡献的流程。在 OTPA 主成分模型中并不使用参照点贡献，而是将式（9-1-3）中的主成分矩阵 $[T]$ 与主成分到响应点的变换矩阵（主成分传递函数）$[B]$ 相乘。然后，按照下述的方法取得对响应点贡献高的振动行为（高贡献主成分模态），而这正是主成分贡献分析的主要目的。

2. 高贡献主成分模态

式（9-1-6）是用各矩阵的要素来表示主成分和参照点的关系。另外，为了便于说明，将参照点数设为 2 点。

$$\begin{bmatrix} a_{11} & a_{12} \\ a_{21} & a_{22} \\ \vdots & \vdots \\ a_{n1} & a_{n2} \end{bmatrix} = \begin{bmatrix} t_{11}v_{11} + t_{12}v_{12} & t_{11}v_{21} + t_{12}v_{22} \\ t_{21}v_{11} + t_{22}v_{12} & t_{21}v_{21} + t_{22}v_{22} \\ \vdots & \vdots \\ t_{n1}v_{11} + t_{n2}v_{12} & t_{n1}v_{21} + t_{n2}v_{22} \end{bmatrix} \qquad (9\text{-}1\text{-}6)$$

在式（9-1-6）中，等号右边共有四组数值。第 1 组是参照点 1 中包含的第 1 主成分要素，第 3 组是参照点 2 中包含的第 1 主成分要素，第 2 组是参照点 1 中包含的第 2 主成分要素，第 4 组是参照点 2 中包含的第 2 主成分要素，因此实际工作时的参照点信号（等号左边）通过主成分要素的重合来表现。而且，根据主成分的性质，各主成分具有正交性。另外，由于主成分的各要素是通过 FFT 得到的复数，具有振幅和相位信息，所以通过使用各参照点的主成分要素，可以取得实际工作中的主成分行为（主成分模态）。因此，通过在掌握高贡献主成分的基础上掌握该主成分的主成分模态，可以从实际运行时的复杂振动行为中提取对响应点影响高的振动行为（高贡献主成分模态）。但是，在以车辆等为对象掌握详细的行为时，参照点数变得庞大，有时难以应用本方法。因此，将参照点按每个部位（例如面板 A、面板 B 等）分成组，仅将各组共同的响应点作为同时测量对象，在后处理中假设同时测量所有参照点的状态。

3. 通过分步测量取得综合高贡献主成分模态

在难以测量多个参照点信号的情况下，将车内声音作为共同响应点，将参照点按照类别分组，分多次对共同响应点进行测量后，按组应用 OTPA 主成分模型，获取总体高贡献主成分模态。当某个部位（面板 A）的高贡献主成分模态是车辆整体的高贡献主成分模态的一部分（部分主成分）时，车辆整体的高贡献主成分的时间变动与面板 A 的部分主成分的时间变动具有完全相关性。同样,当在另一部位(面板B)获得的主成分是车辆整体的高贡献主成分的一部分时,其时间变动也与车辆整体的主成分具有高相关性。如图9.1.2所示,在车辆整体的高贡献主成分的时间变动和响应点的相关系数为0.8时,面板A的部分主成分和面板B的部分主成分与响应点的相关系数也为0.8。因此,根据该关系,即响应点与各主成分的相关系数的相似性,可以在分组的部位(面板)之间选择对应的主成分(各面板中的部分主成分)。在高贡献主成分的情况下,由于该主成分与响应点的相关性变高,所以在掌握各面板中存在的多个主成分与响应点的相关性的基础上,选择相关性最大的主成分。

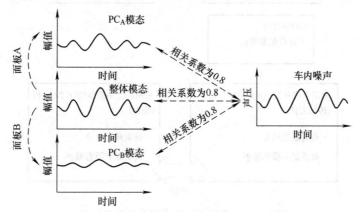

图9.1.2 每个面板主成分和响应点的相关系数

掌握构成车辆整体高贡献主成分的各面板主成分后,需要连接各面板的主成分模态,掌握整体的行为(高贡献主成分模态)。因此,如图9.1.3所示,当在相位0和振幅1处产生单位响应点信号时,高贡献主成分的值(归一化高贡献主成分)由式(9-1-3)的主成分传递函数($[B]$)进行逆运算。然后,根据得到的归一化高贡献主成分的值,使用式(9-1-2)的主成分变换矩阵($[V]$),取得与归一化高贡献主成分对应的参照点复数值。

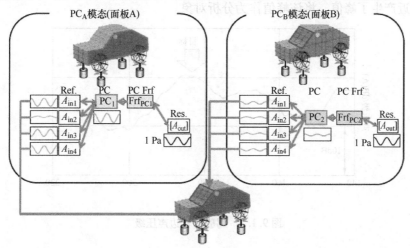

图9.1.3 使用单位响应信号补偿相对振幅和相位

通过对每个面板获得的高贡献部分主成分的处理,获得振幅和相位与响应点信号相关联的每个面板的高贡献主成分模态。

9.1.3 实车应用结果

将前述分析方法应用于实际车辆的路面噪声数据分析，如图 9.1.4 所示。首先，应用 OTPA 参照点模型，求出车身侧悬架安装点对车内声音的高贡献参照点。其次，应用 OTPA 主成分模型，用现有技术求出车身对车内声音的主成分贡献和高贡献主成分模态。然后，将应用综合高贡献主成分模态分析提取的模态与传统方法获得的结果进行比较。

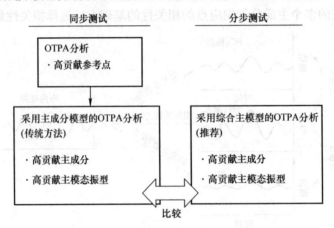

图 9.1.4 前述方法在车辆上的应用流程

1. OTPA 数据测试条件

在 OTPA 中，为了精确地计算传递函数，需要在各种行驶条件下获得参照点和响应点的信号。因此，本次试验使用五种车速（20km/h、40km/h、60km/h、80km/h、100km/h）在两种路面条件下测量车辆实际行驶时的数据，并计算传递函数。

图 9.1.5 表示车辆以 100km/h 速度行驶时的驾驶员耳边声压级。在 C 级车辆的开发中，在 180Hz 附近产生了峰值，将该峰值作为分析对象。

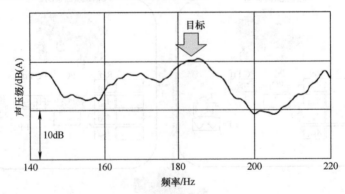

图 9.1.5 驾驶员耳边声压级

2. OTPA 参照点分析结果

悬架安装点参照点（18 处 ×3 方向 = 54 点）如图 9.1.6 所示，以车内声音为响应点，应用 OTPA 参照点分析。

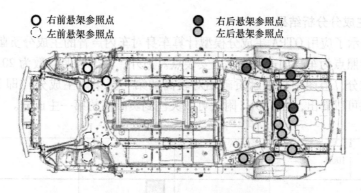

图 9.1.6　悬架安装点参照点

图 9.1.7 汇总表示了通过 OTPA 参照点分析得到的靠近各轮的每个悬架安装点贡献。从这个结果可以看出，关注的 180Hz 附近对前悬架安装点周围的贡献很高。因此，我们着眼于前悬架安装点周围的参照点，确认了贡献的详细情况，如图 9.1.8 所示。从这个结果可以看出，前悬架安装点上支撑点的贡献很高，左右相同。接下来，应用 OTPA 主成分模型，计算车身对车内声音的主成分贡献。

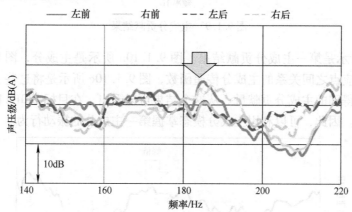

图 9.1.7　每个参照点对响应点的贡献

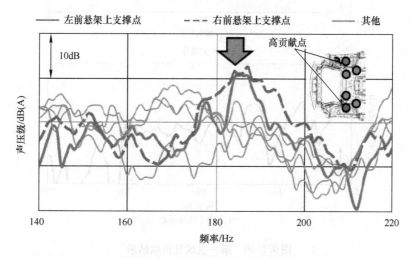

图 9.1.8　对响应点的高贡献参照点

3. OTPA 主成分分析结果

图 9.1.9 显示了应用 OTPA 主成分模型计算车身对车内声音的主成分贡献结果。响应点为车内声音，参照点为车身加速度传感器安装点。另外，由于参照点数为 201，理论上可计算出 201 个主成分，但图中仅表示贡献相对较高的第一至第四主成分（即 PC1~PC4）的值。从这个结果可以看出，在 180Hz 附近可以关注到贡献高的第一主成分。

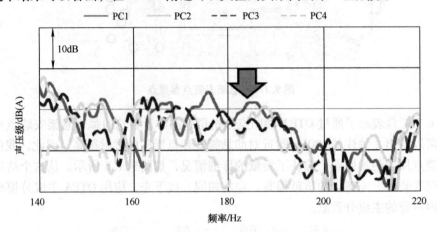

图 9.1.9　主成分贡献结果

图 9.1.10 所示是第一主成分贡献结果。图 9.1.10a 所示是主成分，图 9.1.10b 所示是表示主成分与响应点之间关系的主成分传递函数，图 9.1.10c 所示是将这些主成分与主成分传递函数相乘而得到的主成分贡献量。从这个结果可以看出，在目标 180Hz 附近，在主要成分中观察到峰值。因此，可以利用主成分模态掌握第一主成分的振动行为。

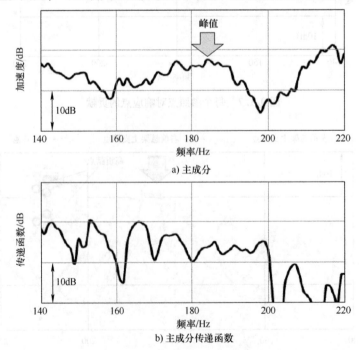

a) 主成分

b) 主成分传递函数

图 9.1.10　第一主成分贡献结果

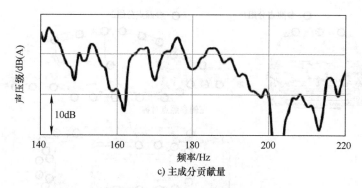

c) 主成分贡献量

图 9.1.10　第一主成分贡献结果（续）

图 9.1.11 显示了 180Hz 内对车内声音影响较大的振动行为（高贡献主成分模态）。考虑到前悬架安装点周围的振动，发现参照点贡献较高，可以确认前悬架安装点侧梁、下加强板的变形较大。

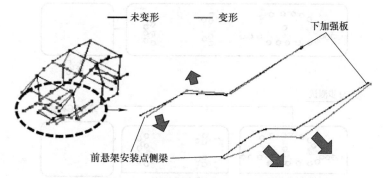

图 9.1.11　主成分模态振型（见彩插）

4. 综合高贡献与主成分模态提取结果

将提取综合高贡献主成分模态时的测量点进行分组，车身骨架为分组 1，前、后悬架安装点为分组 2，以加速度传感器安装点为参照点（67 处 ×3 方向 = 201 点），将车内声音作为响应点，如图 9.1.12 所示。

然后，比较使用分步测量数据提取的综合高贡献主成分模态和前面提取的传统高贡献主成分模态，如图 9.1.13 所示。

图 9.1.14 比较了同时测量的传统高贡献主成分模态和综合高贡献主成分模态的结果。从这个结果可以看出，综合模态的振动行为与传统技术提取的模态一样，参照点贡献高的前悬架安装点周围的变形大。因此，对于四轮随机输入的实际行驶路面噪声数据，即使是分步测量也可以取得与现有技术（即传统）相同的模态，可以确认综合高贡献主成分模态提取技术的有效性。

9.1.4　结构变更效果

根据前面的 OTPA 参照点分析结果和综合高贡献主成分模态提取结果，发现贡献高的前悬架侧梁，通过降低下加强板的振动，车内声音有降低趋势。因此，确认了下加强板的振动降低对车内声音的影响。

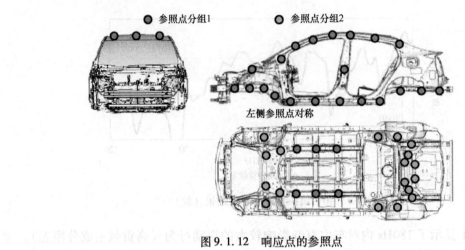

图 9.1.12　响应点的参照点

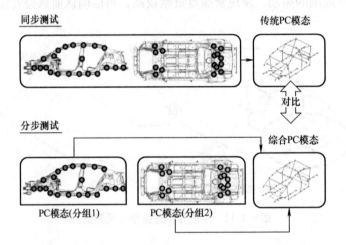

图 9.1.13　传统主成分（PC）模态和综合主成分（PC）模态比较（分步测量）

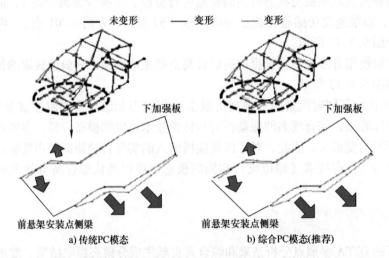

a) 传统PC模态　　　　　　　　　b) 综合PC模态(推荐)

图 9.1.14　传统主成分模态和综合主成分模态比较（同时测量）（见彩插）

为了降低下加强板的振动，增加了质量，如图 9.1.15 所示，通过实车试验确认了此时的振动水平和车内声音的变化。

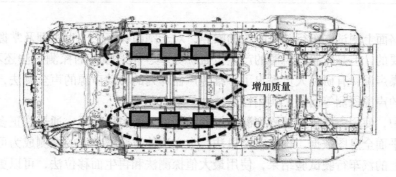

图 9.1.15　结构变更

图 9.1.16 和图 9.1.17 分别比较了增加质量前后的下加强板振动和驾驶员耳边声压级。从这些结果可以确认，在关注的 180Hz 附近，下加强板的振动水平降低，驾驶员耳边声压级也同样降低。另外，驾驶员耳边声压级在关注区域以外的频率也有降低的倾向。这是由于本次结构变更，除了综合高贡献主成分模态之外，其他模态也发生了变化。

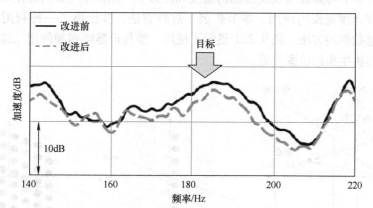

图 9.1.16　下加强板振动

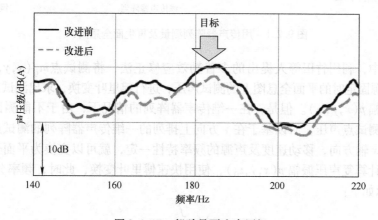

图 9.1.17　驾驶员耳边声压级

9.2 轮胎噪声的声全息识别方法

在实际路面上测试汽车行驶时的轮胎噪声,对于阐明噪声的产生机理及掌握噪声放射特性是非常重要的,但是轮胎噪声源的产生位置、频率、相对强度的探测方法还不是很成熟。为探测轮胎噪声源,有研究人员提出了一维传声器阵列的移动声源的声全息法,但仅限于解决单一频率的声源探测等问题,实用性低。

在本节中,使用二维传声器阵列测量恒速移动声源的声压波形,通过修正多普勒效应的影响,得到平面全息图数据,称为声全息法。本方法使宽频噪声源的探测成为可能,并且根据实际路面上的汽车行驶试验结果,使用最大值探测法和再生面移位法,可以更高精度且简便地鉴定轮胎噪声源。

9.2.1 声全息法

竹田等人提出针对移动声源的声全息法,其前提条件是声源以定速移动且声源频率已知,利用一维传声器阵列对声压进行测试,并修正多普勒效应的影响后,构成全息图进行声源探测,可以在 0.1 马赫数(在所考虑的温度和压力下,流体平均轴向速度和流体中声速之比)以下的移动速度范围内应用。本节扩展了这种方法,并提出了一种利用二维传声器阵列获得平面全息数据的方法。图 9.2.1 显示了使用一维传声器阵列和使用二维传声器阵列时的平面全息图与再生面的位置关系。

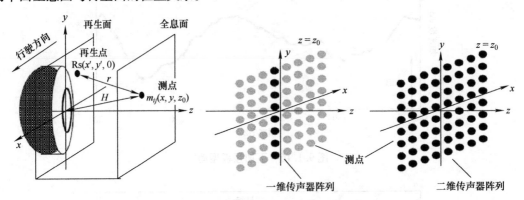

图 9.2.1 用传声器阵列测量及再生面全息图

在本方法中,利用竹田等人提出的多普勒效应修正法,将测试点 $m_{ij}(x,y,z_0)$ 处的测试声压变换为声源固定时的平面全息图上的测试声压,进行傅里叶变换,求出测试点 $m_{ij}(x,y,z_0)$ 处的复声压振幅 $p(x,y,z_0)$。但是,在一维传声器阵列的情况下,由于不能测试得到平面全息图上的全部测试点声压,所以基于在 y 方向上排列的一维传声器阵列的测试声压,假设声源的移动限于 x 轴方向,移动速度及声源的频率特性一定,就可以变换为平面全息图上的测试声压。为了计算复声压振幅 $p(x,y,z_0)$,使用快速傅里叶变换,此时,频率分辨率 Δf(单位为 Hz)表示如下:

$$\Delta f = \frac{f_c}{N} \tag{9-2-1}$$

式中，f_c 为采样率（Hz）；N 为声源探测分析数据数。

这样，在求出平面全息图上各测试点的复声压振幅后，使用式（9-2-2）求出再生点 Rs 处的复数体积速度振幅 $\dot{U}_R$。

$$\dot{U}_R = -\frac{1}{i\rho Ck}\int_{-\infty}^{\infty}\int_{-\infty}^{\infty}p(x,y,z_0)\frac{\exp(-ikr)}{r}\frac{z_0}{H}dxdy$$

$$H = \sqrt{(x'-x)^2 + (y'-y)^2 + z_0^2} \tag{9-2-2}$$

式中，$k=2\pi/\lambda$；ρ 为空气密度；C 为声速。另外，通过对再生面上的各再生点反复进行上述计算，可以得到再生面上复数体积速度振幅的分布。将由式（9-2-2）求出的复数体积速度振幅的绝对值 $|\dot{U}_R|$ 设为以分贝为单位的再生速度级，再生速度级的最大值将在再生面上表示。

9.2.2 基于数值模拟的验证

为了使该方法不仅适用于单频声源，还可以适用于宽频噪声源，在求出其方位分辨率的同时，研究了再生频率与声源再生位置的关系，以及声源位置的识别方法。

1. 方位分辨率

在单频和宽频噪声源的情况下，使用上述方法获得了方位分辨率，并与固定声源的情况进行了比较。方位分辨率一般用横轴为波数、纵轴为相对再生速度级的坐标关系来表示。

根据模拟得到的再生结果，着眼于与声源中心交叉的 y 方向直线上的一维幅值分布，将位置坐标与再生速度级的关系换算为来自声源中心的波数和相对再生速度级（最大值为 0dB），求出方位分辨率。将由模拟结果获得的方位分辨率与固定声源的理论值进行比较。

在本方法中，为了研究傅里叶变换时频率分辨率对方位分辨率的影响，在上述比较中，移动速度设为 60km/h、80km/h、120km/h 三个工况，频率分辨率设为 125Hz、62.5Hz、7.8Hz 三种，考察了它们对方位分辨率的影响。图 9.2.2a 显示了在单频声源情况下方位分辨率的比较结果，图 9.2.2b 显示了在宽频噪声源时的结果。在单频声源的情况下，在图中以半值宽度比较方位分辨率，在任何速度条件下都与频率分辨率无关，大致等于固定声源的情况。

在宽频噪声源以及频率分辨率为 62.5Hz 和 125Hz 的情况下，方位分辨率大致接近固定声源，但在频率分辨率为 7.8Hz 时，方位分辨率降低到固定声源的一半左右。因此，宽频噪声源与单频声源的情况不同，频率分辨率会对方位分辨率产生影响，因此认为在全息再生处理的傅里叶变换中需要缩短数据长度。

2. 使用再生峰值的声源频率识别法

通过改变再生频率，考察利用本方法在移动速度为 100km/h 时的声源再生位置和再生级别的关系。图 9.2.3 表示采样率为 16kHz 时的模拟结果。图 9.2.3 中还显示了再生频率 f 和再生频率 f 下的声源再生位置偏移量（$\Delta d/\lambda$）（Δd 为声源再生位置偏离真实声源位置，λ 为声源频率波长）以及再生频率与声源的再生级别的关系。

图 9.2.3 的横轴表示来自声源频率 Fr（单位为 Hz）的频率偏移 $[(f-Fr)/Fr\times 100]$，将本方法与一维传声器阵列的情况进行比较。此外，将频率偏移量为 0 时的再生级别设为 0dB，以相对级别显示。

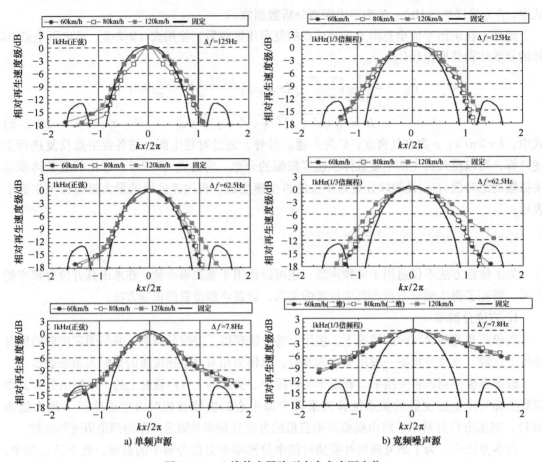

a) 单频声源　　　　　　　　　　　b) 宽频噪声源

图 9.2.2　二维传声器阵列声全息声源定位

在采样率为 16kHz 时，从图 9.2.3 中可知，在二维传声器阵列的情况下，再生级别在频率偏移量为 0 时最大。此时，频率分辨率为 7.8Hz 和 31.25Hz 的声源再生移置的偏移量都比一维传声器阵列的情况小，在频率偏移量为 0 时，声源再生位置与声源位置一致。

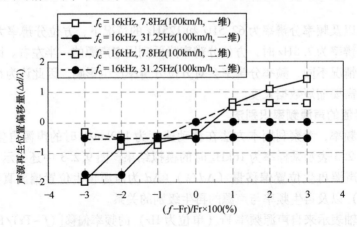

图 9.2.3　以频率分辨率计算的模拟结果（Δf = 7.8Hz、31.25Hz）

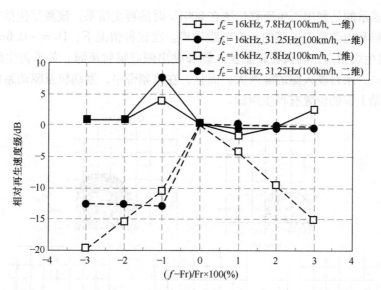

图 9.2.3 以频率分辨率计算的模拟结果（$\Delta f = 7.8\text{Hz}$、31.25Hz）（续）

从以上所述可知，相对于 1kHz 声源频率，当采样率为 16kHz 时，二维传声器阵列与一维传声器阵列相比，相对于频率偏移的声源再生位置的偏移量变小，在频率偏移量为 0 时，再生级别最大，声源再生位置与声源位置一致。

因此，在使用二维传声器阵列时，使再生频率在声源频率范围内微小地变化，找到再生级别最大的再生频率，从而能够与移动速度及频率分辨率无关地识别声源位置及声源频率，这种方法称为最大值探测法。

9.2.3 试验验证

将本方法应用于实际路面行驶时的轮胎噪声声源探测识别，除了最大值探测法之外，还提出了考虑轮胎噪声辐射特性的再生面移位法。这些识别方法的有效性可以通过道路试验和台架声强测试来验证，试验时车辆上安装的轮胎是可以识别频率的。另外，通过最大值探测法，显示轮胎胎面部的主沟槽及横沟为最大噪声源。

1. 再生面移位法轮胎噪声源的确定

车辆行驶时的轮胎噪声一般为轮胎接地部及其前后的辐射噪声，但其辐射特性受许多因素影响。基于这一点，为了掌握轮胎驶入侧及驶出侧的噪声辐射特性，再生计算时使轮胎中心与再生面中心的距离（Ds）在 $-0.6 \sim 0.6\text{m}$ 的范围各偏移 0.3m。这样，通过在声源的移动方向上错开声源与再生面的距离来求出再生结果，不仅能够更正确地识别轮胎位于全息图正面的辐射噪声，而且能够更正确地识别从轮胎驶入侧及驶出侧向外辐射的轮胎噪声。以下将该识别方法称为再生面移位法。

另外，为了比较各位置的再生等级，以平滑轮胎的 Ds = 0m 位置处的再生级别为基准，对平滑、单槽、三条纵筋的三种轮胎的再生等级用相对等级（ΔPWL_R）与各再生值表示。

使用平滑、单槽、三条纵筋的三种轮胎进行 80km/h 的稳定行驶工况测试，对于前二者，通过再生面移位法求出 1kHz 的 1/3 倍频程的再生结果，对于三条纵筋花纹轮胎，通过再生面移位法求出 800Hz（1/3 倍频程）的再生结果。

图 9.2.4 显示的是利用再生面移位法在 800Hz 时的再生结果，该频带包括靠三条纵筋轮胎外侧第一条筋和内侧第三条筋的一次节距噪声。在该种情况下，Ds = -0.6m、-0.3m 及 0.6m 位置的再生级别高，确认在轮胎驶入侧和驶出侧有辐射声源。关于再生级别，可以看出前者的水平高，来自驶入侧的噪声大。而且，在该频带中，发动机及驱动系统的噪声也受到影响，在轮胎上部的位置有再生声源。

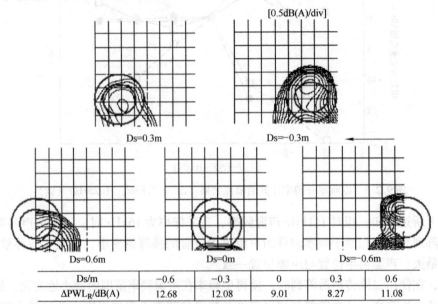

Ds/m	-0.6	-0.3	0	0.3	0.6
ΔPWL_R/dB(A)	12.68	12.08	9.01	8.27	11.08

图 9.2.4 利用再生面移位法在 800Hz 时的再生结果

2. 与台架声灵敏度测试结果的比较

为了验证各位置再生结果的准确性，对在室内转鼓上以 80km/h 的速度滑行行驶时的轮胎单体声强度进行了测试。测试点为轮胎附近在水平方向上间隔 0.1m 的 11 点，对水平及辐射线方向的声灵敏度进行测试及合成。

使用探针 BK3545 和分析仪 BK2133A 进行测量。分析频带为 91.7Hz～5kHz，按 1/12 倍频程频带计算。

图 9.2.5 所示是三条纵筋轮胎 772Hz 和 855Hz 的声灵敏度。从图中可以看出，三条纵筋轮胎的第一花纹条和第三花纹条的一次节距噪声在驶入侧幅值特别大，在轮胎接地部附近有变小的倾向，与三条纵筋轮胎的 800Hz 全息再生结果非常一致。

另外，对于行驶时轮胎噪声的声源探测，通过再生面移位法，不仅可以比较 Ds = 0m 位置的轮胎正面的再生结果，还可以求出其前后的再生结果，从而可以更准确地掌握轮胎噪声的声源位置及辐射特性。

3. 基于最大值探测法的气柱共振声频率确定

车辆以 80km/h 速度在试验路上稳定行驶时，通过计算求出试验车上单沟槽左前轮胎的一阶气柱共振频率，结果为 952Hz、978Hz、1007Hz。在频率计算中，由轮胎主沟槽和路面形成的管道开口端的修正量（δL）通过轮胎单体台架试验求出，管道长度（L）根据轮胎接地时的实测各主沟槽的外侧长度、中央长度、内侧长度得到。一阶气柱共振频率根据式（9-2-3）计算。

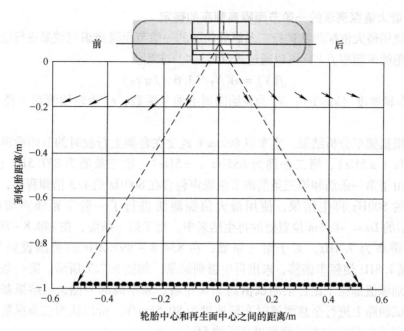

图 9.2.5 三条纵筋轮胎 772Hz 和 855Hz 的声灵敏度

$$f_{\text{RES}} = C[2(L+\delta L)] \tag{9-2-3}$$

图 9.2.6 表示通过最大值探测法得到的单沟槽轮胎一阶气柱共振噪声的频率识别结果。对于 Ds=0m 的单沟槽轮胎再生结果，频率分辨率为 62.5Hz 时找到最大的再生级别频带，并且，对于该频带，将频率分辨率设为 10Hz，调查再生级别最大的频带。将该结果与计算结果进行比较，发现在计算值 952Hz 及 978Hz 附近与再生级别的峰值大致一致。后者的峰值再生级别更高。

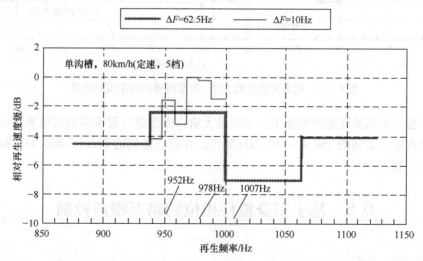

图 9.2.6 通过最大值探测法得到的单沟槽轮胎一阶气柱共振噪声的频率识别结果

因此，在单沟槽轮胎的情况下，在 947.5~957.5Hz 频带和 967.5~977.5Hz 频带中有一阶气柱共振频率，后者的再生级别更大。

4. 基于最大值探测法的一阶节距噪声频率的确定

下面对使用最大值探测法进行三条纵筋轮胎的一阶节距噪声识别结果进行说明。三条纵筋轮胎的节距噪声频率$f(V)$可以通过式（9-2-4）求出。

$$f(V) = nV N_T/(3.6 \times 2\pi r_T) \tag{9-2-4}$$

式中，V为车辆速度（km/h）；N_T为轮胎圆周上的节距数；r_T为轮胎滚动半径（m）；n为阶次。

在此，根据频率分析结果，实车以80km/h速度在台架上行驶时的节距噪声频率在第一条筋为750Hz（±5Hz）、第二条筋为655Hz（±5Hz）、第三条筋为837.5Hz（±5Hz）附近。其中，由于第一条筋和第三条筋的节距噪声包含在800Hz的1/3倍频程中，所以对于三条纵筋轮胎的800Hz再生结果，使用最大值探测法进行了一阶节距噪声频率识别。在图9.2.4所示的$D_s = -0.3$m位置处的再生结果中，对于第一条筋，在740.8~803.2Hz的范围设频率分辨率为7.8Hz，对于第三条筋，在834.8~897.2Hz的范围设频率分辨率为7.8Hz，每隔7.8Hz使频率偏移，求出再生级别结果，如图9.2.7所示。第一条筋及第三条筋的再生级别峰值都位于比台架测试值高5Hz左右、频率高的一侧，但结果基本一致。这是因为，在试验路上进行全息测试时车辆速度为80.5km/h，所以认为三条纵筋轮胎的节距噪声频率提高了0.63%左右，频率提高了约5Hz。

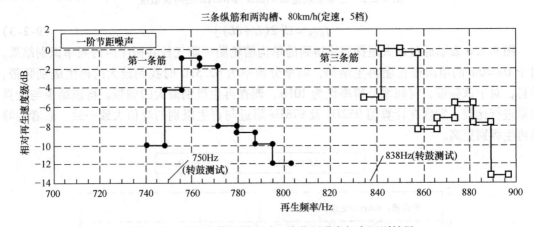

图9.2.7 用最大值探测法对一阶节距噪声频率识别结果

因此，在三条纵筋轮胎的情况下，使用最大值探测法进行频率识别的结果显示，一阶节距噪声频率在第一条筋的756.4~764.2Hz频带，在第三条筋的842.6~850.4Hz频带，与台架测试结果一致。

9.3 基于车身板件相位的路面噪声控制

9.3.1 概述

近年来，对环境舒适性能的要求越来越高，由于直喷发动机或者柴油机的应用、燃油性能的改善等因素，使得发动机及悬架系统的振动逐渐增加。另外，由于对汽车轻量化的要求越来越高,与振动噪声性能相互矛盾的性能要求也越来越多,因此,汽车低频振动噪声的性能开发难度在不断增加。

Wagon 及 Mini VAN 车型,车厢的形状和大小所决定的车内声腔一阶模态频率,位于前悬架的模态附近,容易引起低速轰鸣声及敲鼓声(低频路面噪声)等低频噪声问题,为了解决此类问题,通常需要花费大量的时间和精力。近年来,在声学和振动耦合方面的研究取得了很大的进展,最常采用的方法包括车身结构加强、质量减振块、动力吸振器等。虽然也有着重于车身板件的优化案例,但是通常都是以某一个板件为改进对象,考虑多个板件之间的相互关系的研究及成果则很少。

本节以 Wagon 及 Mini VAN 车型为对象,对影响声腔一阶模态的前风窗玻璃、顶盖、后尾门等多个板件的模态进行适当的配置,来降低车内噪声。另外,为了验证本方法的有效性,还介绍了边界元法(Boundary Element Method, BEM)在解决低速轰鸣声、敲鼓声方面的实际应用案例。

利用本方法,通过适当地设置车身板件的模态,在汽车开发的初期阶段就可以选择合理的结构设计方案。

9.3.2 利用板件的相位控制来降低声压

1. 声音的产生原理

下面阐述低频噪声的产生原理。振动源为发动机或者路面,其振动通过发动机悬置或者悬架衬套等路径向车身传递,前风窗玻璃、顶盖、后尾门等板件被激励起来,压迫车内空气,从而产生噪声。此时,车内的声腔模态对声压有直接的影响,而声腔模态的频率是由车厢的形状和大小决定的。Wagon 及 Mini VAN 车型的声腔一阶模态频率为 40~50Hz。该阶模态的形状特点为车厢前部和后部为峰,中央部位为节点。图 9.3.1 所示为声腔一阶模态对声压的贡献。

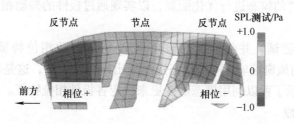

图 9.3.1 声腔一阶模态对声压的贡献

2. 传统方法中存在的问题

传统的解决低频噪声问题的方法,通常是着眼于贡献量较高的板件,为了降低这些板件的振动,多是通过结构优化来改变板件的振动特性。但是,通过结构变更来降低振动幅度有一定的限制,此外,这种改变高贡献量板件的方法,在结构优化方法也需花费大量的时间。基于此,有必要开发一种着眼于多个板件的振动特性,不谋求降低板件振动幅度的新方法。

3. 多个板件相位的控制

本研究案例考虑声腔一阶模态的特征,着眼于两个以上板件的相位关系,通过模态配置来降低声压。

下面以一个具体的案例来说明,仅考察前风窗玻璃和尾门这两个板件所产生的声压情况。如同四缸发动机的二阶激励引起的怠速噪声(20~25Hz),在声腔一阶模态影响较小的低频区域,使车内空间体积变化幅度增加的板件相位关系会增加声压。在声腔一阶模态所支配的区域,如果出现体积变化幅度增加的相位关系,如图9.3.2所示,从声腔模态的特征可以看到驾驶舱前部和后部属于反相位的声压分布,前风窗玻璃所产生的声压与尾门所产生的声压相互抵消,从而使总声压降低。总之,驾驶舱前部配置的板件和后部配置的板件,应该谋求相对于车内方向具有相同振动相位关系。

如上所述,利用对板件振动相位的控制来降低声压,并在实际的工程案例中加以验证。

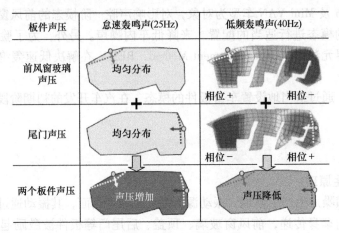

图9.3.2 多个板件相位控制

4. 利用模态进行板件相位控制

单自由度振动模型中,各板件的相位在模态边界处出现逆转,利用这一基本特征,对车内声压贡献较高的板件的模态进行优化配置,以实现通过板件的振动相位关系配置来降低车内声压的目的。

对样车进行振动测试,并将前风窗玻璃和A柱的振动相位特征进行比较,结果如图9.3.3所示,确认前风窗玻璃在一阶模态边界处出现相位反转,这是单自由度共振模型的基本特征,该结果显示了可以利用模态的变更来决定各板件相位特征。

5. 板件相位的合成

研究两个板件的共振特性以实现与声腔一阶模态具有相互抵消的相位关系。设定前风窗玻璃模态低于声腔一阶模态,尾门模态高于声腔一阶模态,通过上述模态设置,在声腔模态范围内,两个板件的相位相同,从而具有降低声压的可能性。板件模态和相位分布如图9.3.4所示。

各板件的相位关系由各自的模态关系而决定,根据其相位关系可以实现声压的增加或者降低。在试验样车上,由于声腔一阶模态附近的声压多数是较高的,本研究案例中,在试验样车的声腔一阶模态附近,对板件的相位加以控制,以实现降低车内声压的目的。

板件相位的关系,由每个板件的模态设定得比声腔一阶模态频率高或者低决定。本次试验中,对试验用车辆的车内声压贡献较高的板件,按照贡献量由高到低的顺序为前风窗玻璃、顶盖、后车门、尾门共四个板件,每个板件的模态相对于声腔一阶模态或高或低,进行

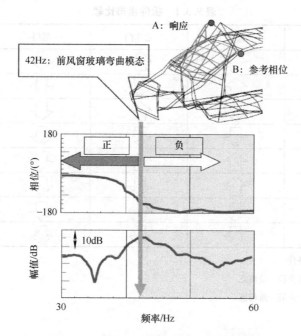

图 9.3.3　A 柱到前风窗玻璃的传递函数

组合排列研究。对于尾门，在结构上很难做到高于声腔一阶模态频率，只能将其设定为低于声腔一阶模态。结果见表 9.3.1，共考察了 A～H 8 种模态的排列组合。另外，如果以前风窗玻璃为基准，可以在试验中证实存在使声压增加的相位关系，或者是使声压降低的相位关系，该结果也在表 9.3.1 中一并显示。阴影部分表示的配置显示由前风窗玻璃产生的声压增加的相位关系。因此，阴影面积小的组合是所期望的，即 C 和 F 组合是较为理想的配置。

以上所述为通过板件相位的控制实现降低声压的具体案例。

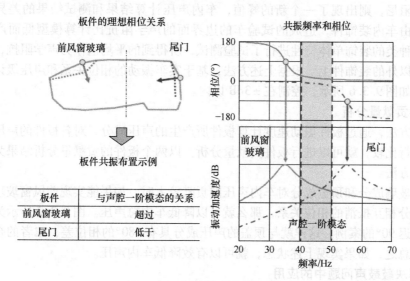

图 9.3.4　板件模态和相位分布

表 9.3.1 板件模态比较

序号	前风窗玻璃	顶盖	后车门	尾门	相位条件
A	⬆	⬆	⬆	⬇	均匀
B	⬆	⬆	⬇	⬇	弱
C	⬆	⬇	⬆	⬇	优秀
D	⬆	⬇	⬇	⬇	好
E	⬇	⬆	⬆	⬆	好
F	⬇	⬆	⬇	⬇	优秀
G	⬇	⬇	⬆	⬇	弱
H	⬇	⬇	⬇	⬇	均匀

▢ 不合适的相位条件

⬆ 共振频率：超过声腔一阶模态

⬇ 共振频率：低于声腔一阶模态

9.3.3 BEM 分析方法

1. 基于 BEM 的车内声压预测

车内声压是由构成车身的各个板件的振动产生声音的合成结果。对于所产生的车内声压，为了掌握到底哪个板件具有决定性的作用，板件贡献量分析方法是十分重要的。因此，利用 BEM，导入了对车内空间进行模型化，通过板件的振动来计算声压的分析方法。

如图 9.3.5 所示，对包含座椅在内的车内空间进行模型划分。

边界面为刚性壁面模态，根据计算结果，声腔模态频率比试验车的测试结果要高，如果进一步减小阻尼，则出现了一个新的峰值，车内声压计算结果和测试结果的差异大、精度低，推断是由车内装饰件，造成的试验车的边界面的声学阻抗比计算模型低而产生的。因此，对多个种类的装饰单体特性进行了试验测试，所得到的平均值作为声学阻抗，设定在除前风窗玻璃以外的装饰件上。根据上述方法，基于实车振动的相位关系和声压级计算值和测试值的差异如图 9.3.6 所示，控制在 ±3dB 以内。

2. 板件贡献量分析

利用本方法，通过板件振动速度计算板件所产生的声压成分，对各板件的声压成分的大小和相位进行比较，就可以进行板件贡献量分析。以两个板件的贡献量分析结果为例来考察声压的控制方法。

前风窗玻璃成分和顶盖成分对车内声压的贡献较大时，如果能实现前风窗玻璃和顶盖这两个声压成分相互抵消的相位关系，那么就可以降低车内总声压。图 9.3.7 所示为前风窗玻璃的相位延迟 90°的案例。这样就与顶盖的声压成分具有 180°的相位差，二者的合成结果就变得很小。总之，如果实现上述状态，就可以有效降低车内声压。

3. 在解决敲鼓声问题中的应用

（1）掌握板件相位特性

低速轰鸣声是以发动机激励为振源而产生的噪声现象，以发动机激励脉冲为测试基准，

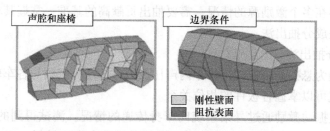

图 9.3.5　声腔 BEM 模型

就能很容易掌握各个板件的相位关系。下面考虑本方法在解决敲鼓声问题中的应用。由于路面激励是通过四个车轮传递到车身的，属于不相关的复数激励，为了掌握其相位关系，在处理信号时需要花费一定的功夫。

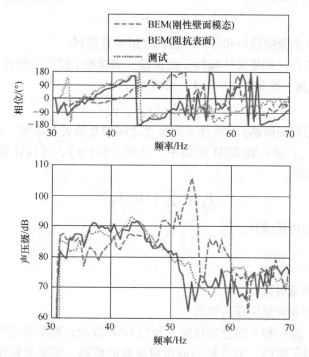

图 9.3.6　基于实车振动的相位关系和声压级计算值和测试值的差异

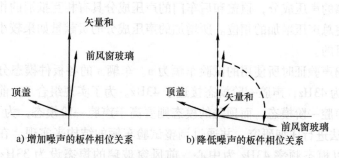

图 9.3.7　前风窗玻璃的相位延迟 90°的案例

因此，对于存在多个激励源的情况，需要抽出贡献高的基准，掌握其相位关系，可以使用下面介绍的相关成分抽出法。

(2) 相关成分抽出法

敲鼓声的激励为悬架系统振动，将车内声压及板件振动分解到与各车轮悬架振动相关性较高的成分中，就可以掌握各板件的相位关系。

考虑 k 个独立振动激励通过悬架系统向车身传递的情况。测试得到的车内总声压为 P，则 P 可以按照式（9-3-1）的关系，通过将 k 个成分进行合成后得到。

$$P = P_1 + P_2 + P_3 + \cdots + P_k \tag{9-3-1}$$

如上所述，可以通过对各个激励成分所引起的声压成分进行分解，对各个板件的相位关系加以研究。此时，激励 j 所引起的声压成分 P_j 可由激励 j 和车内声压的相关函数 γ_j 的平方根相乘而得到，见式（9-3-2）。

$$|P_j| = |P|\sqrt{\gamma_j} \tag{9-3-2}$$

P_j 的相位特性可由激励信号和车内声压的互谱矢量得到。

假设共有 m 个板件，如果关注板件 n 的振动，和激励 j 相关的成分 V_{nj} 可由板件 n 的振动和激励 j 的相关函数，按照式（9-3-3）求得。

$$|V_{nj}| = |V_n|\sqrt{\gamma_{nj}} \tag{9-3-3}$$

V_{nj} 的相位特性可以由激励 j 和板件 n 的振动之间的互谱矢量求得。由此而得到的和 j 有相关性的振动激励 V_{nj}，输入到 BEM 模型中，见式（9-3-4），可以计算出 P_j，同时，各板件的贡献量也可以求出。

$$P_j = \sum_m (|H_j||V_{nj}|) \tag{9-3-4}$$

式中，H_j 为声学振动传递函数。

9.3.4 实车验证

1. 低速轰鸣声降低效果

(1) 通过相位控制降低声压的效果

以实现表 9.3.1 中的 C 和 F 组合为目标，利用 CAE 方法，对车身结构进行了结构优化调整。从结果 C 中可以了解到，为了提高前风窗玻璃的模态，需要大幅增加重量。在进行车辆开发时，由于重量的限制比较严格，因此，F 组合在现实中比较容易实现。在该组合中，相对于前风窗玻璃的声压成分，顶盖和后车门的声压成分具有相互抵消的相位关系，而尾门的声压成分则是使总声压增加的相位。所增加的声压成分的贡献量如果较小，那么就可以实现降低总声压的目的。

假设低速轰鸣声验证时所使用的试验车辆为 a。车辆 a 的各板件模态分布为，前风窗玻璃为 40Hz，顶盖为 43Hz，声腔一阶模态接近于 43Hz。为了实现组合 F，前风窗玻璃和后车门的模态要低于声腔一阶模态，而顶盖的模态则要高于声腔一阶模态，为了实现上述目的，需要通过 CAE 方法进行详细研究，并通过调整试验车辆的结构来实现。在声腔一阶模态所支配的范围内，以模态频率 43Hz 为中心，前风窗玻璃的模态设为 33Hz，顶盖模态设为 60Hz，后车门设为 36Hz，这样可以距离声腔一阶模态足够远。基于此，表 9.3.1 中的组合 F 得以实现，如图 9.3.8 所示。

试验车辆完成结构调整后，如图9.3.9（上段）所示，可以确认声腔一阶模态支配范围内前风窗玻璃及顶盖的振动相位为相互抵消的关系（相对于车内为同相位），结构变更前后的低速轰鸣声，在43Hz（发动机转速为1300r/min）附近，有10dB以上的显著降噪效果。

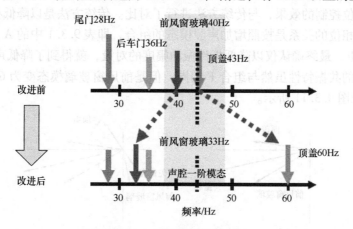

图 9.3.8　板件模态优化方案 F

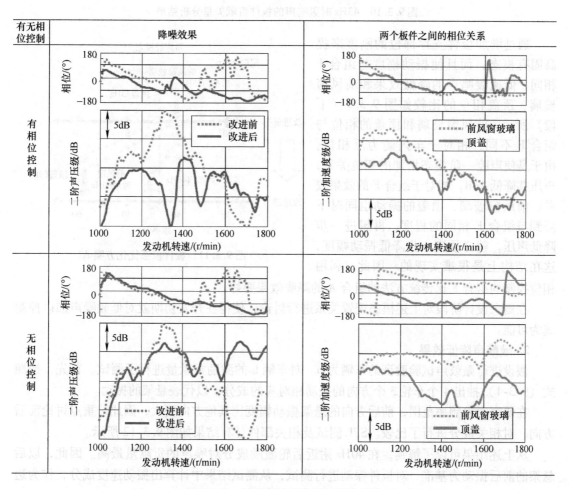

图 9.3.9　低频轰鸣声和板件相位关系

在结构变更前后,前风窗玻璃和顶盖的声压成分的关系由相互助增转变为相互抵消,其板件贡献矢量分析结果如图9.3.10所示。

(2) 与传统方法的比较

为了确认相位控制的效果,与传统方法进行了对比。传统方法是以降低板件的振动幅度为目标,此处,相位的关系是按照增加声腔模态的组合,即表9.3.1中的A,在相同的车辆a上进行结构变更,最终确认仅以降低板件振动幅度的对策,就得到了降低声压效果。

此时,顶盖的共振特性虽然与组合F相同,但是前风窗玻璃模态变为60Hz、后车门模态变为46Hz,如图9.3.11所示。

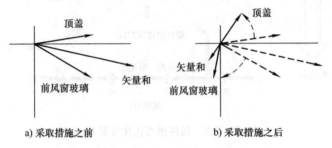

图9.3.10　43Hz时轰鸣声的板件贡献矢量分析结果

通过增加板件支撑部位的刚度来提高固有模态,而且使振动幅度与组合F相同。低速轰鸣声的降低效果和前风窗玻璃、顶盖相位的比较如图9.3.9(下段)所示。前风窗玻璃和顶盖的相位与组合F不同,相对于车内侧为反相位。由于是使声腔一阶模态增加的相位关系,声压共降低4dB,相对于组合F的效果较差。前风窗玻璃、顶盖的振动也同时下降到与组合F相同的程度,再想进一步降低声压,就必须进一步降低振动幅度,这在结构上是很难实现的。因此,利用相位控制的组合F比传统方法的组合A的降噪效果要好。

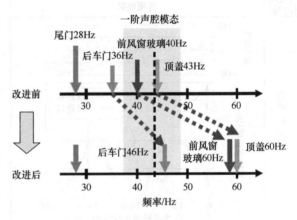

图9.3.11　板件模态优化方案A

在概念设计阶段对上述模态配置关系进行讨论,使得在开发初期就对低频噪声加以控制成为可能。

2. 敲鼓声降低效果

假设进行敲鼓声试验验证的车辆为b。对车辆b的激励贡献量进行了测试。首先,按照式(9-3-1)抽出4个车轮3个方向的振动相对应的成分,以代表悬架的振动。

在研究对象频率范围,前后方向的悬架振动幅度比其他方向要大,因此,重点讨论前后方向,对相关成分进行了比较。SPL测试及相关部件计算结果如图9.3.12所示。

从上述结果可以了解到,在40Hz附近后轮激励成分对噪声的贡献量最高。因此,以后悬架的前后振动为基准,对板件振动进行测试,从测试结果中计算出振动速度成分,作为边界条件赋予BEM计算模型。

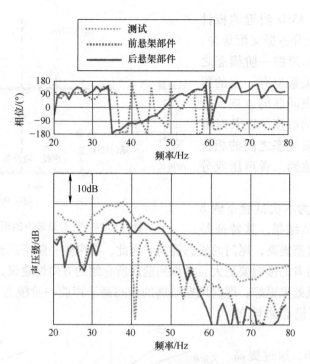

图 9.3.12 SPL 测试及相关部件计算结果

图 9.3.13 中对后悬架声压成分和 BEM 模型计算结果进行了比较,和低速轰鸣声分析结果相同,误差在 ±3dB 以内。因此,应用相关成分抽出法可以得到十分准确的敲鼓声预测结果。

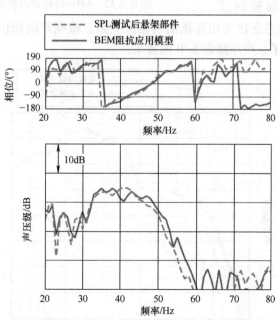

图 9.3.13 后悬架声压成分和 BEM 模型计算结果比较

利用 BEM 得到 43Hz 附近的板件贡献量结果，尾门成分占据支配地位，另外，前风窗玻璃和声腔一阶模态之间相互助长的相位关系也有一定的影响。因此，作为解决问题的方向，首先要降低尾门振动的幅度，以及对前风窗玻璃和声腔一阶模态之间的相位关系进行调整，以达到二者声压成分相互抵消的目的。

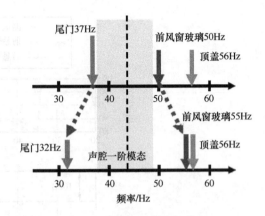

图 9.3.14　针对敲鼓声的板件优化方案

图 9.3.14 所示为本次试验车辆 b 的板件模态配置确认结果，其特征是顶盖的曲率减小、模态提高，尾门的模态提高。因此，在声腔一阶模态频率附近，顶盖板件要高于尾门，推测后者的影响要更大。考虑到前面所介绍的方向性建议，与表 9.3.1 中 A 相当的组合的声压降低效果更好，即前风窗玻璃的模态高于声腔一阶模态，尾门模态则要低，能够得到抵消声腔模态影响的效果。

对于试验车辆 b，通过提高前顶盖横梁的刚度，前风窗玻璃的模态提高了 15Hz，通过降低尾门的限位块刚度，尾门的模态降低了 5Hz。如图 9.3.15 所示，板件贡献量出现变化，如预期那样，两个板件的声腔模态变化为相互抵消的相位关系。根据新的相位关系，如图 9.3.16 所示，在 40Hz 附近实现了总声压降低 6dB 的效果。

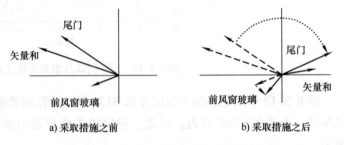

图 9.3.15　43Hz 时敲鼓声的板件贡献矢量

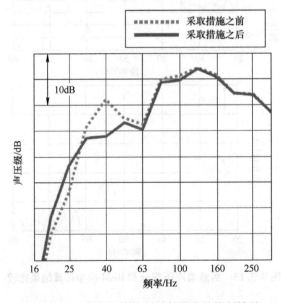

图 9.3.16　板件相位控制对敲鼓声的控制效果

9.4 路面噪声吸声技术

9.4.1 概述

在汽车车厢内经常出现的路面噪声是一种复杂的现象，振动和声学相互交织，而且涉及轮胎/悬架到内饰的多个部件，因此路面噪声的改善并不容易。路面噪声的代表性对策包括降低振动激励、提高车体刚性等，但前者会使操纵稳定性恶化，后者则会导致车辆重量增加。对于风噪声和发动机等高频噪声，使用内饰材料的对策是有效的。因此，我们研究了对其他性能、轻量化影响较小的内部装饰材料，特别是吸声材料来降低路面噪声的方法。

一般用于降低汽车车内噪声的吸声材料多为树脂制纤维无纺布，主要为了降低高频噪声，以薄片状态配置在内部装饰内侧。但是，对于路面噪声等中频噪声，由于在车内的内部结构中不能确保相当于其波长的厚度，所以不能保证充分的吸声效果。

到目前为止，通过吸声材料的配置优化来降低高频路面噪声已经报道了几种利用吸声材料的膜振动来吸收中频声音的技术，例如宽范围频率的吸声结构，但是在路面噪声中经常出现的 100～500Hz 的频率范围内没有发现有效的技术研究。

因此，本文回到吸声材料的吸声原理，着眼于"降低粒子速度"，开发了即使使用薄片状吸声材料也能吸收 100～500Hz 的中频车内噪声的方法，并通过实车验证确认了其效果。

9.4.2 中频噪声吸声条件

一般来说，吸声材料的吸声原理可以解释为"通过降低粒子速度来衰减声音的能量"。因此，吸声材料放置在粒子速度大的部位是最有效的。

在像车内那样在板面配置片状吸声材料的情况下，由于以下原因，对于路面噪声这种中频区域（100～500Hz）的噪声不能充分吸收：

1) 在板面上粒子速度变小。
2) 由于总布置等因素的限制，吸声材料不能充分加厚。

因此，我们建立了一个假设，将薄片状吸声材料放置在板面上，以吸收中频噪声（100～500Hz）。

也就是说，如果垂直于片状吸声材料面入射的声波能够在平行于面的方向上行进，则根据吸声材料长度方向的尺寸，可以吸收波长较长、频率较低的声音。

为了验证这个假设，我们进行了使用图 9.4.1 所示的声学管的试验。

对声学管的长度和直径进行精心设计，在中频范围（100～500Hz）内使管

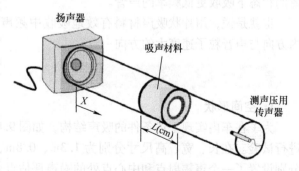

图 9.4.1 声学管模型测试条件

内粒子速度在管长度方向（图 9.4.1 的 X 方向）上变大，并且在管的一端通过扬声器进行声学激励。当将片状吸声材料放置在该管中以沿着管壁面且改变吸声材料在管长方向上的尺

寸（图9.4.1的L）时，研究了管内部吸声效果的影响。

图9.4.2显示了在100~500Hz频率下管内声音通过吸声材料后的降低效果。

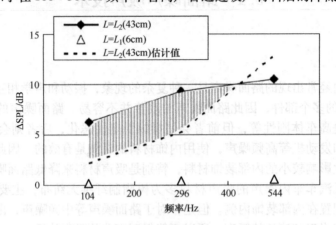

图9.4.2 管道中的吸声效果（ΔSPL）

当吸声材料的长度$L_1 = 6$cm时的降噪效果如图9.4.2中的△所示。在这种情况下，频率越低，吸声材料的降噪效果越小。基于这个结果，考虑将吸声材料的长度扩展到$L_2 = 43$cm。在混响室法中，当吸声材料样件的厚度一定时，吸声效果与样件的表面积成比例，因此表面积变更后样件的声能衰减量由式（9-4-1）表示。

$$\Delta SPL_2 = S_2/S_1 \times \Delta SPL_1 \tag{9-4-1}$$

式中，S_1、S_2为试验材料的表面积（m²）；ΔSPL_1为试验材料表面积为S_1时的声能衰减量（Pa²）；ΔSPL_2为试验材料表面积为S_2时的声能衰减量（Pa²）。

利用式（9-4-1），如果仅考虑吸声材料的表面积增加量，估计吸声材料的长度$L_2 = 43$cm时的声音减小效果，如图9.4.2中虚线所示。

实际上将吸声材料的长度设为$L_2 = 43$cm时的试验结果用◆表示。由于吸声材料长度L变化的实际效果在104Hz和296Hz的低频带超过虚线的换算值，所以不能简单地用面积效应来表示。这与吸声材料厚度增加时的变化类似。

由此可知，如果声音的粒子速度在片状吸声材料的面内方向上足够大，则能够在厚度较薄的状态下吸收更低频率的声音。

也就是说，用片状吸声材料有效地吸收中频声音的条件认为是"使片状吸声材料的面内方向与声音粒子速度大的方向一致"。

9.4.3 中频噪声的吸声结构

1. 空间形状

为了在车内实现上述条件的吸声结构，如图9.4.3所示，使用模拟车厢的简易声学模型进行试验。在长、宽、高尺寸分别为1.3m、0.8m、0.74m的刚性壁包围的长方体空间中，分别设置了一个声辐射点和中心点处的噪声评估点。

使用前面声学管的试验结论，声音在管道纵向上行进，并且粒子速度也在该方向上占主导地位。因此，我们认为，当空间形状变得扁平时，空间中的粒子速度在平行于片状吸声材料表面的方向上占主导地位。因此，研究了当长方体声学模型的空间是扁平形状时，粒子速度的主要方向。

在图 9.4.3 所示的声学模型中，当改变 Z 方向高度时，100~500Hz 的空间内部粒子速度 X、Y、Z 方向 [$V_p(X)$、$V_p(Y)$、$V_p(Z)$] 的比例如图 9.4.4 所示。

从图 9.4.4 可以看出，通过使空间形状变得扁平（减小 Z 方向长度），平行于 XY 壁面的粒子速度 [$V_p(X)$、$V_p(Y)$] 的比例变大。这被认为是由于 Z 方向的空间受到限制，声音向 XY 面方向的传播占主导地位。

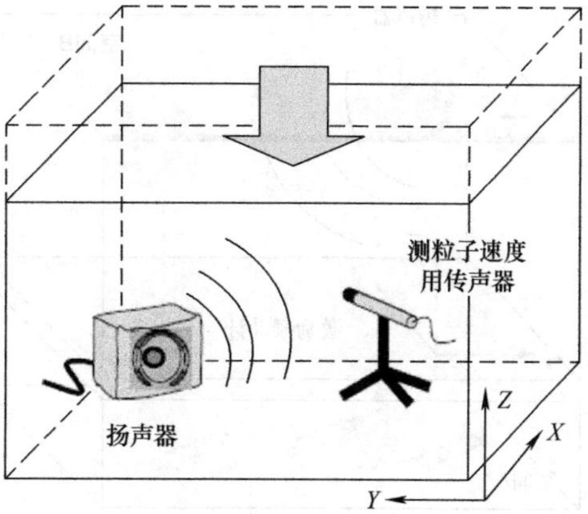

2. 隔板条件

在前面的内容中，发现通过使空间形状

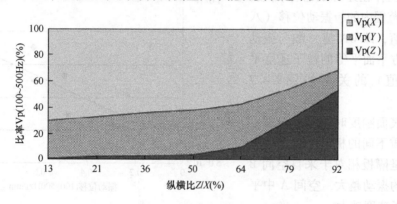

图 9.4.3　用于改变粒子速度方向平衡的声学模型

扁平，可以增加 100~500Hz 声音的粒子速度的面内方向分量。然而，将实际的车厢空间压扁是不现实的。因此，研究了在内饰件内侧空间中能否实现这个要求。

图 9.4.4　车厢模型内部 V_p 的平衡

在这种情况下，由于声音从相邻空间输入，因此在该条件下也确认了与前面相同的倾向。

图 9.4.5 所示是在图 9.4.3 所示的扁平空间（Z/X 为 13% 的情况）中设置相邻独立空间的声学模型。在这个模型中，相邻空间 B 的声能通过将扁平空间和相邻空间之间用非刚性、非透气板材隔开而穿透进入扁平空间 A。此时，测量空间 A 中 3 点的粒子速度，结果显示在图 9.4.6 中。

与图 9.4.4 一样，通过隔板从空间 B 进入空间 A 的声音粒子速度在平行于平面（XY 方向）占主导地位，因为空间 A 是扁平的。另外，根据测量位置的不同，X 方向和 Y 方向的粒子速度的比例也存在差异，但 XY 方向的粒子速度都占主导地位。

综上所述，即使声源在目标空间之外，也可以确认从非刚性板材透射的声音的粒子速度在平行于平面空间的方向上占主导地位。

接下来，如果能够适当地设定该隔板的振动特性，则可以进一步增大粒子速度，并研究了增加吸声材料的效果的可行性。

为了尽量减小对重量的影响，主要研究了通过改变面刚度来改变隔板的振动特性的情况。

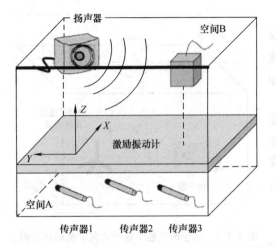

图 9.4.5　在扁平空间中设置相邻独立空间的声学模型

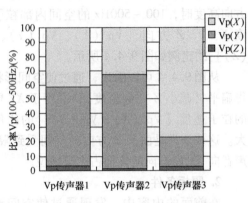

图 9.4.6　空间 A 中 3 点的粒子速度测量结果

对于振动特性存在差异的各个隔板，100～500Hz 范围内的板振动位移（八度频段平均值，即 OA 值）和与振动测试点正上方平面平等的粒子速度平均值（OA 值）的关系如图 9.4.7 所示。

在改变表面刚度时，由于使用了透气性和材质不同的板，所以多少有些偏差，但是隔板相对于来自空间 B 的声激振力的振动越大，空间 A 中平行于板的粒子速度越大。

如上所述，当声音从由非刚性板材隔开的相邻空间 B 通过板进入扁平空间 A 时，空间 A 的粒子速度在平行于隔板的方向上占主导地位。此外，发现通过充分增大隔板相对于激振力的振动，其粒子速度增加。

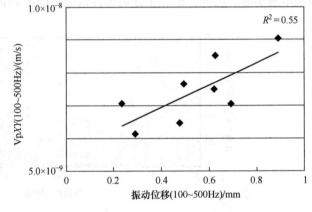

图 9.4.7　空间 A 的 Vp（XY）与隔板振动位移

3. 吸声结构的效果确认

综上所述，确认了在满足本节条件的空间 A 内的壁面上配置片状吸声材料时的中频噪声的降低效果，如图 9.4.8 所示。

图 9.4.9 表示在扁平空间 A 中配置吸声材料时的声学传递特性。另外，在图 9.4.10 中显示出了声源侧的相邻空间 B 中的声学传递特性。

如果在扁平空间 A 中配置吸声材料，则空间 A 的 250～500Hz 范围内的声音降低，如图 9.4.9 所示。这是因为平行于扁平空间 A 的片状吸声材料平面的粒子速度由上述振动隔板主导，所以这种吸声材料在中频范围内起到了有效的吸声作用。

由图 9.4.10 可知，即使在被板隔开的声源侧的邻接空间 B 中，160～400Hz 的声音也降低了。空间 B 中的声音降低效果认为是由于吸声材料在扁平空间 A 中的作用也传播到了相邻空间 B。

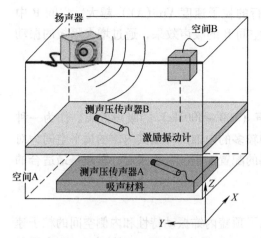

图 9.4.8 带吸声材料的车厢模型

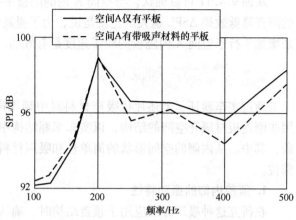

图 9.4.9 空间 A 的声学传递特性

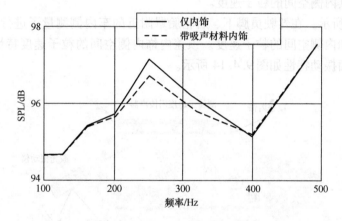

图 9.4.10 空间 B 的声学传递特性

在这里，研究了由于隔板的振动，平行于空间 A 的粒子速度的增加量与相邻空间 B 中的吸声效应的关系。当前面描述的振动特性改变为不同的隔板时，与空间 A 平行的粒子速度的大小和空间 B 的声压级减小量 ΔSPL 的关系如图 9.4.11 所示。

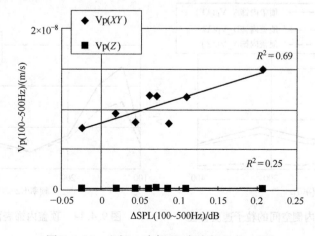

图 9.4.11 空间 A 内侧 Vp 与空间 B 的 ΔSPL

从图 9.4.11 可以确认，与空间 A 内的隔板平行的粒子速度 Vp（XY）越大，空间 B 中的声音降低效果 ΔSPL 越大。也就是说，为了提高空间 B 的吸声效果，通过增大隔板的振动来增加平行于空间 A 内隔板的粒子速度是有效的。

9.4.4 实车验证

通过实车验证了上述片状吸声材料对中频噪声（100～500Hz）的吸声效果。作为一种用非刚性板材隔开空间的结构，以实车车厢结构中较多的内饰部件及其内侧的扁平空间为对象，其中，从内侧的空间形状的简单性和吸声材料的配置面积的大小来看，车顶是最适合的部位。

1. 顶盖内饰的振动特性

在研究这种吸声方法应用于顶盖结构时，确认了顶盖内饰振动特性和内侧空间的粒子速度的大小。对于两种不同规格的顶盖内饰 A（刚性低）和顶盖内饰 B（刚性高），测量了各自的表面振动及其内侧空间的粒子速度。

如图 9.4.12 所示，在驾驶员脚下、后轮胎罩附近的车内侧测量了进行声激振时的顶盖内饰的表面振动和内侧空间的粒子速度。顶盖内饰内侧空间的粒子速度特性如图 9.4.13 所示，顶盖内饰表面振动特性如图 9.4.14 所示。

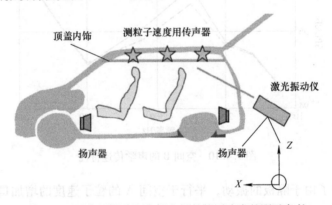

图 9.4.12 表面振动和内侧空间的粒子速度的测试条件

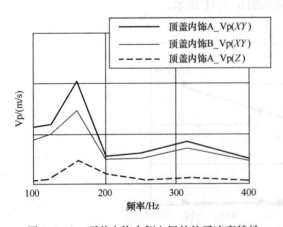

图 9.4.13 顶盖内饰内侧空间的粒子速度特性

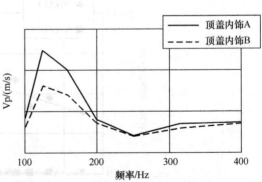

图 9.4.14 顶盖内饰表面振动特性

从图 9.4.13 可以看出，在顶盖内饰后面，面内方向的粒子速度占主导地位。此外，在两种类型的顶盖内饰的内侧空间中，顶盖内饰 A 的面内方向的粒子速度较大。

与图 9.4.14 相比，可以看出刚性较低的顶盖内饰 A 表面振动较大。特别是，在顶盖内饰 A 的内侧空间的粒子速度达到峰值的频率范围（160Hz 频带、315Hz 频带），表面振动也有变大的倾向。也就是说，与前面的模型试验一样，可以确认，顶盖内饰越容易振动，其内侧空间的粒子速度越大。

作为可能影响粒子速度大小的另一个特性，可以考虑顶盖内饰的振动模态。因此，测量了顶盖内饰 A、B 的表面振动分布，如图 9.4.15 所示。在图 9.4.15 中，顶盖内饰 A 和 B 的振动模态振型都很复杂，难以确认明确的趋势。也就是说，如本书中的吸声法那样，在通过部件的振动来提高内侧空间的粒子速度时，认为不是控制振动模态，而是增大振动水平比较好。

顶盖内饰A　　　　　　　　顶盖内饰B

a) 振动贡献(144Hz)

顶盖内饰A　　　　　　　　顶盖内饰B

b) 振动贡献(328Hz)

图 9.4.15　顶盖内饰振动贡献量

2. 吸声效果的实车验证

对于这种应用于车顶结构的吸声方法，进行了路面噪声减噪效果的验证试验。

通过试验确认了当改变顶盖内饰的振动特性时，车辆实际行驶时进入到内侧空间的粒子速度变化。本次试验使用了在保持量产产品面密度的同时，通过改变厚度来改变振动特性的顶盖内饰的试制品。

测量了在粗糙路面上汽车以 100km/h 的速度匀速行驶时，顶盖内饰内侧空间的面方向粒子速度 Vp（XY）和驾驶员耳边位置路面噪声，如图 9.4.16 和图 9.4.17 所示。

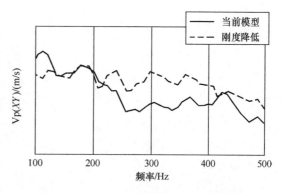

图 9.4.16　顶盖内饰内侧的 Vp（XY）特性

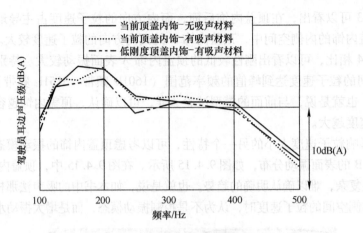

图 9.4.17　路面噪声降低效果

从图 9.4.16 可以确认，使用易于振动的样件，内侧空间的面方向粒子速度 Vp（*XY*）增加。

从图 9.4.17 可知，当将吸声材料放置在顶盖内饰的内侧空间时，与批量产品相比，使用易于振动样件的路面噪声的 OA 值降低了 0.5dB。

综上所述，即使在车辆实际行驶时，通过使用容易振动的顶盖内饰，平行表面方向［图 9.4.16 中 Vp（*XY*）］的粒子速度将进一步增加。此外，我们证实，在该内侧空间放置薄片状吸声材料可以降低驾驶员耳边位置的中频噪声（100～500Hz）。

第10章
路面噪声主动控制

10.1 基于 H_2 控制的路面噪声主动控制

10.1.1 概述

目前,用户对汽车室内空间安静性的需求越来越高,关于车室内空间的静音化的研究变得越来越重要。例如,在长距离驾驶中,车厢内噪声影响乘客的舒适性,增加乘客的疲劳。在长距离驾驶中,汽车往往处于稳定行驶(以一定车速行驶)状态,而稳定行驶时产生的行驶噪声中,路面噪声占很大比例。因此,降低路面噪声水平对于车室内空间的静音化是有效的。

路面噪声是由于车轮受到路面的凹凸不平激振而产生的。从车轮传递过来的振动能量通过车体的结构件传递,使包围车室的地板、车门、车顶的面板等(厚度为0.7mm左右)产生振动,最终,面板的膜振动产生的噪声传到乘客的耳边。

路面噪声特征如下:

1)是在被易受振动壁板包围的空间中产生的噪声,即车厢内的声学模态和面板的振动模态属于强耦合场,具有复杂频率特性的多个模态。

2)具有广泛的频带,因车型而不同,频率范围为80~400Hz。

3)与发动机噪声不同,是非周期噪声。

现在批量生产的汽车,为了降低路面噪声,在地板上贴了阻尼片作为减振材料。阻尼片是以沥青为主要成分的片状部件,通过增加地板面板的重量来降低共振频率,减少引起路面噪声的振动模态数量,使路面噪声降低,但是,由于该方法增加了车辆整体的重量,所以在车辆的运动性能和油耗上需要综合考虑。

有人研究了汽车室内噪声的主动控制方法。主要的控制系统构成方法有以下3种:主动噪声控制(Active Noise Control,ANC)通过扬声器产生的与噪声相位相反的控制声音来消除噪声；主动振动控制（Active Vibration Control，AVC）通过由激振器产生的反相控制振动，降低结构的振动，以抑制噪声；主动结构噪声控制（Active Structural Acoustic Control，ASAC）将激振器产生的控制振动施加到结构上，降低被该结构包围的空间内的噪声。

然而，为了降低具有上述特征的路面噪声，还存在多个难题使上述主动控制方法很难直接应用。ANC主要对声学模态的控制有效，但是对于如上所述的耦合系统，所有模态都不一定是可控的。AVC主要用于控制振动模态，并且可以抑制壁面的振动，但是不一定能降低由于路面噪声的声学模态而引起的分量。特别是，汽车的车厢被非常多的面板包围，即使抑制了一部分面板的振动，其能量也会传递到其他面板，因此路面噪声有时不会减少。有报告称，通过采用ASAC，可以对强耦合的车厢声学模态和振动模态进行有效控制。

因此，基于ASAC构建路面噪声控制系统时，需要特别注意以下几点：汽车车身振动产生噪声的过程存在较大滞后；从激振点到声音观测点的空气传递距离越大，延迟越大。因此，即使采用ASAC结构，在传感噪声的结构中，也难以充分扩大控制频带。为了解决这个问题，本章提出了一种基于模型的输出结果来降低路面噪声的方法，该模型使用安装在车身上的振动加速度传感器来估计车厢内的路面噪声。在所提出的方法中，由于构成了对地板面板进行激振的控制系统，所以从传感到动作的延迟变小，在构成反馈控制系统的情况下，有可能确保足够宽的控制频带。

控制器设计采用H_2方法。通过这种方法，可以设计一种降低非周期（即白噪声）能量的控制器。此外，通过适当地设计权重函数，可以将路面噪声调整为期望的频率特性。

10.1.2 模型搭建

在本章中，对施加在车轮上的激振力成为路面噪声之前的动态特性进行模型化。

1. 路面噪声发生过程的模型化

图10.1.1所示是与路面噪声传递相关的车身结构示意图。车身大致可以分为发动机舱、车厢、行李舱。车厢是由地板、车门、车顶以及与前围板等壁板包围起来的封闭空间，这些壁板由刚性相对较高的结构件和在其间的薄面板构成。

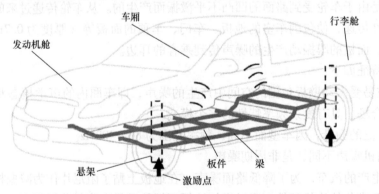

图10.1.1 与路面噪声传递相关的车身结构示意图

路面噪声的传递过程如下。车辆行驶时路面的凹凸不平成为激励源，每个轮胎在三轴方向上被激振而产生振动。轮胎的振动通过车轴或悬架传递到车身。通过悬架传递进入车身的振动通过构件传递到车厢面板，并使面板振动，在车厢内产生噪声。图10.1.2显示了轮胎振动进入车身并产生路面噪声的过程。f 是从路面传递而来的激振力，f_d 是从轮胎传递到车体的激振力，a_d 是由于 f_d 而在车体产生的振动，SPL_{tire} 是从轮胎直接传递到车室内的路面噪声声压，SPL_{body} 是通过车体，因面板的振动产生的路面噪声声压，SPL 表示上述两个组合在车厢内形成的路面噪声声压，v_{body} 表示面板的振动。SPL 表示声压级。图 10.1.2 中的 "轮胎" 显示了从轮胎传递到车身的振动传递特性，以及从轮胎直接辐射的路面噪声的传递特性。图 10.1.2 中的 "悬架" 表示悬架中振动系统的传递特性，"结构特性" 表示横梁（图中的"梁"）和面板（图中的"板件"）等车厢壁面的结构振动系统的传递特性，"声学特性" 表示车厢内的声学系统的传递特性。

横梁和面板形成相互连接的振动系统。也就是说，每个系统的输出被输入到彼此的系统中，并相互作用。此外，振动系统和声学系统都在封闭空间内形成强耦合场。一般来说，面板的机械阻抗比横梁小。因此，阻抗匹配主要建立在面板和阻抗同样小的声学系统之间，形成强耦合场。此外，振动和声传递系统是分布常数系统，即图 10.1.2 中的每个信号是无限阶次的。

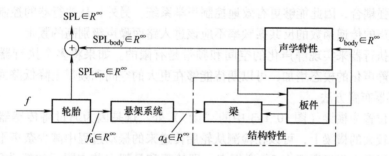

图 10.1.2 路面噪声的声学和振动传递过程中的耦合

2. 控制系统的构成和控制系统用设计模型的导出

图 10.1.3 显示了用于控制图 10.1.2 所示系统的控制系统。其中 v 是由 m 个执行器产生的控制输入面板的失真，a 是 n 个加速度传感器得到的加速度信号。控制器对图 10.1.3 中面板振动系统施加控制振动。

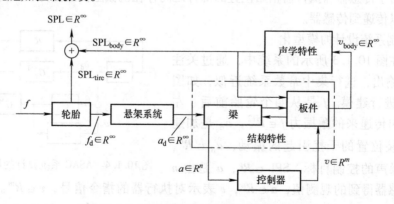

图 10.1.3 路面噪声振动传递系统和控制器

控制器输出降低车厢内的路面噪声 SPL 所需要的控制信号 v。本章提出的方法中，由于采用了将传感器和执行器放置在同一车体上的 ASAC 结构，所以振动从执行器经由 "板件"

和"梁"向传感器的传递路径有时不能忽略。当从执行器到传感器的振动传递路径不可忽略时，出现闭环现象，需要考虑系统的稳定性。虽然有文献提出了取消从控制器的执行器到传感器的声学或振动传递路径的方法，但是由于在本系统中传递路径的增益较高，所以该方法由于模型误差容易引起闭环的不稳定性。根据传感器和执行器的配置，也可以忽略从"板件"到"梁"的传递路径。因此，我们将构建一种适用于两种情况的控制系统设计方法。如果从"板件"到"梁"的传输路径不可忽略，则所提出的方法是反馈控制，如果可以忽略，则是前馈控制。实际上，在前面的试验中，配置的是前馈控制系统，在后续行驶试验中，反馈控制系统由上述所提出的方法构成。接下来会详细介绍执行动作和传感器布置方法，并导出控制系统设计的模型。

(1) 执行动作

使用粘贴在面板上的压电元件作为执行器，原因是，由于车室内的路面噪声是由面板的膜振动产生的，所以使用面板变形作为控制输入的执行器是最理想的。

执行器的粘贴位置是面板（图10.1.3中的"板件"）。这是因为面板的机械阻抗低，与声学系统产生强耦合，因此能够更有效地控制声学系统。另外，从执行器的控制指令信号到车厢内路面噪声的传递函数的反共振频率不应该进入路面噪声级别高的频带。

通过一个执行器来实现静声化的空间和频带是有限的。如果将多个执行器配置在面板上，则可以使静声化的模态增加，可以期待能够在更大的空间和频带上降低路面噪声。

(2) 传感器布置方法

传感器的位置为横梁（图10.1.3中的"梁"）处。这是因为通过将传感器配置在与声学系统阻抗差较大的横梁上，可以在检测从轮胎传递来的振动过程中减少杂声干扰。作为其他可能性，可以考虑靠近激振力f的激振点，即轮毂和悬架安装点附近的振动f_d。但是，轮毂和车身之间有橡胶衬套和减振器等零部件，为非线性的振动传递路径，这一点是无法忽视的。由于悬架安装点附近构件的振动振幅也很大，所以也不能忽视这些非线性因素。此处，由于将振动传递路径建模为线性的集中常数系统，使用的是线性控制方法，所以将传感器布置在轮毂和悬架安装点附近。

结果，由于传感器和执行器粘贴位置的部件之间存在机械阻抗的差异，因此由执行器引起的振动难以传递到传感器。

(3) 控制系统设计的模型化

首先，在图10.1.3所示的系统中，通过关注系统的输入输出，进行集中常数系统近似，如图10.1.4所示进行建模。f是从四个轮胎前后、左右、上下方向传递来的激振力$f \in R^{12}$，a_d是加速度传感器安装位置的干扰引起的振动，$a_d \in R^n$，SPL是路面噪声的控制目标，$\text{SPL} \in R^p$，a是由n

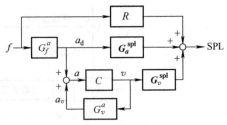

图10.1.4 ASAC系统设计的块状结构图

个加速度传感器得到的观测值，$a \in R^n$，v表示对执行器的指令信号，$v \in R^m$。$G_f^a(s)$是从图10.1.3中的f经过"轮胎"和"悬架"到a_d的传递函数，$G_a^{\text{spl}}(s)$是从图10.1.3中的a_d经过"结构特性"和"声学特性"的连接系统到SPL的传递函数，$G_v^{\text{spl}}(s)$是从图10.1.3中的v经过"结构特性"和"声学特性"的连接系统到SPL的传递函数，$G_v^a(s)$表示从

图 10.1.3 中的 v 经过"结构特性"和"声学特性"的连接系统到在加速度传感器位置生成的振动 a_v 的传递函数。$R(s)$ 表示将图 10.1.3 中从 f 到"轮胎"再到 SPL 的分量与加速度传感器无法观察到的振动分量变成噪声的分量重叠的传递函数。C 表示图 10.1.3 中的"控制器"。图 10.1.4 中,省略各变量的参数 (s)。

接下来,对各个传递函数进行建模。根据从四个车轮传递来的振动状态,被激发的振动模态不会变化。因此,在稳定行驶过程中,从轮胎输入的激励为 f 时,用表示 a 和 SPL 之间关系的传递函数 $\hat{G}_a^{spl}$ 进行建模,见式 (10-1-1),根据加速度 a_d,能够得到路面噪声的估计值 $\widehat{SPL}$。

$$\widehat{SPL} = \hat{G}_a^{spl} a_d \tag{10-1-1}$$

如果 $\hat{G}_a^{spl}$ 的建模精度足够高,并且传感器可以放置在与 SPL 的相干性足够高的位置,则这个推导方法在实际应用中是有效的。当 a 和 SPL 之间的相干性较高时,可以认为 SPL 的另一个因素 R 的贡献很小,可以忽略不计。因此,实际上,在对难以建模的 G_f^a 不建模的情况下,导出了以可观测加速度 a_d 为输入,以可观测的路面噪声 SPL 为控制量的控制器。作为其他传递函数的 G_v^{spl} 和 G_v^a 向执行器输入用于系统识别的信号,并根据输入输出的关系进行建模。

最终,根据输入加速度 a_d 的控制系统设计的系统如图 10.1.5 所示。$\hat{G}_a^{spl}$ 是上述路面噪声估计模型,$\hat{G}_v^{spl}$ 是从执行器输入信号到路面噪声的传递函数模型,$\hat{G}_v^a$ 表示从执行器输入信号到加速度的传递函数模型,$\hat{G}_v^{spl}$ 和 $\hat{G}_a^{spl}$ 是用有限阶次近似的传递函数模型。

10.1.3 基于 H_2 控制的控制器设计

在图 10.1.5 中,为了降低 $\widehat{SPL}$,需要求得在控制频带上降低从 a_d 到 $\widehat{SPL}$ 的传递函数的增益的控制器 C。因此,将问题归结为 H_2 控制器设计问题。当使用 H_∞ 控制时,意味着减小路面噪声的最大值,而当使用 H_2 控制时,意味着减少路面噪声的能量。采用 H_2 控制来控制能量,可以预期在听觉上具有更大的降噪效果。

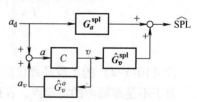

图 10.1.5 控制器综合框线图

另外,采用 H_2 控制器设计的其他理由如下:在汽车车厢内,从低频到高频的振动、噪声共存,如果在控制频带外不充分降低控制器增益,则有可能增加其他噪声。在 H_2 控制器设计中,通过适当设计加权函数,可以控制控制器的频率特性、执行器的最大输出值,而且可以调谐作为目标的控制效果的频率特性。即使在反馈回路存在的情况下,H_2 控制器也从理论上保证该回路的稳定性,因此不需要增益调整。

图 10.1.6 所示为 H_2 控制器设计的通用装置块状结构图。图 10.1.6 包括以下 4 个扩展要素:L_1 是反区域滤波器;L_2 是用于平滑 0 阶保持的控制指令信号的低通滤波器;T_d 是数字控制器的计算时间延迟,即采样周期的死区时间元素。C_{H_2} 是要设计的 H_2 控制器,$[w^T, u^T]^T$ 以及 $[z^T, y^T]^T$ 分别是通用装置的输入信号和输出信号。

此外,W_1、W_2 和 W_3 是 H_2 控制法中的权重函数,它们用于调谐控制器的频率特性,在此设计如下。

首先,加权函数 W_1 是具有模拟路面噪声的功率谱的函数。引入 W_1 的目的是增加噪声大频带中控制器的增益。在路面噪声的低频处,期望降低控制器增益的效果。

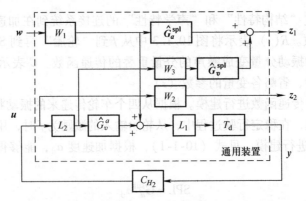

图 10.1.6 H_2 控制器设计的通用装置块状结构图

其次，加权函数 W_2 为常数。引入 W_2，用于调整控制输入 u 的振幅，使执行器难以饱和。另外，在设计理论上，在 H_2 控制问题中可以满足其可解条件。

此外，为了降低控制频带中的控制器增益，将加权函数 W_3 设为带通滤波器，可以期待在 $\hat{G}_v^{spl}$ 的模型误差变大的控制区域外，防止放大路面噪声以外的噪声的不良影响。

控制器将式（10-1-2）的评价函数 J 最小化。

$$J = \left\| \begin{matrix} \left(\hat{G}_a^{spl} + \dfrac{\hat{G}_v^{spl} W_3 L_2 C_{H_2} T_d L_1}{1 - \hat{G}_v^a L_2 C_{H_2} T_d L_1} \right) W_1 \\ \dfrac{W_2 C_{H_2} L_2 T_d L_1}{1 - \hat{G}_v^a L_2 C_{H_2} T_d L_1} \end{matrix} \right\|_2 \tag{10-1-2}$$

式（10-1-2）的上段是评价降低路面噪声控制性能的项，下段是执行器的评价项。

对于不是车厢内的特定点，在以多个点降低路面噪声水平为控制目标的情况下，z_1 是与降低路面噪声水平的点数阶次相同的矢量，利用式（10-1-2）的评价函数矩阵，根据位置来对控制效果进行差分，以标量值为要素的对角矩阵作为权重函数与 z_1 相乘。另外，该对角矩阵的要素不是标量值，而是人感觉到声音的频率特性的模型（即 A 计权特性），可以预想，能够大幅降低人耳能感觉到的、更宽频带的路面噪声。

另外，建模误差是不可避免的，需要设计稳定裕度和鲁棒性，特别是在车辆老化和地板附着物等引起模型误差时，系统可能会变得不稳定。通过灵敏度函数分析，为了保证充分的系统鲁棒性，适当地设计加权函数 W_2 和 W_3，可以得到针对模型误差具有较好鲁棒性的控制系统。此外，还可以考虑通过定期进行系统识别来随时修改模型的方法。

10.1.4 模拟计算、测试结果

1. 试验条件

需要通过行驶试验验证所提出方法的有效性，但由于成本和时间费用巨大，所以可先在试验台架上进行原理确认，此外，还对 H_2 控制器的设计方法的有效性进行了原理确认。另外一个需要处理的问题是，对路面噪声源的振动传感和路面噪声推定方法有效性的原理确认也是必要的，但由于台架试验和行驶试验的条件大不相同，所以在后面进行相应处理。

为了快速、准确地完成工作，将问题简化到可以进行原理确认的程度。对象车辆为 1.3L 排气量的小型轿车，在半消声室内的台架上进行了试验。图 10.1.7 所示是半消声室内

的试验车辆。由于车辆结构大致左右对称，作为路面噪声源的振动从前后两轮传递进来，因此车体右侧的激振力和左侧的激振力的效果大致左右对称，为了验证多个点的控制结果的差异，以降低驾驶员左右耳边两点的路面噪声为目的。为了降低这两个控制点的路面噪声，使用两个执行器。为了观察从两个独立的路面噪声源传递的振动，使用两个传感器。

图10.1.8所示是试验设备概况。图中的"发声器"是模拟从轮胎传递来的振动信号的信号发生器。"激振器"是电磁激振器。在以车轴为激振点的情况下，减振器等

图10.1.7 半消声室内的试验车辆

的衰减大，因为电磁激振器的输出激励有限，所以不能充分激振。因此，以车轴和车体的代表性连接点，即主要振动传递点（右后轮下连杆的车身根部和右前轮 A 型臂）作为激振点。"控制器"是数字控制器。"传感器"是力传感器。在本试验中，为了尽可能在低背景噪声的理想条件下进行传感试验，使用力传感器代替加速度传感器。控制器前后级的"LPF"是由模拟电路构成的低通滤波器。"Amp"是用于驱动执行器的高压放大器。"执行器"是贴附在车身底板上的两个压电执行器。

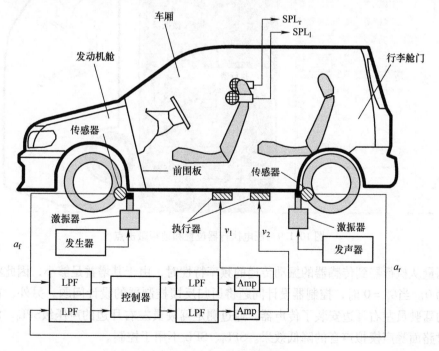

图10.1.8 试验设备概况

模拟从轮胎进入的振动信号设计如下。首先，试验车辆在专用的道路上行驶，这种路面是专门用来评价路面噪声的。接下来，将测试得到的道路噪声的功率谱做成模拟过滤器，生

成激振力的模拟信号。

控制器的采样频率为 3000Hz。这对于控制频带是足够高的值。在实际应用中,在与控制效果进行平衡的同时,需要采用适当的值。另外,通过使用采样值控制,即使在使用低采样频率的情况下,也有可能控制其效果。AutoBox 板的规格是,处理器为 480MHz PowerPC,存储器为 128MB SDRAM,A/D 转换的分辨率为 ±5V/12bit。

控制器前段的低通滤波器是反区域滤波器。反区域滤波器是将截止频率设为 500Hz 的 4 次巴特沃斯滤波器。控制器后段的两个低通滤波器,是除去由 0 阶保持产生高频成分的平滑化滤波器,由截止频率为 500Hz 的 4 次巴特沃斯滤波器构成。

压电执行器粘贴位置为驾驶员座椅下的前地板及燃料箱背面的后地板面板。图 10.1.9 所示是压电执行器位置和地板敲击点。粘贴位置如下。首先,图 10.1.9 所示的地板面板上,设定了 144 点的激振点(左图的圆形标记)。接着,将设定的所有激振点用力锤(用于测定声学、振动系统的传递函数)施加脉冲状的敲击,将控制频带 80~400Hz 中增益高的位置作为执行器的粘贴位置。

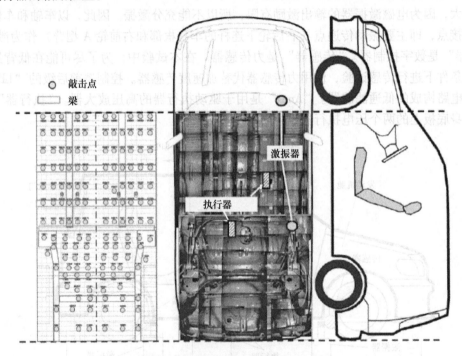

图 10.1.9 压电执行器位置和地板敲击点

当测量从执行器到传感器的振动传递的频率特性时,由于其增益足够小,因此将传递函数 G_v^a 设为 0。当 $G_v^a = 0$ 时,控制器设计问题将回归反馈控制器的设计问题。另外,在作为评价位置的驾驶员左右耳边安装了传声器。通过测定驾驶员左右耳边的声压级 SPL_l、SPL_r,评价控制对路面噪声模拟声音的降低效果。SPL_l、SPL_r 不用于控制。

2. 建模结果

在图 10.1.6 中,通过系统确定法求出 $[\hat{G}_a^{spl}]$ 和 $[\hat{G}_v^{spl}]$。将前后电磁激振器中的力传感器的测定值分别设为 a_f,a_r。另外,将贴在前后面板上的压电执行器的指令信号分别设为 v_1、v_2。

$[\hat{G}_a^{\mathbf{spl}}]$ 由下面的行列式计算:

$$[\hat{G}_a^{\mathbf{spl}}] = \begin{bmatrix} \hat{G}_{a_f}^{\mathrm{spl}_r} & \hat{G}_{a_r}^{\mathrm{spl}_r} \\ \hat{G}_{a_f}^{\mathrm{spl}_l} & \hat{G}_{a_r}^{\mathrm{spl}_l} \end{bmatrix} = \begin{bmatrix} \mathrm{SPL}_r/a_f & \mathrm{SPL}_r/a_r \\ \mathrm{SPL}_l/a_f & \mathrm{SPL}_l/a_r \end{bmatrix}$$

$[\hat{G}_v^{\mathbf{spl}}]$ 由下面的行列式计算:

$$[\hat{G}_v^{\mathbf{spl}}] = \begin{bmatrix} \hat{G}_{v_1}^{\mathrm{spl}_r} & \hat{G}_{v_2}^{\mathrm{spl}_r} \\ \hat{G}_{v_1}^{\mathrm{spl}_l} & \hat{G}_{v_2}^{\mathrm{spl}_l} \end{bmatrix} = \begin{bmatrix} \mathrm{SPL}_r/v_1 & \mathrm{SPL}_r/v_2 \\ \mathrm{SPL}_l/v_1 & \mathrm{SPL}_l/v_2 \end{bmatrix}$$

首先,把白噪声输入到图 10.1.8 中的电磁激振器和压电执行器,测量输入信号和输出噪声之间的频率特性。测试使用了 MATLAB 自带的 tfestimate 函数。接下来,使用得到的频率特性来识别传递函数。这里也使用了 MATLAB 自带的系统识别工具 SDTools。因为控制频带为 80~400Hz,所以只提取 80~400Hz 的模态进行建模。

将得到的传递函数频率特性的一部分与测量的频率特性进行比较。图 10.1.10 显示的是从后侧激振点的激振力 a_r 到驾驶员右耳旁的路面噪声模拟声音的声压级 SPL_r 的传递函数,阶次为 68 阶。从图中可知,目标频域中高精度地推测出了传递函数。实际上,80~400Hz 的整体模型误差可以利用下面的公式计算。

$$e = 20\lg\left(\int_{2\pi\times80}^{2\pi\times400} \frac{|G(\mathrm{j}\omega) - \hat{G}(\mathrm{j}\omega)|}{|G(\mathrm{j}\omega)|}\mathrm{d}\omega\right) \tag{10-1-3}$$

计算结果显示,$e = -23\mathrm{dB}$。其中,$G(\mathrm{j}\omega)$ 是测量得到的频率特性,$\hat{G}(\mathrm{j}\omega)$ 是估算的传递函数的频率特性。

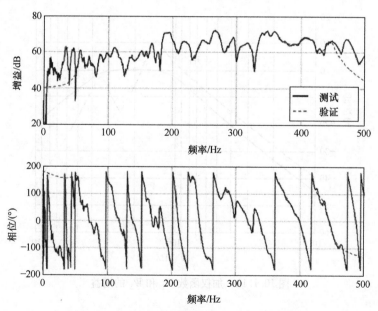

图 10.1.10 测试和识别的传递函数 $\hat{G}_{a_r}^{\mathrm{spl}_r}$ 波特图

另外,图 10.1.11 是从压电执行器指令电压 v_1 到驾驶员右耳旁的路面噪声模拟声音声压级 SPL_r 的传递函数,可以看出,在考虑的频带中得到了精度良好的验证结果。传递函数的阶数为 52 阶。其他传递函数也可以以同样的精度进行确定。另外,这些确定精度的妥当性在后面的章节中进行验证。

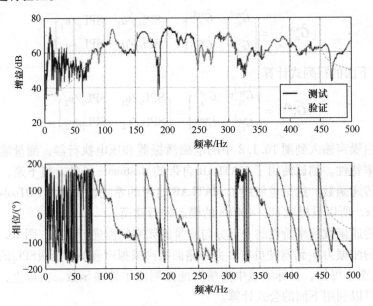

图 10.1.11 测试和识别的传递函数 $\hat{G}_{v_1}^{spl}$ 波特图

3. 控制器设计结果及计算机仿真结果

利用前面的方法设计控制器。加权函数 W_1 和 W_3 的增益如图 10.1.12 所示。

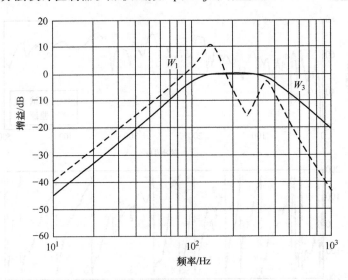

图 10.1.12 加权函数 W_1 和 W_3 的增益

如前所述，W_1 使用了具有增益特性的 8 次传递函数，该增益特性成为试验车辆的路面噪声模拟声音的功率谱特性的包络线。W_3 使用了控制频带为 100~400Hz 的带通滤波器，W_2 使用了标量值。

通过使用这些权重函数配置通用装置，并使用 MATLAB Robust Control Toolbox 中准备的 h2syn 函数，设计了一个双输入双输出连续时间控制器，以最小化式（10-1-2）的评估函数。控制器C_{H_2}的频率特性如图 10.1.13（实线）所示。此外，为了在数字计算机上实现上述过程，所获得的控制器被降阶和离散化。为了低阶化，通过使用 MATLAB Control System Toolbox 中提供的 balreal 函数和 modred 函数来删除小于或等于恒定值的汉克尔奇异值的状态，其结果如图 10.1.13（虚线）所示。从图中可以看出，实际上在控制频带中获得了具有相同频率特性的低阶离散时间控制器。低阶化前的连续时间控制器的阶数为 258 阶，低阶化离散时间控制器为 102 阶。

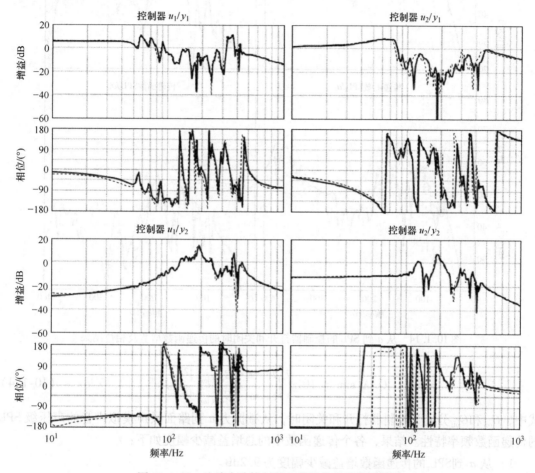

图 10.1.13　连续全阶控制器和离散化控制器波特图

从图 10.1.13 可以看出前述权重函数的效果，即所有频带中所有控制器的增益都在 20dB 以下（W_2 的效果），控制频带外增益特性下降（W_1、W_3 的效果）。

为了验证设计方法的有效性，使用连续时间系统模型和以连续时间系统模型为基础设计的连续时间系统控制器进行了计算机模拟。离散化误差得到了试验验证。图 10.1.14 表示在控制器打开时和控制器关闭时，比较从激振力 a 到路面噪声模拟声音的声压级 SPL 的传递函数增益及相位结果。

从图 10.1.14 中可以看出，在控制器频带中，在控制器打开时增益下降。上述各传递函数增益的减少幅度的整体值由式（10-1-4）定义。

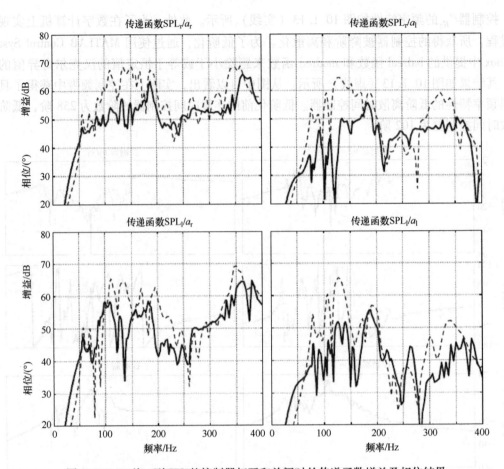

图 10.1.14 从 a 到 SPL 的控制器打开和关闭时的传递函数增益及相位结果

$$\text{O. A. sim} = 10\lg\left(\int_{2\pi\times80}^{2\pi\times400} \frac{|G_{on(j\omega)}|^2}{|G_{off(j\omega)}|^2}d\omega\right) \quad (10\text{-}1\text{-}4)$$

式中，G_{on} 和 G_{off} 分别为控制器打开和关闭时，从激振力 a 到路面噪声模拟声音的声压级 SPL 的传递函数频率特性。结果，各个传递函数中的总增益减少幅度如下：

1) 从 a_f 到 SPL_r 的传递函数增益减少幅度为 9.2dB。
2) 从 a_r 到 SPL_r 的传递函数增益减少幅度为 5.9dB。
3) 从 a_f 到 SPL_l 的传递函数增益减少幅度为 8.6dB。
4) 从 a_r 到 SPL_l 的传递函数增益减少幅度为 4.0dB。

4. 试验结果

在控制器打开/关闭时，比较驾驶员左右耳边位置的路面噪声模拟声音的声压水平。图 10.1.15 和图 10.1.16 分别显示了在驾驶员右耳和左耳位置处的路面噪声模拟声音的声压级的功率谱。从两个图中可以看出，在 80~400Hz 的频带中，路面噪声模拟声音的声压级降低。

进行基于路面噪声模拟声音的降低效果的总体值比较。控制器关闭及打开时得到的路面噪声模拟声音的声压级的总体值由式（10-1-5）定义。

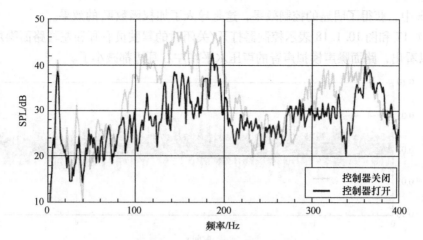

图 10.1.15　控制器打开和关闭时驾驶员右耳声压级功率谱

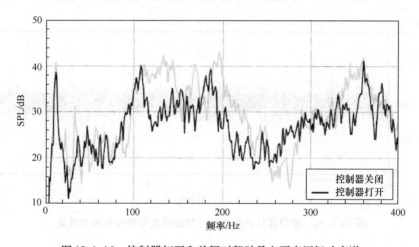

图 10.1.16　控制器打开和关闭时驾驶员左耳声压级功率谱

$$\mathrm{O.\,A.\,exp} = 10\lg\left(\int_{2\pi\times 80}^{2\pi\times 400}\frac{|\mathrm{SPL}_{\mathrm{on}(j\omega)}|^2}{|\mathrm{SPL}_{\mathrm{off}(j\omega)}|^2}\mathrm{d}\omega\right) \qquad (10\text{-}1\text{-}5)$$

式中，$|\mathrm{SPL}_{\mathrm{off}(j\omega)}|^2$ 和 $|\mathrm{SPL}_{\mathrm{on}(j\omega)}|^2$ 分别为控制器关闭、控制器打开时的路面噪声模拟声音的声压级功率谱。

结果表明，在 80~400Hz 频带中，右耳和左耳的路面噪声模拟声音总体值减少幅度分别为 6.5dB 和 3.7dB。一般来说，3dB 的路面噪声声压级差异相当于 2 级车型。也就是说，装有 1.3L 发动机的紧凑型试验汽车的路面噪声声压水平等于减振器使用更多的中型轿车。也就是说，在这个试验中得到了足够的控制效果。这意味着前面所创建的模型精度和控制器的离散化精度是足够的。

另外，通过控制，左右耳边的声压达到了同一水平。也就是说，在不进行控制的情况下，左右耳总体声压级差为 3.9dB，但在进行控制时减小到 1.1dB。这是通过 H_2 控制设计加权函数使左耳和左耳的声压水平达到相同值的结果。

由图 10.1.16 可以看出，在路面噪声模拟声音的声压水平高的频带，即 100~200Hz 和

300~400Hz 中，获得了明显的控制效果，这是导入了加权函数 W_1 的效果。

图 10.1.17 和图 10.1.18 表示控制器打开/关闭时的驾驶员右耳和左耳路面噪声时域值。从图中可以看出，路面噪声模拟声音的声压水平在左右耳边都减小了。

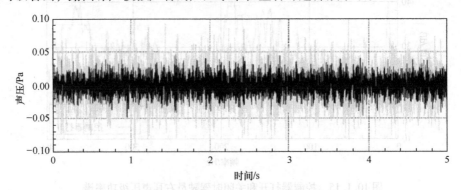

图 10.1.17　控制器打开和关闭时驾驶员右耳路面噪声时域值

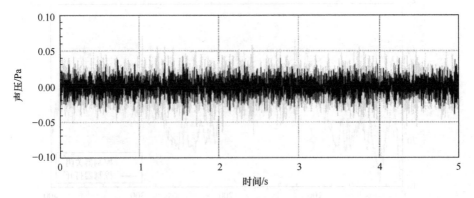

图 10.1.18　控制器打开和关闭时驾驶员左耳路面噪声时域值

实际上，通过实施控制，从听觉上也感觉到了路面噪声模拟声音的声压水平变低。

此外，通过试验证实了车辆行驶时的路面噪声降低效果。另外，试验证实，振动、声传递函数因乘员数的变动而变动。由于该变动，预计路面噪声降低效果会减少，因此，可以通过控制器的切换和增益调度等方法来研究对策。

10.2　基于单频自适应滤波器的多峰噪声主动控制技术

在汽车行驶时，由路面激励引起的车内噪声中，有时会包含多个窄带频率噪声成分。这是一种低频路面噪声，会严重影响车内乘坐舒适性。在本书中，构建了一种基于反馈控制的主动噪声控制技术，可以同时降低多个窄带频率噪声。使用多个自适应滤波器的单频自适应陷波型滤波器，并研究了其组合方法。结果，开发出一种组合方法，通过组合多个滤波器，可以降低控制器传输特性中产生的相互影响。由此，在多个频带对振幅和相位特性进行控制的控制器，最终达到降噪目标。

10.2.1 概述

在汽车行驶时，在车室内产生包含各种频率成分的噪声。图 10.2.1 表示汽车在两种粗糙的混凝土路面上以一定速度行驶时的路面噪声特性。由路面激励引起的 200Hz 以下的噪声被称为低频路面噪声，由多个窄带频率噪声构成。由于这是一种带有压迫感的不愉快噪声，因此要求同时降低多个频带的噪声幅值。ANC 技术作为一种能够在不增加质量前提下降低噪声的技术，备受瞩目。到目前为止，已经提出并成功应用的技术包括降低低频路面噪声的

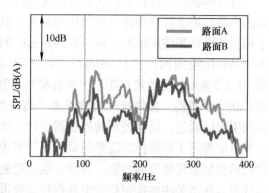

图 10.2.1 路面噪声特性

ANC 技术、降低发动机噪声的 ANC 技术，以及同时降低低频路面噪声和发动机噪声的综合 ANC 技术等。这种综合 ANC 技术将单频自适应陷波滤波器（Single Frequency Adaptive Notch Filter，SAN 型滤波器）应用于反馈控制。与需要噪声源信号的前馈控制相比，反馈控制用较少的传感器实现降噪。但是，很少有通过反馈控制同时降低多个窄带频率噪声的设计例子。因此，我们应用 SAN 型滤波器，构建了一种能够同时降低多个窄带频率噪声的反馈型 ANC 技术，并将其应用于下一代新车。

10.2.2 控制方法

1. 反馈型 ANC 的基本原理

图 10.2.2 所示是用于反馈型 ANC 的框架原理图。反馈型 ANC 相当于控制工程中的干扰控制。将从扬声器输出到传声器的传递函数作为控制装置 C，将基本噪声作为干扰 d，将传声器检测到的残余噪声作为误差信号 e 来处理，并将目标值 r 设置为 0 来设计控制器 G。这些关系可以用式（10-2-1）来表示。

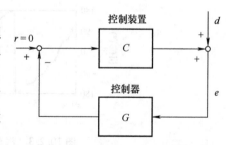

图 10.2.2 用于反馈型 ANC 的框架原理图

$$\frac{e}{d} = \frac{1}{1 + C(j\omega)G(j\omega)} \quad (10\text{-}2\text{-}1)$$

式（10-2-1）称为灵敏度函数，表示干扰抑制的频率特性。ω 是角速度，f 是频率，二者之间的关系为 $\omega = 2\pi f$。注意式（10-2-1）右边的分母，设定 $G(j\omega)$，使得 $C(j\omega)G(j\omega)$ 的值为 1 时，灵敏度见式（10-2-2）。

$$\frac{e}{d} = \frac{1}{2} \quad (10\text{-}2\text{-}2)$$

这表明在频率 f 处噪声降低了 6dB。相反，当 $C(j\omega)G(j\omega)$ 的值接近 -1 时，分母接近 0，见式（10-2-3）。

$$\frac{e}{d} \to \infty \quad (10\text{-}2\text{-}3)$$

这与噪声无限放大是相同的，属于控制发散。一般来说，$C(j\omega)G(j\omega)$ 根据频率 f 而变

化，但为了使作为分母的 $1+C(j\omega)G(j\omega)$ 不接近零点，需要对 $G(j\omega)$ 的值进行适当设定。

对以车辆声学特性为控制装置的反馈控制设计过程进行考察。这里，车辆的声学特性包括扬声器的输出特性和传声器的检测特性，以及从扬声器到传声器的声学特性。在这里，由于包括扬声器到传声器的距离引起的延迟时间的无效时间、扬声器的结构引起的谐振特性、车厢是封闭空间而产生的混响等原因，所以车厢的声学特性通常是高阶次的控制装置。图 10.2.3 显示的是放置在车门上的音频扬声器（输入）和放置在车顶上的控制传声器（输出）的声学特性。振幅特性的波谷表示高阶数，随着频率的上升而变化的特性表现为无效时间引起的延迟。反馈控制的控制器设计方法有环路整形法、史密斯法、H_∞ 控制等。然而，这些方法都属于低阶控制装置的低阶控制器设计。在这些报告中，我们仅着眼于受控频带，用低阶模型来近似控制装置，并结合这些控制器设计方法来研究控制效果。在仿真上，我们预计可以在所关注的特定频带中获得控制效果，而在实际设备中，由于该建模误差，发生了干扰抑制特性降低、干扰放大。在此基础上进行扩展，并且认为难以实现对于多个窄带频率同时具有设计频率特性的控制器。

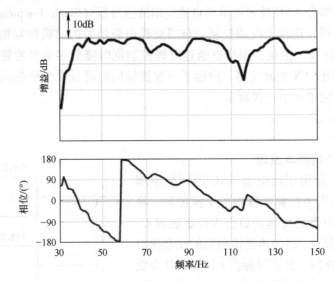

图 10.2.3　汽车扬声器和传声器的声学特性

2. 基于 SAN 型滤波器的反馈型 ANC

为了降低特定窄带频率的噪声，提出了一种基于 SAN 型滤波器的反馈型 ANC。它包括提取特定窄带中心频率的信号提取器、调整振幅和相位的基准信号发生器，以及将由信号提取器获得的自适应滤波系数和调整基准信号相乘而输出的调整器。图 10.2.4 所示是其框架原理图。

图 10.2.4 中，A、B 是用于信号提取的自适应滤波系数，ω 是所关注频率的角速度，Φ_g 表示相位调整特性，K_g 表示为振幅调整器。

自适应滤波器 A 和 B 的更新公式如下所示。

$$A_{n+1} = A_n - \mu e\cos(\omega t) \qquad (10\text{-}2\text{-}4)$$

$$B_{n+1} = B_n - \mu e\sin(\omega t) \qquad (10\text{-}2\text{-}5)$$

式中，μ 为步长参数，是调整自适应滤波器更新量的系数。

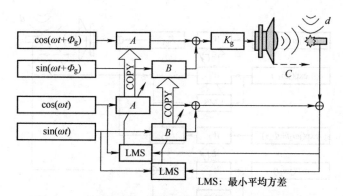

图 10.2.4　基于 SAN 型滤波器的反馈型 ANC 框架原理图

该方法的特点是可以容易地设置提取的目标频率、相位和幅值的调整，并且可以通过低运算负荷和低延迟来实现上述处理。图 10.2.5 所示是基于 SAN 型滤波器的反馈型 ANC 的频率响应。由图可知，通过改变参数 μ，可以调整信号提取中的通过频率的宽度。控制器的设计，可以分别通过参数 μ 调整通过频率的宽度、通过 Φ_g 调整相位特性、通过 K_g 调整振幅特性等来单独进行，Φ_g 和 K_g 是由式（10-2-1）和声学性质决定的目标降低量确定的。

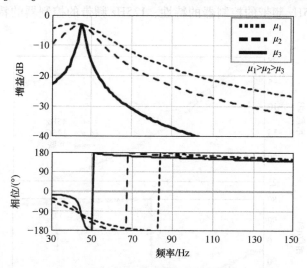

图 10.2.5　基于 SAN 型滤波器的反馈型 ANC 的频率响应

3. 基于 SAN 型滤波器的反馈型 ANC 的频率多重化

在本节中，我们研究了一种同时支持多个窄带频率的方法，即基于 SAN 型滤波器的反馈 ANC。首先考虑简单地并联连接 SAN 型滤波器的信号提取器和幅度相位调整器。为了简化，将进行信号提取的自适应滤波系数设为 W，基准信号设为 x，相位调整量设为 Φ_g，振幅调整量设为 K_g，Φ_g 中相位调整后的校正基准信号为 x'。图 10.2.6 所示为并联 SAN 型滤波器的反馈型 ANC 框架原理图。

另外，图 10.2.6 和图 10.2.4 中的变量之间的关系见式（10-2-6）~式（10-2-8）。

$$W = A + jB \tag{10-2-6}$$

$$x = \cos(\omega t) - j\sin(t) = e^{-j\omega t} \tag{10-2-7}$$

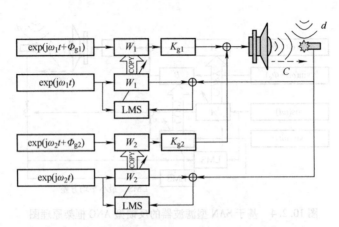

图 10.2.6 并联 SAN 型滤波器的反馈型 ANC 框架原理图

$$x' = \cos(\omega t + \Phi_g) - j\sin(\omega t + \Phi_g) = e^{-j\omega t - \Phi_g} \qquad (10\text{-}2\text{-}8)$$

由于是将两个 SAN 型滤波器的反馈 ANC 特性相加，该方法具有整体的控制器特性，因此可以容易地进行计算。将中心频率设为 45Hz 频带和 125Hz 频带，将各中心频率下的降噪目标设为 −4dB，进行控制器的设计，通过计算求出该控制器的频率响应特性，如图 10.2.7 所示。图中显示了 45Hz 频带的控制器的特性、125Hz 频带的控制器的特性，以及将它们并联连接时的特性。

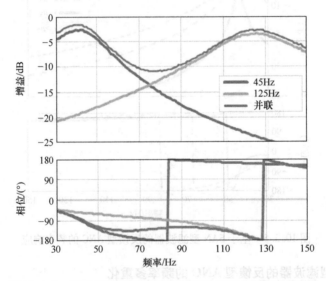

图 10.2.7 并联 SAN 型滤波器的反馈型 ANC 的频率响应特性

从图 10.2.7 中可以看出，由单独的控制器获得的频率响应特性与并联连接的特性之间存在差异。这是因为在并联连接控制器中，45Hz 频带控制器的 125Hz 的特性中增加了 125Hz 频带的控制器特性。类似地，125Hz 频带控制器改变了 45Hz 频带的控制器特性。这意味着不能获得具有设计频率特性的控制器，结果不能获得目标的减少量。因此，需要新的控制逻辑来减轻一个频带的控制器对另一个频带特性的影响。我们设计了两种将 SAN 型滤波器作为信号提取器的特性应用于控制器之间的干扰缓解的方式。对上述 3 种控制方式的特性和效果进行了比较研究，其特征如下所示：

1）将 SAN 型滤波器的两个控制器并联连接方式改为串联连接方式。控制器特性可以通过两个控制器特性的组合来求出，这是一种简单的结构。

2）将一个 SAN 型滤波器的提取处理的残留信号用作另一个 SAN 型滤波器的输入的级联方式。由于一个 SAN 型滤波器的提取处理的结果在一个方向上传播，因此 SAN 型滤波器的提取处理的相互干扰发生的可能性小，一个频带的控制器特性对另一个频带的控制器特性的影响得以缓解。

3）将两个 SAN 型滤波器的信号提取处理综合的方式作为普通连接方式。虽然 SAN 型滤波器的提取处理可能是相互干扰的，但是可以预测两个频带的控制器特性的干扰得到缓解。

图 10.2.8 所示是级联 SAN 反馈控制框图，图 10.2.9 所示是普通连接 SAN 反馈控制框图。

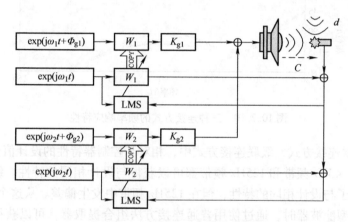

图 10.2.8　级联 SAN 反馈控制框图

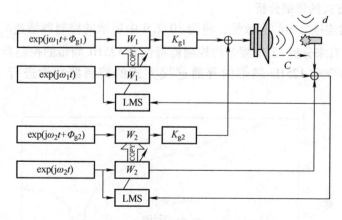

图 10.2.9　普通连接 SAN 反馈控制框图

10.2.3　控制器特性的验证

1. 控制器模拟

通过组合两个频带的控制器产生的变化量目标为 ±0.1dB 以内，将三种连接方式的反馈

ANC 按照相同的设计值进行控制器设计,通过计算获得作为设计值的频率响应特性并进行验证,如图 10.2.10 所示。

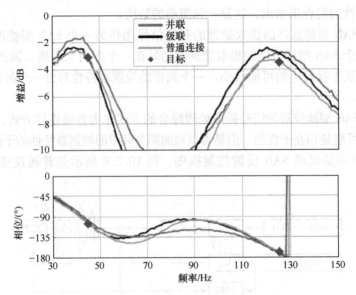

图 10.2.10 三种连接方式的频率响应特性

这样,在并联连接方式、级联连接方式中,相对于控制器特性的设计值会产生偏差。在普通连接方法中,45Hz 频带和 125Hz 频带都可以获得与设计相同的特性。级联连接方法在 45Hz 频带中获得了与设计相同的特性,但在 125Hz 频带中发生偏差。从这个结果可以看出,当组合多个 SAN 型滤波器时,通过使用普通连接方法组合提取器,可以获得与设计相同的控制器特性。

2. 普通连接方式的详细分析

为了验证普通连接方案的有效性,将图 10.2.9 中所示的控制器增益 K_{g1} 和 K_{g2} 分别设置为 0,并且使用仿真来分解 45Hz 频带的控制器特性和 125Hz 频带的控制器特性。将它们与同时控制 45Hz 频带和 125Hz 频带的普通连接方式的控制器特性进行了比较,结果如图 10.2.11 所示。

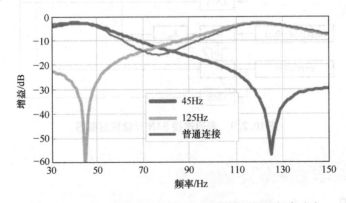

图 10.2.11 分解普通误差型 SAN 反馈控制器的频率响应

比较 125Hz 频带中 45Hz 频带的控制器特性和 125Hz 频带的控制器特性，振幅特性衰减 40dB 以上，差异为 1% 以下，即控制器特性相对于设计值的差异可以控制在 ±0.1dB 以内。并联连接方式的衰减为 20dB 左右，加上控制器特性，发生了 10% 左右的偏差。普通连接方式具有类似于在降低对各个频带的特性相互影响的基础上结合控制器特性的效果，并且可以获得与设计相同的控制器特性。

3. 基于传统方法的应用性验证

为了确认数字滤波器 FIR 型滤波器和 IIR 型滤波器的可行性，对 SAN 型滤波器进行了替换、研究。每个系数通过使用从 20Hz 到 200Hz 的加权最小二乘法获得普通连接方法的控制器特性，研究结果如图 10.2.12 所示。即使应用具有 800 抽头滤波器长度的 FIR 型滤波器，也具有普通连接方法的控制器特性，并且在 IIR 型滤波器中不能获得稳定的滤波器系数。因此，结合两个 SAN 型滤波器的方法可以通过较少的运算获得与设计相同的控制器特性，与传统方法相比具有优势。

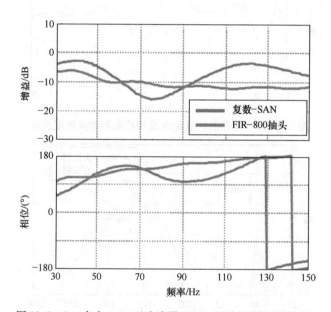

图 10.2.12　多个 SAN 型滤波器和 FIR 型滤波器的频率响应

10.2.4　控制性能

接下来确认将本技术应用于车辆时的控制性能。将降噪目标设为在 45Hz 频带 −4.5dB，在 125Hz 频带 −3dB，并针对图 10.2.3 所示的声学特性设计了反馈控制器。图 10.2.13 表示通过模拟求出的开环特性。从图中可以确保增益余量，可以看出该控制器是稳定的。另外，在图 10.2.14 中显示了灵敏度函数。在 45Hz 频带和 125Hz 频带实现目标的降低特性。通过控制设计获得的控制器被应用于车辆，并确认了控制性能。图 10.2.15 表示汽车在粗糙的混凝土道路上以 60km/h 行驶时的噪声测量结果，图 10.2.16 表示汽车在粗糙的沥青道路上以 40km/h 行驶时的噪声测量结果。从测量结果可以确认，该方法同时降低了 45Hz 频带和 125Hz 频带的窄带频率噪声，并且获得了与灵敏度函数相同的控制性能。

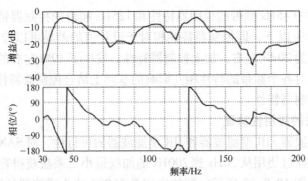

图 10.2.13　常见误差型 SAN 反馈控制器的开环特性

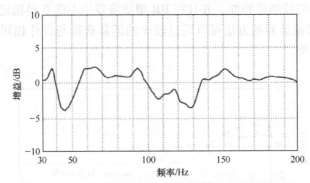

图 10.2.14　常见误差型 SAN 反馈控制器的灵敏度函数

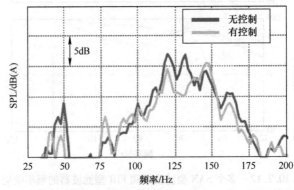

图 10.2.15　粗糙的混凝土道路常见误差型 SAN 反馈控制器的控制性能

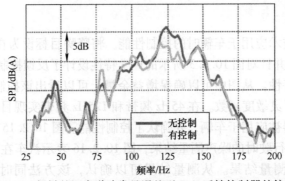

图 10.2.16　粗糙的沥青道路常见误差型 SAN 反馈控制器的控制性能

10.3 低频路面噪声主动控制

10.3.1 概述

本田汽车公司开发了两种 ANC 技术,并将其作为标准规格应用于多款产品。一种是应用反馈控制的敲鼓声控制技术,另一种是以发动机旋转为参考信号的前馈控制的发动机噪声控制技术。由于控制系统之间存在相互干扰和确保反馈控制稳定性的问题,这些技术没有作为集成系统来实现。在这项研究中,我们构建了一种新的敲鼓声控制技术,可以解决这些问题,并开发了一个集成的 ANC 系统。

近年来,从地球环境保护的观点出发,对汽车的环境保护性能和低油耗性能的要求越来越高,与车辆的轻量化技术相结合,动力总成的油耗改善技术得到了广泛应用。对影响商品竞争力之一的振动噪声改善性能的要求也越来越高。但是,车辆的振动噪声解决对策,特别是低频噪声,由于伴随着车辆的重量增加,因此往往与之前改善油耗性能的要求相互矛盾。矛盾的原因是,动力传动系的油耗改善技术通常更频繁使用在比以往更低的发动机转速区域。因此,经常会带来低频区域的吸排气声和发动机振动的增加。为了控制此种振动噪声增加,结合以往的无源技术,即扩大吸排气系统的消声体积,向车体追加刚性部件和阻尼部件,以及为降低特定频率的振动而追加动态阻尼器等。因此,迫切需要重量增加少的低频噪声对策技术。本田汽车公司致力于两种 ANC 技术的开发,以兼顾低油耗性能和振动噪声改善性能,并将开发的技术作为标准规格应用于多款产品。一种是降低敲鼓声(低频路面噪声)的技术,另一种是降低发动机噪声的技术。图 10.3.1 表示在有起伏的路面上以 50km/h 恒定速度行驶时的车内敲鼓声和发动机轰鸣声的频率特性。敲鼓声和发动机轰鸣声是在车内同时发生的现象。因此,需要同时构建可控的控制技术。此外,为了将系统成本降至最低,人们一直希望控制系统的集成化。然而,在集成这两个 ANC 系统时,由于各个控制方法的不同,控制器之间的干扰和稳定性存在问题,迄今为止还不能设计成一体化的 ANC 系统。本节将阐述解决上述问题的新的集成技术,有效地将针对敲鼓声和发动机轰鸣声的 ANC 技术集成在一起。

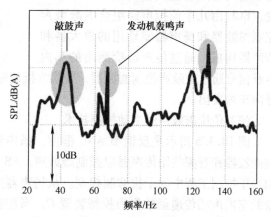

图 10.3.1 敲鼓声和发动机轰鸣声的频率特性

10.3.2 传统技术概述

1. 敲鼓声主动控制技术

(1)敲鼓声的特征

图 10.3.2 所示是通过有限元方法对车厢声场进行建模和特征值分析而获得的声学特征模态。车辆在行驶过程中,来自路面的激励通过轮胎、悬架传递到车身,激发车内声学特征

模态而发生敲鼓声。这种现象发生在乘员舱长度为声音波长的 1/2 的频率处，在轿车中大约为 40Hz。图 10.3.3 表示汽车在粗糙路面上行驶中驾驶员座椅附近的声压频谱。可以看出，敲鼓声是带宽为 8~10Hz 的窄带声音。

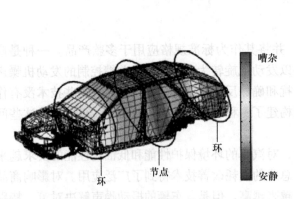

图 10.3.2 声学特征模态

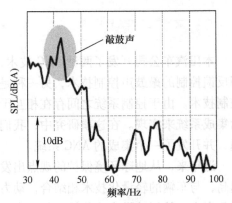

图 10.3.3 汽车在粗糙路面上行驶中驾驶员座椅附近的声压频谱

（2）传统敲鼓声主动控制系统

图 10.3.4 所示是敲鼓声主动控制系统结构。控制单元（ECU）配置在驾驶员座椅下。控制方法使用反馈控制，根据车厢内的声音输出控制信号。也就是说，ECU 由几个模拟电路组合的敲鼓声控制滤波器和扬声器驱动用的放大器和传声器构成，通过传声器检测出的车内

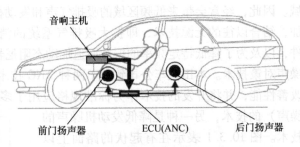

图 10.3.4 敲鼓声主动控制系统结构

声音信号通过敲鼓声控制滤波器，变换为抵消敲鼓声的控制信号，被放大器放大，经由扬声器向车内发出。

（3）传统敲鼓声的主动控制技术

图 10.3.5 所示是反馈型 ANC 框图，扬声器、控制滤波器和音频共用传声器以控制敲鼓声。FB – ANC 相当于控制工程中的干扰抑制控制。从扬声器到传声器的车内声场传递函数作为控制装置 C，当控制装置 C 的输出信号被施加干扰噪声 d 时，控制器 G 的控制目的就是降低噪声。将控制结果的剩余信号设为 e，将 e/d 称为灵敏度函数 S。S 值为 1 以下则等同于降低

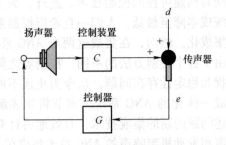

图 10.3.5 反馈型 ANC 框图

噪声。S 计算方法见式（10-3-1）。为了减小 S，控制对象频率 ω 中的循环传递函数 $L(j\omega) = C(j\omega)G(j\omega)$ 的增益尽可能大，相位调整为 0°。例如，在 $|L(j\omega)| = 1$，$\angle L(j\omega) = 0°$ 时，S 的值将变成式（10-3-1）的 1/2，噪声可以降低 6dB。

$$S = \frac{1}{1 + C(j\omega)G(j\omega)} \tag{10-3-1}$$

由于传声器信号包括全频率分量的信号,控制器 G 将控制频带中的循环传递函数 L 的增益调整为尽可能大,即相位接近 0°,同时降低高频域以确保稳定性。图 10.3.6 显示的是开环传递函数的波特图。式(10-3-1)中在控制对象频带的 40Hz 附近降低了约 6dB,因此可以期待更大的降噪效果,即 10dB 左右的敲鼓声降低量,同时相位余量约为 90°,增益余量约为 12dB。

2. 发动机轰鸣声主动控制

(1) 发动机轰鸣声特征

图 10.3.7 表示车辆加速行驶时的车内噪声等值线图。在图中,颜色越深,噪声越大。图中央的噪声高的部分是发动机轰鸣声。从图中可以确认,发动机的声音分量与发动机旋转同步,是单一频率的噪声。也就是说,由于轰鸣声是接近正弦波的噪声波形,因此可以看出用于降低该噪声的抵消声音是相位相反的正弦波波形。

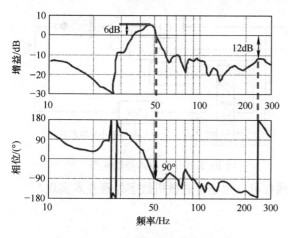

图 10.3.6 开环传递函数的波特图

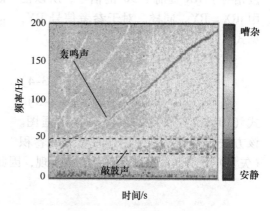

图 10.3.7 车内噪声等值线图

(2) 发动机轰鸣声主动控制系统概要

图 10.3.8 所示是发动机轰鸣声主动控制系统结构。该系统由 ECU、位于车顶前面和后面的传声器单元、提供 ECU 控制声音信号的输入端的音频单元、与音频共用的扬声器组成。放置在车顶前的传声器单元与免提电话和用于导航系统的语音识别功能的传声器功能集成。控制方法是以发动机转速为参考信号的前馈控制。也就是说,ECU 的输入信号

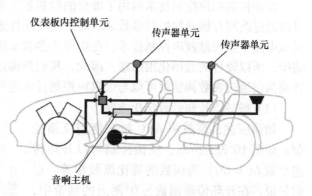

图 10.3.8 发动机轰鸣声主动控制系统结构

是控制发动机燃烧状态的发动机旋转脉冲信号和用于检测车内噪声的传声器信号。输出信号是扬声器的控制信号。

(3) 发动机轰鸣声控制技术

由于轰鸣声是单一频率现象,所以可以在复平面上表示,如图 10.3.9 所示。从图中可以看出,如果使用对应于实轴和虚轴的参考信号,即 RX 信号和 RY 信号,则可以使用 RX

信号的振幅 A 和 RY 信号的振幅 B 来产生消除的声音信号。该方法内部产生正交参考信号,并将自适应陷波滤波器 A、B 进行自适应操作的 SAN 控制扩展到 Filtered - x SAN,以适应发动机转速变化,并降低噪声。在这种方法中,声学特性 $\hat{C}$(脉冲响应)进行频率分解,见式(10-3-2),保持相对于频率的频数关系,读取所控制频率对应的值,并用于计算。

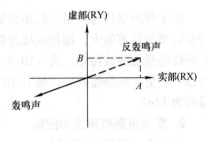

图 10.3.9 轰鸣声极坐标系

$$\hat{C}(f) = C_R(f) + j\, C_I(f) \quad (10\text{-}3\text{-}2)$$

式中,j 为虚数单位。

对于参考信号 RX 的 Filtered - x 部的运算见式(10-3-3)。

$$\hat{C}(f)\mathrm{RX} = C_R(f)\mathrm{RX} + C_I(f)\mathrm{RY} \quad (10\text{-}3\text{-}3)$$

在式(10-3-3)中,由于 RY 是相位相对于 RX 提前了 90°的信号,所以使用 jRX = RY。同样,对于参考信号 RY,见式(10-3-4)。

$$\hat{C}(f)\mathrm{RY} = C_R(f)\mathrm{RY} - C_I(f)\mathrm{RX}$$
$$(10\text{-}3\text{-}4)$$

图 10.3.10 表示使用式(10-3-3)、式(10-3-4)实现的轰鸣声控制框图。该方法的特点是不使用计算量大的卷积(矢量)计算,只通过标量计算来实现,因此现在可以用廉价的微机数字处理技术实现。

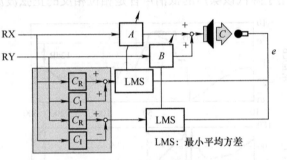

图 10.3.10 轰鸣声控制框图

10.3.3 低频噪声综合控制技术

1. 两种控制技术的综合难题

发动机轰鸣声控制技术利用了廉价的微机数字处理技术。因此,在应用于多款车辆时,可以通过改写存储器的控制参数来应对,通过硬件通用化,可以降低生产成本。以往为了在模拟电路中实现敲鼓声控制技术,在应用于多款车辆时,由于需要对每个机种重新评估电路结构,所以硬件的通用化很困难。因此,我们新构建了一种将敲鼓声控制技术数字化,将其替换为仅通过参数调整就可以与轰鸣声控制技术进行集成的技术。

(1)敲鼓声控制的数字化难题

如前所述,敲鼓声 ANC 技术使用反馈控制。如图 10.3.5 所示,反馈控制与以开环传递函数 $L(= CG)$ 为级数的等比级数相等。也就是说,在开环传递函数为 0°附近的频带中,虽然能够降低噪声,但在 180°附近的频带中会增加噪声。由于作为控制对象的车内声场不能将扬声器和传声器配置在同一点,所以必然具有相位延迟特性,所以即使敲鼓声频带调整为 0°,在高频区域也一定会产生 180°的频带。由此,如图 10.3.11 所示,频率从控制频率离

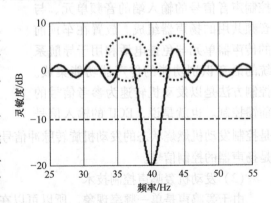

图 10.3.11 水床效应

开，由此产生重复效应频带和增声频带的水床效应。因此，在反馈型 ANC 中，为了抑制增加噪声，使用带通滤波器和用于降低高频噪声的低通滤波器，设定控制滤波器以减小水床效应的影响，实现稳定化。该控制滤波器解决了数字滤波器的难题。

发动机轰鸣声 ANC 为了在高速下追踪发动机转速变化，根据所控制轰鸣声的频率，以很高的采样频率动作。当通过 FIR 保持高采样频率且控制周期长、使用低频滤波器时，滤波器长度变长（滤波器系数的元素数增加）。由于通过 FIR 滤波器的滤波处理对每个样本执行滤波器系数矢量和输入信号矢量的内积，所以当滤波器长度变长时，计算量增加。因此，难以用廉价的微机数字处理技术实现。

当通过 IIR 滤波器保持高采样频率的同时调整低频的滤波器时，滤波器系数值变小。因此，以固定小数点运算为基础的微机在计算精度方面难以实现。

由于这些数字滤波器的问题，很难简单地对传统的敲鼓声 ANC 滤波器进行数字滤波。

(2) 两种控制器相互干涉的问题

发动机轰鸣声与发动机转速的变化同步，频率是时刻发生变化的。因此，当轰鸣声频率与基于敲鼓声 ANC 的水床效应的增声频带重叠时，轰鸣声增幅。

敲鼓声 ANC 和发动机轰鸣声 ANC 都将从扬声器到传声器的传递特性作为数据保持并用于控制。因此，在集成时，必须考虑从彼此的控制器看到的传输特性的变化。

由于这些控制器干扰的问题，很难简单地集成传统的两种 ANC 技术。

2. 新敲鼓声控制技术

接下来阐述将敲鼓声控制技术数字化的方法。在使用反馈控制的情况下，通常通过结合低通滤波器和带通滤波器来构建控制滤波器，以考虑水床效应的影响来确保稳定性。在这种情况下，在与轰鸣声控制的集成化这一点上存在问题。因此，我们提出了一种新的敲鼓声控制方法，该方法不使用对固定滤波器进行数字化的方法，而是从如图 10.3.12 所示的传声器信号中仅提取敲鼓声，以恒定的增益和相位特性调整并输出该信号。为了从传声器信号中提取敲鼓声，应用 SAN 控制，SAN 控制也被用于发动机噪声控制。敲鼓声和发动机轰鸣声的不同在于其频带的宽度。也就是说，发动机噪声可以作为单频信号来处理，而敲鼓声是 8～10Hz 的窄带，但具有频带的现象。因此，考虑一种扩展 SAN 控制频带的方法。在图 10.3.13 所示的 SAN 控制框图中，输出信号为式 (10-3-5)。

$$\text{Out} = \sqrt{A^2 + B^2}\cos(\omega t + \phi) \tag{10-3-5}$$

式中，ϕ 为由图 10.3.13 所示的振幅 A 和 B 的大小决定的相位特性。

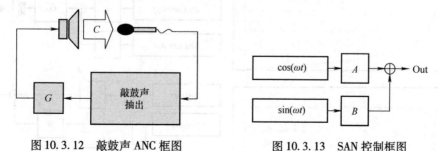

图 10.3.12　敲鼓声 ANC 框图　　　图 10.3.13　SAN 控制框图

另外，自适应滤波器 A、B 的更新式见式 (10-3-6) 和式 (10-3-7)。

$$A_{n+1} = A_n - \mu\cos(\omega t)e \tag{10-3-6}$$

$$B_{n+1} = B_n - \mu\sin(\omega t)e \qquad (10\text{-}3\text{-}7)$$

式中，μ 为步长参数。

在式（10-3-5）中，当 A、B 为一定值时，输出信号 Out 为基准频率 ω 的信号。但是，A、B 以角频率 ω_a 振动时，见式（10-3-8）和式（10-3-9），输出信号可以用式（10-3-10）表示。

$$A = Q\cos(\omega_a t) \qquad (10\text{-}3\text{-}8)$$
$$B = Q\sin(\omega_a t) \qquad (10\text{-}3\text{-}9)$$
$$\text{Out} = Q\cos[(\omega - \omega_a)t] \qquad (10\text{-}3\text{-}10)$$

输出信号 Out 是频率为（$\omega - \omega_a$）的信号。总之，如果 A、B 以1Hz的频率振动，则相对于SAN的动作基准信号 ω，可以输出1Hz的偏差信号。ω_a 在图 10.3.14 所示的极坐标中，A、B 顺时针旋转时为正值，逆时针旋转时为负值。为了使自适应滤波器 A、B 振动，对参数 μ 进行调整，见式（10-3-6）和式（10-3-7）。图 10.3.16 显示的是通过图 10.3.15 所示的模拟信号处理获得的输出信号的频率特性。根据图 10.3.16 可知，μ 值越小，频带越窄，μ 值越大，频带越宽。图 10.3.17 显示的是使用 SAN 的敲鼓声 ANC 框图。图中的 ω 相当于敲鼓声的中心频率。此外，ϕ_d 表示用于控制敲鼓声的相位，该相位对应于当信号到达传声器时从扬声器到传声器的传输特性为180°的相位。G_d 表示用于控制敲鼓声的增益，是根据降噪量目标进行调整的参数。例如，适当选择 G_d 的值，使 ω 与从扬声器到传声器的传递特性的乘积为0dB，则根据式（10-3-1），可以期望噪声降低6dB。

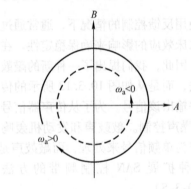

图 10.3.14 增益系数极坐标系

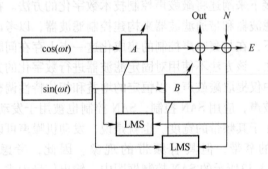

图 10.3.15 信号提取框图

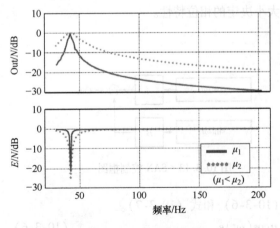

图 10.3.16 信号提取效果

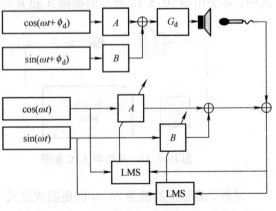

图 10.3.17 使用 SAN 的敲鼓声 ANC 框图

3. 轰鸣声控制技术的统一化

(1) 发动机轰鸣声分量的消除

新的敲鼓声 ANC 使用了 SAN 应用的窄带带通滤波器。在这种情况下，中心频率 ω 与敲鼓声的相位差为 0°，但是在其上下频率范围内相位变化很大。因此，受到水床效应的影响。当发动机轰鸣声频率与基于该水床效应的增声频带重叠时，轰鸣声增加。为了消除发动机轰鸣声的水床效应的影响，SAN 被用来从传声器信号中去除轰鸣声分量。除声效果如图 10.3.15 中所示的相对于噪声 N 的 E，相当于图 10.3.16 的下段。

(2) 敲鼓声主动控制引起的 $\hat{C}$ 变化

如图 10.3.18 所示，将发动机轰鸣声 ANC 和敲鼓声 ANC 集成在一起。为了保持从发动机轰鸣声 ANC 算法中涉及的输出和输入之间的传递函数 $\hat{C}$ 作为控制参数，必须基于敲鼓声 ANC 对 $\hat{C}$ 的影响程度进行考察、设定。

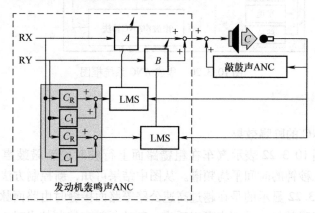

图 10.3.18　集成 ANC 框图

10.3.4　低频噪声的统一控制系统

图 10.3.19 所示是低频噪声的统一控制系统结构。在发动机轰鸣声 ANC 中，根据发动机转速在动作和非动作之间切换。另外，在门打开的状态下，与关闭的状态相比，扬声器和传声器的距离发生了变化，参数 $\hat{C}$ 变化，处于使动作停止的状态。同样，由于在敲鼓声 ANC 中使用了反馈控制，所以在停车的状态下，从提高市场稳定性的观点出发，采用了停止动作的参数。而且，不仅需要门

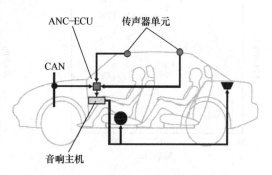

图 10.3.19　低频噪声的统一控制系统结构

的开闭，还需要与行李舱的开闭联动来切换动作状态。这是因为，由于声场特性变化的影响，敲鼓声的中心频率发生变化。类似切换动作状态的控制信号增加的情况下，在图 10.3.8 所示的模拟信号通信中，必须根据信号的数量产生线束数和变更 ECU 耦合器的尺寸。因此，难以使机种间的硬件通用化。在本系统中，将车辆侧信息从控制区域网络（CAN）通过数字通信导入 ECU。图 10.3.20 显示的是新构建的集成 ANC 系统框图。除了此处显示

的控制系统之外，还利用CAN通信得到行驶中动力传动系状态或车速等与车辆状态相关的信息，增加针对每个档位的加速过程中车内加速声音控制功能，同时构建了降低全轮驱动（AWD）或后轮驱动汽车后差速器不平衡引起的轰鸣声（传动轴旋转阶次）的新功能。

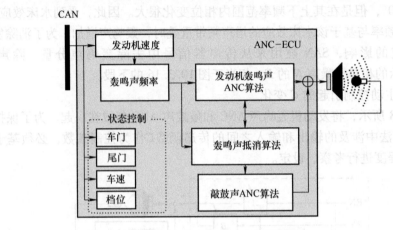

图10.3.20 集成ANC系统框图

10.3.5 应用效果

1. 新敲鼓声ANC的降噪效果

图10.3.21及图10.3.22表示汽车在粗糙路面上行驶时的新敲鼓声ANC的降噪效果。图10.3.21所示是几秒钟的时间平均频谱。从图中结果可知，新控制方法具有约6dB的降低效果。此外，图10.3.22显示的是在越过高速公路等路面接缝时由路面脉冲激励产生的车内声音的时序信号的降噪效果。从图中可以看出，新的敲鼓声控制技术对于基于脉冲激励的车内声音也具有降噪效果，因此具有充分的追随性能。

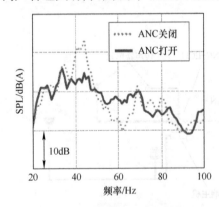

图10.3.21 敲鼓声ANC的降噪效果　　图10.3.22 在受到路面脉冲激励时敲鼓声ANC的降噪效果

2. 集成ANC系统的降噪效果

图10.3.23所示是改进ANC的发动机轰鸣声降噪效果。与传统控制系统一样，目标阶次成分降低约10dB。另外，图10.3.24显示了在车速为50km/h、发动机转速为2300r/min时，汽车在有起伏的路面上行驶时的降噪效果。从图中可以确认，可以同时降低敲鼓声和发动机轰鸣声，可以看出这次新构建的集成ANC技术是良好的。

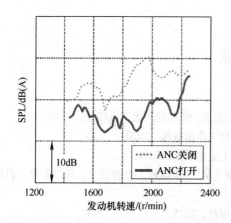
图10.3.23 改进ANC的发动机轰鸣声降噪效果

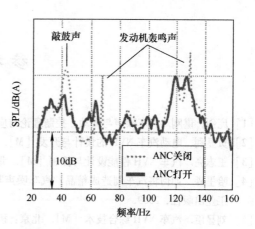
图10.3.24 集成ANC的低频降噪效果

参 考 文 献

[1] 庞剑, 谌刚. 汽车噪声与振动: 控制理论与应用 [M]. 北京: 北京理工大学出版社, 2006.
[2] 黄显利. 电动汽车 NVH 的设计与开发 [M]. 北京: 机械工业出版社, 2020.
[3] 王志亮. 汽车 NVH 性能设计与控制 [M]. 北京: 机械工业出版社, 2021.
[4] 哈里森. 如何将汽车制造成精品: 汽车噪声与振动控制 [M]. 李惠彬, 上官云飞, 译. 北京: 机械工业出版社, 2009.
[5] 刘显臣. 汽车 NVH 综合技术 [M]. 北京: 机械工业出版社, 2015.
[6] 刘显臣. 汽车 NVH 性能开发 [M]. 北京: 机械工业出版社, 2018.
[7] 刘显臣. 汽车振动噪声控制技术 [M]. 北京: 机械工业出版社, 2018.
[8] 刘显臣. 汽车底盘振动与噪声控制 [M]. 北京: 机械工业出版社, 2021.
[9] 张恩惠, 殷金英, 邢书仁. 噪声与振动控制 [M]. 北京: 冶金工业出版社, 2012.
[10] 城戸一郎, 上山さぎり, 末岡淳男. 2つの分系が強く連成する振動系の解析法 [C]//日本機械学会論文集. 東京都: 日本機械学会, 2006: 735-742.
[11] 神山洋一. FE モデルによるサスペンション振動解析 [J]. Honda R&D Technical Review, 2004, 16 (1): 213-218.
[12] 野田ほか. SEA 法による吸音型防音材料仕様の決定方法 [J]. Honda R&D Technical Review, 2006, 18 (1): 149-153.
[13] 西村ほか. セル型吸音構造の開発 [J]. Toyota technical review, 2006, 54 (2): 70-75.
[14] KIM H. Optimization of body attachment for road noise performance [C]//SAE 2013 World Congress & Exhibition. Warrendale: SAE, 2013. DOI: 10.4271/2013-01-0369.
[15] SHORTER P J. A review of mid-frequency methods for automotive structure-borne noise [J]. SAE Transactions, 2003, 112: 1610-1616.
[16] 小林憲正ほか. 乗用車用内装防音材の振動騒音解析技術 [J]. 日本音響学会誌, 2010, 66 (5): 221-226.
[17] LIM T C, CHENG M T, et al. A computationally efficient multichannel active road noise control system [J]. Journal of Dynamic Systems, Measurement and control, 2015, 137 (1). DOI: 10.1115/1.4028183.
[18] 佐野久, 井上敏郎, 高橋彰, 等. オーディオシステムと結合した低周波ロードノイズのアクティブ制御システムの開発 [J]. HONDA R&D Technical Review, 2000, 12 (2): 71-80.
[19] 井上敏郎, 高橋彰, 箕輪聡, 等. エンジンこもり音低減のためのアクティブ騒音制御システムの開発 [J]. Honda R&D Technical Review, 2003, 15 (2): 201-208.
[20] 井上敏郎. 車両のアクティブ騒音制御技術について [J]. 自動車技術会シンポジウムテキスト (環境と振動騒音との両立), 2010, 8-10: 26-31.
[21] 井上敏郎. 自動車への標準適用を実現した車室内音のアクティブ制御技術 [J]. 騒音制御, 2010, 34 (5): 36-341.
[22] 井上敏郎, 高橋彰, 坂本浩介, 等. 低周波音低減のための統合 ANC 技術の開発 [J]. Honda R&D Technical Review, 2011, 23 (2): 113-120.
[23] 佐野久, 井上敏郎, 高橋彰. オーディオシステムと結合した低周波ロードノイズのアクティブ制御システムの開発 [J]. Honda R&D Technical Review, 2000, 12 (2): 71-80.

[24] 清野裕之，山内裕司，安田仁彦. 構造・音響連成系の実験解析と理論的考察 [C]//日本機械学会論文集. 東京都：日本機械学会，2015：39-46.

[25] 岩間昭憲. 振動と音圧連成系を対象とした実験モード解析手法の開発 [C]//自動車技術会論文集. 東京都：自動車技術会，1993：108-112.

[26] 谷本隆一，二宮修，朝倉孝征. バックドア振動制御によるワンボックスカーのこもり音低減 [C]//日本機械学会論文集. 東京都：日本機械学会，2002：131-136.

[27] 山口ほか. 制振材を積層した自動車車体用パネルの減衰特性の有限要素解析 [C]//日本機械学会論文集. 東京都：日本機械学会，2004：76-82.

[28] 深堀ほか. 車体フレームの剛性に対する充填材の効果 [J]. マツダ技報，2002，20：115-121.

[29] 木村ほか. 薄板の座屈後耐力 [C]//日本建築学会構造系論文集. 東京都：日本建築学会，2001：135-140.

[30] YOSHIDA J, TANAKA K. Contribution analysis of vibration mode utilizing operational TPA [J]. Mechanical Engineering Journal，2016，3（1）：1-15.

[31] YOSHIDA J, TANAKA K, NAKAMOTO R, et al. Combination analysis of operational TPA and CAE technique for obtaining high contributing vibration mode [C]//SAE Technical Paper. Warrendale：SAE，2017. DOI：10.4271/2017-01-1856.

[32] YOSHIDA J, MAJIMA R, ISEMURA J. Obtaining method of high contributing whole body principal component mode by separated measurements [J]. Mechanical Engineering Letters，2018，4：1-10.

[33] 市川佳. 低周波ロードノイズにおけるサスペンション伝達力変化のメカニズム解析 [C]//自動車技術会論文集. 東京都：自動車技術会，2014：1073-1079.

[34] 中村聡，牧俊光，杉本寿敬. ロードノイズ低減のためのサスペンションシステムの考察 [J]. Honda R&D Technical Review，2011，23（1）：120-126.

[35] 三山英仁ほか. ロードノイズスペクトル適正化のためのタイヤ固有値コントロール技術開発 [C]//自動車技術会論文集. 東京都：自動車技術会，2009：1133-1138.

[36] TAGUCHI H, NUKATA K, YOSHIDA J. Obtaining method of high contributing body and frame vibration behavior to road noise using principal component contribution analysis [C]//ICA 2019. Sydney：Sydney International Society of Acoustics，2019：467-474.

[37] YOSHIDA J, MAJIMA R, ISEMURA J. Obtaining method of high contributing whole body principal component mode by separated measurements [J]. Mechanical Engineering Letters，2018，4：1-10.

[38] 見坐地一人. Biotパラメータの音響特性に対する感度解析 [J]. ニチアス技術時報，2016，4（375）：1-6.

[39] 武藤大輔，高野靖. 二重壁内部気体の音響特性が透過損失へ及ぼす影響 [C]//日本機械学会論文集（C編）. 東京都：日本機械学会，2008：2495-2503.

[40] 加藤大輔. 多孔質材料内伝搬音の予測モデル-Katoモデルにおける適用範囲の拡張- [J]. 日本音響学会誌，2008，64（6）：339-347.

[41] 山口誉夫. 多孔質材などの減衰を有する媒質内での波動伝搬 [J]. 日本音響学会誌，2005，62（1）：62-70.

[42] 伊藤ほか. 新型MAZDA3の静粛性開発について [J]. マツダ技報，2019，36：96-101.

[43] 永本ほか. 新型CX-5の静粛性開発について [J]. マツダ技報，2017，34：20-24.

[44] 清水ほか. 新型CX-9の静粛性開発について [J]. マツダ技報，2016，33：33-38.

[45] 坂手. 自動車の革新を支える材料技術への期待と課題 ～材料モデルベースリサーチによる挑戦～ [Z]. 2019.

[46] 山本ほか. 均質化法による吸音材微視構造の最適設計法 [Z]. 2018.

[47] 見坐地ほか．繊維体吸音材のBiotパラメーターの推定［C］//自動車技術会論文集．東京都：自動車技術会，2018：787-792.

[48] 山本ほか．均質化法による多孔質吸音材の等価特性の導出［C］//日本機械学会論文集（C編）．東京都：日本機械学会，2011：75-78.

[49] 神田 ほか．SKYACTIV X NVH 技術［J］．マツダ技報，2019，36：38-43.

[50] MIZUTA Y，SUZUMURA M，MATSUMOTO S. Ride comfort enhancement and energy efficiency using electric active stabiliser system［J］. Vehicle System Dynamics, 2010, 48 (11): 1305-1323.

[51] 香村伸吾，大北剛史．路面入力に対するロール左右方向の車両挙動解析［C］//自動車技術会論文集．東京都：自動車技術会，2008：23-29.

[52] 香村他．直列剛性を有するサスペンション摩擦を考慮した乗心地解析［C］//自動車技術会論文集．東京都：自動車技術会，2017：845-851.

[53] 香村伸吾，大北剛史．路面入力に対するロール・左右方向の車両挙動解析［C］//JSAE 論文集．東京都：JSAE，2008：23-29.

[54] 山本真規，藤岡健彦．車両パラメータのロール・平面連成運動への影響及びパラメータ間の相互関係［C］//JSAE 論文集．東京都：JSAE，2015：911-917.

[55] 福島直人．エネルギー最適制御理論SBWへの適用［C］//自動車技術会論文集．東京都：自動車技術会，2019：802-809.

[56] 勝山悦生．トリプルスカイフック制御による乗り心地の研究―ばね上加速度、速度、変位をフィードバックしたスカイフック制御の提案―［C］//自動車技術会論文集．東京都：自動車技術会，2019：128-133.

[57] 熊谷敏直（イラスト）．制御サスペンションの系譜―アクティブ第2世代への道―［J］．モーターファン・イラストレーテッド，2021，176：38-41.

[58] 福島直人．ランダム路面入力シミュレーション手法の開発［C］//日本機械学会論文集（C編）．東京都：日本機械学会，2005：130-1308.

[59] 菅原能生他．鉄道車両の1次ばね系の減衰制御による上下振動低減［C］//日本機械学会論文集（C編）．東京都：日本機械学会，2008：1222-1230.

[60] 日立オートモティブシステムズ．内製化ソレノイドバルブ搭載セミアクティブサスペンション［J］．日立評論，2018，100（1）：59-63.

[61] 稲葉憲二，山田英史．タイヤ道路騒音発生メカニズムの解析手法と設備［J］．自動車技術，2005，59（7）：108-114.

[62] 山内祐司ほか．タイヤ空洞共鳴音に関する理論解析と走行中の改良手法の提案［C］//自動車技術会論文集．東京都：自動車技術会，2001：79-84.

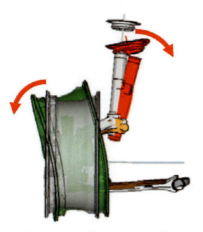

图 1.3.3　前悬架弹性外倾模态

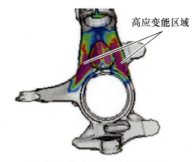

图 1.3.4　前转向节在弹性外倾模态中的应变能

图 1.3.8　后悬架的刚体外倾模态

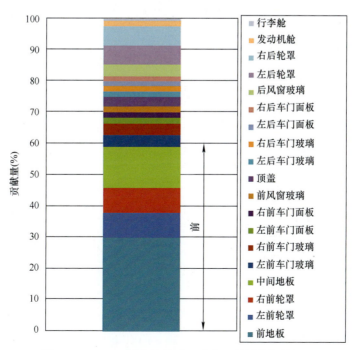

图 1.3.14　1kHz 频率处的路面噪声贡献量分析结果

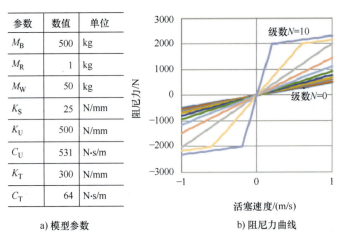

a) 模型参数　　　　　　　　　b) 阻尼力曲线

图 3.1.2　减振器参数

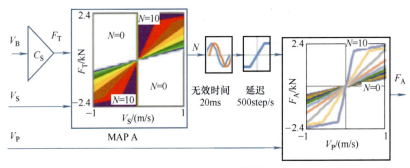

图 3.1.5　阻尼控制规则

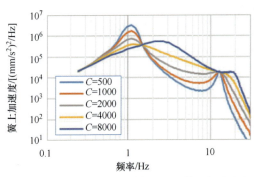

图 3.1.10　路面激励单独作用时的簧上加速度频率响应（被动悬架）

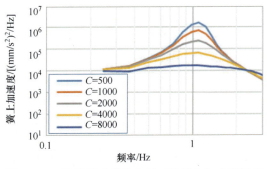

图 3.1.11　操舵激励单独作用时的簧上加速度频率响应（被动悬架）

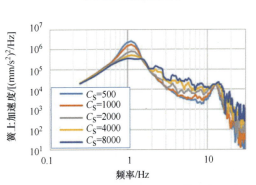

图 3.1.12　路面激励单独作用时的簧上加速度频率响应（天棚式阻尼控制）

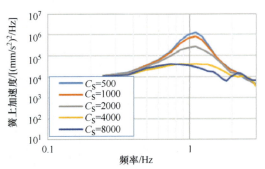

图 3.1.13　操舵激励单独作用时的簧上加速度频率响应（天棚式阻尼控制）

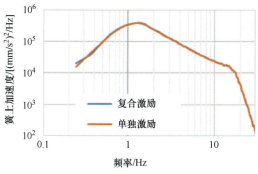

图 3.1.14 路面激励单独作用及复合激励时的簧上加速度频率响应（被动悬架）

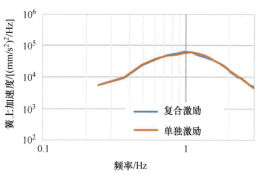

图 3.1.15 操舵激励单独作用及复合激励时的簧上加速度频率响应（被动悬架）

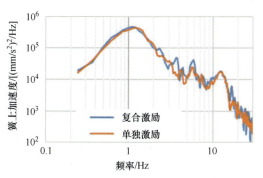

图 3.1.16 路面激励单独作用及复合激励时的簧上加速度频率响应（天棚式阻尼控制）

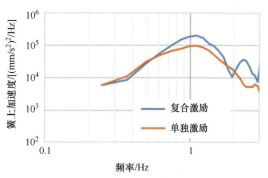

图 3.1.17 操舵激励单独作用及复合激励时的簧上加速度频率响应（天棚式阻尼控制）

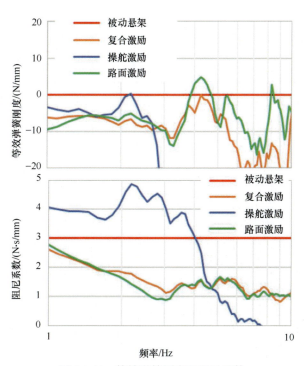

图 3.1.18 等效弹簧刚度和阻尼系数

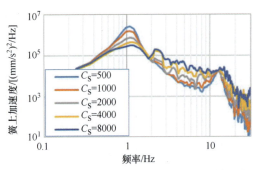

图 3.1.19　复合激励时相对于路面激励的簧上加速度（传统天棚式阻尼控制）

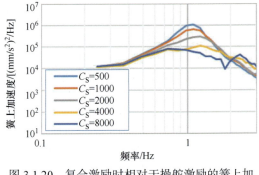

图 3.1.20　复合激励时相对于操舵激励的簧上加速度（传统天棚式阻尼控制）

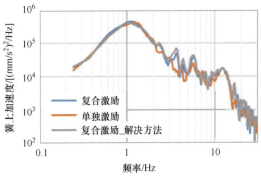

图 3.1.23　路面激励时的簧上加速度（控制逻辑）

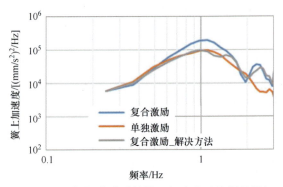

图 3.1.24　操舵激励时的簧上加速度（控制逻辑）

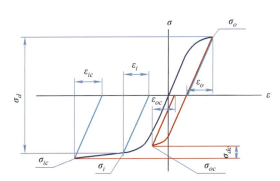

图 4.2.11　有压缩和无压缩管道的应力－应变比较

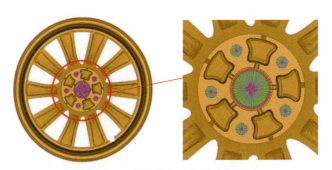

图 5.1.7　车轮模态计算约束工况

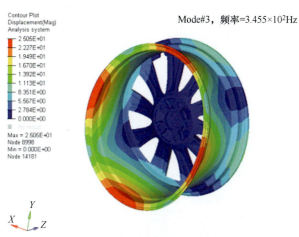

图 5.1.8　车轮模态计算结果

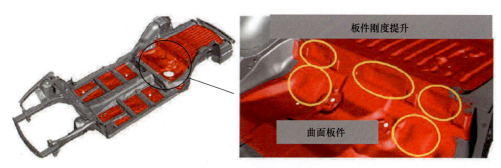

图 6.1.16　中央地板

图 6.1.19　使用具有良好振动衰减性能的结构黏接剂的白车身

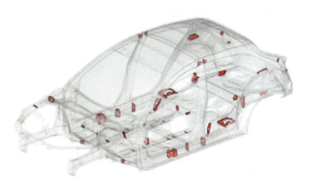

图 6.1.27　加强板应用部位

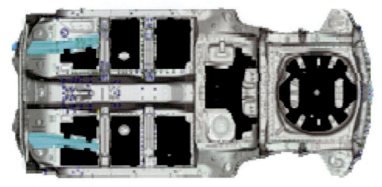

图 6.2.13　车身上的阻尼板

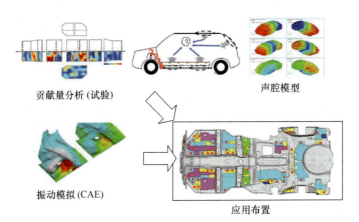

图 6.2.26　LASD 应用布置优化

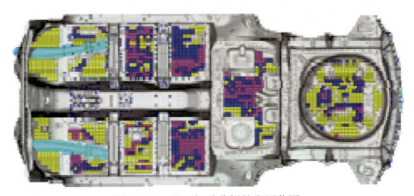

图 6.2.27　基于振动分析的应用范围

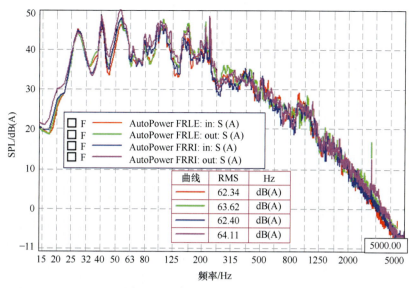

图 7.2.3　路面测试噪声测试结果

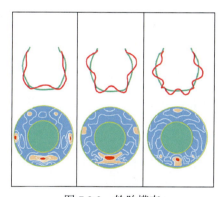

图 7.3.3　轮胎模态

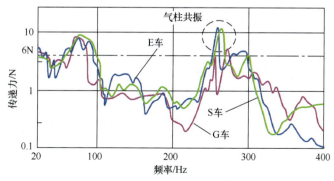

图 7.3.5　悬架系统传递力计算结果

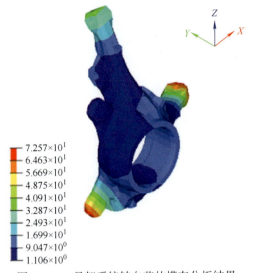

图 7.3.10 悬架系统转向节的模态分析结果

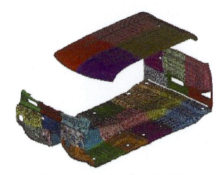

图 8.4.6 ERP 计算分区模型

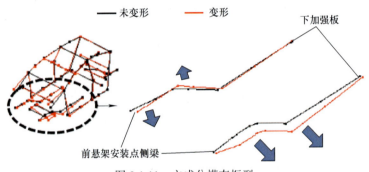

图 9.1.11 主成分模态振型

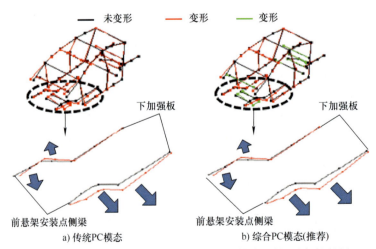

a) 传统PC模态　　　　　　b) 综合PC模态(推荐)

图 9.1.14 传统主成分模态和综合主成分模态比较（同时测量）